삼위일체신학의 핵심과 확장

성경 · 역사 · 교회 · 통일 · 사회 · 설교

삼위일체신학의 핵심과 확장
성경 · 역사 · 교회 · 통일 · 사회 · 설교

초판 1쇄 인쇄 | 2020년 5월 18일
초판 1쇄 발행 | 2020년 5월 22일

지은이 백충현
펴낸이 임성빈
펴낸곳 장로회신학대학교 출판부

등록 제1979-2호
주소 04965 서울시 광진구 광장로5길 25-1(광장동 353)
전화 02-450-0795
팩스 02-450-0797
이메일 ptpress@puts.ac.kr
홈페이지 http://www.puts.ac.kr

값 17,000원
ISBN 978-89-7369-458-7 93230

＊이 도서의 국립중앙도서관 출판예정도서목록(CIP)은
서지정보유통지원시스템 홈페이지(http://seoji.nl.go.kr)와
국가자료공동목록시스템(http://www.nl.go.kr/kolisnet)에서
이용하실 수 있습니다. (CIP제어번호 : CIP2020018438)

The Point and Expansion of a Trinitarian Theology:
the Bible, History, Church, Reunification, Society, and Sermon

삼위일체신학의
핵심과 확장

| 성경 · 역사 · 교회 · 통일 · 사회 · 설교 |

백충현 지음

장로회신학대학교출판부

머리말

　지금까지의 신앙과 신학의 여정에서 하나님은 과연 누구이신가를 묻고 탐구하여 왔다. 실존적인 신앙 위기의 경험 속에서 허우적거리고 더듬거렸는데 어느덧 돌아보니 이 여정이 삼위일체 하나님에게로 나아가는 길이었다. 신학에 입문한 이후 지금까지 줄곧 이 길을 걸어왔다. 철학과 목회학을 공부하였고 유학하여 여러 곳에서 신학을 공부하였고, 또한 그동안 이런저런 형태로 목회를 병행하면서 삼위일체 하나님을 조금이라도 알아가고자 하였다. 그 결실 중의 하나로 2008년 박사학위논문을 완성하였고 바로 이 논문을 영문으로 출판하였다(*The Holy Trinity - God for God and God for Us: Seven Positions on the Immanent-Economic Trinity Relation in Contemporary Trinitarian Theology* [Princeton Theological Monograph Series 145, Eugene: Pickwick Publications, 2011]). 그리고 이 책을 한국어로 직접 번역하여 『내재적 삼위일체와 경륜적 삼위일체: 현대 삼위일체신학에 대한 신학·철학 융합적 분석 – 존재론과 인식론을 중심으로』(서울: 새물결플러스, 2015)를 출판하였다.

2009년에 귀국한 이후 그동안 학교에서 학술연구교수로 재직하면서 또는 교회에서 목회를 하면서 틈틈이 삼위일체론과 관련하여 작업을 해왔다. 여러 학회와 심포지엄에서 발표하고, 여러 학술지들에서 출판하며, 여러 학자들과 함께 공저 및 공역을 내기도 하였다. 다만, 아쉬운 점은 이와 같은 일련의 작업들이 각각의 다양한 시기와 상황에 따라 쓰였기에 하나의 통일된 틀에서 진행되지 못한 파편적인 작업들이 되었다는 점이다. 그러다 보니 수업에서도 이런저런 여러 글들을 소개하거나 찾아야 하는 번거로움이 컸다. 그래서 이 책에서는 지난 10여 년 동안 작업하였던 여러 글들을 하나로 모아 종합하고 정리하고자 한다. 글의 내용에 따라 성경, 역사, 교회, 통일, 사회와 같이 다섯 가지 분야로 분류하고, 마지막에는 삼위일체신학의 내용이 담긴 설교문 네 편을 추가하였다.

이 책을 통하여 수업에서 여러 자료들을 여기저기 찾아야 하는 학생들의 번거로움을 덜어줄 수 있을 것이다. 더 나아가서, 이 책에서의 작업을 바탕으로 앞으로도 계속 삼위일체신학을 연구하면서 하나의 일관된 체계를 갖추어 미래의 연구 방향을 설정하고 제시할 수 있기를 바란다. 현대 신학의 흐름 속에서 '삼위일체신학의 르네상스'라고 불리는 시기를 보내고 있는 오늘날 하나님을 더 온전히 알아가며 믿고 고백하고 찬양하고 예배할 수 있기를, 또한 이러한 신앙과 신학이 가정과 학교와 교회와 사회와 온 세계 속에서 더 온전히 구현될 수 있기를 기대하고 기도한다.

이 책에 실린 글들은 그동안 여러 학술지와 저서들에 이미 발표한 글들을 부분적으로 수정하고 보완한 것이다. 특히, 단행본으로서 나름대로 일관성을 갖추고 가독성을 높이기 위해 제목과 목차와 용어와 문구에 어느 정도의 변화를 주었다. 그리고 필자의 문의 및 요청에 대해 본래의 글을 사용할 수 있도록 흔쾌히 허락하여 준 대한기독교서회, 아바서원, 나눔사 등에 감사를 드린다. 각각의 글의 출처는 다음과 같다.

1장 한국조직신학회 엮음, 『목회를 위한 교의학주제 해설』(서울: 대한기독교서회, 2016), 61-75; 2장 『남북한 평화통일을 위한 삼위일체적 평화통일 신학의 모색』(서울: 나눔사, 2012), 83-104; 3장 웨슬리신학연구소 엮음, 『관계적 삼위일체론의 역사 – 관계 속에 계신 삼위일체 하나님』(서울: 아바서원, 2015), 77-98; 4장 "깔뱅의 '삼위일체적 함께하심'의 원리," 「칼빈연구」 7집(2010년 1월 20일): 111-126; 5장 "춘계 이종성의 삼위일체론이 한국신학 안에서 가지는 위치와 의의," 「장신논단」 49권 1호(2017년 3월): 283-306; 6장 "교회개혁을 위한 신학적 성찰 – 교회의 정체성과 적실성을 중심으로," 「신학과 선교」 50권(2017년 6월), 87-118; 7장 현요한 · 박성규 책임편집, 『WCC 신학의 평가와 전망』(서울: 장로회신학대학교출판부, 2015), 33-63; 8장 "세계교회협의회(WCC) 제10차 부산 총회의 삼위일체신학에 근거한 교회의 정체성과 과제," 「신학사상」

188집(2020년 봄): 77-104; 9장 "삼위일체-중심적(Trinity-centered) 신학의 전개를 위한 구상 – 남북한평화통일신학에 관한 논문들의 분석을 중심으로," 「온신학」 2권(2016년 10월): 141-182; 10장 "삼위일체적 평화통일신학의 적용 – 북한이탈주민들과 한국사회와의 상호 이해와 포용을 중심으로," 「한국개혁신학」 49집(2016년 2월): 132-162; 11장 한경호 엮음, 『협동조합운동과 마을목회 – 신학적 이론을 중심으로』(서울: 나눔사, 2018), 85-101; 12장 "다多문화사회의 관점에서 바라본 인간 – 삼위일체적 다多문화적 신학적 인간론의 모색," 「한국개혁신학」 64집(2019년 11월), 227-253; 13장 "포스트휴머니즘의 시대에서의 삼위일체," 「한국조직신학논총」 57집(2019년 12월), 171-199.

본서가 나올 수 있도록 그동안의 모든 과정을 인도하신 삼위일체 하나님께 감사와 영광을 올려드린다. 또한, 본서가 장로회신학대학교 출판부를 통하여 출판될 수 있도록 해주신 임성빈 총장님, 연구지원처장 김문경 교수님 및 연구출판위원회의 교수님들, 연구와 토론을 통해 신학의 깊은 세계로 이끌어주신 조직신학을 비롯한 모든 분야의 교수님들, 그리고 수업에서 진지한 질문과 열띤 토론으로 참여한 모든 학생들께 깊은 감사를 드린다. 아울러, 본서를 위하여 실무 행정 및 편집을 담당하신 연구지원처 및 출판부 김애교 실장님, 김용민 선생님, 김정형 교수님, 그리고 원고를 꼼꼼하게 검토하여준 조교 홍석오 전도사님과 김드리 전도사님과 김동혁 전도사님에게 진심으로 감사를 드린다.

아무쪼록 이 책에서의 신학적 작업을 통하여 삼위일체신학의 핵심을 파악하고 그 넓은 범위와 차원들을 확인할 수 있는 귀한 통찰과 도움이 모든 독자에게 있기를 바란다. 무엇보다도 이 책을 통하여 우리 모두가 삼위일체 하나님에게로 조금씩 더 나아갈 수 있기를 소망한다.

2020년 5월
백 충 현

목차

I

—

삼위일체와 성경

제 1 부

01장

이 글은 다음의 책 4장 "예수와 성령과 하나님(삼위일체론)"을 일부 수정하고 보완한 것이다. 한국조직신학회 엮음, 『목회를 위한 교의학주제 해설』(서울: 대한기독교서회, 2016), 61-75.

02장

이 글은 다음의 책 III장과 IV장을 일부 수정 및 보완한 것이다. 백충현. 『남북한 평화통일을 위한 삼위일체적 평화통일 신학의 모색』(서울: 나눔사, 2012), 83-104.

01장

성경의 하나님은 삼위일체 하나님

Ⅰ.
성경의 하나님은 삼위일체 하나님! the Triune God

성경은 하나님이 누구이신가를, 즉 하나님의 정체성 identity 을 드러내어 우리에게 알려준다. 하나님의 정체성은 구약에서는 이스라엘의 역사를 통해서 드러났고, 신약에서는 예수와 성령을 통해서 결정적으로 최고조로 드러났다. 그래서 성경의 증언 안에는 하나님에 대한 삼위일체적 이해가 명시적으로 또는 암시적으로 반영되어 있다.

예를 들면, 마태복음 3장 13-17절, 마가복음 1장 9-11절, 누가복음 3장 21-22절에는 예수님께서 갈

릴리로부터 요단강으로 오셔서 세례 요한에게 세례를 받으시는 장면이 소개된다. 예수께서 세례를 받으시고 물에서 올라오실 때, 하늘이 열리고 하나님의 성령이 비둘기같이 내려 예수 위에 임하였다. 그리고 하늘로부터 예수에게 "이는 내 사랑하는 아들이요 내 기뻐하는 자라"는 소리가 있었다. 예수께서 세례를 받으시는 사건은 성부와 성자와 성령이 참여하는 삼위일체적 사건이다. 하늘이 열리는 것은 천상의 영광이 현현하는 것을 의미한다. 이것은 성부 하나님이 성자의 세례 사건에 함께 계심을 상징적으로 보여준다. 성령은 비둘기의 형체로 임재하여 성령의 막대한 권능으로 성자에게 옷 입힌다. 하늘로부터 오는 소리는 성자를 향한 성부의 음성이다. 이와 같이 예수의 세례사건은 성부와 성자와 성령이 함께 참여하는 삼위일체적 사건이다.

예수님의 세례사건에서 볼 수 있는 바와 같이, 우리가 믿는 하나님은 어떤 추상적인 신神이거나 관념적인 신神이 아니다. 우리가 믿는 하나님은 성경이 증언하는 바와 같이 예수 그리스도를 통하여 성령 안에서 하나님 자신을 계시하신 삼위일체 하나님the Triune God이다. 그러나 삼위일체三位一體, Trinity 라는 용어와 삼위일체론the doctrine of Trinity이라는 교리는 우리의 신앙과 삶에서 너무나 진부하고 난해하고 복잡하고 동떨어진 것이 되어버렸다. 오순절 성령강림주일 이후 첫 번째 주일이 삼위일체주일Trinity Sunday 임에도 불구하고 목회현장에서는 이것에 대한 인식이 거의 없고 다만 침묵하고 있는 실정이다. 그리스도인들은 삼위일체 하나님을 믿고 고백하면서도 실제적인 삶에서는 거의 일신론자monotheist로 살아가고 있다. 하지만, 성경이 증언하는 하나님은 한 분 하나님이시지만 성부 하나님과 성자 하나님과 성령 하나님으로 함께 존재하고 함께 활동하시는 삼위일체 하나님이시다.

Ⅱ.
성경에서 드러난 예수 그리스도

신약에는 예수를 만나 변화된 많은 사람의 이야기들이 있다. 예수를 만난 많은 사람은 예수를 어떻게 믿고 고백하고 있는가? 몇몇 예를 들면, ① 요한복음 4장에 나오는 사마리아 여인은 예수를 만나 큰 변화를 경험하였다. 그 결과로 "여자가 물동이를 버려두고 동네로 들어가서 사람들에게 이르되 내가 행한 모든 일을 내게 말한 사람을 와서 보라 이는 그리스도가 아니냐 하니" 요 4:28-29라고 외쳤다. ② 요한복음 9장에 나오는 날 때부터 소경된 자는 예수와의 만남을 통하여 눈을 뜨게 되었다. 그러나 사실을 말하면 유대인들에 의하여 출교의 위협을 받았고 심지어 쫓겨났지만, 그는 예수께 "이르되 주여 내가 믿나이다 하고 절하는지라" 요 9:28. 즉, 그가 만난 예수를 믿음의 대상과 예배의 대상으로 섬겼다. ③ 요한복음 20장에 나오는 도마는 예수의 부활을 의심하였다가 부활한 예수를 만난 후에 "나의 주님이시오 나의 하나님이시니이다" 요 20:28라고 고백하였다. ④ 마태복음 16장에서 마태는 예수님에게 "주는 그리스도시요 살아 계신 하나님의 아들이시니이다" 마 16:16라고 고백하였다. 이를 통해서 보건대, 신약에서 예수를 만나 변화된 많은 사람은 예수를 믿음의 대상과 예배의 대상으로서, 그리스도 메시야이시며 주님이시며 하나님의 아들이시며 하나님이시라고 믿고 고백하였다. 이러한 신앙고백을 핵심적으로 정리하면 다음과 같다.

"예수 = 그리스도 메시야 = 주님 퀴리오스 = 하나님의 아들 = 하나님"

"하나님의 아들"이라는 표현에 대해서 한국교회에서는 많은 오해가 있다. 즉, 성부 하나님은 아버지이고 예수는 하나님의 아들이기에, 하나님과 예수는 서로 다를 뿐만 아니라, 아들인 예수는 아버지인 하나님에 비하여 열등하지 않는가 라고 많은 오해가 있다. 그러나 요한복음 5장 17-18절에 따르면, 예수께서 "내 아버지께서 이제까지 일하시니 나도 일한다"라고 말하자 유대인들은 이로 말미암아 더욱 예수를 죽이고자 하였다. 그 까닭은 예수가 안식일에 병자를 고칠 뿐만 아니라 "하나님을 자기의 친 아버지라하여 자기를 하나님과 동등으로 삼으심"이었기 때문이다. "하나님의 아들"이라는 표현은 유대적인 배경에서는 하나님 아버지와 하나님의 아들이 동등하다는 점을 의미한다. 예수는 자신이 "하나님의 아들"이심을 언급함으로써 성부 하나님과 동등한 하나님이라는 점을 드러내었다. 요한복음은 첫 장 첫 절부터 예수를 태초로부터 계신 말씀로고스이시며 하나님이시라고 선언하였다. "태초에 말씀이 계시니라 이 말씀이 하나님과 함께 계셨으니 곧 하나님이시라"요 1:1 그리고 이 말씀로고스은 태초의 천지창조에서 함께 하셨던 분이시다창 1:1-2.

그러므로 성경은 예수가 그리스도이시며 주님이시며 하나님의 아들이시며 하나님이심을 증언한다. 위에서 언급한 성경구절들 외에도 많은 성경구절이 이러한 점을 증언한다.

- 마가복음 1:1   "하나님의 아들 예수 그리스도 복음의 시작이라"
           3:11   귀신들도 "당신은 하나님의 아들이니이다"
           18:29, 4:61-62, 15:32, 15:39
- 누가복음 4:41   "하나님의 아들 …… 그리스도," 9:20
- 요한복음 6:68-69,

20:31   "오직 이것_{요한복음}을 기록함은 너희로 예수께서 하나님의 아들 그리스도이심을 믿게 하려 함이요 또 너희로 믿고 그 이름을 힘입어 생명을 얻게 하려 함이니라."

• 사도행전   2:36   "…… 너희가 십자가에 못 박은 이 예수를 하나님이 주와 그리스도가 되게 하셨느니라 ……"

3:20   "그리스도 곧 예수"

5:42   "예수는 그리스도라 가르치기와 전도하기를 ……"

9:20-22   "예수의 하나님의 아들이심을 전파하니 …… 예수를 그리스도라 증명하여 다메섹에 사는 유대인들을 굴복시키니라"

17:3   "…… 내가 너희에게 전하는 이 예수가 곧 그리스도라 ……"

18:5   "바울이 …… 유대인들에게 예수는 그리스도라 밝히 증거하니"

18:28   "성경으로써 예수는 그리스도라고 증거하여 ……"

28:31   "담대히 하나님나라를 전파하며 주 예수 그리스도께 관한 것을 가르치되"

• 로마서   1:4   "성결의 영으로는 죽은 가운데서 부활하여 능력으로 하나님의 아들로 인정되셨으니 곧 우리 주 예수 그리스도시니라"

• 고린도후서 1:19   "너희 가운데 전파된 하나님의 아들 예수 그리스도"

초대교회 시대 카타콤에서는 하나의 암호가 있었다. 그것은 물고기를 뜻하는 "익투스"ΙΧΘΥΣ이었다. 이 암호는 초대교회가 예수에 대하여 가졌던 신앙고백을 핵심적으로 보여준다. 왜냐하면 이 암호는 "예수스 크리스토스 테우 휘오스 소테르"예수 그리스도 하나님의 아들 구주의 각 단어 첫 글자들을 모아서 생성되었기 때문이다.

Iησous (예수스 = 예수) + Χριστοs (크리스토스 = 그리스도)

+ Θεou (테우, 하나님의) + Υιos (휘오스, 아들) + Σωτηρ (소테르, 구주)

III.
성경에서 드러난 성령 하나님

신약에는 또한 성령의 능력을 경험하여 교회가 세워지고 확장되는 놀라운 이야기들이 있다. 가장 대표적인 이야기가 사도행전 2장에 나오는 오순절 성령강림의 체험이다. 오순절 날에 제자들이 한 곳에 모였는데 성령이 각 사람 위에 임하였고 제자들은 모두 성령의 충만함을 받고 성령이 인도하시는 대로 순종하였다행 2:1-4. 이러한 성령강림의 체험을 통하여 제자들은 놀라운 변화를 경험하였고, 기사와 표적이 많이 나타났고, 아름다운 신앙공동체인 교회가 생성되고 확장되었다. "사람마다 두려워하는데 사도들로 말미암아 기사와 표적이 많이 나타나니, 믿는 사람이 다 함께 있어 모든 물건을 서로 통용하고, 또 재산과 소유를 팔아 각 사람의 필요를 따라 나눠 주며, 날마다 마음을 같이하여 성전에 모이기를 힘쓰고 집에서 떡을 떼며 기쁨과 순전한 마음으로 음식을 먹고, 하나님을 찬미하며 또 온 백성에게 칭송을 받으니 주께서 구원 받는 사람을 날마다 더하게 하시니라"행 2:44-47

성령의 역사하심에 의한 교회의 생성과 확장의 역사 속에서 성령의 능력을 체험한 교회는 성령을 어떻게 믿고 고백하고 있는가? 몇몇 예를 들면, ① 사도행전 5장에서 아나니아와 삽비라가 성령을 속이고 땅 값 얼마를 감추자 베드로는 "너희가 어찌 함께 꾀하여 주의 영을 시험하려 하느냐?"행 5:9 라고 말하였다. 여기에서 성령은 "주의 영"으로 여겨졌다. ② 로마서는 "만일 너희 속에 하나님의 영이 거하시면 너희가 육신에 있지 아니하고 영에 있나니 누구든지 그리스도의 영이 없으면 그리스도의 사람이 아니라"롬 8:9 고 말하는데, 여기에서는 성령이 "하나님의 영"과 "그리스도의 영"으로 여겨졌다. 그리고 ③ 성령은 "생명의 성령"롬 8:2과 "양자의 영"롬 8:15, "약속의 성령"엡 1:13 등으로 여겨졌다. ④ 예수는 성령을 "진리의 영"요 14:17으로, 그리고 가장 중요하게는 "또 다른 보혜사"요 14:16, 14:26, 15:26, 16:7로 여기셨다. 이러한 경험들과 인식들을 핵심적으로 정리하면 다음과 같다.

"성령 = 주의 영 = 하나님의 영 = 그리스도의 영 = 생명의 성령 = 양자의 영 = 약속의 성령 = 진리의 성령 = 또 다른 보혜사 = 하나님"

여기에서 예수가 성령을 "또 다른 보혜사保惠師"로 표현한 점에 주목할 필요가 있다. "또 다른 보혜사"는 그리스어로 "알로스 파라클레토스"ἄλλος παράκλητος인데, 문자적으로 "옆에서 함께 도우시는 분"이라는 뜻으로 대언자, 훈위사訓慰師, 위로자, 상담자, 변호자 등의 의미를 가진다. "또 다른 보혜사"라는 말은 "보혜사"가 있고, "또 다른 보혜사"가 있음을 의미한다. 여기에서 중요한 점은 "또 다른"을 의미하는 형용사 "알로스"라는 단어가 함의하는 바이다. "알로스"라는 형용사는 A와 B가 다름을 표현하되 A와 B가 동등함이 있을 때에 사용된다. 즉, "알로스"라는 단어는 예수와 성령이 동등함을 함의한다. 실제로 요한1서 2장 1절에서는 "…… 우리에게 대언자파라클레토스 =

보혜사가 있으니 곧 의로우신 예수 그리스도시라"고 말한다. "또 다른 보혜사" 인 성령은 보혜사인 예수 그리스도와 동등함을 함의한다.

그러므로 예수 그리스도가 하나님이라고 믿고 고백되듯이, 성령도 하나 님이라고 믿고 고백되고 체험되었다. 이러한 성령은 태초의 천지창조에서 함께 하셨던 "하나님의 영"창 1:2이며, 성막건축의 예술가인 브살렐과 오홀리 압에게 지혜와 총명과 지식을 준 "하나님의 영"출 35:31, 34이다. 이러한 성령 에 의하여 "모든 성경은 하나님의 감동으로 된 것"딤후 3:16으로 "그리스도 예 수 안에 있는 믿음으로 말미암아 구원에 이르는 지혜가 있게" 한다딤후 3:15. 또한, 이러한 성령은 "우리의 연약함을 도우시나니 우리는 마땅히 기도할 바를 알지 못하나 오직 성령이 말할 수 없는 탄식으로 우리를 위하여 친히 간구하시느니라"롬 8:26. 그러므로 성령은 하나님으로 믿고 고백되고 체험되 었다.

IV.
삼위일체 하나님을 반영하는 성경구절들

예수를 만나고 성령을 체험함으로써 하나님을 성부 하나님과 성자 하 나님과 성령 하나님으로 믿고 고백하고 예배하는 삼중적인 구조가 생겨나 게 되었다. 한 분 하나님의 일치성unity을 보존하면서도, 동시에 성부와 성자 와 성령으로서의 구별성distinction을 인정하였다. 하나님에 대한 이러한 삼중 적인 이해의 구조가 성경구절들 안에 많이 반영되어 있다. 몇몇 예를 들면 다음과 같다.

① 마태복음 28장 19-20절에 있는 세례문 Baptismal Formula 은 "아버지와 아들과 성령의 이름으로 세례를 베풀고"라고 말한다. 성부와 성자와 성령의 이름들복수이 아니라, 하나의 이름단수으로 세례를 베풀라고 말한다. 성부와 성자와 성령이 각각 다른 세 신들이라면 복수가 사용되어야 하지만, 여기에서는 단수가 사용되었다.

② 요한복음 4장에서 예수가 사마리아 여인에게 "하나님은 영이시니 예배하는 자가 영과 진리로 예배할지니라"요 4:23 고 말하심으로써 올바른 예배는 영이신 성령 안에서 및 진리이신 예수 그리스도 안에서 하나님 아버지께 나아가는 예배이라고 가르치셨다.

③ 고린도후서 13장 13절의 축도문 Benediction 은 "주 예수 그리스도의 은혜와 하나님의 사랑과 성령의 교통하심이 너희 무리와 함께 있을지어다"라고 말한다.

④ 에베소서 1장에 있는 사도 바울의 찬양 Praise 또는 송영 Doxology 은 "찬송하리로다 하나님 곧 우리 주 예수 그리스도의 아버지께서 그리스도 안에서 하늘에 속한 모든 신령한 복을 우리에게 주시되 ……. 약속의 성령으로 인치심을 받았으니 …… 그의 영광을 찬송하게 하려 하심이라"엡 1: 3-14고 함으로써 삼위일체적인 찬양/송영의 구조를 지닌다.

⑤ 에베소서 3장에 있는 사도 바울의 기도는 "…… 아버지 앞에 무릎을 꿇고 비노니 …… 그의 성령으로 말미암아 너희 속사람을 능력으로 강건하게 하시오며 …… 그리스도께서 너희 마음에 계시게 하시옵고 …….".라고 함으로써 삼위일체적으로 드려지는 기도의 형식을 지닌다.

⑥ 유다서 1장에 있는 권면 Charge 은 "사랑하는 자들아 너희는 너희의 지극히 거룩한 믿음 위에 자신을 세우며 성령으로 기도하며 하나님의 사랑 안에서 자신을 지키며 영생에 이르도록 주 예수 그리스도의 긍휼을 기다리라"유 1:20-21고 말함으로써 삼위일체적인 구조를 드러낸다.

⑦ 로마서 8장은 삼위일체 하나님께서 성도를 위하여 간구하시는 기도가 삼위일체적 기도임을 알려준다. "²⁶ …… 성령이 말할 수 없는 탄식으로 우리를 위하여 친히 간구하시느니라 …… ²⁷성령이 하나님의 뜻대로 성도를 위하여 간구하심이라 …… ³⁴누가 정죄하리요 죽으실 뿐 아니라 다시 살아나신 이는 그리스도 예수시니 그는 하나님 우편에 계신 자요 우리를 위하여 간구하시는 자시니라 ……"롬 8: 26-37, 34.

⑧ 로마서 11장은 삼위일체 하나님이 세계 또는 만물과 맺는 관계가 삼중적인 구조를 지님을 드러낸다. "이는 만물이 주에게서 나오고 주로 말미암고 주에게로 돌아감이라 For from him and through him and to him are all things 그에게 영광이 세세에 있을지어다 아멘"롬 11:33.

⑨ 에베소서 4장도 삼위일체 하나님이 세계 또는 만유와 맺는 관계가 삼중적인 구조를 지님을 드러낸다. "성령도 한 분이시니one Spirit …… 주도 한 분이시오one Lord …… 하나님성부도 한 분이시니 곧 만유의 아버지시라one God and Father of all. 만유 위에 계시고over all 만유를 통일하시고through all 만유 가운데 계시도다in all "엡 4:4-6.

삼위일체 하나님에 관하여 신약에서 명시적으로 드러나는 점을 관점으로 삼아 구약에 접근하면, 구약의 하나님이 단순히 한 분 하나님인 것만이 아니라, 하나님 자신 안에 모종의 내적인 구별이 존재하는 하나님임을 알 수 있다. 즉, 구약도 삼위일체 하나님임을 암시적으로 증언하고 있음을 알 수 있다. 두 가지 예를 들면 다음과 같다.

⑩ 창세기 1-3장에 따르면, 하나님은 세계를 창조하실 때에 홀로 창조하지 않으시고, 하나님의 말씀과 하나님의 영과 더불어 함께 창조하셨다. "태초에 하나님엘로힘이 천지를 창조하시니라 땅이 혼돈하고 공허하며 흑암이 깊음 위에 있고 하나님의 영은 수면 위에 운행하시니라 하나님이 이르시되말씀하시되 빛이 있으라 하시니 빛이 있었고 ……. ²⁶하나님이 이르시되 우리

의 형상을 따라 우리의 모양대로 우리가 사람을 만들고 그들로 바다의 물고기와 하늘의 새와 가축과 온 땅과 땅에 기는 모든 것을 다스리게 하자 하시고"창 1:1-3, 26. 여기에서 하나님이 엘로힘이라는 복수로 쓰여지고 있지만, 이것 자체는 삼위일체 하나님을 암시하지 않는다. 히브리어 문법적으로는 "신적인 위엄의 복수"divine majesty plural로서 고대근동에서 신의 이름을 복수로 사용함으로써 신적인 위엄을 높이려는 문법적인 표현일 뿐이다. 그렇지만 창조과정에서 하나님과 말씀과 영이 함께 하셨고, 인간을 창조하실 때에 "우리의 형상과 모양대로" 창조하신 것은 구약이 삼위일체 하나님을 암시적으로 가리키고 있음을 보여준다.

⑪ 신명기 6장 4-5절을 쉐마shema 구절이라고 한다. 쉐마는 문자적으로 "들으라"라는 뜻을 지닌다. "이스라엘아 들으라쉐마 우리 하나님 여호와는 오직 유일한 여호와이시니, 너는 마음을 다하고 뜻을 다하고 힘을 다하여 네 하나님 여호와를 사랑하라"신 6:4-5. 여기에서 "오직 유일한"에 사용된 말은 히브리어로 한 개a unit를 가리키는 야히드yahidh가 아니라, 하나의 일치unity를 의미하는 에하드'ehādh이다. 이 단어는 창세기 2장 24절에서 "…… 남자가 …… 그의 아내와 합하여 둘이 한 몸을 이룰지로다"에서 "한"에 사용되었다. 즉, 쉐마구절의 "오직 유일한"은 단지 한 개의 신이 있음을 의미하지 않고, 한 분 하나님 안에 모종의 내적 구별과 일치가 있음을 함의한다.

예수를 만나고 성령을 체험함으로써 하나님을 성부 하나님과 성자 하나님과 성령 하나님으로 믿고 고백하고 예배하는 삼중적인 구조가 생겨나게 되었다. 한 분 하나님의 일치성unity을 보존하면서도, 동시에 성부와 성자와 성령으로서의 구별성distinction을 인정하였다. 그러므로 성경의 많은 구절이 삼위일체 하나님을 명시적으로 또는 암시적으로 증언하고 있음을 알 수 있다.

V.

삼위일체 하나님을 반영하는 초대교회 예배와 찬송

예수를 만나고 성령을 체험함으로써 하나님을 삼위일체적으로 믿고 고백하고 예배하였기에 초대교회의 역사 속에서 삼위일체 하나님을 반영하는 예전의 모습과 송영의 모습을 발견할 수 있다. 몇몇 예를 들면 다음과 같다.

① 찬송가 3장, 4장, 7장의 가사는 2세기 초대교회에서부터 시작된 송영 doxology 으로 "영광송" Gloria Patri, 글로리아 파트리 이라고 불린다.

Gloria (et honor) Patri, et Filio, et Spiritui Sancto,

성부와 성자와 성령에게 영광(과 존귀)이 있기를,

Sicut erat in principio, et nunc,

et semper, et in saecula saeculorum. Amen.

태초로부터 지금까지 항상, 또 영원 무궁히. 아멘.

② 3세기215년의 "사도전승"은 로마의 히폴리투스에 의해 작성되었다. 여기에는 서방교회의 전형적인 성만찬기도인 아나포라anaphora가 보존되어 있다. 이 성만찬기도는 삼위일체적인 구조를 지닌다. 성부 하나님께서 사랑하시는 아들 예수 그리스도를 우리에게 구속주로 보내주셨음에 감사하고, 거룩한 교회의 봉헌 위로 성령을 보내주시기를 간구하며, 성령의 충만 안에서 성자 예수 그리스도를 통하여 성부 하나님께 아뢴다. 이 성만찬기도는 성 삼위께 드리는 송영에서 절정에 도달한다.

③ 4세기말 가이사랴의 바실레이오스바질의 예전은 동방교회의 대표적인 예전이다. 여기에서도 삼위일체 하나님께 영광과 존귀와 예배를 돌리는 찬양을 한다. "성부와 성자와 성령께 이제와 영원무궁토록 모든 영광과 존귀와 예배를 드립니다."

02장

삼위일체론의 핵심과 함의

I.

삼위일체론의 핵심

대부분의 그리스도인은 삼위일체론을 믿는다고 고백하면서도 삼위일체론이 실제의 신앙과는 관련이 없는 교리일 뿐이라고 생각한다. 그리고 성경에는 '삼위일체'라는 말이 없다는 지적에 머뭇거린다. 과연 그러한지를 여기에서 검토하고자 한다.

첫째, 어떤 이들은 삼위일체론the doctrine of the Trinity 은 교리/교의doctrine/dogma 로서 교회사에서 후대에 형성된 것이기에 삼위일체론을 진지하게 고려할 필요가 없다고 말한다. 그러나 이러한 진술은 오해에서 비롯된 것이다. 교회사적으로는 325년 니케아공의회에서 성부와 성자와의 동일본질homoousion

을 확정하면서 형성되기 시작하였다. 그런데 이렇게 제1차 에큐메니칼공의
회가 개최될 수 있었던 것은 313년 로마 황제의 밀라노칙령으로 기독교가
공인되었기에 가능한 일이었다. 그 이전까지는 불가능하였다. 다만, 핍박과
순교 속에서도 신앙이 면면히 흐르고 있었다. 이제 공의회가 개최되어 교리
를 확정하지만, 그 결정의 내용은 전혀 새로운 것이 아니며, 이전까지의 신
앙의 내용과도 동떨어진 것이 아니다. 형식적으로 언제 교리로 확정되었는
지가 중요한 것이 아니라, 내용적으로 어떤 신앙의 내용을 담고 있는가가
중요한 것이다. 만약 삼위일체 교리의 내용이 그 이전까지 면면히 이어져오
던 신앙의 내용을 담고 있다면, 삼위일체론을 진지하게 고려해야 한다.

둘째, 어떤 이들은 삼위일체론이 단지 교권 싸움에서 이긴 편의 교리일
뿐이며, 그렇지 않으면 이단들로 정죄되는 것이라고 주장한다. 그러나 이러
한 태도도 또한 오해에서 비롯된 것이다. 이단들은 성경이 증언하는 하나님
을 성경의 증언대로 받아들이지 못하고, 성경 외적인 신개념에 의해 강한
영향을 받음으로써 성경의 증언을 왜곡하기 때문에 생겨났다. 대표적인 이
단들로는 다음과 같다.

① 삼신론tri-theism. 삼신론은 성부도 하나님, 성자도 하나님, 성령도 하
나님으로 "세 개의 다른 하나님들"이라고 주장하는 입장이다.
② 군주신론monarchianism. 하나의mono 원리/통치arche 만을 인정한다고 하
여 군주신론으로 불리운다. 하나의 신적인 존재/원리만을 강조하는
입장이다. 그래서 "한 하나님"을 많이 강조함으로써 하나님 안의 내
적인 구별성을 제거해버리는 왜곡이 생겨난다. 군주신론은 ⓐ 양태
론modalism, ⓑ 종속론subordinationsm, ⓒ 양자설adoptionism 의 양상으로 나
타났다.
②-ⓐ 양태론modalism 또는 양태적 군주신론modalistic monarchianism 은 하나의

신적인 존재가 여러 양태들modes로, 즉 성부와 성자와 성령의 양태들로 나타난다고 주장하였다. 주창자들로는 사벨리우스와 프락세아스 등이 있다. 프락세아스의 성부수난설patripassionism을 주장하였다. 한국교회에서는 삼위일체 하나님을 "아버지는 집에서는 아빠, 회사에서는 부장, 집에서는 집사로 활동하는 것"과 같다고 설명하는데, 이러한 설명은 양태론이다. 그러나 이러한 설명은 어디까지나 "유비"analogy이기 때문에 유비가 지닌 한계점을 분명히 고려하면서 사용해야 한다.

②-ⓑ 종속론subordinationsm 또는 종속적 군주신론subordinational monarchianism은 하나의 신적인 존재를 강조하다가 보니, 성부에 비하여 성자 또는 성령이 열등하다고 주장하였다. 대표적인 주창자는 아리우스이다. 그는 신이 하나이고 단순성이 있다면, 신은 나눠질 수 없다고 주장하였다. 그래서 그는 "성부는 영원부터 존재하지만, 성자는 존재하지 않은 때가 있었다"There was once when the Son was not고 주장하였다.

②-ⓒ 양자설adoptionism 또는 역동적 군주신론dynamic monarchianism은 예수가 본래 존재론적으로 신이 아니라, 성령의 감동으로 신적인 능력을 지닌 자가 되었다고 주장하였다. 주창자들로는 테오도투스와 사모사타의 바울 등이 있다.

세째, 어떤 이들은 '삼위일체'Trinity라는 용어는 성경에 없고 후대에 만들어진 것이기에 이 용어를 사용해서는 안 된다고 주장한다. 그러나 이러한 주장은 오류이다. 라틴어로 트리니타스Trinitas라는 말은 테르툴리아누스터툴리안에 의하여 2세기 말 또는 3세기 초부터 사용되기 시작하였고, 그리스어로 트리아스Τριάς / Trias라는 말은 안디옥의 감독 테오필루스에 의하여 또한 2세기 말부터 사용되기 시작하였다. 삼위일체의 교리가 325년의 니케아공의회에서 결정되기 훨씬 이전의 일이었다. 테르툴리아누스와 테오필루스는 자신들이 전해받은 기독교신앙을 성찰하고 표현하기 위하여 이와 같은 용어들을 사용하기 시작하였다. 그러므로 형식적으로 언제 이 용어들이 고안되어졌는지가 중요한 것이 아니라, 내용적으로 어떤 신앙의 내용을 담고 있는가가 중요한 것이다. 만약 트리니타스와 트리아스가 표현하고자 하는 내용이 그 이전까지 면면히 이어져오던 신앙의 내용을 담고 있다면, 이러한 용어들을 진지하게 사용할 수 있다.

그렇다면, 교리사적으로 교리/교의가 결정되기 이전에, 또는 트리니타스와 트리아스라는 말이 만들어지기 이전에, 예수님이 제자들과 시도들에 의하여 전해져온 신앙의 내용이 무엇인지를 파악하는 것이 더 중요하다. 19세기 말과 20세기 초의 유명한 교회역사가로서 큰 영향력을 행사하여온 아돌프 폰 하르낙은 자신의 책 『교리의 역사』에서 교리dogma 는 복음Gospel 의 토양 위에 뿌려진 그리스 정신의 결과라고 주장하였다. 구체적으로 말하자면, 삼위일체론과 기독론은 기독교복음이 헬라화된 산물이라고 주장하였다. 그래서 자신의 역사신학적 과제는 그리스화의 껍질을 벗기고 복음의 알맹이를 찾아가는 것이었다. 그래서 하르낙은 자신의 책 『기독교의 본질』에서 복음의 세 가지 핵심들을 제시하였는데, 첫째는 하나님의 나라이며, 둘째는 성부 하나님 및 그로 인한 인간 영혼의 무한한 가치이며, 셋째는 고차원적 의와 사랑의 명령이었다. 여기에서는 성부만이 강조된다. 이와 같은 하르낙의 주장들이 아직까지도 영향력을 행사하고 있다.[1]

하지만, 켈리J. N. D. Kelly와 자로슬라브 펠리칸Jarosalv Pelikan과 같은 이후의 학자들은 복음의 헬라화라는 하르낙의 주장이 딱 들어맞는 것은 삼위일체론과 기독론이 아니라 아리우스의 반反삼위일체주의적 입장이라고 비판한다. 아리우스는 최고의 존재자는 오로지 한 분이며 이러한 분은 분할되거나 나뉠 수 없다는 그리스적 신관에 집착하였기 때문에, 초대교회에서부터 하나님으로 고백하여온 예수님을 받아들일 수 없었고 그래서 "성자는 존재하지 않은 때가 있었다"고 말하였던 것이다. 켈리와 펠리칸은 하르낙의 주장이 과장된 것임을 밝히면서, 동시에 복음은 일방적으로 그리스 정신에 의해 왜곡된 것이 아니라 기독교신앙의 정체성을 유지하기 위하여 외적인 정신과 사상과 문화를 선별적으로 여과하고 정화하며 창조적으로 통합한 것이라고 주장하였다.[2]

그렇다면 예수님의 제자들과 사도들에 의하여 전해져온 신앙의 내용은 무엇인가를 파악하는 것이 더 중요하다. 몇 가지 예를 들면, 요한복음 9장 38절에 보면, 날 때부터 소경된 자는 예수님께 "이르되 주여 내가 믿나이다 하고 절하는지라." 예수님과의 만남을 통하여 눈을 뜨게 된 이 사람은 유대인들에 의하여 출교의 위협을 받았고 심지어 쫓겨났지만, 자신이 만난 예수님을 주님으로 신앙고백하고 예수님을 예배의 대상으로 섬겼다. 요한복음 20장 28절에서 의심 많은 도마는 부활하신 예수님을 뵌 후에 "나의 주님이시오 나의 하나님이시니이다"라고 신앙고백하였다. 마태복음 16장 16절에서 마태는 예수님께 "당신은 그리스도시요 살아계신 하나님의 아들이시니이다"라고 신앙고백하였다. 이를 통해서 보건대, 성경의 이야기들 속에서 드러난 예수님은 "예배의 대상이시며 주님이시며 그리스도이시며 하나님의 아들이시며 하나님이시다." 이것이 신앙의 내용의 핵심이고 복음의 핵심이다.

II.
삼위일체론의 함의

우리가 믿는 하나님은 삼위일체 하나님이기 때문에, 삼위일체의 교리는 우리의 신앙과 신학과 삶에 모두 관계한다. 삼위일체 하나님에 대한 삼위일체론적 이해는 단지 신론과 기독론과 성령론에 한정되지 않고, 창조, 인간, 구원, 속죄, 영성, 교회, 종말, 목회, 예배, 성례, 선교, 기도, 가정생활, 사회, 문화, 세계종교 등의 모든 주제에 적용된다.[3] 여기에서는 우리가 믿고 고백하고 가르치는 삼위일체론을 삶의 현장 속에서 어떻게 적용할 수 있는지에 관하여 몇 가지로 제시하고자 한다.

1. 삼위일체 하나님과 신앙활동

우리가 믿는 하나님이 삼위일체 하나님이라면, 먼저 우리의 예배와 찬양과 기도는 삼위일체적이어야 한다. 단순히 한 분 하나님께 예배와 찬양과 기도를 드리는 것이 아니라 삼위일체 하나님께 예배와 찬양과 기도를 드려야 한다.

교리사적으로 4세기에 삼위일체론이 확정되기 훨씬 이전에 초대교회는 이미 삼위일체 하나님께 예배와 찬양과 기도를 드리고 있었다. 예를 들면, 찬송가 3장, 4장, 7장에 있는 "성부와 성자와 성령"은 영광송Gloria Patri으로도 명명되는데, 본래의 가사는 2세기에 만들어진 것으로 성부와 성자와 성령께 찬송과 영광과 존귀를 돌려드리는 것을 표현하였다.

로마의 히폴리투스의 것으로 알려진 『사도전승』은 3세기215년에 만들어진 것으로 서방교회에서 사용되는 전형적인 성만찬기도anaphora의 모습을 보여준다. 여기에서 성부 하나님께서 사랑하시는 아들 예수 그리스도를 우리에게 구속주로 보내셨음에 감사를 드리고, 그의 거룩한 교회의 봉헌 위로 성령을 보내주시기를 간구한다. 그리고 성령의 충만 안에서 성자 예수 그리스도를 통하여 성부 하나님께 아뢰는 이 기도는 성삼위께 드리는 송영에서 절정에 도달한다.[4]

동방교회에서 드리는 대표적인 예전은 4세기 말에 가이사랴의 바실레이오스바질이 만든 예전으로서 이것은 이후 동방교회의 예전의 토대가 되었다. 여기에서 "하나님의 말씀이신 독생자는 영원불멸하시도다. …… 오 그리스도 우리 하나님은 …… 성삼위일체의 하나로서 성부와 성자와 함께 영광을 받으시도다. 우리를 구원하소서"고 찬양하며,[5] "성부와 성자와 성령께 이제와 영원무궁토록 모든 영광과 존귀와 예배를 드립니다"라고 기도한다.[6] 그리고 평안의 입맞춤의 인사를 나눌 때 회중은 "성부와 성자와 성령, 거룩한 삼위일체이시도다! 동일본질이시며 함께 영원하시며 나뉘어질 수 없는 삼위일체이시도다!"라고 말한다.[7]

종교개혁자 칼뱅이 1545년에 작성한 스트라스부르예전에 있는 기도는 삼위일체적인 이해가 분명하게 담겨져 있다. 참회의 기도를 드린 후에 목사는 "…… 성부와 성자와 성령의 이름으로 사죄선언이 효력을 드러냄을 선언합니다"라고 말하며 삼위일체의 이름으로 사죄선언을 행한다.[8] 예장통합의 『예배·예식서표준개정판』가 제시하는 예배실제의 한 예에서는 기원 시에 다음과 같이 기도한다. "영원토록 존귀하신 하나님! ……. 오늘도 우리 주님 예수 그리스도를 통하여 계시하신 구원의 역사를 경험하면서 감격합니다. 이 시간도 성령님을 통하여 영과 진리로 예배하게 하시오니 우리가 여기 있나이다 ……" 여기에 성부와 성자와 성령에 대한 이해가 담겨 있다.[9] 어느 교회에서 드리는 삼위일체적 기원도 좋은 예가 될 수 있다.

영원히 찬양을 받으실 주 여호와 우리 아버지 하나님! 놀라우신 창조의 능력과 우리에게 베푸신 크신 은총을 인하여 주께 영광을 돌립니다. 죄와 사망과 사탄의 권세에서 우리르 건지신 주 예수 그리스도의 구속의 은혜를 길이길이 찬양하옵고, 오늘도 우리와 함께 하시며 날마다 주의 말씀 안에서 새롭게 변화시키시는 성령의 교통하심과 충만하심을 인하여 찬송을 돌립니다. 성부, 성자, 성령께 세세무궁토록 영광이 있을 지어다.[10]

2. 삼위일체 하나님과 성경해석

설교 또는 성경공부를 준비하기 위하여 성경을 해석할 때에, 대부분의 경우에 우리는 유신론적 전제를 가지고 접근한다. 유신론有神論이란 신이 존재한다는 입장을 가리킨다. 유신론은 신이 없다고 주장하는 무신론無神論과도 다르며, 신의 존재 유무를 알지 못한다고 주장하는 불가지론不可知論과도 다르다. 기독교는 하나님이 존재하심을 믿고 고백하고 가르치기에 유신론의 입장 안에 있다. 하지만, 유신론이 모두 다 기독교적인 하나님을 말한다고는 할 수 없다.

유신론을 주장할 때에는 논리적인 순서가 "신이 존재한다"고 말한 다음에 "그 신은 바로 기독교의 하나님이다"라고 말하는 것으로 나아간다. 이러한 순서에서는 신에 관한 비성경적인 개념들이 개입될 여지가 많이 있다. 예를 들어, 도깨비 방망이와 같은 신을 생각하는 자는 성경의 하나님을 그러한 신처럼 이해하고 기술한다. 그렇기 때문에, 계몽주의의 합리성에 영향을 받은 근대신학에서는 예수를 많이 탐구하였지만, 실상은 당대의 시대정신이 투영된 예수상을, 즉 도덕적이고 윤리적인 인간 예수의 모습을 그렸을 뿐이다.

기독교가 유신론인 것은 맞지만, 유신론에서 말하는 신이 전부다 기독교의 하나님이라고는 말할 수 없다. 유신론이 지닌 변증적인 목적이 분명히 긍정적인 가치를 지니지만, 그것은 어디까지나 매우 제한적임을 깨달아야 한다. 그래서 파스칼은 『팡세』에서 "나의 하나님은 철학자들과 학자들의 하나님이 아니라, 아브라함의 하나님, 이삭의 하나님, 야곱의 하나님"이라고 고백하고, "예수 그리스도의 하나님은 오직 복음서에서 가르쳐진 방식들로써만 발견될 수 있다"고 진술하였다.[11] 토마스 아퀴나스의 유명한 5가지 신 존재 증명들이 신의 존재를 증명한다고 하더라도, 그것은 어디까지나 부동의 원동자, 제일원인자, 필연적인 존재자, 최고의 완전자, 지적인 존재자의 존재를 증명한 것이며, 그러한 존재자가 반드시 예수 그리스도를 통하여 성령 안에서 계시된 하나님임을 보증하는 것은 아니다.

그러므로 우리는 추상적이고 관념적이고 일반적인 유신론에서 출발할 것이 아니라, 성경에서 출발해야 한다. 한스 프라이는 근대의 두 해석접근법, 즉 본문의 역사적 증거들을 찾는 접근법과 보편적 도덕교훈을 찾는 접근법 대신에, 성경을 세계와 관계를 맺으시는 하나님의 거대한 이야기 또는 드라마로서 이해하는 초대교회의 전통을 회복할 것을 제안하였다.[12] 우리는 여기에서 더 나아가서 성경과 성경 안의 이야기들을 통해서 드러난 하나님, 즉 예수 그리스도와 성령을 통하여 드러난 삼위일체 하나님 자체에서 출발해야 한다고 말할 수 있다. 예를 들어, 몰트만과 윙엘은 1960대와 1970년대의 세속적 무신론의 도전에 대한 응답으로서 추상적이고 관념적이고 일반적인 '신존재증명'을 전개하지 않았다. 오히려, 성경에서 구체적으로 드러난 예수 그리스도의 십자가 사건을 삼위일체적으로 분석하고 전개함으로써 성경의 하나님은 십자가 사건 속에서 드러난 삼위일체 하나님임을 선포하였다. 또 다른 예로, 다니엘 밀리오리는 하나님의 권능힘, power 이라는 주제를 다룬 책에서 세상문화에서의 권력힘, power 에 대한 일반적인 이해가 기독교의 하나님을 마치 수퍼맨으로 왜곡시키고 있다고 지적한다. 그는 고린도전서 1장 23-24절 "우리는 십자가에 못 박힌 그리스도를 전하니 ……. 그리스도는 하나님의 능력power이요 하나님의 지혜wisdom 니라"에 근거하여 하나님의 권능힘은 만능성의 권능이 아니라, 오히려 우리의 구원을 위하여 자발적으로 고난을 당하시고 십자가의 죽음을 당하시는 방식으로 행사되는 힘이라고 역설하였다.[13]

물론 기독교의 성경적 하나님을 말한다고 하면서도 은근슬쩍 자신의 생각들을 끼워 넣는 일들이 분명히 있게 마련이다. 그러나 진정으로 기독교의 성경적 하나님을 말하기를 열망한다면, 성령 안에서 예수 그리스도를 통하여 우리를 변화시키는 삼위일체 하나님의 변혁의 능력을 기대하고 수용해야 한다. 사도 바울이 "내 주 그리스도 예수를 아는 지식이 가장 고상하다"고 말한 까닭은 "내가 …… 그리스도를 얻고 그 안에서 발견되려 함"이었다. 즉, 참된 기독교적 성경적 하나님에 대한 이해는 나의 본 모습을 그대로 노출시키며, 변화되고 정화되며, 그리스도를 장성한 분량까지 닮아가는 것이다. 그러기에 기독교적 성경적 하나님을 진실되게 말하기를 원한다면, 하나님 이해에 은근슬쩍 자신의 생각들을 끼워 넣는 일들은 점진적으로 사라지게 될 것이다.

3. 삼위일체 하나님과 삶의 고통

삶의 현장에서는 고통의 현장에 있는 사람들을 자주 만난다. 결혼한 지 얼마 되지 않은 신혼이지만 아내가 속이 아파 병원에 갔더니 이미 위암 말기라고 진단을 받은 부부가 있는가 하면, 술중독에 빠진 아버지의 폭행과 새엄마의 무시로 인하여 집에 들어갈 수 없는 청소년들이 있는가 하면, 남편과 사별한 후에 아이들을 헌신적으로 키워왔지만 이제는 고혈압과 당뇨

등으로 병상에 꼼짝없이 누워있는 어르신이 있다. 이와 같은 수많은 고통의 현장들을 마주할 때마다, 우리에게는 "하나님은 어디에 계시는가?"라는 질문이 떠오른다.

노벨평화상을 받은 엘리 위젤의 자전소설 『나이트』*Night*에서는 무고하게 학살당하는 자들의 고통을 다루고 있다. 죽음의 수용소에서 사람들이 죽어가는 모습을 목격하면서 "하나님, 당신은 지금 어디에 계십니까?"라고 부르짖는다. 한 번은 유대인 몇명이 교수형에 처해지는데 그 중에 한 어린아이가 밧줄에 대롱대롱 매달려 죽어가는 것을 보면서, 다

시 "하나님은 도대체 지금 어디에 계십니까?"라고 묻는 소리가 들렸다. 그때 위젤은 자신 안에서 어떤 목소리가 대답하는 것을 들었다. "하나님이 어디 있냐고? 여기 교수대에 함께 매달려있느니라!"[14]

이러한 주제를 몰트만과 웡엘과 밀리오리도 신학적으로 다루면서, 성령의 아파하심 안에서 십자가 고난을 당하시는 예수 그리스도를 통해 드러난 삼위일체 하나님이 고통의 현장에 함께 계신다고 응답하였다. 이러한 삼위일체 하나님은 예수 안에서 나타나셨고 오늘날에는 성령을 통하여 계속 역사하신다.

소설 『오두막』[15]은 딸아이 미시가 실종되고 살해되는 고통을 겪는 아버지 매켄지의 하나님체험을 다룬다. 아버지 매켄지는 딸이 살해된 오두막을 찾아가는데, 그 곳에서 파파성부, 예수성자, 사라유성령를

만난다. 그곳에서 그들과 대화하면서 하나님은 삼위일체 하나님임을 깨닫고, 인간의 죄악상을 발견하고, 심지어 신에 관한 자신의 잘못된 관념들이 변화되고, 마지막으로 딸의 상실의 고통이 치유되고 회복되는 경험을 한다. 삼위일체 하나님은 우리를 고통 중에 내버려두시지 않고, 우리가 기대하지 않는 방식으로 고통을 통하여 우리 안에 들어오시며, 우리를 치유하시고 회복하신다.

4. 삼위일체 하나님과 사회/세계/우주

우리가 믿는 하나님은 삼위일체 하나님이며, 이러한 하나님은 예배와 찬양과 기도와 성경해석과 같은 신앙생활에서 뿐만 아니라, 삶의 고통과 같은 개인적인 삶의 문제에도 연관성을 지니며 신학적인 함의를 지닌다. 더 나아가서, 삼위일체 하나님은 사회와 세계와 우주와 관련하여서도 많은 연관성과 함의를 지닌다.

우리가 믿는 하나님은 삼위일체 하나님이기에 하나님의 형상대로 지음을 받은 우리는 사회와 세계와 우주의 삶 속에서 하나님을 닮아가야 한다. 하나님은 성부와 성자와 성령으로 함께 존재하시며 함께 사역하신다. "아버지께서 내 안에, 내가 아버지 안에 있는 것같이"라는 예수님의 기도문에서 알 수 있는 것처럼, 성부와 성자와 성령은 상호내주페리코레시스, perichoresis 하시면서 사랑과 평등의 공동체를 이루신다. 하나님 안의 이러한 연합코이노니아, koinonia/communion의 모습은 우리의 사회와 세계와 우주가 지향하는 비전이다.

특히, 사회와 관련하여, 19세기 중엽의 영국의 기독교사회주의자인 프레데릭 데니슨 모리스는 1854년에 출판한 자신의 책 『신학에세이』에서 삼위일체는 인간의 삶의 토대이며 인간사회의 토대라고 주장하였다.[16] 1869년에는 캠브리지대학교에서 사회도덕에 관하여 21회의 강연을 하면서 사회도덕을 위한 신학적 기초를 탐구할 것을 제안하였다.[17] 그리고 모리스는 모든 신학을 성부와 성자와 성령으로 계시는 삼위일체 하나님의 이름 위에 토대를 두고자 하는 자신의 신학기획이 삼위일체를 사회도덕의 토대로서 여기는 자신의 입장을 확증한다고 여긴다.[18] 19세기 말의 러시아정교회 신학자인 니콜라스 페도로프는 "삼위일체론은 우리의 사회적 프로그램이다."라는 명제를 통하여 당대의 사회를 삼위일체적으로 변혁시키기를 원하였다.[19]

모리스의 비전과 페드로프의 원리는 오늘날 현대 삼위일체신학에서 한편으로는 미로슬라브 볼프와 콜린 건톤에 의해서 제한된다. 볼프는 페도로프의 명제를 무제한적으로 지지하기보다는 약간의 제한을 가한다. 그리고 볼프는 삼위일체의 형상을 사회에 적용하기보다는 교회에 적용하는 것에 더 많은 관심을 기울였다. 그래서 그는 "기독인들의 교제는 삼위일체 하나님의 일치성을 반영해야 한다"고 주장하며, "그리스도의 이름으로 모인 자들은 삼위일체의 형상이 될 수 있다"고 진술하였다.[20] 그리고 볼프는 "삼위일체론은 우리의 사회적 비전이다."라는 명제로 좀 더 완화된 표현을 사용한다. 건톤은 더 나아가서 인간의 철저한 죄악성으로 인하여 사회적 삼위일체론을 무제한적으로 적용하는 데에 문제가 있음을 확증한다.[21] 그러나, 다른 한편으로, 페드로프의 원리는 위르겐 몰트만의 사회적 삼위일체론과[22] 레오나르도 보프의 해방신학적 사회적 삼위일체론[23]으로 확장되고 심화된다. 보프는 "삼위일체는 우리의 참된 사회적 프로그램이다."라고 주장한다.[24] 이러한 논의를 통하여 경제적 착취와 정치적 억압과 사회적 불평등이 없는 공동체, 즉 평등과 정의와 사랑이 가득한 사회 공동체가 되기를 바란다.

성경에 따르면, 복음의 역사는 개인적인 인간관계와 사회적인 관계의 차원을 넘어서서 세계적이며 우주적인 것으로 확장되고 확대된다. 에베소서 1장 9절에서 "하늘에 있는 것이나 땅에 있는 것이 다 그리스도 안에서 통일되게 하려 하심이라"고 말씀하는 바와 같다. 복음은 궁극적으로 그리스도 안에서의 온 우주만물의 통일을 선포한다. 에베소서 1장 3-14절은 삼위일체 하나님을 향한 아름다운 찬송이다. 3절에서 "찬송하리로다"로 시작하며 14절에서 "그의 영광을 찬송하게 하려 하심이라"로 끝난다. 삼위일체 하나님께서 우리에게 신령한 복영적인 복을 주셨기 때문에, 우리가 하나님께 복을 되돌려드리는 것, 그래서 하나님을 복되게 하는 것, 이것이 찬송의 요체이다. 성부 하나님께서는 성자 예수 그리스도 안에서 우리를 선택하시고 예정하시고 용서하시고 자녀로 삼아주시고 그 뜻의 비밀mystery을 깨닫게 하시고, 또한 이러한 모든 것들을 성령으로 약속하시고 인치시고 보증하여 주신다.

　삼위일체 하나님께서 우리에게 주시는 신령한 복 중에서도 가장 심오한 것 중의 하나는 바로 하나님의 뜻의 비밀mystery이 우리에게 알려지는 것이다. 그것은 때가 찬 경륜economy을 위한 것이다. 여기에서 경륜을 가리키는 그리스어는 오이코노미아oikonomia로서 집오이코스이라는 말과 노모스법이라는 말의 합성어다. 어느 집의 법을 가리킨다. 그 집이 가지고 있는 자원들과 재화들을 어떻게 사용하는가에 관한 것으로서, 한 가정에서는 가정경제라고 하고 한 국가에서는 국가경제라고 하듯이, 하나님께서 창조하신 온 우주의 자원들과 재화들을 어떻게 사용하는가에 관한 것이 우주 경제이며 이것이 곧 하나님의 경륜이다. 이 경륜의 핵심은 바로 예수 그리스도이기에, 초대교회에서는 경륜이라는 용어가 예수 그리스도의 성육신을 의미하였다. 그러므로 하나님의 뜻의 비밀mystery은 또한 예수 그리스도와 관련된 단어이다. 이 비밀mystery이라는 단어는 신약에서 28회 등장하는데 많은 경우에 예수 그리스도를 가리킨다. 한 예로, 골로새서 2장 2-3절에서 바울은 자신이 복음전도를 위하여 애쓰는 목적으로 골로새의 교인들이 "마음에 위안을 받고 사랑 안에서 연합하여 확실한 이해의 모든 풍성함과 하나님의 비밀인 그리스도를 깨닫게 하려 함이니 그 안에는 지혜와 지식의 모든 보화가 감추어져 있느니라"고 밝히고 있다. 비밀mystery이라는 단어가 라틴어로 사크라멘

툼sacramentum 인데, 교회에서 거행하는 성례sacrament를 가리킨다. 즉, 성례인 세례를 통하여 예수 그리스도와 연합하고, 성례인 성만찬을 통하여 예수 그리스도를 기념한다.

에베소서에 따르면, 하나님의 뜻의 비밀은 바로 그리스도 안에서 하늘에 있는 것과 땅에 있는 모든 것, 즉 우주의 모든 것이 통일되는 것이다. 여기에서의 통일이라는 말의 원문의 뜻은 "요약" 또는 "반복/회복"이라는 뜻이다. 어느 경우이든, 에베소서 1장 전체의 내용을 고려하고 또한 22절인 "또 만물을 그[그리스도]의 발 아래에 복종하게 하시고 그[그리스도]를 만물 위에 교회의 머리로 삼으셨느니라"는 구절을 고려하면, 통일의 원뜻은 우주의 모든 것들을 그리스도의 머리되심 아래에 놓이게 하는 것을 의미한다. 즉, 우주의 삶의 모든 영역에서 그리스도의 주되심을 우리가 고백하고 인정하는 것을 의미한다. 그러므로 삼위일체 하나님을 믿는 우리는 이러한 하나님의 위대하신 세계적 및 우주적 비전을 가져야 한다.

삼위일체 하나님에 대한 이해를 사회, 세계, 우주와 관련하여 직간접적으로 논의한 신학자들로는 대표적으로 장 칼뱅, 프레데릭 데니슨 모리스, 레오나르도 보프가 있다. 칼뱅은 성부와 성자와 성령이 공동으로 존재하시고 사역하시는 "삼위일체 하나님의 공동성의 원리"를 바탕으로 그리고 "삼위일체 하나님의 개방성의 원리"를 통하여 우리를 부르시고 초대하시는 삼위일체 하나님을 드러낸다. 모리스는 삼위일체 하나님은 인간의 삶의 기초이며 사회의 토대라고 주장하였다. 보프는 "삼위일체는 우리의 참된 사회적 프로그램이다."라고 말하면서 성부와 성자와 성령의 상호내주페리코레시스를 강조하고, 이를 통하여 사회가 상호 평등과 자유와 생명의 사회가 되어야 한다고 주장한다.

1 백충현, "19세기부터 오늘날까지의 삼위일체 신학의 부록, 일식 그리고 부흥," 「교회사학」 10권 1호 (2010년), 284-285.

2 위의 글, 302-304.

3 대표적인 예들로는 다음과 같은 책들이 있다. 이문균 지음, 『신앙과 삶 속에서 삼위일체 하나님 알아보기』(서울: 한국장로교출판사, 2005). 곽미숙 지음, 『삼위일체론: 전통과 실천적 삶』(서울: 대한기독교서회, 2009). Anne Hunt, *Trinity: Nexus of the Mysteries of Christian Faith* (Maryknoll: Orbis Books, 2005).

4 Robert Webber, *The Complete Library of Christian Worship, vol. 2: Twenty Centuries of Christian Worship* (Peabody: Hendrickson, 1993), 151-152.

5 위의 책, 156.

6 위의 책, 160.

7 위의 책, 162.

8 위의 책, 197.

9 총회예식서개정위원회 엮음, 『대한예수교장로회 예배·예식서(표준개정판)』(서울: 한국장로교출판사, 2008), 51.

10 한국예배학회/새세대교회성장연구원, 『경건한 예배 학술심포지엄 자료집』(2010년 11월 5일, 한국기독교회관), 57.

11 Blaise Pascal, "Pascal's Memorial," in *Great Shorter Works of Pascal*, trans. Emile Caillet and John C. Blankenagel (Philadelphia: Westminster, 1948), 117.

12 Hans Frei, *The Eclipse of Biblical Narrative* (New Haven: Yale University Press, 1974).

13 Daniel Migliore, *The Power of GOD and the gods of Power* (Louisville: Westminster John Knox Press, 2008), 53.

14 엘리 위젤 지음, 김하락 옮김, 『나이트(Night)』(서울: 예담, 2007).

15 윌리엄 폴 영 지음, 한은경 옮김, 『오두막』(서울: 세계사, 2009).

16 Frederick Denison Maurice, *Theological Essays*, 3rd ed. (London: Macmillan, 1871), 309. 제1판은 1854년에 출판되었다. Frederick Denison Maurice, *Theological Essays*, 1st ed. (New York: Redfield, 1854).

17 Frederick Denison Maurice, *Social Morality: Twenty-One Lectures Delivered in the University of Cambridge* (London: Macmillan, 1869).

18 Frederick Denison Maurice, *The Doctrine of Sacrifice: Deduced from the Scriptures: a Serious of Sermons* (London: Macmillan, 1893), xii.

19 장윤재, "에큐메니컬 운동의 미래에 대한 한 제언," 박상증목사평전 출판기념회 기념심포지엄(2010년 6월 21일), 16. http://www.kncc.or.kr.

20 Miroslav Volf, *After Our Likeness: The Church as the Image of the Trinity* (Grand Rapids: Eerdmans, 1998), 197.

21 Colin Gunton, *The Promise of Trinitarian Theology*, 2nd ed. (London: T&T Clark, 1997), 73-75.

22 신옥수, "몰트만의 사회적 삼위일체론 - 비판적 대화를 중심으로," 「장신논단」 30집(2007년), 203-230.

23 Leonardo Boff, *Trinity and Society* (New York: Orbis Book, 1997). 레오나르도 보프 지음, 이세형 옮김, 『삼위일체와 사회』(서울: 대한기독교서회, 2011). 이 책은 본래 1986년에 포루투갈어로 출판되었다. 영역본은 1988년에 처음 나왔다. 포루투갈어 본의 요약본은 1988년에 출판되었고 영역본은 2000년에 나왔다. Leonardo Boff, *Holy Trinity, Perfect Communiy* trans. Philip Berryman (Maryknoll: Orbis Books, 2000); 레오나르도 보프 지음, 김영석 · 김옥주 옮김, 『성삼위일체 공동체』(서울: 크리스천헤럴드, 2011).

24 위의 책, 16.

II

—

삼위일체와 역사

제 2 부

03장

이 글은 다음의 책 3장에 실려 있다. 웨슬리신학연구소 엮음, 『관계적 삼위일체론의 역사 – 관계 속에 계신 삼위일체 하나님』(서울: 아바서원, 2015), 77-98.

04장

이 글은 본래 다음의 논문으로 출판되었다. 백충현, "칼뱅의 '삼위일체적 함께하심'의 원리," 「칼빈연구」 7집 (2010년 1월 20일): 111-126.

05장

이 글은 2016년 9월 21일에 개최된 제12회 춘계 이종성 신학강좌에서 발표되었고 이후 다음과 같이 출판되었다. 백충현, "춘계 이종성의 삼위일체론이 한국신학 안에서 가지는 위치와 의의," 「장신논단」 49권 1호 (2017년 3월): 283-306.

03장

생 빅또르의 리샤르의
관계적 삼위일체론

I.
들어가는 말

생 빅또르의 리샤르Richard of St. Victor, c.1123-1173는 1170년경에 완성한 『삼위일체론』De Trinitate 제III권에서 하나님의 삼위성의 필연적인 이유들necessary reasons을 탐구한다. 이를 위하여 리샤르는 하나님에게 있어서의 선의 충만함fullness of goodness, 행복의 충만함fullness of happiness, 영광의 충만함fullness of glory 이라는 삼중적인 논변에 근거하여, 사랑의 본성을 분석하면서 하나님의 삼위성의 필연적인 이유들을 탐구한다. 이를 통하여 리샤르는 최고의 진정한 사랑caritas / charity은 홀로 있는 사랑이 아니라 관계 속에 있는 사랑이며 공동체 안에 있는 사랑임을 보여줌으로써, 위격person은 관계성 또는 공동체성 속에 있다는 상호위격적 삼위일체신학an interpersonal Trinitarian theology을 제시한다.

12세기 인물인 리샤르가 제시한 이러한 위격상호적 삼위일체신학은 그 자체의 한계점들이 있음에도 불구하고, 20세기 중반부터 발전하여 오늘날 부흥기를 맞이하고 있는 현대 삼위일체신학에 기여할 점들이 많이 있다. 왜냐하면 현대 삼위일체신학의 발전 및 부흥의 여러 원인들 중의 하나가 현대 사회의 가장 심각한 사회병리 현상인 개인주의individualism의 병폐를 해결하고자 하는 것이기 때문이며, 또한 개인주의의 문제의 중심에는 위격 또는 인격person에 대한 개인주의적인 이해가 불가분리적으로 연결되어 있기 때문이다.

그러므로 이 글은 리샤르의 『삼위일체론』 제Ⅲ권을 중심으로 그의 관계적 또는 공동체적 삼위일체론을 세밀하게 분석하고, 그의 입장이 현대 삼위일체신학과 관련하여 어떠한 공헌점들과 한계점들이 있는지를 비판적으로 검토하고자 한다. 리샤르의 관계적 삼위일체론을 본격적으로 다루기에 앞서 먼저 그가 삼위일체론의 탐구에 대하여 얼마나 뜨거운 열정을 품었는지를 살펴보자.

> 내가 탐구하는 계획과 관련하여, 나를 조소하기를 원하는 자들이 있다면, 그렇게 하도록 하라. 나를 조롱하고자 하는 자들이 있다면, 그렇게 하도록 하라. 그리고 마땅히 그렇게 해야 한다. 왜냐하면, 내가 여기에서 진실을 말하자면, 나로 하여금 진리를 추구하도록 움직이는 것은, 나를 우쭐하게 만드는 지식이 아니라, 불타오르는 영혼의 열정이기 때문이다. 내가 애를 많이 쓰지만 만약 목표에 도달하지 못한다면, 어찌해야 할 것인가? 길을 달리다가 비틀거린다면, 어찌해야 할 것인가? 그래도 나는 즐거워하리라. 주님의 얼굴을 뵈옵기 위하여 나는 전심으로 달렸고, 수고하였고, 내 모든 힘껏 땀을 흘렸기에, 나

는 즐거워하리라. 그리고, 내가 가는 길이 너무나도 길고, 거칠고, 험난하기 때문에 내가 실패하는 일이 일어난다고 한다면, 그래도 나는 적어도 무엇인가를 해내게 될 것이다. 진심으로 말한다면, 적어도 내가 할 수 있는 것만큼을 해내게 될 것이다.[1]

이와 같은 리샤르의 열정을 염두에 둔다면, 그의 삼위일체 신학과 그의 관계적 삼위일체론을 이해하는 데에 도움이 될 것이다.

II.
리샤르의 생애와 사상, 그리고 삼위일체론의 흐름 속의 위치

1. 생애와 사상

생 빅토르의 리샤르는 스코틀랜드에서 약 1123년에 태어났다. 그러나 그의 어린 시절에 관하여 알려진 것이 많지 않다. 리샤르는 대략 1150년대 초 청년 때에 파리 근교의 생 빅토르 수도원에 들어갔다. 아우구스티누스의 규율을 따르는 이 수도원은 1108년에 기욤 드 샹포Guillaume de Champeaux / William of Champeaux, c.1070-1121에 의해 세워졌고, 독일에서 온 성 빅토르의 휴고Hugo von St. Viktor, c.1096-1141에 의해서 발전하였다.[2] 리샤르는 거기에서 문서들을 통하여 당대의 저명한 성경학자이며 신학자였던 성 빅토르의 휴고로부터 많은 영향을 받았다. 리샤르는 이 수도원의 소수도원에서 1159년부터 부원장으로, 그리고 1162년부터 1173년까지 원장으로 활동하였다.

생 빅또르의 리샤르가 소수도원의 원장으로 있는 동안에 수도원에 큰 어려움이 있었다. 주된 이유는 수도원장인 에르비시우스Ervisius 때문이었다. 에르비시우스는 수도원의 재산을 낭비하고 수도원의 규율을 문란케 하였다. 이로 인하여 수도원은 교황의 권고를 받고 당국의 조사를 받게 되었으며, 그 결과 에르비시우스가 사임하게 되었다. 이러한 어려운 상황 속에서도 리샤르는 오히려 더 거룩한 영적인 생활에 집중하였다.[3]

생 빅또르의 리샤르는 당대의 영향력 있는 사상가이며 주요한 신비주의 신학자이었다. 그는 다수의 주석과 신학논문을 저술하였다. 무엇보다, 그는 관상contemplatio/contemplation에 많은 관심을 보였고 여러 책들을 저술하였다. 리샤르는 관상을 "지혜의 현현들에 관하여 마음이 경이로움에 휩싸인 상태, 그래서 자유롭고 더욱 통찰력이 있으며 응시하는 상태"[4]이라고 정의를 내렸다. 특히, 리샤르는 다른 이들에게 관상을 가르치고 실천하게 하고자 체계적인 책들을 저술하였다. 그 중에 "소小벤야민"Benjamin Minor으로 불리우는 『열 두 족장들』The Twelve Patriarchs과 "대大벤야민"Benjamin Major으로 불리우는 『신비의 증거궤』The Mystical Ark가 유명하다. 이 작품들은 관상의 본성과 양상들을 심층적으로 분석하고, 영성의 여러 단계를 제시하였다.

"소小벤야민"Benjamin Minor으로 불리는 『열 두 족장들』은 야곱의 자녀들을 네 조로 나누고 각 조를 관상탐구의 여러 단계 중의 각 단계를 표상하는 것으로 간주한다. 구체적으로, 첫째, 레아의 자녀들은 의지를 훈련하는 덕들을 가리킨다. 둘째, 빌하의 자녀들은 사고를 제어하는 덕들을 가리킨다. 셋째, 실바의 자녀들은 행동을 통제하는 덕들을 가리킨다. 마지막으로, 라헬의 자녀들은 금욕의 삶 전체를 감독하며 관상을 의미하는 덕들을 가리킨다.

그리고 "대大벤야민"Benjamin Major으로 불리는 『신비의 증거궤』에서는 여섯 가지 종류의 관상들을 구별하고 각 관상의 본질이 무엇인지를 분석한다. 이 책의 제 I 권에 따르면, 구체적으로 첫째는 상상 안에서 이루어지되 오직 상상을 따라서 이루어지는 관상이다. 둘째는 상상 안에서 이루어지되 이성을 따라서 이루어지는 관상이다. 셋째는 이성 안에서 이루어지되 상상을 따라서 이루어지는 관상이다. 네째는 이성 안에서 이루어지되 이성을 따라서 이루어지는 관상이다. 다섯째는 이성 위에서 이루어지되 이성을 넘어서지 아니하는 관상이다. 여섯째는 이성 위에서 이루어지되 이성을 넘어서는 것처럼 보이는 관상이다. 이러한 6가지 관상 중에서 처음 두 가지는 상상 안에서 이루어지는 관상이며, 가운데 두 가지는 이성 안에서 이루어지는 관상이며, 마지막 두 가지는 이해 안에서 이루어지는 관상이다.[5]

"소小벤야민"Benjamin Minor과 "대大벤야민"Benjamin Major과 같은 작품들은 이후에 보나벤투라Bonaventure와 여러 다른 신비주의가에게 심대한 영향을 끼쳤다. 그래서 13세기에 활동한 성 보나벤투라는 리샤르를 고대교부들 중 가장 위대한 관상저술가인 디오니시오스 아레오파기테스Dionysius the pseudo-Areopagite에 맞먹는 새 시대의 관상전문가이라고 간주하였다.[6]

리샤르는 관상과 같은 영성적인 것들에 많은 관심을 기울이면서 자연스럽게 하나님의 본연의 모습에 관하여 많이 묵상하고 성찰하였다. 그 결과로, 리샤르는 1162년부터 1173년 사이에 『삼위일체론』을 저술하였다. 이 논문에서 리샤르는 삼위일체 하나님의 모습에 관하여 하나님의 삼위성의 "필연적인 이유들"necessary reasons을 제시하고자 하였다. 그렇다고 리샤르가 이 논문에서 단순히 이성적, 합리적, 학문적 접근만을 취한 것은 아니었다. 오히려, 리샤르는 그의 평생에 많은 관심을 쏟아 부었던 관상을 포함하여 영적이고 영성적인 접근 안에서 하나님의 삼위성의 "필연적인 이유들"을 제시하고자 하였다. 이러한 점을 고려할 때, 『삼위일체론』은 그의 신앙적, 학문적, 영성적인 모든 관심이 집약적으로 반영되어 있는 작품이라고 할 수 있다.

2. 삼위일체론의 흐름 속에서의 위치

리샤르는 12세기에 활동한 인물로서 중세 시대에 삼위일체론을 논의하고 발전시킨 많은 신학자 중의 하나이다. 리샤르는 동방교회가 아닌 서방교회에 속한 인물로서 서방의 삼위일체신학의 전통 속에 위치하고 있으면서도, 서방의 삼위일체론을 새롭게 발전시키고자 하였다. 개괄적으로 살펴보자면, 리샤르는 아우구스티누스, 안셀무스, 보나벤투라, 아퀴나스로 이어지는 서방의 삼위일체론의 흐름 속에 위치한다. 무엇보다, 리샤르의 관계적 또는 공동체적 삼위일체론은 아우구스티누스의 영향을 받았으며, 또한 오늘날 현대 삼위일체신학에서 관계의 개념을 주요하게 다루는 사회적 삼위일체론과 여러 유사점을 지니고 있다.

구체적으로 살펴보면, 리샤르는 보에티우스Boethius, 480-524/524의 인격 또는 위격person 개념이 지닌 한계를 넘어서서 위격의 내적인 역동적 관계성을 확보하고자 하였다. 본래 위격에 대한 고전적인 정의는 보에티우스480-524/525의 정의이다. 보에티우스는 위격을 "이성적 본성을 지닌 개별적 실체" an individual substance of rational nature라고 정의하였다. 보에티우스의 정의의 강조점은 개별적인 실체에 놓여 있다. 그의 정의는 개별성과 실체성을 강조함으로써 역동적인 관계성 또는 공동체성을 상대적으로 소홀하게 여기게 되었다. 그리하여 이러한 강조점이 서방교회에서 주된 흐름을 차지하였다. 이와는 달리 리샤르의 시도는 위격 안에서의 관계성 또는 공동체성을 확보하고자 하였으며, 또한 이러한 그의 시도는 이전의 아우구스티누스Augustinus, 354-430의 관계 개념을 발전적으로 계승하고 있으며, 동시에 이후의 아퀴나스Aquinas, 1225-1274의 관계 개념에로 발전적으로 연결되고 있음을 알 수 있다.

더 구체적으로 살펴보면, 삼위일체론의 발전에 크게 공헌한 아우구스티누스는 삼위일체론의 논의 안으로 관계라는 개념을 도입한다. 그는 위격을 관계 개념으로 해석하고 실체로부터 구분하려고 하였다. 그에게 위격은 그 자체의 존재를 다른 위격의 존재한 동일한 것으로 만드는 관계에 있는 것이었고 이러한 관계는 영원한 관계이다. 그러기에 아우구스티누스는 한 분의 하나님의 존재 안에 세 가지 관계성이 곧 아버지와 아들과 성령이라고 말하였다.[7] 즉, 성부는 성자와의 관계 속에서 아버지로 불리며, 성자는 성부와의 관계 속에서 아들로 불리운다.[8] 성령은 성부 및 성자와의 관계 속에서 성령으로 불리운다.[9] 또한, 아우구스티누스에게 삼위일체 하나님 안에는 사랑하는 자the lover와 사랑을 받는 자the loved와 양자를 묶어주는 사랑love이 존재한다.[10] 관계에 관한 이러한 개념이 리샤르에게 그대로 전달될 뿐만 아니라, 새롭게 강조된다. 특히, 리샤르에게 성령이란 사랑하는 자와 사랑을 받는 자가 함께 사랑을 향하게 하는 자, 즉 함께 사랑을 받는 이, 즉 "콘딜렉투스"condilectus로서의 성령이다. 이런 점에서 리샤르가 제시하는 관계성 또는 공동체성의 개념은 아우구스티누스의 개념보다 더 역동적이라고 평가할 수 있다.

리샤르의 이러한 관계 개념은 이후에 아퀴나스에게서 더욱더 발전하였다. 아퀴나스는 위격을 관계로 이해하였다. 그에게서 관계는 단순히 "관계의 양식을 통한 것으로서의"per modum relationis 관계가 아니라, "존속의 양식을 통한 것으로서의"per modum subsistantiae 관계이며, "존속하는 것으로서의 관계" relatio ut subsistens 이다.[11]

그러나 삼위일체론에서 관계 개념이 서방교회에서는 근대 시기에서는 약화되었다. 아우구스티누스와 리샤르와 아퀴나스 등이 관계에 관하여 어느 정도의 논의를 시도하고 제시하였지만, 서방교회의 주된 흐름을 바꾸지는 못하였다. 게다가, 근대 시기에 들어와서는 인격person을 개인주의적으로 이해하는 근대문화의 특성으로 인하여 삼위일체론에서 관계에 관한 논의는 더욱 약화되었다.

그러다가 20세기 중후반에 새롭게 부흥하게 된 삼위일체신학에서는 관계의 개념이 새로운 관심사로 부상하여 많이 논의되어 오고 있다. 물론 이러한 변화는 러시아 정교회와 그리스 정교회의 신학자들에 의해서 동방교회의 삼위일체신학이 소개됨으로써, 그리고 이러한 소개를 서방교회의 신학자들이 수용함으로써 일어났다. 예를 들어, 상호내주 또는 상호침투를 의미하는 "페리코레시스"perichoresis 개념이 블라디미르 로스끼와 존 지지울라스 등에 의해 소개되었고, 이를 위르겐 몰트만과 레오나르드 보프 등이 적극적으로 수용하고 전개하였다. 이를 통하여 삼위일체 하나님 안에서의 관계성 또는 공동체성에 대한 관심이 확산되었으며, 특히 몰트만과 보프는 사회적 삼위일체the social Trinity를 제시하였다. 이와 같이 관계 개념에 대한 관심의 확산과 부흥에 힘입어, 오늘날의 신학자들은 역으로 서방교회의 삼위일체론의 역사 속에서 관계의 개념을 발전시킨 인물들에 관하여 관심을 증대시키고 있다. 이런 상황 속에서도 생 빅또르의 리샤르의 관계적 또는 공동체적 삼위일체신학이 많은 주목을 받고 있다.

III.
생 빅또르 리샤르의 관계적 삼위일체론

1. 리샤르의 신학적인 관심

『삼위일체론』 제III권 1-25장에서 리샤르는 하나님의 위격의 복수성을 탐구한다. 제III권 이전에서는 하나님의 일치성, 즉 하나님의 본체substance의 하나됨에 관하여 다룬다면, 제Ⅲ권에서는 하나님의 위격의 삼위성을 다룬다. 특히, 리샤르는 하나님의 위격이 삼위성이 되는 "필연적인 이유들"necessary reasons을 탐구한다.

제Ⅲ권 2-5장에서 리샤르는 하나님의 위격의 삼위성의 필연성을 증명하기 위하여 삼중적인 논증을 전개한다. 첫 번째는 선의 충만함fullness of goodness에 근거한 논증이며, 두 번째는 행복의 충만함fullness of happiness에 근거한 논증이며, 세 번째는 영광의 충만함fullness of glory에 근거한 논증이다.

이러한 삼중적인 논증의 핵심은 선과 행복과 영광 각각의 충만함에 최고의 진정한 사랑caritas/charity이 존재한다는 점이다. 이 최고의 진정한 사랑은 홀로 존재하는 혼자만의 사랑이 아니라, 사랑을 받는 다른 동등자equal가 함께 있는 사랑이다. 또한, 여기에서 사랑하는 자the lover와 사랑받는 자the loved 사이의 상호적인 사랑은 제삼자에게로, 즉 앞의 둘의 사랑이 함께 향하게 되어 전해지는 사랑, 즉 "콘딜렉투스"condilectus로서의 사랑이다. 이런 점에서 하나님의 위격의 삼위성이 증명된다고 리샤르는 주장한다. 이러한 삼중적인 논증들을 하나씩 세밀하게 검토하면 아래와 같다.

2. 선의 충만함fullness of goodness에 근거한 논증

첫째, 선의 충만함fullness of goodness에 근거한 논증에 따르면, 선의 충만함과 완전함에는 최고의 진정한 사랑이 존재한다. 그런데 최고의 진정한 사랑은 자신만을 사랑하는 사랑이 아니다. 최고의 진정한 사랑은 타자를 향한 사랑이다. 그러므로 최고로 선하신 분인 하나님은 홀로 존재하는 신이 아니라, 하나님의 사랑이 향하는 타자가 반드시 있어야 한다. 여기에 위격의 복수성의 가능성이 존재한다. 다시 말해서, 위격의 복수성이 결여되어 있다면, 최고의 진정한 사랑이라고 할 수 없다.

그러므로 최고로 선하신 분인 하나님에게는 위격의 복수성이 존재한다. 물론 최고로 선하신 분인 하나님에게 단 하나의 위격이 있되, 하나님의 사랑이 자신의 피조물에게로 향하는 경우가 있을 수도 있다. 그러나 이러한 사랑은 최고의 진정한 사랑은 아니다. 왜냐하면 하나님의 최고의 진정한 사랑이 자신의 피조물에게로 향한다면, 최고로 진정하게 사랑하지 말아야 할 것을 최고로 진정하게 사랑한 것이기에 그 사랑은 무질서한 사랑이 될 것이기 때문이다.

그러므로 최고로 선하신 분인 하나님에게 최고의 진정한 사랑이 존재하기 때문에 위격의 복수성이 존재하며, 또한 최고의 진정한 사랑으로 사랑하는 자와 사랑을 받는 자는 동등한 자가 되어야 하기에 동등한 자들로 이루어진 위격의 복수성이 존재한다.[12]

3. 행복의 충만함fullness of happiness에 근거한 논증

둘째, 행복의 충만함fullness of happiness에 근거한 논증에 따르면, 선의 충만함에 가장 좋은 것이 결여될 수 없듯이, 행복의 충만함에 가장 기쁜 것이 결여될 수 없다. 그런데 경험과 자연에서 알 수 있듯이, 사랑의 특징은 사랑을 하는 자가 그 사랑의 대상으로부터 사랑을 받기를 원한다는 점이다. 그러기에 사랑하는 자는 그 대상으로부터 사랑을 받아야 기쁨을 누린다. 만약 그 대상으로부터 사랑을 받지 못한다면, 즉 자신 혼자만 사랑을 주기만 한다면, 그는 기쁨을 누리지 못한다.

사랑은 서로 주고받는 상호적인 사랑mutual love이어야 기쁜 것이 된다. 어느 한쪽만의 사랑이라면 기쁨이 있기보다는 도리어 근심과 외로움이 있을 것이며, 그렇다면 행복이라고 할 수 없다. 따라서 행복의 충만함에 근거한 논증에 따르면, 최고의 진정한 사랑은 상호적인 사랑이어야 기쁜 사랑이 된다.

상호적인 사랑이 되려면 사랑을 주는 자와 사랑을 되돌려주는 자가 반드시 모두 존재하여야 한다. 사랑을 제공하는 자와 사랑을 갚는 자가 반드시 모두 존재하여야 한다. 그러므로 행복의 충만함에서는 위격의 복수성이 존재한다.[13]

위격 혼자만으로 기쁨을 누릴 수 있고 행복을 누릴 수 있다고 많은 이들이 착각할 수 있다. 그러나 리샤르의 논증에 따르면, 위격이 기쁨을 누리고 행복을 누리고자 한다면, 위격 자신이 사랑을 베풀어줄 뿐만 아니라, 그 자신 또한 다른 이로부터 사랑을 받기를 원하기에 다른 이로부터 사랑을 받아야만 한다. 이런 점에서 리샤르의 위격은 상호 간의 사랑을 교환하는 관계성을 전제하고 있다고 볼 수 있다.

4. 영광의 충만함 fullness of glory 에 근거한 논증

셋째, 영광의 충만함 fullness of glory 에 근거한 논증에 따르면, 영광의 충만함은 영광을 공유하는 자가 없어서는 아니됨을 요구한다. 만약에 하나님 안에 오직 하나의 본체가 있듯이 오직 하나의 위격만 존재한다면, 하나님에게는 자신의 충만함의 무한한 풍성함을 공유하는 자가 없을 것이다.

이러한 경우는 하나님께서 자신의 충만함의 무한한 풍성함을 공유하기를 원하신다고 하더라도, 그것을 공유할 자를 하나님께서 가질 수 없기 때문에 생겨나는 것인가? 그런데 이러한 불가능성을 근거로 이유를 대는 것은 납득이 될 수 없다. 왜냐하면 하나님은 전능하신 분이시기 때문이다.

그렇다면, 하나님께서는 공유할 자를 가질 수는 있다고 하더라도, 그러기를 원하지 않기 때문인가? 그렇다면 하나님에게는 교제가 결여되어 있을 것이며, 위엄의 보좌에 홀로 머물러 있을 것이며, 최고의 사랑이 주는 가장 큰 달콤함을 영원히 상실할 것이다.

더 나아가서, 하나님이 자신의 충만함의 무한한 풍성함을 자신에게로만 두기를 선호하신다면, 그 결과는 매우 심각한 것이 된다. 즉, 하나님은 타자에게 보이거나 인정되는 것을 부끄럽게 여길 것이며, 천사들과 모든 이들의 눈으로부터 자신이 보이지 않도록 스스로를 감출 것이다. 그러나 이것은 하나님에게 마땅한 일이 아니다. 오히려 하나님에게는 하나님의 최고의 위엄에 영광이 있어야 하며, 하나님의 최고의 위엄이 영광을 받아야 하는 것이 마땅하기 때문이다. 그러므로 영광의 충만함은 영광을 공유하는 자가 없어서는 아니됨을, 즉 위격의 복수성을 요구한다.[14]

위에서처럼 리샤르는 선의 충만함과 행복의 충만함과 영광의 충만함에 근거한 삼중적인 논증을 통하여 하나님의 최고의 사랑에는 동등한 위격들의 복수성이 존재함을 확증한다. 최고의 진정한 사랑보다 더 좋은 것은 없고, 더 기쁜 것은 없고, 더 찬란하고 영광스러운 것은 없다. 이 최고의 진정한 사랑은 위격의 복수성으로 존재한다.

이와 같은 삼중적인 논증을 리샤르는 마태복음 18장 16절의 두세 증인의 말과 전도서 4장 12절의 삼겹줄에 비유한다. 전자에서는 "만일 듣지 않거든 한두 사람을 데리고 가서 두세 증인의 입으로 말마다 확증하게 하라"고 말씀하며, 후자에서는 "한 사람이면 패하겠거니와 두 사람이면 맞설 수 있나니 세 겹줄은 쉽게 끊어지지 아니하느니라"고 말씀한다. 이렇게 함으로써 리샤르는 삼위일체 하나님에 대한 자신의 탐구의 내용이 견고하고 확고하다고 알려준다.[15]

5. 하나님의 위격의 복수성의 필연성

지금까지는 하나님의 위격의 복수성을 확증하였는데, 그렇다면 그 복수성이 반드시 삼위성이어야 하는 필연적인 이유들은 무엇인가? 왜냐하면 삼위성이 아니라고 하더라도 그 이외의 복수성들이 존재할 수 있기 때문이다.

여기에 관하여 리샤르는 『삼위일체론』 제Ⅲ권 11장부터 논증한다. 리샤르는 앞에서와 마찬가지로 여기에서도 선의 충만함fullness of goodness, 행복의 충만함fullness of happiness, 영광의 충만함fullness of glory에 근거한 삼중적인 논증을 통하여 삼위성을 논증한다.

첫째, 선의 충만함fullness of goodness에 근거한 논증에 따르면, 최고의 진정한 사랑은 반드시 완전하며, 또한 탁월하다. 그렇다면 최고의 진정한 사랑에서는 자신을 사랑하듯이 타자를 사랑하는 것이 완전하고 탁월한 것이다. 그러기에 최고의 진정하고 완전하고 탁월한 사랑은 사랑을 기꺼이 공유하는 사랑이다. 그러므로 가장 탁월한 수준의 사랑은 사랑을 공유하는 자를 배제하는 경우에서, 또는 탁월한 기쁨을 공유하는 것을 배제하는 경우에서는 존재하지 못한다. 그러므로 최고로 사랑을 받는 자와 최고로 사랑을 주는 자 각각은 둘 모두의 사랑을 함께 받을 누군가를 동일한 갈망으로 찾는다. 바로 여기에서 최고의 진정한 사랑의 완전성이 위격의 삼위성을 요구한다.[16]

둘째, 행복의 충만함fullness of happiness에 근거한 논증에 따르면, 행복의 충만함은 사랑으로부터 모든 결점을 배제한다. 그렇다면, 사랑을 주는 자와 사랑을 받는 자 각각이 둘 모두의 사랑을 함께 받을 누군가를 동일한 갈망으로 찾는데, 한쪽은 원하고 한쪽은 원하지 않는 경우는 있을 수가 없다. 이것은 결점이 되기 때문이다. 그리고 둘 모두가 원하면서도 찾지 못하는 경우도 있을 수 없다. 왜냐하면 둘이 서로 사랑하는 경우에, 한쪽은 찾고 다른 한쪽이 찾지 못한다면, 찾는 쪽은 찾지 못하는 쪽을 보고 슬퍼할 것이기 때문이다. 이것 또한 결점이 되기에 행복의 충만함도 위격의 삼위성을 요구한다.[17]

셋째, 영광의 충만함fullness of glory에 근거한 논증에 따르면, 사랑의 교제를 경험할 수 없다는 것은 최고의 사랑에게 큰 결점이 된다. 이러한 결점이 사랑하는 자 중 누군가에게 있다면, 그 결점으로 인하여 누군가는 슬퍼할 것일 뿐만 아니라 그 스스로도 부끄러워할 것이다. 부끄러움과 수치심이 있는 곳에 어떻게 영광이 있겠는가? 영광의 충만함 안에서는 그와 같은 당황스러운 일은 있을 수가 없다. 그러기에 영광의 충만함도 위격의 삼위성을 요구한다.[18]

이와 같이 선의 충만함과 행복의 충만함과 영광의 충만함에 근거한 논증들은 동일한 점을 증명한다. 신적인 사랑의 충만함에 관하여 어떻게 생각해야 하는지를 분명하게 증명한다. 즉, 최고의 진정한 사랑에는 결점이 없어야 하며, 그러기에 모든 완전성의 충만함을 선언하며, 따라서 위격의 복수성을 요청하고, 이 복수성이 더 완전해지기 위해서는 위격의 삼위성을 요청한다.[19] 다시 말해서, 하나님의 위격들에서는 한 위격의 완전성은 또 다른 위격의 존재를 요구하며, 또한 두 위격들에서 각 위격의 완전성은 세 번째 위격과의 연합을 요청한다.[20]

이와 같은 점은 리샤르에 따르면 자선benevolence의 관점에서도 확증된다. 사랑하는 자와 사랑을 받는 자 둘 사이에 최고의 사랑이 있기 위해서는 각 위격이 최고로 완전해야 하며, 이는 두 위격들 모두에게 최고의 자선이 있어야 함을 의미한다. 최고의 완전한 자선의 특징은 자신의 충만함의 온전한 풍성함을 둘 모두에게 함께 공유하도록 하는 것이다. 그래서 각각의 위격은 동일한 열망과 비슷한 이유로 인하여 자신의 탁월한 기쁨을 함께 공유할 자를 추구하는 것이 필연적이다.[21]

만약 첫 번째 위격이 두 번째 위격과의 친밀한 사랑 안에서 최고의 기쁨을 누린다면, 두 번째 위격도 첫 번째 위격과의 사랑 안에서 탁월한 기쁨을 누린다. 그렇지만 첫 번째 위격만이 두 번째 위격에 의해 사랑을 받는다면,

첫 번째 위격만이 탁월한 달콤함의 기쁨을 가진 것처럼 보인다. 반면에 두 번째 위격에게는 세 번째로 사랑을 나눌 자가 없는 한, 탁월한 기쁨의 공유를 결여하게 된다. 그러기에 첫 번째와 두 번째 위격이 동일한 종류의 즐거움들을 공유할 수 있기 위해서는 세 번째 위격의 존재가 필수적이다.[22]

이렇게 하여 리샤르는 하나님의 위격의 삼위성을 여러 가지 관점에서 확증하고 증명한다. 여기에서 주목할 점은 리샤르가 세 번째로 사랑을 나눌 자를 표현하기 위하여 함께 사랑을 받는 자라는 뜻의 "콘딜렉투스"condilectus 라는 단어를 사용한다는 점이다. "콘딜렉투스"condilectus 의 존재로 인하여 하나님의 위격은 필연적으로 삼위성이 되는 것이다.

그렇지만, 이와 같은 리샤르의 여러 가지 증명들에도 불구하고, 여전히 해소되지 않는 점들이 남는다. 그것은 여러 가지 증명들의 근거들에 의하여, 하나님의 위격의 복수성이 필연적으로 삼위성이 된다고 하더라도, 반드시 삼위성으로 한정이 된다거나 삼위성으로 머문다는 점을 최종적으로 확증하지는 못한다는 점이다. "콘딜렉투스"condilectus 의 존재는 삼위성의 존재를 입증하지만, 그렇다고 사위성이나 오위성 등을 논리적으로 막지는 못하는 것처럼 보이기 때문이다.

이런 점에서 하나님의 위격의 삼위성에 대한 필연적인 이유들을 추구하였던 리샤르의 신학방법론은, 한편으로는 삼위성을 확보하는 데에서는 성공하였을지라도, 다른 한편으로는 삼위성에서 머무는 데에서는 여전히 미완의 작업으로 남는 것처럼 보인다.

IV.
적용 및 평가

리샤르의 『삼위일체론』 제Ⅲ권을 중심으로 고찰하면서, 그가 확증하고
자 하였던 하나님의 위격의 삼위성은 그의 삼위일체론이 관계적 또는 공동
체적 삼위일체론임을 분명하게 드러냄을 알 수 있다. 리샤르는 『삼위일체
론』 제Ⅲ권 이전에서는 하나님의 하나됨, 즉 하나님의 본체substance 의 하나
됨을 다루었지만, 여기에 머무르지 아니하고 제Ⅲ권에서는 하나님의 위격
의 삼위성을 다루며 그 필연적인 이유들을 확증하고자 하였다. 이를 위하여
특히 제Ⅲ권 2-5장에서 선의 충만함, 행복의 충만함, 영광의 충만함에 근거
한 삼중적인 논증을 제시하였다. 이러한 과정을 통하여 리샤르는 하나님을
관계적 또는 공동체적 삼위일체의 하나님으로, 또는 상호위격적 삼위일체
하나님으로 제시하였다. 이워트 커즌스Ewert Cousins 는 영성이라는 주제와 관
련하여 리샤르의 삼위일체론을 분석하면서 그의 삼위일체론을 "상호위격적
관계성의 신학"a theology of interpersonal relations 이라고 규정하고 다음과 같이 평가
하였다.

> 개인영혼을 삼위일체의 형상으로 이해하는 아우구스티누스의 개념
> 은 개인이 하나님과의 연합에로 오르는 것을 강조하는 내면적인 영
> 성의 길을 위한 지침들을 제공한다면, 리샤르의 삼위일체사상은 상
> 호인격적인 공동체와 연관된 영성의 가능성을 제시한다.[23]

이런 점에서 리샤르의 삼위일체론은 항상 관계성 또는 공동체성과는
분리될 수 없는 신학이라고 할 수 있다.

19세기 말의 삼위일체론 연구가인 떼오도르 드 레뇽Théodore de Régnon은 서방교회의 삼위일체론과 동방교회의 삼위일체론을 비교연구하면서 전자는 하나님의 하나됨에서 삼위성으로 나아가고, 후자는 하나님의 삼위성에서 하나됨으로 나아간다고 구분하였다. 이러한 구분이 양진영의 특징을 지나치게 단순화하고 있다는 비판을 받고 있지만, 하나됨에서 삼위성으로 나아가는 순서는 리샤르의 경우에도, 그 이전의 아우구스티누스의 경우에도, 그리고 그 이후의 토마스 아퀴나스의 경우에도 적용된다고 할 수 있다. 다만, 하나님의 하나됨과 하나님의 삼위성으로 구분된다고 하더라도, 이 두 부분이 긴밀한 연관성을 맺고 있는지, 아니면 이 두 부분이 분리적으로 다루어지고 있는지는 각 신학자마다 세밀하게 연구함으로써 평가해야 할 것이다.

어쨌든 리샤르가 서방교회의 전통에 따라 하나님의 하나됨에서 하나님의 삼위성으로 나아가는 순서를 보이고 있음을 사실이다. 그럼에도 불구하고, 그의 삼위일체론이 하나됨 또는 일치성에 머무르지 아니하고, 관계적 또는 공동체적 삼위일체론으로 나아가고 있다는 점은 주목할 만하다. 리샤르의 삼위일체론이 관계성 또는 공동체성을 특징적으로 지닐 수 있었던 것은, 그가 하나님의 위격을 다룰 때에 삼위성의 각 위격이 필연적으로 지니고 있는 관계성 또는 공동체성을 간과하지 않고 주목하였기 때문이다. 이러한 점에서 리샤르는 서방교회의 전통을 따르는 순서를 보이고 있음에도 불구하고, 그의 삼위일체론이 관계적 삼위일체론이며 공동체적 삼위일체론이라는 점은 독특한 공헌이라고 할 수 있다.

리샤르의 관계적 또는 공동체적 삼위일체론의 중심에는 위격에 대한 그의 이해가 담겨 있다. 보에티우스는 위격을 "이성적 본성을 지닌 개별적 실체"라고 정의하였다. 이러한 정의는 위격의 개별성과 실체성을 부각시키는 반면 위격의 관계성과 공동체성을 부차적으로 여겼다. 보에티우스의 정의에 대한 불만족스러움을 해결하기 위하여 안셀무스, 아벨라르두스, 로베르투스, 리샤르, 아퀴나스 등이 여러 가지로 시도하였다.[24] 이들 중에서 리샤르는 위격을 "이성적 본성을 지닌 교환불가능한 실존"an incommunicable existence of rational nature이라고 정의하였다. 그에게 "교환불가능한 실존"이란 "오직 유일한 어떤 위격에게만 속할 수 있는 것"[25]을 의미한다. 그리고 그에게 "실존"이란 세 가지 양태로 구분될 수 있는데, 첫째는 "오직 사물의 성질에 따라," 둘째는 "오직 사물의 기원에 따라," 셋째는 "이 둘 모두의 변화에 따라" 구분될 수 있는 것이다.[26] 이와 같은 논의들을 통하여 리샤르는 위격의 교환불가능한 고유성을 확보함과 동시에, 인격의 근원적인 관계성 또는 공동체성을 확보하고자 하였다. 이러한 점과 연관하여 박승찬은 리샤르의 위격의 개념에 관하여 다음과 같이 요약한다.

세 위격보다 더 많은 위격이 존재할 수는 없다는 사실을 밝히기 위해 리카르두스[리샤르]는 이제 위에서 언급되었던 정반대의 기원관계, 즉 '산출되도록-함'의 관계 또는 '어디로'의 관계를 들여온다. 신 안에는 간접적인 산출의 방식을 상정할 수 없기 때문에 만일 더 많은 위격을 상정한다면, 제4위격은 최초의 세 위격으로부터 직접적으로 산출되고, 제5위격은 최초의 네 위격으로부터 직접적으로 산출되어야만 할 것이다. 그러나 이제 위격들의 수가 무한히 늘어나지 않게 하기 위해서, 그것으로부터 다른 어떤 위격이 산출되지 않는 특성을 가지고 있는 한 위격이 존재해야만 한다. 리카르두스는 또한 제III권에서 언급했던 사랑을 더욱 분명히 구분하면서 제4, 제5의 위격이 존재할 수 없음을 밝힌다. 그에 따르면, 빚진debitus 사랑, 무상으로 주는gratuitus 사랑, 무상으로 주기도 하고 빚지기도 하는 사랑을 통해 사랑의 가능한 종류들은 모두 나열되었다. 따라서 그 이상의 위격은 자신에게 고유한 것일 수 있는 사랑의 다른 종류를 가지고 있지 못할 것이다.

　이로써 그들의 교환불가능한 실존이라는 관점에서 세 위격들은 확정된다. 제1위격은 다른 어떤 곳에서도 그 존재를 받아들이지 않고, 오직 다른 것들에게 존재를 주는 것이다. 제2위격의 특성은, 한편으로 제1위격으로부터 직접적으로 존재를 받아들이면서, 다른 한편으로 제3위격에게 주기도 하는 것에 있다. 제3위격은 두 위격으로부터 직접적으로 산출되지만, 그 존재를 오직 받기만 하고 계속해서 전달하지는 않는 것이다.[27]

　위에서 요약된 내용은 리샤르의 『삼위일체론』 제V권에서 주로 다루어진다. 이러한 내용이 리샤르에게 여전히 해결되지 않았던 문제에 대하여 제대로 해답을 제시하였는지에 관해서는 여전히 논란의 여지가 있다. 왜냐하면 한편으로는 삼위성의 필연성을 보여주면서도, 다른 한편으로는 삼위성의 최종성을 직접적인 근거가 아니라 부가적으로 도입된 근거에 의해서 간접적으로 제시하는 것이기 때문이다.

　어쨌든 리샤르의 새로운 인격 개념은 보에티우스의 인격 개념의 한계를 넘어서며, 인격 개념의 내적인 역동적 관계성을 확보하고자 하였다. 이러한 점을 고려하면, 리샤르의 관계적 또는 공동체적 삼위일체론의 중심에 있는 위격에 대한 그의 이해는 매우 중요하다고 할 수 있다. 이를 바탕으로 리샤르는 위격을 관계적 또는 공동체적인 존재로 이해할 수 있었고, 더 나아가서 그는 삼위일체 하나님 안에 "화합적인 사랑"concordant charity과 "공동사회적 사랑"consocial love이 있음을 확증할 수 있었다.[28]

　리샤르의 이러한 통찰은 오늘날 부흥기를 보내고 있는 현대 삼위일체신학에 공헌할 점들을 많이 제공할 수 있다고 여겨진다. 특히, 현대 삼위일체신학은 서구의 가장 심각한 사회병리 현상인 개인주의를 극복하기 위하여 참되고 진정한 수평적 사랑의 관계성과 공동체성의 개념을 탐구하고 대안으로 제시한다. 무엇보다, 서구 사회가 근대 이후로 인간을 이해함에 있어서 인격person의 개념을 "자의식을 지닌 개별적인 중심"an individual center of self-consciousness로 규정하면서 개인주의의 병폐는 오늘날까지 심화하여 왔다. 이로 인하여 모더니즘은 인간중심적인 세계관을 바탕으로 남녀차별, 인종차별, 식민지건설, 환경오염 및 자연파괴 등을 정당화하여 왔던 것이다. 그러기에 오늘날 모더니즘의 인간중심적 세계관을 비판적으로 성찰하고, 아울러 진정한 사랑의 관계와 공동체성을 탐구하는 작업은 매우 유의미한 작업이라고 할 수 있다. 이러한 점에 있어서 리샤르의 관계적 또는 공동체적 삼위일체론은 매우 의미 있는 통찰들을 제공할 수 있을 것이다.

그렇지만, 성경에서 언급된 삼위간의 근원적인 관계 개념인 페리코레시스perichoresis 개념을 고려할 때에, 리샤르의 관계 개념이 얼마나 성경적으로 및 신학적으로 충분하게 전개되었는가에 관해서는 별도의 심도있는 연구가 필요하리라고 여겨진다. 왜냐하면 예수님께서 "아버지가 내 안에, 내가 아버지 안에"The father is in me and I am in the father, 요 14:10, 11, 20 라고 말씀하신 것은 위격이 먼저 존재하고 관계가 덧붙여지는 것이 아니라, 이미 근원적인 관계 안에서 위격이 있음을 암시하기 때문이다. 리샤르의 관계 개념은 서방교회의 전통에서는 상당히 진전된 것임이 틀림이 없지만, 성경에서 언급된 근원적인 관계 개념에는 여전히 충분하게 도달한 것이라고 판단하기가 어렵다고 할 수 있다.

V.
나오는 말

리샤르의 『삼위일체론』 제III권은 삼위일체 하나님의 위격의 삼위성에 관하여 필연적인 이유들을 탐구하고 제시하면서 저술된 책이다. 리샤르가 말하는 필연적인 이유들이란 신앙적 접근과는 구별되는 이성적 접근을 주로 가리킨다. 이런 점에서 그의 삼위일체론은 이성과 경험에 근거한 합리적 성격을 많이 띤다고 볼 수 있다. 이런 점에서는 성경적 구속사적 중심의 삼위일체 이해와는 사뭇 다른 분위기를 주는 것이 사실이다. 그렇지만 리샤르의 삼위일체론이 이성적 접근을 통하여 필연적인 이유들을 탐구하는 것이기는 하지만, 그렇다고 영성과는 완전히 분리되었다고는 할 수 없다. 리샤르의 신학 전체를 고려하면 그의 이성적 접근 방법도 또한 그의 영성의 탐구 안에 위치하기 때문이다. 그러므로 그의 관계적 또는 공동체적 삼위일체론을 평가할 때에는 그의 이성적 접근이 지닌 영성적인 특성과 차원을 먼저 고려하여야 한다.

이러한 점을 염두에 두면서 우리는 리샤르가 선의 충만함, 행복의 충만함, 영광의 충만함에 근거한 삼중적인 논증을 통하여 하나님의 최고의 진정한 사랑에는 관계성 또는 공동체성이 있음을 확증하고 있음을 분명히 확인할 수 있다. 이러한 논증의 밑바탕에는 위격을 "이성적 본성을 지닌 교환불가능한 실존"이라는 새로운 정의가 제시되어 있음을 또한 확인할 수 있다. 그의 위격의 개념이 성경에서 언급된 근원적인 관계 개념에는 완전히 도달한 것은 아니라고 하더라도, 오늘날 부흥기를 보내고 있는 현대 삼위일체신학에서의 관계성 또는 공동체성의 탐구에 많은 통찰을 제공할 수 있을 것이다.

1   생 빅또르의 리샤르, 『삼위일체론』(De Trinitate) III. 1. 374. Richard of St. Victor, Book Three of the Trinity, trans. Grover A. Zinn (New York: Paulist Press, 1979).

2   강치원, "성 빅토르의 휴고에게 있어서 거룩한 독서," 『한국교회사학회지』 20집 (2007), 10-12.

3   Nico Den Bok. Communicating the Most High: A Systematic Study of Person and Trinity in the Theology of Richard of St. Victor (Paris/Turnhout: Brepols, 1996), 95-99.

4   "the free, more penetrating gaze of a mind, suspended with wonder concerning manifestations of wisdom." Richard of St. Victor, The Mystical Ark, trans. Grover A. Zinn (New York: Paulist Press, 1979) I. 4.

5   Richard of St. Victor, The Mystical Ark, I. 6. 관상의 6가지 종류들의 구별은 다음과 같다. ① "in imagination and according to imagination only," ② "in imagination and according to reason," ③ "in reason and according to imagination," ④ "in reason and according to reason," ⑤ "above but not beyond reason," ⑥ "above reason and seems to be beyond reason."

6   Grover A. Zinn, "Introduction," in Richard of St. Victor: The Twelve Patriarchs, The Mystical Ark, Book Three of the Trinity (New York: Paulist Press, 1979), 1.

7   이종성, 『삼위일체론』(서울: 대한기독교출판사, 1991), 487-489.

8   Augustine, The Trinity, V, i, 6.

9   위의 책, V, iii, 12.

10   위의 책, VIII, v, 14.

11   손은실, "중세의 삼위일체론: 12세기에서 14세기를 중심으로," 『삼위일체론의 역사』(서울: 대한기독교서회, 2008), 266-269.

12   리샤르, 『삼위일체론』 III. 2. 374-375.

13   위의 책, 3. 375-376.

14   위의 책, 4. 376-377.

15   위의 책, 5. 378.

16   위의 책, 11. 384-385.

17   위의 책, 12. 385-386.

18   위의 책, 13. 386-387.

19   위의 책, 13. 387.

20   위의 책, 15. 388.

21   위의 책, 15. 388-389.

22   위의 책, 15. 389.

23   Ewert Cousins, "A Theology of Interpersonal Relations," Thought 45 (1970), 59.

24   박승찬, "신학적 관심에 따른 '인격'(person) 개념 정의의 변천 - 성 빅토르의 리카르두스를 중심으로," 『중세철학』 제18호 (2013): 162-165.

25   위의 책, 187.

26   위의 책, 184.

27   위의 책, 197-198.

28   리샤르, 『삼위일체론』 III. 20. 393.

04장

장 칼뱅의
삼위일체적 함께하심의 원리

I.
들어가는 말

이 글은 현대신학의 삼위일체 신학의 부흥을 염두에 두면서, 칼뱅의 삼위일체론을 검토한다. 칼뱅의 삼위일체론에 관하여 국내외적으로 많은 연구가 행해져 왔는데, 대체적으로 삼위일체와 관련된 일반적인 주제들이 다루어져 왔다.[1] 이 글에서는 "칼뱅의 삼위일체적 함께하심의 원리"Calvin's Principle of Triune Togetherness를 탐구한다. 하나님의 활동에 대한 성경의 증언에 철저히 근거하면서 삼위일체론을 전개한 칼뱅에게 "삼위일체적 함께하심"의 원리란 성부 하나님, 성자 하나님, 성령 하나님이 "함께 존재하심"과 "함께 사역하심"을, 또는 "함께 있음"과 "함께 일함"을 의미하였다.[2] 이 원리는 칼뱅이 삼위의 구별에 관하여 언급한 진술에서 나타나 있다. 이 진술은 본래 성부와 성자와 성령 사이의 구별을 설명하기 위하여 이루어진 것이지만, 이 글에서는 이 진술에 내포되어 있는 신학적으로 중요한 원리를 포착하여 다룬다.

이 글은 칼뱅의 삼위일체적 함께하심의 원리를 확인하기 위하여, 먼저, 세계창조에 관한 칼뱅의 논의들을 살펴본다. 그리고, 이러한 원리가 예언, 세례, 축도, 섭리와 같은 신학주제들 속에 어떻게 드러나고 있는지를 검토한다. 다음으로 칼뱅의 삼위일체적 함께하심의 원리가 오늘날의 삼위일체 신학의 논의들에 미치는 함의들을 밝힌다. 이 글은 칼뱅의 『기독교강요』최종판을 중심으로 다루되 논의와 관련된 칼뱅의 주석들과 설교들을 함께 참고한다.

II.
삼위일체적 함께하심의 원리

1. 함께하심의 원리

칼뱅은 『기독교강요』최종판 I권 13장에서 성경에 철저히 근거하여 삼위일체론을 다루기 시작하며 18절에서 삼위 간의 구별을 논의한다. 삼위 간의 구별이 성경 속에 분명하게 드러나 있다고 칼뱅은 주장하면서, 삼위 간의 구별을 묵과하는 것은 성경적이지 않다고 여긴다. 삼위 간의 구별에 관하여 칼뱅은 다음과 같이 진술한다.

성경이 말하는 구별은 다음과 같다. 곧 성부는 일의 시초beginning가 되시고 만물의 기초fountain와 원천wellspring이 되시며, 성자는 지혜wisdom요 계획counsel이시며 만물을 질서 있게 배열ordered dispensation하시는 분이라고 하였으며, 그러나 성령에게는 그와 같은 모든 행동의 능력power과 효력efficacy이 돌려진다.[3]

칼뱅의 위의 진술의 본래 의도가 삼위 간의 구별을 드러내는 것이지만, 이 진술은 신학적으로 중요한 점을 내포하고 있다. 성부 하나님이 일의 시초이고 성자 하나님이 일의 계획이며 성령 하나님이 일의 효력이시기에, 하나님의 사역이 이루어지기 위해서는 세 위격의 동시적인 참여가 필수적이다. 어느 한 위격이 다른 두 위격의 역할들을 배제하면서 단독으로 하나님의 사역을 이루는 것이 아니다. 그리고 각 위격이 연대기적 시간 순서로 교대하면서 하나님의 사역을 행하는 것도 아니다. 그 대신에, 삼위 모두가 항상 함께 활동하신다. 삼위 모두가 각각의 역할을 수행함으로써 하나님의 사역에 참여한다.

성부 하나님은 일의 시초와 기초와 원천으로서 참여하시며, 성자 하나님은 일의 지혜와 계획과 배열로서 참여하시며, 그리고 성령 하나님은 일의 능력과 효력으로서 참여하신다. 성부 하나님의 시초가 없이는 성자 하나님도 성령 하나님도 사역을 시작하실 수가 없다. 성자 하나님의 지혜가 없이는 성부 하나님의 기초도 성령 하나님의 능력도 맹목적이 된다. 그리고 성령 하나님의 효력이 없이는 성부 하나님의 원천도 성자 하나님의 배열도 공허하게 된다.

그러므로 칼뱅의 위의 진술은 성부 하나님, 성자 하나님, 성령 하나님은 항상 함께 사역하시며, 그리고 항상 함께 존재하심을 의미한다. 칼뱅에게는 삼위일체 하나님의 함께하심 또는 삼위일체 하나님의 공동성에 대한 이해가 그의 신학적인 논의들 속에 전제되어 있다. 아래에서는 창조, 예언, 세례, 축도, 섭리에 관한 칼뱅의 신학적인 논의들을 삼위일체 하나님의 함께하심의 원리의 관점에서 살펴보고자 한다.

2. 함께하심의 원리와 하나님의 사역들

먼저, 하나님의 창조에 관한 칼뱅의 논의들을 삼위일체 하나님의 공동성의 원리의 관점에서 살펴보고자 한다. 칼뱅은 창세기의 성경말씀을 근거로 삼위의 함께 존재하심과 함께 사역하심에 주목한다. 성부 하나님이 세계를 창조하실 때에, 말씀이신 성자 하나님을 통하여 창조하셨으며, 성령 하나님의 운행하심과 함께 창조하셨음에 칼뱅은 크게 주목한다.

첫째, 칼뱅은 세계창조에서의 성령의 의미 있는 역할에 주목한다. 성령은 가만히 쉬고 있지 않았으며, 오히려 혼돈한 물질을 돌보고 있었으며 창조된 세계를 지탱하고 계셨다.[4] 칼뱅은 다음과 같이 설명한다.

> 하나님께서 세상을 완성하시기 전에 세상은 뒤죽박죽인 물질이었음을 우리는 익히 들어서 알고 있다. 그와 같은 혼돈의 물질을 지탱하기 위해서는 성령의 능력이 필수적이다. …… 그 혼돈의 물질이 아무리 뒤죽박죽 되어 있다고 하더라도 성령의 비밀스런 효력에 의하여 안정케 되었다.[5]

하나님의 비밀스런 영감인 성령 하나님이 계시기에 혼돈의 물질은 분해되어 버리지 않았다.[6] 다른 말로 표현하자면, 우주의 아름다움과 그 보존은 성령 하나님의 능력 덕분이다. 성령 하나님은 만물을 지탱하며 자라게 하며 활력을 불어넣는다. 성령 하나님은 자신의 에너지를 만물 속에 주입하며, 만물에게 본성과 생명과 운동을 불어넣는다.[7] 효력과 능력과 에너지와 생명으로서의 성령 하나님의 역할에 대한 이해는 시편 104편 29-30절, 즉 "주께서 낯을 숨기신즉 그들이 떨고 주께서 그들의 호흡을 거두신즉 그들은 죽어 먼지로 돌아가나이다 주의 영을 보내어 그들을 창조하사 지면을 새롭게 하시나이다"와 같은 성경 구절들에 의하여 지지를 받는다고 칼뱅은 주장한다.

둘째, 칼뱅은 창세기 1장 3절의 "하나님이 가라사대"라는 구절을 설명하면서, 여기에서 성자 하나님의 공존과 공역을 밝혀낸다. 성령 하나님과 마찬가지로, 성자 하나님도 창조 시에 가만히 있지 않았다. 하나님의 말씀인 성자 하나님에 의하여 만물이 생성되었다. 이러한 하나님의 말씀은 하나님 안에 거하시는 지혜이며, 이러한 지혜가 없이는 하나님은 존재하지 않으신다. 여기서 주목할 점은 칼뱅이 창조에서의 효력과 효과를 하나님의 말씀에게도 돌린다. 세상은 하나님의 말씀의 동일한 효력에 의하여 시작되었으며 그러한 지혜의 효과는 빛의 창조 시에 분명하게 되었다고 칼뱅은 설명한다.[8] 성자 하나님의 역할에 대한 이러한 이해는 요한복음 1장 3-4절,[9] 히브리서 1장 1-3절,[10] 요한복음 5장 17절[11]과 같은 성경 구절들에 의하여 지지를 받는다고 칼뱅은 주장한다. 특히, 요한복음 5장 17절을 근거로, 예수님 자신이 세상의 시작부터 지금까지 끊임없이 성부 하나님과 함께 일하고 계심을 인정하셨다는 점에 칼뱅은 주목한다. 그래서 칼뱅은 성부 하나님께서 자신의 말씀을 발하셔서 창조 시에 이 말씀이 참여하였으며 그러기에 창조는 성부 하나님과 성자 하나님 양자에게 공통된 사역이었다고 결론을 내린다.[12] 그리고, 요한복음 1장 4절의 "그 안에 생명이 있었으니"라는 구절을 주석하면서, 칼뱅은 요한복음 기자가 창조된 만물의 보존을 하나님의 말씀에게로 돌린다고 해석한다. 성부 하나님이 만물에 생명을 주시되, 영원하신 말씀인 성자 하나님에 의하여 주신다. 여기에서 주목할 점은, 칼뱅이 더 나아가서, 하나님의 말씀이 모든 피조물에게 생명의 원천이 되신다고 말한다.[13] 왜냐하면, 하나님의 말씀은 태초부터 성부 하나님과 함께 존재하셨고 함께 만물의 원인이 되셨기 때문이다.[14] 창조에 관한 칼뱅의 논의를 정리하면, 성부 하나님, 성자 하나님, 성령 하나님은 창조 시에 함께 존재하시고 함께 사역하셨다. 성부는 원천으로, 성자는 지혜로, 그리고 성령은 능력과 효력으로 일하셨다. 세 위격이 협력적으로 일함으로써 창조를 이룩하셨다. 각 위격은 창조 시에 자신의 독특한 역할을 수행하셨다. 칼뱅은 가끔 이러한 역할들을 상호 간에 교환적으로 돌리기도 하였는데, 이것은 삼위의 역할과 참여가 아주 긴밀하게 연결되어 있음을 의미한다.

다음으로, 예언과 관련하여, 칼뱅은 이사야 48장 16절, 즉 "주 여호와께서 나와 그 영을 보내셨느니라"는 말씀을 근거로 성부 하나님께서 예언자들을 파송하시되 동시에 성령 하나님을 파송하신다는 점에 주목한다. 그러므로 예언은 결코 예언자들의 의지로부터 시작하는 것이 아니다. 예언자들은 성령 하나님이 인도하시는 대로 말할 뿐이다. 예언에 있어서, 성부 하나님은 성령 하나님과 최고의 능력을 공유하시며, 바로 이러한 공유로부터 하나님의 신적인 위엄이 빛난다고 이해한다.[15] 그리고, 모든 예언과 신탁의 말씀들이 영원하신 지혜이신 하나님의 말씀으로부터 나오는데, 이 말씀은 성부 하나님과 함께 계시는 분임을 칼뱅은 간과하지 않는다.[16] 간단히 말하면, 성부 하나님은 예언자들을 파송하실 때에 동시에 하나님의 성령을 보내시며, 또한 하나님의 말씀으로부터 나오는 것을 예언자들로 하여금 선포하게 하신다. 이런 점에서, 성부 하나님, 성자 하나님, 그리고 성령 하나님은 예언자들의 예언 속에서 함께 존재하며 함께 활동하신다.

셋째, 마태복음 28장 19절에 따르면, 세례는 성부 하나님, 성자 하나님, 성령 하나님의 이름으로 시행되어야 한다. 칼뱅은 이 세례문이 그리스도의 통치하에서 가장 온전하게 드러난 하나님에 관한 가장 명확한 지식을 보여

준다고 주장한다. 즉, 성부 하나님은 성령 하나님에 의하여 자신의 능력을 드러내신다. 그리고 성부 하나님은 자신의 가장 생생하고 분명한 이미지인 성자 하나님을 통하여 자신을 드러내신다. 동시에, 성자 하나님은 성령의 온전한 광채로써 세상을 밝히 비추어 주시며, 자신과 성령을 우리에게 알려 주시고자 하신다. 칼뱅은 세례문에 나타나 있는 삼위일체 하나님의 공동성에 관하여 다음과 같이 설명한다.

> 성부 하나님, 성자 하나님, 성령 하나님이 분명하게 언급된 이유들은 많이 있다. 왜냐하면 이렇게 하지 않고서는 세례의 효력이 경험되지 않기 때문이다. 세례는 성부 하나님께서 공로없이 주시는 자비로 시작하는데, 하나님은 외아들인 성자 하나님을 통하여 우리를 자신과 화해시키고자 하신다. 다음으로, 그리스도께서 죽음의 희생을 통하여 우리에게 다가오시며, 마지막으로 성령 하나님께서도 우리에게 오셔서 우리를 씻어주시고 중생시켜주시며 하나님의 혜택들에 참여하게 하신다. 그러므로, 우리의 믿음이 한 본질로 계시는 삼위를 명확하게 인식하지 못한다면, 하나님은 참되게 알려지지 않는다. 즉, 세례의 열매와 효력은 성부 하나님으로부터 시작하는데, 성부 하나님은 그의 성자를 통하여 우리를 입양하여 주시며, 성령을 통하여 육신의 오염으로부터 우리를 정결케 하여 주시며, 성령은 우리를 의로 새롭게 창조하신다.[17]

이와 같이 칼뱅은 세례의 시행 속에서도 삼위일체 하나님께서 함께 존재하며 함께 사역하신다는 점을 분명하게 인식하고 있다.

넷째, 칼뱅은 고린도후서 13장 14절의 축도문에서도 삼위일체 하나님의 공동성의 원리를 끄집어낸다. 칼뱅에 따르면, 하나님은 세상의 창조 이

전부터 우리를 사랑하시고 바로 이러한 사랑 때문에 우리를 구원하신다. 그런데, 우리에게 베푸시는 이러한 하나님의 사랑을 우리는 중보자, 즉 성자 없이는 파악할 수 없다. 원인이 결과에 앞서듯이, 하나님의 사랑은 그리스도의 은혜에 앞선다. 동시에, 그리스도의 은혜는 하나님의 사랑을 우리에게 획득케 해주는 원인으로서, 우리를 그의 자녀로 삼아주시고 존귀케 하여 주신다. 마지막으로, 성령의 인도하심을 통하여 우리는 그리스도와 그가 주시는 모든 혜택을 소유하게 된다. 그러므로, 축도에서 우리는 삼위 모두의 활동이 필요하다. 즉, 축도는 삼위일체 하나님의 공동성의 원리를 통하여 이루어진다.[18] 마지막으로, 섭리에 관한 칼뱅의 논의들을 살펴보자. 칼뱅의 1558년 논문인 "하나님의 은밀한 섭리에 대한 옹호"A Defence of the Secret Providence of God에 따르면, 하나님은 자신이 창조하신 세상을 섭리로써 통치하신다. 하나님은 창조 시에 만물의 조물주이실 뿐만 아니라, 자신이 창조한 모든 피조물의 영속적인 통치자이시다.[19] 성부 하나님은 성자에 의하여 세계를 창조하시며, 성자 하나님은 자신의 말씀을 통하여 만물을 지탱하신다. 떠받치는 성자의 역할이 없다면, 만물은 즉시라도 무가 되어 버린다.[20] 그리고, 성자 하나님은 자신이 모으고자 하시는 모든 이들을 성령에 의하여 효과적으로 불러주신다.[21] 그러기에, 때때로 우리의 삶 중에 성부 하나님께서 섭리하신다는 확신이 없거나 성자 하나님이 지탱해주신다는 확신이 없을 때조차도, 칼뱅은 우리로 하여금 성령만을 좇아야 한다고 제안한다. 왜냐하면, 하나님은 성자를 통하여 명령하신 것을 의지할 뿐만 아니라, 중생케 하시는 성령에 의하여 효과적으로 사역하시기 때문이다.[22] 이와 같이 볼 때에, 칼뱅은 삼위일체 하나님의 공동성의 원리의 관점에서 섭리를 이해하고 있음을 알 수 있다.

지금까지의 논의를 종합하면, 칼뱅은 삼위일체 하나님이 함께 존재하시고 함께 사역하심을, 즉 삼위일체 하나님의 공동성을 분명히 인식하고 있었으며, 이러한 원리를 창조, 예언, 세례, 축도, 섭리와 같은 신학적인 논의들 속에 반영하였다. 칼뱅에게는 성경의 하나님은 삼위일체 하나님이며, 성부와 성자와 성령으로서 함께 존재하시고 함께 사역하시는 분이다.

3. 삼위일체 하나님의 개방성

위에서 확인하였던 칼뱅의 삼위일체 하나님의 공동성의 원리를 더 깊이 분석하면, 여기에는 또 다른 중요한 신학적 원리가 포함되어 있음을 알 수 있다. 여기에서는 마태복음 3장 13-17절, 마가복음 1장 9-11절, 그리고 누가복음 3장 21-23절에 있는 예수님의 세례사건에 관한 칼뱅의 주석들을 중심으로 살펴보고자 한다.

예수님이 세례 요한으로부터 세례를 받으실 때에, 하늘이 열리고, 성령이 비둘기 같이 예수님 위에 임하며, 하늘로부터 "이는 내 사랑하는 아들이요 내 기뻐하는 자라"는 소리가 들렸으며, 하나님의 사랑이 예수님 위에 머물렀다.[23] 칼뱅에 따르면, 하늘의 열림은 천상의 영광이 현현한 것을 의미하며 이것은 성부 하나님의 함께 존재하심을 상징적으로 보여주는 것이다. 그리고, 성령 하나님이 임하실 때에, 비록 이전부터 성령이 함께 하셨더라도, 이제는 인간으로서의 예수님이 천상의 소명에 관한 확신을 받으며, 그리고 곧 영적인 전투를 시작하기에 앞서서 성령의 막대한 권능으로 옷 입게 된다.[24] 이와 같은 그리스도의 공적인 등장의 사건 속에서, 성부 하나님은 그의 사랑하시는 성자를 부르시고 세상으로 내어주신다. 성자 하나님은 성령의 새로운 권능으로 옷 입으며 중보자의 직무를 담당하신다. 성령 하나님은 성자와 함께 존재하시며 권능을 부여해주신다. 이와 같이 예수 그리스도의 세례 사건 속에 삼위일체 하나님의 공동성의 원리가 작용하고 있음을 알 수 있다.

칼뱅은 이러한 삼위일체 하나님의 공동성의 사건을 주석하면서, 성령의 현현에 관하여 몇 가지 질문을 던진다. 첫째, "이전에 그리스도에게 이미 거하였던 성령께서 왜 이 순간에 내려오셔서 임하셨는가?" 여기에 대한 칼뱅의 대답은 그리스도께서 성령의 막대한 권능으로 옷 입기 위함이라는 것이다. 그런데, 이것은 충분한 대답이 되지 못한다고 칼뱅은 언급한다. 칼뱅은 성령의 임재는 예수님을 위한 것이기도 하였지만, 더 중요한 것은 우리를 위한 것이라고 주장한다. 즉, 우리와 같은 믿는 이들이 어떻게 성령의 능력을 받아들이는지를 배우도록 하기 위한 목적 때문이었다.[25]

둘째, "성령이 불의 형상이 아니라 비둘기 모양으로 나타났는가?" 여기에 대하여 칼뱅은 이사야 42장 3절이 그리스도를 가리킨다고 지적하면서, 비둘기 모양으로 성령이 임한 것은 예수 그리스도의 온유함을 상징한 것이라고 대답한다. 예수님은 온유함으로 죄인들을 부르시고 초대하시는데, 예수님의 그러한 온유함을 보여주시고자 성령 하나님이 비둘기 모습으로 임재하실 필요가 있었다. 그러므로, 이것은 우리가 그리스도에게 나아갈 때에 두려워할 필요가 없음을 확증하는 목적이 있었다. 즉, 비둘기 모양으로 성령이 임한 것은 예수님을 위한 사건일 뿐만 아니라 아울러 우리 자신들을 위한 것이었다.[26] 셋째, "그리스도의 공적인 등장의 사건에서 왜 하늘로부터 소리가 들렸는가?" 이에 대하여, 칼뱅은 우리가 양자가 될 것이라는 약속을 신뢰하기 위한 목적과 하나님을 우리 아버지라고 대담하게 부를 수 있도록 하기 위한 목적이 있었다고 해설한다. 그리스도가 하나님의 아들로 선포되는 이 사건은 우리 또한 그러한 하나님의 은혜를 받도록 하기 위함이었다. 즉, 그리스도가 성자의 명칭으로서 우리에게 중보자로 나타나실 때에, 성부 하나님은 우리 모두의 아버지이심을 선언하기 위함이었다.[27] 하늘로부터 들린 소리는 예수님의 신적인 소명을 위해서 뿐만 아니라 바로 우리 자신의 유익을 위해서였다. 다른 관점으로 보자면, 하늘로부터 들린 소리는 그리스도가 성부 하나님께 온전한 순종을 표하는 것을 보여주기 위함이지만, 더 중요한 것은 예수님께서 스스로 세례를 거룩하게 하심으로써 장차 우리가 세례를 통하여 그리스도와 함께 연합할 것임을 보여주기 위함이었다.[28]

위의 세 가지 점들을 고려하면, 예수님의 세례사건 속에 드러난 삼위일체 하나님의 공동성은 누구보다도 바로 우리를 위한 사건이다. 즉, 여기에는 삼위일체 하나님이 우리에게 열려있음의 원리가, 즉 삼위일체 하나님의 개방성의 원리가 담겨 있다.

Ⅲ.
나오는 말

우리가 믿는 하나님은 삼위일체 하나님이며, 우리를 하나님의 공동체로 부르시고 초대하고 참여하게 하시는 하나님이시다. 우리의 삶의 현장, 목회 현장, 신학연구의 현장 속에서 삼위일체 하나님을 분명하게 믿고 고백하고 가르칠 때에, 삼위일체 하나님의 열린 공동체가 지니는 우주적 비전, 즉 우주의 모든 것들이 예수 그리스도의 머리 되심을 인정하는 우주적 비전을 우리는 품을 수 있다. 그러면서 우리는 삼위일체 하나님의 이러한 우주적 비전을 향하여 나아가면서 우리 자신이 변화되고 발견되며, 아울러 우리가 그 속으로 초대를 받으며 또한 그 안에 참여할 수 있을 것이다.

1   칼뱅의 삼위일체론과 관련된 최근의 국내외 대표적인 연구들을 몇몇 나열하면 다음과 같다. 유해무,
    "삼위일체론," 「칼빈신학해설」(서울: 기독교서회, 1998), 133-153; 유해무, "삼위일체론: 동방신학과
    관련하여," 「칼빈신학과 목회」(서울: 대한기독교서회, 1999), 7-31; 김재성, "칼빈의 삼위일체론: 그 형
    성과 독특성과 중요성," 「칼빈연구」 창간호 (2004), 31-69; 최윤배 · 박계순, "칼뱅의 삼위일체론적 성
    령론," 「칼빈연구」 제3집(2005); 박찬호, "칼빈의 삼위일체론: 제랄드브레이의 「신론」을 중심으로,"
    (요한 칼빈 탄생 500주년 기념 학술심포지엄 제3분과 [칼빈신학의 주제들] 발표논문, 2009); 박경
    수, "삼위일체론에 대한 칼뱅의 공헌," 「교회의 신학자 칼뱅」(서울: 대한기독교서회, 2009), 169-189;
    Thomas. F. Torrance, "Toward an Ecumenical Consensus on the Trinity," *Theologische Zeitschrift*
    (Basel: Friedrich Reinhardt Verlag, 1975); John Bolt, "The Trinity as a Unifying Theme in Reformed
    Thought," *Calvin Theological Journal* 22 (April 1987), 91-104; Thomas F. Torrance, "Calvin's Doc-
    trine of the Trinity," *Calvin Theological Journal* vol. 25, no. 2 (November 1990); Gerald Lewis Bray,
    The Doctrine of God (Contours of Christian Theology; Leicester: IVP, 1993); Torrance, Thomas F.
    Trinitarian Perspectives: Toward Doctrinal Agreement (Edinburgh: T & T Clark, 1994); Philip Walker
    Butin, *Revelation, Redemption, and Response: Calvin's Trinitarian Understanding of the Divine-Human
    Relationship* (Oxford: Oxford University Press, 1995); R. Scott Clark, "The Catholic-Calvinist Trini-
    tarianism of Caspar Olevian," *Westminster Theological Journal* 61 (1999), 15-39; Charles Partee, *The
    Theology of John Calvin* (Louisville: Westminster John Knox Press, 2008).

2   John Calvin, *Institutes of the Christian Religion*, ed. John Baillie, John T. McNeill, and Henry P. Van
    Dusen, trans. Ford Lewis Battles (Philadelphia: The Westminster Press, 1967), I, xiii, 18. 이후로는
    *Inst*로 표기함.

3   위의 책, I, xiii, 18.

4   위의 책, I, xiii, 14.

5   John Calvin, *Commentary on the Book of Genesis*, vol. 1, trans. John King (Grand Rapids: W. M. B.
    Eerdmans Publishing Company, 1948), 73-74. 이후로 *Genesis*로 표기함.

6   Calvin, *Genesis*, 74.

7   Calvin, *Inst.*, I, xiii, 14.

8   Calvin, *Genesis*, 74-75.

9   John Calvin, *Commentary on the Gospel according to John*, Vol. 1, trans. William Pringle (Edinburgh:
    The Edinburgh Printing Company, 1847), 30. 이후로 *John*으로 표기함.

10 John Calvin, *Commentaries on the Epistle of Paul the Apostle to the Hebrews*, trans. John Owen (Grand
    Rapids: Baker Book House, 1989), 34. 이후로 *Hebrews*로 표기함.

11 Calvin, *Inst.*, I, xiii, 7.

12 위의 책, I, xiii, 7.

13 Calvin, *John*, 31-32.

14 Calvin, *Inst.*, I, xiii, 7.

15 위의 책, I, xiii, 14.

16 위의 책, I, xiii, 7.

17 John Calvin, *Commentary on a Harmony of the Evangelists, Matthew, Mark, and Luke*, trans. William
    Pringle (Grand Rapids: Baker Book House, 1989), 387. 이후로 *Harmony*로 표기함.

18 John Calvin, *Commentary on the Epistles of Paul the Apostle to the Corinthians*, trans. John Pringle
    (Grand Rapids: Baker Book House, 1989), 403-404. 이후로 *Corinthians*로 표기함.

19 John Calvin, "A Defence of the Secret Providence of God," in *Calvin's Calvinism*, trans. Henry Cole
    (Grand Rapids: WM. B. Eerdmans Publishing Company, 1950), 224. 이후로 "Defence"로 표기함.

20 Calvin, *Hebrews*, 37.

21 Calvin, "Defence," 314.

22 위의 책, 310-311.

23 Calvin, *Harmony*, 206.

24 위의 책, 203-204.

25 위의 책, 203-204.

26 위의 책, 204.

27 위의 책, 206.

28 위의 책, 202.

05장

한국신학 안에서
이종성의 삼위일체론의 위치와 의의

I.
들어가는 말

춘계 이종성春溪 李鍾聲, 1922-2011은 자신이 추구하는 신학을 "통전적 신학" 統全的 神學, Holistic Theology이라고 명명하였다.[1] 이종성이 추구하는"통전적 신학" 에서는 삼위일체론이 매우 중요한 위치와 역할을 차지한다. 이러한 점을 이 종성 자신이 신학하는 방법으로 제안하는 "통전적 방법"의 특징들 속에서 확인할 수 있다. 이종성은 그 특징들을 5가지로 제시하는데, 첫 번째가 통전 적 신관이고, 두 번째가 인간의 총체적 실존이며, 세 번째는 창조세계 전체 이고, 네 번째는 신학의 모든 분과이며, 다섯 번째는 모든 존재에 미치는 하 나님의 통치권이다.[2] 이러한 5가지 특징 중에서 가장 첫 번째가 통전적 신관인데, 이종성은 "통전적 신관이란 삼위일체적 신관을 의미한다"[3]고 분명하게 진술한다. 이와 관련하여 김명용은 "통전적 신학의 기초이자 뿌리는 삼위일체 신학이다. 이종성은 그의 조직신학 대계 14권을 저술하면서 …… 그의 조직신학대계 전체를 삼위일체 신학의 시각에서 저술했다."[4]고 분석한다. 그리고 김명용은 "통전적 신학"을 발전적으로 계승하면서 주창하는 "온 신학" Ohn Theology / Holistic Theology 의 특징을 7가지로 제시하는데, 그 중에서 가장 첫 번째가 삼위일체 신학이다.[5]

이 글에서는 이종성이 삼위일체론을 어떻게 연구해 왔으며 어떠한 특징들을 드러내었는지를 검토하면서 그의 삼위일체론이 한국신학 안에서 가지는 위치와 의의를 고찰하고자 한다. 이러한 작업을 통하여 이종성의 삼위일체론이 한국신학 안에서 중대한 위치와 의의를 지님을 드러내고자 한다. 이를 위하여 이 글에서는 이종성이 한국신학 안에서 삼위일체론이 활발하게 연구되거나 논의되지 않은 때에 선구적으로 삼위일체론을 소개하고 본격적으로 및 체계적으로 연구한 첫 한국인 신학자였음에 주목한다. 특히, 박사학위논문으로 아우구스티누스의 삼위일체론을 연구하고 소개함으로써, 그리고 현대 사회적 삼위일체론을 상당히 일찍 한국 신학계에 소개함으로써, 또한 바르트의 삼위일체론을 소개하고 연구함으로써 한국신학의 발전에 크게 공헌하였음에 주목한다.

더 나아가서 이 글에서는 삼위일체론에 관한 이종성의 연구들이 기독교토착화에 관한 논쟁에서, 그리고 구체적으로는 단군신화와 삼위일체와의 관계에 관한 논쟁에서 양쪽 극단의 입장을 피하고 제3의 길을 가도록 하였음에 주목한다. 즉, 한편으로는 전통적인 교리적 삼위일체론을 그대로 답습하거나 고수하는 입장을 지양하고, 다른 한편으로는 삼위일체론 자체를 해체하거나 해소하는 입장도 지양하였다. 그 대신에 성서적 계시를 바탕으로 성서적 삼위일체론의 특수성을 확고하게 주장하면서도, 동시에 삼위일체론이 온 세계와 전 역사에 보편적으로 미치는 함의들을 깊이 고려하였다. 이 것은 이종성의 삼위일체론의 특징이면서도 그가 추구하는 통전적 신학의 특징이기도 하다. 이와 같은 점들을 고려하면서 이 글은 이종성의 삼위일체 론이 한국신학 안에서 중대한 위치와 의의를 가진다고 주장하고자 한다.

II.
한국신학의 흐름 속에서 삼위일체론에 관한 이종성의 관심

한국신학의 역사에서 삼위일체론을 다루는 연구는 그리 많지 않았다. 1900년 12월에 창간되어 1910년 가을까지 발행된 한국 최초의 신학잡지 인 「신학월보」에서는 삼위일체론에 관한 연구를 찾기가 힘들다. 사역자 양 성을 위한 목회적 및 실천적 내용 위주로 발행되었기 때문이다. 「신학월보」 는 이후 1916년 2월에 「신학세계」로 이어져 학술적 성격이 강화된 신학전 문지로서 감리교신학교에서 발행되다가 1940년 일제에 의해 강제로 폐간 되었다. 해방 이후에는 잠시 복간되다가 이후 「신학과 세계」로 바뀌어 감리 교신학대학교에서 오늘날까지 계속 이어지고 있다. 또한, 1918년에 창간된 「신학지남」에서도 삼위일체론에 관한 연구를 거의 찾기가 힘들다. 1918년 7월 나부열Roberts의 "삼위일체에 관한 예수의 교훈"[6]이 있을 뿐이다. 「신학 지남」은 일제하에서 1940년에 폐간되었다가 해방 후 1954년에 속간되었 다. 그러나 1959년 예장 통합과 예장 합동의 분열 이후로 「신학지남」은 총 신대학교에서, 「장신논단」과 「교회와 신학」은 장로회신학대학교에서 오늘 날까지 발행되고 있다.

삼위일체론의 소개는 1931년에 번역 및 출판이 되고 해방 때까지 평양 장로회신학교에서 교과서로 사용된 중국인 가옥명賈玉明, Chia Yu Ming의 『조직신학 I-VI』을 통해서 이루어졌다. I권은 기독교증험론基督敎證驗論, II권은 신도론神道論, III권은 인죄론人罪論, IV권은 구원론救援論, V권은 성령론聖靈論, VI권은 말세론末世論을 다룬다.[7] II권 신도론神道論은 총 5장으로 구성되어 있는데, 이 중에서 제4장이 삼위일체론을 다룬다.[8] 이종성과 최윤배의 설명에 따르면, 이 책은 미국의 침례교 신학자인 아우구스투스 홉킨스 스트롱Augustus Hopkins Strong이 1886년이 저술한 『조직신학』Systematic Theology과 미국의 장로교 신학자인 찰스 하지Charles Hodge가 1871년에 저술한 『조직신학』Systematic Theology을 바탕으로 쓰여졌다.[9]

한국인이 직접 쓴 책으로는 1931년부터 1940년까지 감리교신학교의 조직신학 교수로 가르친 정경옥이 1939년에 저술한 『기독교 신학 개론』이 있다. 이 책은 한국인에 의해 저술된 최초의 조직신학 책으로서 선한용은 이 책에 관하여 "당대 한국 신학자가 쓴 것으로 가장 깊이가 있고 넓이가 있는 신학서적"이라고 평가한다.[10] 그런데 이 책은 독특하게 그리스도론이 전체 8장 중에서 맨 마지막인 제8장에 위치하며, 삼위일체론은 제8장의 마지막에 부록으로 추가되어 있다.[11] 이러한 배열은 정경옥이 신학의 주된 특성을 역사적, 문화적, 변증적 및 경험적인 것으로 이해하기 때문이다. 그래서 "가장 근본적인 기독교 경험을 떠나서 삼위일체론을 이해할 수 없다."[12]고 주장한다. 예수 그리스도의 신성은 "하나님의 영으로 충만한 그리스도의 생활"에서 드러난다. 그러기에 "하나님께서 주시는 도덕적 특질이 예수의 실생활에 충만하게 흘러서 예수의 개체 경험에 우주적 의의가 있게 된 것"[13]이라고 정경옥은 이해한다.

해방 이후 1954년에 속간된 「신학지남」에서는 1958년 이영헌이 "삼위일체 신관의 교리사적 고찰"[14]이라는 논문을 통하여 삼위일체론을 교리사적으로 정리하였다. 그런데 1950년대부터는 1953년에 창간된「사상계」와 1957년에 창간된「기독교사상」을 중심으로 신학적인 논문들이 많이 발표되었다. 그러는 중 1963년 전후로 한국 신학계에 토착화에 관한 신학논쟁이 뜨겁게 벌어졌다. 이 과정에서 윤성범은 1963년 5월에 "환인, 환웅, 환검은 곧 하나님이다"[15]라는 글을「사상계」에 발표하였다. 여기에 반대하여 박봉랑은 1963년 7월에 "기독교토착화와 단군신화"[16]를「사상계」에 발표하였고, 전경연은 1963년 9월에 "소위 전이해와 단군신화"[17]를「기독교사상」에 발표하였다. 그러자 윤성범은 1963년 10월에 "단군신화는 Vestigium Trinitatis이다"[18]라는 글을「기독교사상」에 발표하였다. 이렇게 하여 토착화에 관한 논쟁에서 삼위일체론이 언급되고 다루어졌다.

이후 박형룡은 1977년에 출판된『교의신학 신론』박형룡박사 저작전집 제2권 [19]에서 "제1편 하나님의 실유實有" 중 "제6장에서 성 삼위일체聖 三位一體"를 다루었다. 또한, 차영배는 1982년에 출판된『삼위일체론』개혁교의학시리즈 II/1 [20]에서 삼위일체를 다루었다. 그리고 차영배는 1984년에 "칼빈을 자극시킨 이단사상과 그의 삼위일체론"이라는 논문을「신학지남」에 발표하였다. 오성춘은 1994년에 "삼위일체 교리와 섬김의 공동체 비전"[21]을「장신논단」에 발표하여 삼위일체교리를 목회적으로 적용하면서 섬김의 공동체의 비전을 제안하였다. 최홍석은 1998년에 "헤르만 바빙크의 삼위일체론"[22]이라는 논문을「신학지남」에 발표하여 바빙크의『개혁교의학』에 나타난 삼위일체론을 정리하여 소개하였다.「장신논단」에서나「신학지남」에서, 그리고「신학과 세계」에서는 2000년대 이후로 현재까지 삼위일체론에 관한 논문들이 수적으로 크게 증가하였다. 그래서 오늘날의 서양신학에서처럼 한국에서도 소위 "삼위일체신학의 르네상스"를 보내고 있다.

삼위일체론을 다루는 한국신학의 이와 같은 역사의 흐름 속에서 이종성은 삼위일체론을 본격적으로 및 체계적으로 소개하고 연구한 첫 한국신학자였다. 한국신학 안에서 삼위일체론이 활발하게 연구되거나 논의되지 않았던 때에 이종성은 선구적으로 삼위일체론에 관하여 지대한 관심을 가지고 신학에 매진하였다.

이종성의 신학 여정에서 삼위일체론에 대한 관심이 신학공부 초기부터 표출되지는 않았다. 1945-1951년 일본 기독교신학전문학교[현 동경신학대학, 신학사], 1952-1954년 미국 풀러신학교[신학사], 1954-1955년 루이빌 신학교[신학석사], 1955-1956년 프린스턴 신학교에서 신학 공부 및 연구를 하였다. 1959-1966년 연세대학교에서 교수로 활동하면서 1961-1963년에 샌프란시스코 신학교에서 신학박사학위를 취득하였다. 그런 후에 1966년부터는 장로회신학대학교에서 교수로서 활동하였다. 삼위일체론에 관한 관심이 학문적인 결과물로 표현되기 시작한 것은 1963년의 박사학위논문에서부터였다. 1945년 신학공부에 입문한지 18년째였다. 그러나 이때로부터는 삼위일체론에 대한 관심이 지속적으로 드러났으며 체계적으로 형성되어 왔다.

삼위일체론에 대한 이종성의 관심이 드러난 주요한 저술들을 정리하면 다음과 같다. ① 1963년 7월 샌프란시스코 신학교에서 완성한 신학박사학위 논문의 주제가 아우구스티누스의 삼위일체론이었다.[23] ② 1963년 11월 「기독교사상」에 발표한 "기독교 토착화론에 대한 신학적 고찰"[24]이라는 논문에서 복음의 두 가지 특수성, 즉 신인[神人]으로서의 예수 그리스도에 관한 교리와 삼위일체[三位一體] 교리를 옹호하였다. ③ 1964년 4-6월에 그의 박사학위논문을 요약하여 "아우구스티누스의 삼위일체론"[25]이라는 제목으로 「기독교사상」에 세 차례 연재하였다. ④ 1965년 7월에 "삼위일체론의 현대적 이해"[26]라는 논문을 「기독교사상」에 발표하였다.

그리고 ⑤ 1968년 바르트의 죽음을 계기로 한국의 학자들이 1970년에 출판한 『바르트 신학연구 제1집』에 이종성은 "칼 바르트의 삼위일체론"[27]을 발표하였다. ⑥ 1979년부터 1993년까지 『조직신학대계』를 저술하였는데 이를 위하여 1991년에 『삼위일체론』[28]을 저술하였다. ⑦ 1994년 2-3월에 "이야기로 푸는 조직신학(XIV) - 삼위일체론"[29]을 두 번에 걸쳐서 「기독교사상」에 발표하였다. ⑧ 1994년도의 글들은 이후 확대되어 1995년에 『이야기로 푸는 조직신학』 안에 포함되어 출판되었다.[30] ⑨ 1991년의 『삼위일체론』은 이후 2001년에 발간된 『춘계 이종성 저작전집 40권』 중에서 VI권 삼위일체론1, VII권 삼위일체론2로 나뉘어 출판되었다. ⑩ 2005년에 『삼위일체론을 중심한 신학과 철학의 알력사』[31]를 저술하였다.

이 외에도 이종성은 여러 저작들 속에서 삼위일체론에 관하여 다루었다. 예를 들면, ⑪ 1984년에 출판된 『그리스도론』 제3부 1장의 제목이 "그리스도와 삼위일체 신"으로서 삼위일체론의 필요성과 삼위일체론적 신의 존재를 다룬다.[32] 그리고 ⑫ 1984년 출판된 『성령론』 제1부 3장 성령의 위치에서 삼위일체론과 성령을 다룬다.[33] 또한, ⑬ 1983년에 쓰여지고 1984년에 대폭 보완되어 출판된 『조직신학개론』에서는 제5장이 삼위일체론을 다룬다.[34]

이러한 점들을 고려하면, 한국신학의 역사에서 이종성은 삼위일체론을 본격적으로 및 체계적으로 소개하고 연구한 첫 한국인 신학자였다. 그것도 한국신학 안에서 삼위일체론이 활발하게 연구되거나 논의되지 않은 척박한 상황 속에서 선구적으로 삼위일체론에 관하여 지대한 관심을 가지고 신학을 전개하였다. 이러한 점에서 이종성의 삼위일체론은 한국신학의 역사에서 매우 중요한 위치를 차지하고 있음이 분명하다.

III.

아우구스티누스의 삼위일체론의 소개 및 연구

이종성이 1963년에 완성한 박사학위논문은 아우구스티누스의 삼위일체론에 관한 것이었다. 특히, 아우구스티누스의 삼위일체Trinity와 플로티노스의 삼중체Triad 사이의 관계에 관한 것이었다. 하르낙이 1887년의 강연을 통하여 아우구스티누스의 386년의 회심은 기독교로의 회심이 아니라 신플라톤주의의 철학에로의 회심이었다고 주장한 것에 관하여 이후에 생겨난 찬성의 입장들과 반대의 입장들을 이종성은 전반적으로 정리하고 분석하면서 양자 사이의 관계를 명확하게 규명하고자 하였다. 1963년의 박사학위논문에서 아우구스티누스를 본격적으로 연구한 것만으로도 아우구스티누스 연구에서나 아우구스티누스의 삼위일체론 연구에 있어서 한국신학의 역사 안에서 매우 획기적인 작업이었다. 그 뿐만 아니라, 이종성이 1964년에 박사학위논문을 요약하여 세 편의 글들로 「기독교사상」에 아우구스티누스의 삼위일체론을 소개함으로써 한국신학에서 삼위일체론연구의 발전에 아주 큰 공헌을 하였다.

이종성의 박사학위논문은 플로티노스의 삼중체Triad 이론과 아우구스티누스의 삼위일체Trinity 교리를 서로 비교하여 양자 사이의 유사점과 차이점을 드러내고자 하였다. 플로티노스는 다수의 초월적 휘포스타시스hypostasis [ὑπόστασις]들이 존재하지만 주요한 세 가지는 일자One [ἕy], 정신Nous [νούς], 영혼 Psyche [ψυχή]으로서 계층적이고 신적인 삼중체Triad, 즉 "삼영신론"三靈神論을 형성한다고 주장한다. 이종성에 따르면, 양자 사이의 유사성은 피상적이고 지엽적이지만, 근본적인 면에 있어서 양자 사이에 도저히 간과해서 안 될 질적 차이가 있다. "그 차이점 몇 가지를 지적한다면, 인격성의 유무, 실체간의 등급 유무, 신과 인간간의 본성의 연속성 유무, 그리고 신이 인간 역사와 갖는 관계성 유무라고 할 수 있다."[35]고 이종성은 지적한다. 그러면서 이종성은 "근년에 이르러 하르낙과 로푸스 그리고 알파릭이 주장한 가설, 즉 아우구스티누스는 기독교 신학에 보다 신플라톤주의 철학에 더 많은 영향을 받았다는 설은 너무나 피상적인 판단이라고 하겠다."[36]라고 주장한다. 이러한 논의들을 통하여 이종성은 다음과 같이 결론을 내린다.

> 그러므로 우리는 아우구스티누스의 삼위일체론이 단연 플로티노스의 논리에 의해서 체계화된 추상적인 사상이 아니라, 실경험을 토대로 성서에서 가르치는, 살아계시는 신의 신비적인 존재 양식을 완전치는 못하나 인간 이성의 힘을 다해서 설명한, 하나의 위대한 노력의 결정이라고 보아야 한다.[37]

아우구스티누스의 삼위일체론에 관한 이러한 연구를 통해서 이종성은 삼위일체론에서 사용되는 정식들과 용어들과 개념들을 충분히 파악할 수 있었다. 즉, 동방교회의 정식인 "미아 우시아 트레이스 휘포스타세이스" μία οὐσία τρεῖς ὑποστάσεις와 서방교회의 정식인 "우나 수브스탄티아 트레스 페르조나이"una substantia tres personae에 대해서, 그리고 본체substantia, 본질essentia, 위격persona 또는 hypostasis 등의 용어들에 대해서, 그리고 삼위일체의 유비analogia, 흔적vestigium, 형상imago, 관계relatio 등의 개념들에 정통할 수 있었다. 그래서 삼위일체론의 논리적인 근거, 즉 일치성과 다양성의 근거를 명확히 파악할 수 있었고, 성부와 성자와 성령 사이의 관계를 시간적 우선성이나 우열성이 아니라 영원한 관계성으로 이해할 수 있었다. 이러한 점들은 이종성으로 하여금 자신의 삼위일체론을 전개해나가는 데에 큰 영향을 끼쳤다.

무엇보다도, 이종성이 하르낙의 주장에 반대하여 아우구스티누스의 삼위일체론을 연구하게 된 동기와 그리고 이 연구를 통하여 얻게 된 확신은, 이후 이종성으로 하여금 자신의 삼위일체론과 더 나아가서 자신의 신학 전체의 방향과 성격을 결정하는 데에 매우 중요한 영향력을 발휘하였다. 그래서 1962-1963년에 한국에서 기독교의 토착화에 관하여 신학적인 큰 논쟁이 벌어졌을 때에 이종성은 삼위일체론을 바탕으로 자신의 입장을 제시할수 있었다.[38] 그리고 1979년부터 1993년까지 『조직신학대계』를 저술하는중 1991년에 『삼위일체론』[39]을 저술할 수 있었다. 아우구스티누스의 삼위일체론을 연구하게 된 동기와 이 연구를 통하여 얻게 된 확신을 이종성은다음과 같이 피력하였다.

> 박사학위 논문으로서 아우구스티누스의 삼위일체론과 플로티노스의
> 삼영신론≡靈神論을 비교, 연구하게 되었다. 연구 끝에 얻은 결론은 하
> 르낙의 비판이 너무나도 피상적이었다는 것이었다. 이러한 소신에서
> 저자는 저자가 집필 중인 조직신학대계 열두 권 중 한권으로서 이
> 『삼위일체론』을 쓰게 되었다.[40]

이종성은 아우구스티누스의 삼위일체론을 연구하면서 기독교의 근본교리인 삼위일체론에 대하여 분명하고도 확실한 확신을 가지게 되었다. 이러한 확신은 이종성으로 하여금 삼위일체론에 관하여 더 깊고 넓게 연구할수 있도록 해주는 학문적인 추동력이 되었다. 또한, 전통적인 삼위일체론을그대로 답습하거나 고수하도록 하기보다는 오히려 다양하고도 새로운 이해의 흐름들에 대하여 개방적인 태도를 견지할 수 있도록 해주었다.

IV.
현대 사회적 삼위일체론Social Trinity의 소개

1965년에 발표한 "삼위일체론의 현대적 이해"라는 논문에서 이종성은 신학의 새로운 동향들을 언급하면서, "전통에 대하여 반성과 비판을 가함으로써 기독교의 복음과 교리를 현대화하려는 움직임이 강력히 대두되고 있다는 것을 느끼게 된다."[41]고 말하였다. 그러면서 이종성은 삼위일체론과 관련하여 "이러한 풍조와 더불어 과거에 많은 의구심을 가지면서도 감히 반기를 들지 못했던 삼위일체론에 대해서도 여러 신학자가 새로운 해석을 해 보려는 움직임을 보여주고 있다."[42]고 말하였다. 그런 후에 삼위일체론의 역사를 간략하게 정리한 후에, 삼위일체론에 관한 현대의 새로운 이해들의 두 가지 주요한 경향들을 소개한다. 즉, ① 칼 바르트의 삼위일체론과 ② 현대 사회적 삼위일체론을 소개한다. 이렇게 두 경향을 소개하는 것은 한국에서 신학적으로 매우 의미가 있는 작업이었다. 이와 같이 이종성은 삼위일체론의 새로운 이해의 흐름들에 대해서 개방적인 태도를 취하였다.

무엇보다도, 1965년도의 논문에서 이종성이 한국에 현대의 사회적 삼위일체론을 소개하고 있다는 점은 신학사적으로 매우 의미가 있다. 이종성에 따르면, "과거 반세기 동안 영국과 미국의 신학자들도 삼위일체론을 새로운 각도에서 검토해 왔다. 그들은 존재론적으로 또는 형이상학적으로 취급하지 않고, 우리의 실생활과 밀접한 관계를 가진 사회적 구조에 비추어서 생각했다. 그러한 학자들의 견해를 총칭하여 사회적 삼위일체론Social Trinity이라고 한다."[43] 이종성은 사회적 삼위일체론을 주장한 신학자들로 클레멘트 웨브Clement C. J. Webb, 레오나르드 하지슨Leonard Hodgson, 씨릴 리차드슨Cyril Richardson을 소개하였다.

이종성에 따르면, 첫째, 웨브는 1917-1918년의 기포드 강연The Gifford Lectures에서 "하나님과 인격성"God and Personality 라는 제목으로 강연하였고, 1918-1919년의 기포드 강연에서 "신의 인격성과 인간의 삶"Divine Personality and Human Life 라는 제목으로 강연하였다. 여기에서 웨브는 삼위일체 하나님을 사회적 관계의 관점에서 이해하고자 하였다.[44] 둘째, 하지슨은 1942-1943년의 크로올 강연Croall Lectures 에서 "삼위일체론"The Doctrine of the Trinity 이라는 제목으로 강연하였다. 하지슨은 하나님을 "성스러운 삼위일체의 사회 생활"the social life of the Blessed Trinity 로 표현하면서 삼위간의 관계를 "더 밀접하고 살아 있는 생동적인 관계"로 이해하였다.[45] 셋째, 리차드슨은 1958년에 출판한 『삼위일체론』The Doctrine of the Trinity 에서 하나님을 사회적 관계성 또는 상호관계성의 관점에서 이해해야 한다고 주장하였다. 그러면서 리차드슨은 하나님을 "자기 자신을 사랑하는 존재인 동시에 타자를 사랑하는 사회적인 존재양식을 갖는" 하나님으로, 또는 "자기 자신을 사랑하시는 동시에 삼위가 사랑의 상호관계를 즐기시는 그러한 사회성으로" 이해하고자 하였다.[46]

이와 같이 현대에서 사회적 삼위일체론을 주창한 초창기의 신학자들을 소개하는 것은 신학의 역사에서 매우 의미가 있는 작업이다. 1965년은 서양신학에서도 독일의 위르겐 몰트만Jürgen Moltmann 과 레오나르드 보프Leonard Boff 의 사회적 삼위일체론이 발표되기 훨씬 이전이다. 이런 점에서 사회적 삼위일체론의 초창기의 흐름들까지 파악하고 소개한 것은 이종성의 탁월한 신학적 안목이라고 할 수 있다. 물론, 몰트만의 삼위일체론이 1980년에 『삼위일체와 하나님의 나라』Trinität und Reich Gottes 를 통하여 알려지고, 보프의 삼위일체론이 1986년에 『삼위일체와 사회』Trinity and Society 를 통하여 발표된 후에는 이들의 삼위일체론까지도 상세하게 소개하고 분석하였다. 그래서 이종성이 1991년에 저술한 『삼위일체론』에서는 바르트의 삼위일체론과 라너의 삼위일체론과 함께 몰트만의 삼위일체론과 보프의 삼위일체론을 자세하게

다루었다.[47]

또한, 동시에 이종성은 이와 같은 사회적 삼위일체론을 앞서 다루었거나 그 기초를 제공하였던 예들을 교회사에서 탐구하였다. 그래서 고대 4세기의 카파도키아의 3대 신학자들, 즉 카이사레이아의 바실레이오스바질, Basil of Caesarea, 니사의 그레고리우스Gregory of Nyssa, 나지안조스의 그레고리오스Gregory of Nazianzus를 연구하였고, 또한 중세 12세기의 생 빅토르의 리샤르Richard of St. Victor에 대해서도 관심을 가졌다. 이러한 점에서 이종성은 현대 삼위일체신학에서의 새로운 주요한 흐름 중의 하나인 사회적 삼위일체론을 최대한 일찍 한국신학에 소개하였을 뿐만 아니라, 이를 바탕으로 관계성의 관점에서 삼위일체론에 접근하여 고찰하였다. 최근에 한국신학계 안에 삼위일체 하나님의 관계성과 공동체성을 다루는 논문들이 크게 증대하고 있는데, 이러한 상황은 현대 사회적 삼위일체론을 일찍이 소개한 이종성의 선구적 작업을 더욱 돋보이게 한다.[48]

V.
칼 바르트의 삼위일체론의 소개 및 연구

1932년에 정경옥이 바르트를 한국에 소개하기도 하였으나 이후 지속적으로 연구되지는 못하였다.[49] 1939년에 출판된 『기독교 신학 개론』에서 정경옥은 바르트를 기존의 인본주의에 정면으로 충돌하는 신학사상으로 간략하게 소개하고 있을 뿐 바르트의 삼위일체론에 관해서는 아무런 언급이 없다.[50] 한국신학의 역사에서 바르트 신학이 본격적으로 연구되기 시작한 것은 1960년대부터이다. 1960년대부터 박봉랑, 전경연, 윤성범, 박순경 등을 중심으로 바르트 신학이 한국에서 본격적으로 연구되기 시작하였다.[51] 무엇보다도, 바르트 신학에 대한 연구들이 집중적으로 드러난 것은 1970년에 출판된 『바르트 신학연구 제1집』[52]이었다. 1968년 12월 10일 바르트의 죽음을 계기로 여러 학자가 모여서 바르트 추모회를 갖고 이후 바르트 기념 논문집을 발행하기로 하였다. 제1집에는 박봉랑, 박순경, 변선환, 윤성범, 은준관, 이종성, 전경연, 지동식, 한철하가 참여하였고 그 결과물이 1970년에 출판되었다. 여기에 이종성은 "칼 바르트의 삼위일체론"이라는 논문을 실었다.

첫째, 한국신학 안에서 바르트 연구와 관련된 이와 같은 흐름 속에서 이종성이 1965년에 발표한 "삼위일체론의 현대적 이해"라는 논문을 통하여 바르트의 삼위일체론을 소개한 것은 한국에서의 바르트 연구와 관련하여 매우 의미가 있는 작업이면서, 동시에 바르트의 삼위일체론의 연구에 있어서도 매우 의미가 있는 작업이었다. 이 논문에서 이종성은 바르트가 『교회교의학』의 출발점인 프롤레고메나Prolegomena에서 성서론을 다루고 그 성서가 증언하는 삼위일체론을 다룸으로써 신학의 각론을 취급하기 전에 먼저 삼위일체론을 다루었다는 점에 주목하였다.[53] 이러한 점은 이종성 자신이 신학의 각론을 다룬 후에 삼위일체론을 다룬 점과는 다른 모습이다. 그렇지만 이종성은 바르트의 삼위일체론이 성서적 신관으로서의 삼위일체론이라는 점에 주목하였다. 바르트에 따르면, 성서적 신관으로서의 삼위일체론은 하나님의 통일성과 다양성을, 그리고 유일성과 삼위성을 모두 포함한다. 이것이 가능한 것은 "성서에 의하면 하나님은 그의 독특한 존재방식들Seins-weisen인 성부와 성자와 성령으로서 서로 관계하는 모양으로 존재"[54]하시기 때문이라고 이종성은 이해한다. 그러면서 이종성은 바르트가 위격Person의 개념을 "존재방식"Seinsweise로 표현하였다는 점을 소개하였다. 그러면서도 바르트의 입장이 양태론의 위험에 빠지지 않는 것은 바르트가 하나님의 통일성과 함께 "각위의 관여성關與性"[55]을 강조하기 때문이라고 이종성은 설명한다.

둘째, 이종성은 1970년의 "칼 바르트의 삼위일체론"이라는 글에서 바르트의 삼위일체론을 더욱 체계적으로 정리하고 분석하였다. 특히, 『교회교의학』 I/1권의 순서를 따라 상세하게 정리하고 분석하였다. 여기에서 이종성은 바르트의 삼위일체론이 20세기에 있어서 삼위일체론의 부흥운동을 일으켰다고 주장하면서 그것의 의의를 다음과 같이 진술하였다.

> 한편에서는 이 교리의 비현실성을 강조하면서 경시하는 반면 다른 한편에서는 이것을 너무나 기계적으로 그리고 형식적으로 받아들이는 틈바구니에서 바르트는 대담하게 삼위일체론의 중요성을 인정하고 그것에 대한 적극적인 논거를 전개했다. 이것은 바르트가 현대신학에 공헌한 면이라고도 할 수 있다.[56]

이종성이 이와 같이 바르트의 삼위일체론이 지니는 공헌과 의의를 평가한 것은 이종성 자신에게도 매우 의미심장한 것이다. 왜냐하면 이종성 자신의 삼위일체론과 자신의 신학이 그와 같은 공헌과 의의를 지향하기 때문이다. 즉, 전통적인 교리에 충실하면서도 그것에 무비판적이거나 맹종적으로 따르지 않고 그 교리가 갖는 시대적 의의를 이해하고 시대와 상황에 맞게 적용하려고 하는 태도를 지향하기 때문이다.

셋째, 이종성은 1991년에 출판한 『삼위일체론』에서는 바르트의 삼위일체론을 "그리스도론적 삼위일체론"이라는 제목으로 더 상세하고도 심층적으로 분석하였다.[57] 바르트가 하나님의 통일성의 근거를 "통재론"通在論 -perichoresis에 두고 있다는 사실에 이종성은 크게 주목하였다.[58] 페리코레시스περιχώρησις에 관한 논의는 현대 삼위일체신학에서 가장 많이 다루어지는 주제들 중의 하나이다. 한국신학계에서는 상호내재相互內在 또는 상호침투相互浸透 등으로 많이 번역되고 있지만, 이종성은 통재通在라는 말을 사용하여 통재론通在論 또는 상호통재相互通在로 표현한다. 김명용은 이종성이 이 용어를 상호통재로 번역한 것은 한국어로 다른 어떤 번역들보다 더 나은 것이라고 말한다.[59] 이 개념은 몰트만의 신학과 보프의 신학을 통하여 널리 알려지고 확산하였으며, 또한 이들을 통하여 이 개념이 동방교회의 삼위일체론이나 초대교회의 교부들에게로부터 연원하고 있음이 알려졌지만, 이종성은 바르트가 이 개념을 신학사에서 재발견하고 재확립하고 있다는 점을 크게 부각시켰다.

VI.
토착화논쟁에 관한 이종성의 입장의 근거로서의 삼위일체론

한국신학의 역사에서 1962-1963년에 기독교의 토착화에 관하여 신학적으로 큰 논쟁이 벌어졌다. 유동식, 윤성범, 이장식, 이규호, 정하은, 전경연, 박봉랑, 이종성 등이 참여하여 열띤 토론을 하였다.[60] 이와 같이 토착화에 관한 논쟁이 한창 진행되고 있는 상황에서, 1963년 7월에 미국 샌프란시스코 신학교에서 박사학위를 마치고 8월에 한국으로 귀국한 이종성은 당시에 진행되고 있던 토착화 논쟁을 검토하면서 11월에 자신의 입장을 제시하였다.[61]

그런데 매우 흥미로운 점은 이종성은 복음의 특수성이라는 관점에서 토착화논쟁에 참여한다는 점이다. 이종성이 주장하는 "복음의 특수성"이란 무엇인가? 그는 복음의 특수성을 횡적인 관점과 논리적인 관점으로 접근한다. 첫째, 횡적인 관점에서 본 복음의 특수성은 복음이 "일회적인 동시에 반복적"이라는 점이며, 또한 복음이 "개별적인 사건인 동시에 보편적인 사건"이라는 특수성이다.[62] 둘째, 논리적인 관점에서 본 복음의 특수성은 "불합리의 합리"의 특수성으로서, 구체적으로는 예수라는 역사적인 인물이 신이면서 인간이라는 "신인양성"의 교리와 다ᢧ가 일–이 된다는 삼위일체의 교리를 가리킨다.[63] 그런 후에 이종성은 "이상에서 고찰한 복음의 두 가지 특수성은 기독교 토착론의 신학적인 논거가 되어야 할 것이다"라고 주장하였다.[64]

이러한 점을 고려하면서 이종성은 토착화의 근본문제와 그 해결방안에 관하여 다음과 같이 제시한다. 첫째, 토착화란 "복음의 토착화"가 아니라 "기독교 문화의 토착화"를 의미한다. 즉, "기독교적 세계관과 인생관과 생활 방식"의 토착화를 의미한다. "복음은 필연적으로 기독교 문화를 조성하는 것이며, 따라서 그 문화는 토착화 될 수밖에 없으며 또한 토착화 되어야 한다."[65]

이와 같은 이종성의 주장은 기독교의 토착화를 주장하는 학자들의 주장과는 다른 것이다. 윤성범과 유동식을 중심으로 한 토착화 주창자들은 하르낙의 입장에 기본적으로 동의한다. 하르낙은 1885년에 출판한 『교리의 역사』에서 교리란 복음의 토양 위에 뿌려진 고대 그리스 정신의 결과물에 불과하다고 주장하였다. 기독교가 헬라화되어 복음이라는 알맹이가 교리라는 껍질 속에 있다고 여기기에 하르낙은 자신의 역사신학의 과제는 껍질을 벗기고 알맹이를 찾아내는 것이라고 주장하였다. 이렇게 하여 발견한 복음에는 하나님의 나라와 그 도래, 성부 하나님과 인간 영혼의 무한한 가치, 고차원적인 의와 사랑의 명령이 들어있지만, 삼위일체론과 기독론은 포함되지 않았다.[66] 그러나 이종성은 토착화 논쟁에서 오히려 삼위일체론과 기독론을 기독교 토착론의 신학적인 근거로 삼아서 논지를 전개하였다.

그렇다고 해서 이종성의 주장이 기존의 전통적 삼위일체론이나 기독론과 같은 교리들을 기계적으로 그대로 답습하거나 고수하려고 하는 근본주의적 입장과는 동일하지 않다.[67] 복음의 두 가지 특수성에 확고하게 서 있으면서도 오히려 개방적이고 전향적인 태도로 토착화 논쟁에 참여함으로써, 기독교 문화의 토착화를 주장하거나 또는 기독교적 세계관과 인생관과 생활방식의 토착화를 주장하기까지 하였던 것이다. 여기에서 알 수 있는 것처럼, 이종성의 삼위일체론은 토착화 논쟁에서도 이종성으로 하여금 자신의 독특한 입장을 드러내도록 영향을 미치고 있음을 확인할 수 있다.

기독교 토착화에 관한 논쟁 과정에서 단군신화와 삼위일체와의 관계에 관한 논쟁이 윤성범, 박봉랑, 전경연 등에 의해서 전개되었다.[68] 이 논쟁에 관하여 이종성은 "단군신화는 과연 삼위일체 하나님의 베스티기움인가?"[69]라는 글을 썼다. 이종성은 베스티기움vestigium을 흔적으로 번역하는 것은 과거에 있었던 것이라는 어감이 강하기 때문에 "모상"模像이라는 용어를 사용한다. 이종성은 "모상"이 되려면 3가지 조건이 구비되어야 한다고 말한다. 즉, 첫째로 삼신이 일반 다른 신이나 존재와 뚜렷한 구별이 있어야 하고, 둘째로 3이 1이라는 논리구조를 가져야 하고, 셋째로 특정한 민족이나 지역에서만 통용되는 것이 아닌 보편타당성이 있어야 한다고 제시하면서 다음과 같이 논박하였다.

첫째, 그리스도교의 삼위일체론과 단군설화 사이에는 내용적으로나
질적으로나 구조적으로 너무나 차이가 있다. ······ 둘째, 단군설화는
그리스도교가 말하는 삼이 일이라는 논리적 구조를 가지고 있지 않
다. ······ 셋째, 단군설화는 한국인의 건국설화 중의 하나이며, 따라서
보편타당성이 약하다.[70]

이와 같이 이종성은 단군신화가 삼위일체의 모상이라는 윤성범의 주장은 가설일 뿐이며 그의 가설은 가치나 무게가 있는 학설이 아니라고 결론을 내린다.

그런데 여기에서도 우리는 이종성의 주장의 이면에 독특한 방향성이 있음을 발견할 수 있다. 즉, 이종성이 윤성범의 주장에 대해서는 반대하였지만, 그렇다고 전통적 교리적 삼위일체론을 그대로 답습하거나 고수하는 것으로 빠지지는 않는다는 점이다. 윤성범의 주장을 검토하는 세 번째 기준은 특수성이나 특정성이 아니라 보편타당성이다. 즉, 이종성은 삼위일체의 모상을 세계의 문화와 종교 속에서 발견할 수 있다는 것에 열린 태도를 견지한다. 실제로, 이종성은 1991년의 『삼위일체론』 제6장에서 삼위일체론의 모상을 다루면서 아우구스티누스의 모상에 대해서 뿐만 아니라, 타종교에서 발견되는 삼위일체 신관의 모상을 구체적으로 분석하였다. 즉, ① 고대 중국의 3대 신인 상제上帝, 노군老君, 황제노군黃帝老君, ② 수메르와 바벨론의 3대 신인 아누Anu, 엔릴Enlil, 에아Ea 일체 신관, ③ 힌두교의 3대 신인 브라마Brahma, 비슈누Vishnu, 시바Siva, ④ 로마의 3대 신인 주피터Jupiter, 마르스Mars, 퀴리누스Quirinus와 같은 신관을, 또한, 더 나아가서 셸링, 헤겔, 포이에르바흐와 같은 철학자들의 신관의 논리를 검토하였다.[71]

물론 여기에서 이종성은 이러한 모상들이 "그리스도교가 가르치는 삼위일체론과는 질적으로 차이가 있다."고 분명하게 주장한다. 그리고 그것들의 논리구조가 삼위일체론과 유사한 점이 있다는 점을 부인할 수 없다고 말하더라도, 그것들이 삼위일체론의 직접적인 논리적 근거가 된다고 할 수 없다고 분명하게 주장한다. 그렇지만 이러한 검토작업을 통해서 이종성은 "그러한 사고방식이 고대로부터 모든 종교와 모든 인류의 정신생활에 있는 보편적인 현상임을 발견하게 되었다."[72]고 모상이 지닌 의의를 강조하였다. 이렇게 하여 이종성은 삼위일체론이 특정성의 걸림돌에로 빠져들지 않으면서도 온 세계와 전 역사에 보편적으로 관련성이 있음을 확보하고자 하였다. 이와 같은 이종성의 생각은 2004년에 출판된 『통전적 신학』제1·2회 춘계신학강좌의 제1장 통전적 신학서설에서 구체적으로 드러나 있다. 통전적 신학의 과제로서 삼위일체론이 지닌 의미를 다음과 같이 진술한다.[73]

> 통전적 신학은 타종교가 믿고 가르치는 모든 신관을 3위1체 신의 영
> 역 안으로 끌어들여 그들이 가지는 보조적 역할을 활용하여 기독교
> 신학이 말하는 3위1체 신의 절대적 위치를 확립해야 할 것이다.[74]

이와 같이 이종성은 삼위일체신관이 지닌 특수성과 절대성을 확실하게 인정하면서도 그것의 보편성을 함께 인정하고자 한다. 무엇보다도, 이종성의 삼위일체론은 특수성을 확실하게 인정하면서도 신의 우주적 통치와 보편적 사랑을 함께 강조하고자 한다. 그래서 이종성은 로마서 3장 29절, 즉 "하나님은 홀로 유대인의 하나님 뿐이시뇨 또 이방인의 하나님은 아니시뇨 진실로 이방인의 하나님도 되시느니라"는 말씀을 인용하기를 좋아한다.[75]

VII.
나오는 말

이 글에서는 이종성의 삼위일체론이 한국신학 안에서 가지는 위치와 의의를 중점적으로 살펴보았다. 그러나 이종성의 삼위일체론 자체의 방법론, 구조, 내용, 신학적 의의 등에 관해서는 본 논문에서는 직접적으로 다루

지는 않았다.[76] 본론에서 다섯 가지 항목들로 나누어 살펴보았듯이, 이종성은 한국신학 안에서 삼위일체론이 활발하게 연구되거나 논의되지 않은 때에 선구적으로 삼위일체론을 소개하고 본격적으로 및 체계적으로 연구한 첫 한국인 신학자였다. 특히, 박사학위논문으로 아우구스티누스의 삼위일체론을 연구하고 소개함으로써 한국에서의 삼위일체론의 연구에 크게 공헌하였다. 그리고 현대 사회적 삼위일체론을 상당히 일찍 한국 신학계에 소개하였고, 또한 바르트의 삼위일체론을 소개하고 연구함으로써 한국신학의 발전에 크게 공헌하였다.

삼위일체론에 관한 이와 같은 연구들은 기독교 토착화에 관한 논쟁에서, 그리고 구체적으로는 단군신화와 삼위일체와의 관계에 관한 논쟁에서 이종성으로 하여금 양쪽의 극단의 입장을 피하고 제3의 길을 가도록 하였음을 본 논문에서 확인하였다. 한편으로는 전통적인 교리적 삼위일체론을 그대로 답습하거나 고수하는 입장을 지양하고, 다른 한편으로는 삼위일체론 자체를 해체하거나 해소하는 입장도 지양한다. 성서적 계시를 바탕으로 성서적 삼위일체론의 특수성을 확고하게 주장하면서도, 동시에 삼위일체론이 온세계와 전역사에 보편적으로 미치는 함의들을 깊이 고려하였다. 이것은 이종성의 삼위일체론의 특징이면서도 그가 추구하는 통전적 신학의 특징이기도 하다. 이와 같은 점들을 고려할 때에, 이종성의 삼위일체론은 한국신학 안에서 중대한 위치와 의의를 가지고 있음을 확인할 수 있다.

1   김도훈에 따르면, "통전적 신학"이라는 명칭은 이종성이 루이빌신학교에서의 유학생활을 회고하면 서 저술한 1984년의 글에서 당시의 연구생활의 세 가지 큰 성과들을 열거하면서 처음으로 사용되었 다. 김도훈, "영원한 진리를 탐구하는 순례자 - 춘계(春溪) 이종성 박사의 생애와 신학," 김도훈 · 박성 규 엮음, 『춘계 이종성 박사의 생애와 사상(제8·9회 춘계신학강좌)』(서울: 장로회신학대학교출판부, 2014), 26. 신옥수에 따르면, 이종성은 1984년에 출판된 『그리스도론』에서 "통전적"이라는 표현을 처 음으로 사용하였다. 신옥수, "춘계(春溪) 이종성 박사의 삼위일체론," 김도훈 · 박성규 엮음, 『춘계 이 종성 박사의 생애와 사상(제8·9회 춘계신학강좌)』(서울: 장로회신학대학교출판부, 2014), 153.

2   이종성, 『춘계 이종성 저작전집 40권』 I (신학서론), 77-87; 백충현, "춘계 이종성의 통전적 신학에서 신학과 철학의 관계에 대한 연구," 『장신논단』 48권 1호 (2016년 3월): 201-224.

3   위의 책, 77.

4   김명용, "제2장 통전적 신학이란 무엇인가?," 『통전적 신학(제1·2회 춘계신학강좌)』, 68.

5   김명용, 『온신학』(서울: 장로회신학대학교출판부, 2014), 133-156.

6   나부열, "삼위일체에 관한 예수의 교훈," 『신학지남』 I권 2호 (1918년 7월): 19-35.

7   가옥명 지음, 이영태 · 정재면 옮김, 『조직신학 I-VI』(평양: 장로회신학교, 1931).

8   위의 책, 61-77.

9   이종성, 『춘계 이종성 저작전집 40권』, XXXVII (수상집3), 242-243; 최윤배, 『구원은 하나님 은혜의 선물』(용인: 킹덤북스, 2016), 410-413; 문춘권, "중국 신학자 가옥명의 조직신학사상연구" (장로회신 학대학교 대학원 신학석사학위논문, 2011).

10   선한용, "철마 정경옥 교수의 생애에 대한 재조명," 『기독교 신학 개론(개정판)』(춘천: 삼원서원, 2010), 8-25.

11   정경옥, 『기독교 신학 개론(개정판)』(춘천: 삼원서원, 2010), 495-501.

12   위의 책, 486.

13   위의 책, 486.

14   이영헌, "삼위일체 신관의 교리사적 고찰," 『신학지남』 25권 1호 (1958년): 97-114.

15   윤성범, "환인, 환웅, 환검은 곧 하나님이다," 『사상계』 121호 (1963년 5월): 258-271.

16   박봉랑, "기독교토착화와 단군신화," 『사상계』 123호 (1963년 7월): 172-183.

17   전경연, "소위 전이해와 단군신화," 『기독교사상』 7권 8호 (1963년 9월): 22-29.

18   윤성범, "단군신화는 Vestigium Trinitatis이다," 『기독교사상』 7권 9호 (1963년 10월): 14-18.

19   박형룡, 『교의신학 신론 (박형룡박사 저작전집 제2권)』(서울: 한국기독교교육연구원, 1977).

20   차영배, 『삼위일체론 (개혁교의학시리즈 2-1)』(서울: 총신대학출판부, 1982).

21   오성춘, "삼위일체 교리와 섬김의 공동체 비전," 『장신논단』 10권 (1994년 12월): 535-553.

22   최홍석, "헤르만 바빙크의 삼위일체론," 『신학지남』 65권 2호 (1998년 6월): 110-132.

23   Jong Sung Rhee. "*The Influence of Plotinus on Augustine as Illustrated in His Doctrine of the Trinity*" (Th. D. Dissertation, San Francisco Theological Seminary, 1963).

24   이종성, "기독교 토착화론에 대한 신학적 고찰," 『기독교사상』 7권 10호 (1963년 11월): 22-31.

25   이종성, "아우구스티누스의 삼위일체론(1)," 『기독교사상』 8권 4호 (1964년 4월), 6-20; 이종성, "아우 구스티누스의 삼위일체론(2)," 『기독교사상』 8권 5호 (1964년 5월), 16-26; 이종성, "아우구스티누스 의 삼위일체론(3)," 『기독교사상』 8권 6호 (1964년 6월), 55-65. 위의 글들은 다음에 실려 있다. 이종 성, 『춘계 이종성 저작전집 40권』, VII (삼위일체론2), 303-374.

26   이종성, "삼위일체론의 현대적 이해," 『기독교사상』 9권 7호 (1965년 7월), 60-69.

27   한국바르트학회 엮음, 『바르트 신학연구 제1집』(서울: 대한기독교서회, 1970), 52-80.

28   이종성, 『삼위일체론』(서울: 대한기독교출판사, 1991).

29   이종성, "이야기로 푸는 조직신학(XIV) - 삼위일체론(1)," 「기독교사상」 38권 2호 (1994년 2월), 242-250; 이종성, "이야기로 푸는 조직신학(XIV) - 삼위일체론(2)," 「기독교사상」 38권 3호 (1994년 3월), 246-254.

30   이종성, 『이야기로 푸는 조직신학』(서울: 대한기독교서회, 1995).

31   이종성, 『삼위일체론을 중심한 신학과 철학의 알력사』(서울: 장로회신학대학교출판부, 2005).

32   이종성, 『춘계 이종성 저작전집 40권』, IV (그리스도론), 291-345.

33   이종성, 『춘계 이종성 저작전집 40권』, V (성령론), 90-121.

34   이종성, 『춘계 이종성 저작전집 40권』, XVI (조직신학개론 외), 348-367.

35   이종성, 『춘계 이종성 저작전집 40권』, VII (삼위일체론 2), 351.

36   위의 책, 351-352.

37   위의 책, 352.

38   이종성, "기독교 토착화론에 대한 신학적 고찰," 「기독교사상」 7권 10호 (1963년 11월): 22-31.

39   이종성, 『삼위일체』(서울: 대한기독교출판사, 1991).

40   위의 책, 3-4.

41   이종성, "삼위일체론의 현대적 이해," 60.

42   위의 글.

43   위의 글, 65.

44   위의 글.

45   위의 글, 65-66.

46   위의 글, 66.

47   이종성, 『춘계 이종성 저작전집 40권』, VII (삼위일체론 2), 200-245.

48   대표적인 예로 다음을 참조하라. 김영선 외 지음, 『관계 속에 계신 삼위일체 하나님』(서울: 아바서원, 2015).

49   정경옥, "위기신학의 요령," 「신학세계」 17권 5호 (1932년 9월): 14-24.

50   정경옥, 『기독교 신학 개론(개정판)』, 158-160.

51   1961년 5월에 박봉랑은 "칼 바르트의 신앙 - 신앙의 유추"라는 제목의 논문을 「기독교사상」에 발표하였다. 1964년에는 박봉랑과 전경연이 편역한 복음주의 신학총서 시리즈로 바르트의 글들이 번역되고 세 권의 책으로 출판되어 바르트의 신학이 많이 소개되었다. 1967년 10월에는 박봉랑이 "현대 기술문명과 신이해 - 바르트와 본회퍼를 중심으로"라는 제목의 논문을 발표하였다. 그리고 1968년에는 윤성범이 『칼 바르트』라는 제목의 책을 출판하였다. 그런 후에 1968년 12월 10일 바르트의 죽음을 계기로 1969년부터 바르트에 관한 연구들이 많이 나왔다. 「기독교사상」은 1969년 1월에 윤성범의 "칼 바르트의 생애와 저서," 박순경의 "칼 바르트 신학에 대한 서언," 박봉랑의 "바르트와 그의 후계자들," 전경연의 "칼 바르트의 공헌"을 함께 실었다. 그리고 1969년 10월에는 윤성범의 "바르트의 영 이해와 기술의 문제"를 실었다.

52   한국바르트학회 엮음, 『바르트 신학연구 제1집』(서울: 대한기독교서회, 1970). 제2집은 바르트의 논문들을 번역한 것을 함께 모아서 1995년에 출판되었으며, 제3집은 2013년에 출판되었다.

53   이종성, "삼위일체론의 현대적 이해," 62.

54   위의 글, 63.

55   위의 글, 64.

56   이종성, "칼 바르트의 삼위일체론," 53.

57   이종성, 『춘계 이종성 저작전집 40권』, VII (삼위일체론 2), 156-183.

58   이종성, 『삼위일체론』, 625-626. 이종성, 『춘계 이종성 저작전집 40권』, VII (삼위일체론 2), 167-168.

59   김명용, 『온신학의 세계』, 73.

60   1962년 9월 윤성범은 "현대신학의 과제 - 토착화지향"이라는 글을 「기독교사상」에 발표하였다. 그리고 1963년 4월에 유동식은 "기독교의 토착화에 대한 이해"를 발표하였다. 1963년 4월에 정하은은 "한국 에큐케니칼 운동의 과제"를 「사상계」에 발표하여 선교방법으로서 신학의 토착화를 주장하였다. 또

한, 윤성범은 1963년 5월에 "환인, 환웅, 환검은 곧 하나님이다"라는 글을 「사상계」에 발표하였다. 또한, 윤성범은 1963년 6월에 "복음의 토착화에 대한 전이해"를 「기독교사상」에 발표하였다. 이장식은 1963년 6월에 "기독교 토착화는 역사적 과업"이라는 글을 「기독교사상」에 발표하였다. 그리고 정하은은 1963년 7월에 정하은 "한국에 있어서 신학의 토착화의 기점"을 「기독교사상」에 발표하였다. 그리고 1963년 9월에 홍현설은 "토착화의 가능면과 불가능면,"을 발표하였다. 그리고 1963년 10월에 이규호는 "토착화론의 철학적 근거"를 발표하였다.

　　이와 같이 토착화를 주창하는 입장들에 대한 비판적인 입장들이 제기되었다. 1963년 4월에 발표된 유동식의 "기독교의 토착화에 대한 이해"에 반대하여 전경연은 1963년 5월에 "기독교역사를 무시한 토착화이론은 원시화를 의미"를 「기독교사상」에 발표하였다. 그리고 1963년 5월에 발표된 윤성범의 "환인, 환웅, 환검은 곧 하나님이다"에 반대하여 박봉랑과 전경연이 발표하였다. 박봉랑은 1963년 7월에 "기독교토착화와 단군신화"를 『사상계』에 발표하였고, 전경연은 1963년 9월에 "소위 전이해와 단군신화"를 「기독교사상」에 발표하였다. 여기에 대하여 윤성범은 1963년 10월에 "단군신화는 Vestigium Trinitatis이다"라는 글을 「기독교사상」에 발표하였다.

61 　이종성, "기독교 토착화론에 대한 신학적 고찰," 「기독교사상」 7권 10호 (1963년 11월): 22-31.

62 　위의 글, 23.

63 　위의 글, 24.

64 　위의 글, 25.

65 　위의 글, 25.

66 　백충현, 『내재적 삼위일체와 경륜적 삼위일체』(서울: 새물결플러스, 2015), 31.

67 　이러한 입장들의 예로서는 박형룡과 차영배를 들 수 있다. 박형룡, 『교의신학 신론 (박형룡박사 저작전집 제2권)』(서울: 한국기독교교육연구원, 1977). 차영배, 『삼위일체론 (개혁교의학시리즈 2-1)』(서울: 총신대학출판부, 1982).

68 　윤성범은 1963년 5월에 "환인, 환웅, 환검은 곧 하나님이다"라는 글을 「사상계」에 발표하였다. 여기에 반대하여 박봉랑은 1963년 7월에 "기독교토착화와 단군신화"를 「사상계」에 발표하였고, 전경연은 1963년 9월에 "소위 전이해와 단군신화"를 「기독교사상」에 발표하였다. 여기에 대하여 윤성범은 1963년 10월에 "단군신화는 Vestigium Trinitas이다"라는 글을 「기독교사상」에 발표하였다.

69 　이종성, 『춘계 이종성 저작전집 40권』, VII (삼위일체론 2), 297-302. 이 글은 본래 다음의 책에 실려있다. 이종성, 『삼위일체론』(서울: 대한기독교출판사, 1991), 548-552.

70 　위의 책, 301.

71 　이종성, 『삼위일체론』, 477-499.

72 　위의 책, 499. 이러한 입장은 철학과 신학과의 관계에 관한 그의 생각에서도 확인할 수 있다. 백충현, "춘계 이종성의 통전적 신학에서 신학과 철학의 관계에 대한 연구," 「장신논단」 48권 1호 (2016년 3월): 201-224.

73 　이종성·김명용·윤철호·현요한, 『통전적 신학(제1·2회 춘계신학강좌)』, 42-43.

74 　위의 책, 42.

75 　위의 책, 43.

76 　여기에 관해서는 다음의 논문을 참조하라. 신옥수, "춘계 이종성 박사의 삼위일체론," 김도훈·박성규 엮음. 『춘계 이종성 박사의 생애와 사상 (제8·9회 춘계신학강좌)』(서울: 장로회신학대학교출판부, 2014), 153-183.

삼위일체와 교회

제 3 부

06장

이 글은 2016년 장로회신학대학교의 지원을 받아 수행된 연구("한국 교회 및 사회 개혁을 추구하는 '삼위일체적 커뮤니온의 교회론'의 형성과 실천 (A Formation and Practice of 'An Ecclesiology of Trinitarian Communion' for the Reformation of Korean Church and Society)")를 바탕으로 일부 보완된 것이다. 본래의 글은 일부 수정되어 다음과 같이 출판되었다. 백충현, "교회개혁을 위한 신학적 성찰 – 교회의 정체성과 적실성을 중심으로," 「신학과 선교」 50권 (2017년 6월): 87-118. 그리고 본래의 글은 다음의 책 Ⅳ권 12장에도 포함되어 있다. 종교개혁500주년 기념 공동학술대회 준비위원회 편, 『종교개혁500주년 기념 공동학술도서 Ⅰ-Ⅶ』(서울: 나눔사, 2018).

07장

이 글은 다음의 책 2장 "세계교회협의회(WCC)와 삼위일체 – 총회 보고서를 중심으로"에 있는 글을 수정 및 보완한 것이다. 현요한 · 박성규 책임편집, 『WCC 신학의 평가와 전망』(서울: 장로회신학대학교출판부, 2015), 33-63.

08장

이 글은 본래 한국기독교사회문제연구원과 한국기독교교회협의회 공동주관으로 개최된 제1-2차 심포지엄("21세기의 교회와 선교 – 설교자를 위한 WCC 제10차 총회 주요문서 내용," 기독교회관, 2014년 10월 20일 및 11월 17일)에서 발표되었고 일부를 수정 및 보완하여 다음과 같이 출판되었다. 백충현, "세계교회협의회(WCC) 제10차 부산 총회의 삼위일체신학에 근거한 교회의 정체성과 과제," 「신학사상」 188집 (2020년 봄): 74-104.

06장

삼위일체적 커뮤니온의 교회론

들어가는 말

2017년은 종교개혁 500주년이었다. 1517년 10월 31일 독일에서 마르틴 루터 Martin Luther, 1483-1546 가 로마 가톨릭의 면벌부 판매를 비롯한 부패와 타락에 항의하여 비텐베르크성의 성당 문 앞에 95개 조항의 반박문을 게시하였던 날을 기준으로 500주년이 되는 해이다. 그러나 루터의 종교개혁만이 있었던 것은 아니었다. 두 가지 대표적인 예를 들면, 1517년보다 100년 앞선 때에 체코에서 얀 후스 Jan Hus, 1372-1415 가 일으킨 종교개혁이 있다. 후스는 1415년에 로마 가톨릭에 의해 이단으로 정죄되고 화형을 당하여 순교하였다. 2015년이 그의 순교 600주년이 되는 해로서 체코의 종교개혁을 기념하는 행사들이 많이 있었다.[1] 그리고 1517년보다 늦은 때에 장 칼뱅John Calvin, 1509-1564이 로마 가톨릭의 폐해를 비판하면서 프랑스와 스위스에서 일으킨 종교개혁도 있다. 2009년이 그의 탄생 500주년이 되는 해여서 그의 종교개혁사상을 기념하는 행사들이 풍성하게 진행되었다.[2]

종교개혁자들의 개혁의 목표는 일차적으로 교회를 개혁하는 것이었다. 후스는 로마의 교황이 두 명 또는 세 명이 있던 교황권대분열의 시대에 살았다. 이러한 상황에서 후스는 로마 가톨릭과 교황을 강력하게 비판하면서 교회제도와 교황권보다는 그리스도의 법과 성경에 최고의 권위를 두어야 한다고 주장하였다. 후스는 『교회』De ecclesia라는 책에서 교회의 유일한 머리는 그리스도이며, 로마 교황과 추기경들이 보편교회인 것은 아니라고 주장하였다.[3] 그리고 루터는 성경에서 발견한 이신칭의에 비추어 당대 광범위하게 퍼져있는 면벌부의 판매가 성경의 진리를 아주 크게 왜곡하는 것이라고 비판하였다. 이러한 비판의 과정에서 루터는 교황의 권위보다는 성경의 권위를, 교회의 제도와 전통보다는 복음의 진리를 더 확고하게 붙들 것을 주창하였다. 1521년 4월 16일 보름스국회에서 심문관으로부터 입장을 철회하라는 지시를 받았을 때, 루터는 황제 앞에서 담대히 거부하면서 교황들과 공의회의 권위보다는 하나님의 말씀을 최고의 권위로 인정하였다. 그리고 칼뱅은 20대 초반에 개신교로 회심한 이후 제네바와 스트라스부르에서 목회하면서 교회개혁을 추구하였다. 그에게 가장 주된 관심사는 바로 참 교회는 무엇인가 하는가이었다. 그에 따르면, 참 교회의 표지들은 하나님의 말씀의 순수한 선포, 성례의 올바른 집행, 말씀에 따른 권징의 실행이었다.

그런데 종교개혁자들에게서 주목해야 할 점은 종교개혁의 목표가 교회의 개혁이면서도, 동시에 사회에 심대한 영향을 끼침으로써 사회의 개혁까지도 수반하였다는 사실이다. 종교개혁의 위대한 정신은 개혁교회 교회론의 유명한 표어인 **"개혁된 교회는 항상 개혁되어야 한다"**ecclesia reformata semper reformanda에 잘 반영되어 있을 뿐만 아니라, 또한 체코 출신의 개혁신학자 얀 밀리치 로흐만Jan Milič Lochman, 1922-2004이 제시한 명제인 **"교회와 사회는 항상 개혁되어야 한다. 세상의 상태는 갱신될 것이다"**ecclesia et societas semper reformanda. status mundi renovabitur에도 잘 반영되어 있다.[4]

종교개혁 500주년을 맞이하여 한국교회 및 세계교회는 기념행사를 성대하게 진행하였다. 그렇지만 한국교회와 한국사회의 현실은 어떠한가? 먼저, 한국교회의 현실을 살펴보면, 기독교윤리실천운동기윤실의 2013년도 한국교회 신뢰도 조사에 따르면,[5] 신뢰도는 19.4% 뿐이며, 2017년 조사에 따르면[6] 20.2% 뿐이다. 그 이유들로는 언행불일치, 교회내부비리, 타종교에 대한 배타적 비판, 강압적인 선교, 교회지도자들의 부도덕, 교회의 상업적 운영, 교회의 과도한 제도화 및 교권화 등이다. 그래서 오늘날 100만 명 이상으로 추정되는 '가나안 성도' 현상이 심각한 문제로 부상하였다.

그러면 오늘날 한국사회는 어떠한가? 남북분단의 고통, 남남갈등과 이념갈등으로 인한 혼란은 말할 것도 없고, 경제침체로 모두가 우울한 곳이 되었다. 취업포털 잡코리아의 2015년 조사에 따르면,[7] 청년들 85.9%가 '연애 · 결혼 · 출산 · 인간관계 · 내집마련 · 희망 · 꿈' 중 하나라도 포기한다. 그래서 '3포세대', '5포세대', '7포세대', 'N포세대'라는 말과 '헬조선'이라는 말까지 등장하였다. 한국의 자살률이 오랜 동안 OECD 국가 중에서 1위를 차지하였다. 한해 자살인구가 1만5천명 가까이 되고, 하루 평균 40명 정도가 된다. 오늘날 한국사회의 현실이 이러하지만, 한국교회는 자체적인 문제들로 인하여 사회를 개혁시킬 여력도 없고, 오히려 개혁의 대상이 되어 사회로부터 지탄을 받고 있다.

이 글은 한국교회와 한국사회의 이와 같은 현실을 고민하되, 오늘날 종교개혁의 정신을 충실히 계승하고 기존의 교회론이 노정한 많은 신학적 한계들을 지양하면서, 한국교회와 사회의 개혁을 추구하는 교회론으로서 '삼위일체적 커뮤니온의 교회론'an ecclesiology of trinitarian communion을 제시하고자 한다.

이를 위하여 이 글은 먼저 한국교회들의 문제들을 면밀하게 검토하면서, 이러한 문제들이 근본적으로는 교회에 대한 부적합한 이해들과 적용들로 인해서 생겨나고 있음을 주장한다. 종교개혁 이전에 로마 가톨릭 교회가 노정하였던 많은 문제들이 근본적으로는 교회에 대한 부적합한 이해들과 적용들로 인해서 생겨났음과 마찬가지이다. 성경적으로, 교회사적으로 및 신학적으로 이루어진 논의들을 바탕으로 교회의 본질 또는 교회의 정체성에 관한 가장 중심적이고 주요한 이해를 제시하고자 한다.

그런 다음에 이 글은 한국사회의 문제들을 현상적으로 검토하면서, 이러한 문제들이 한국교회에 의해서 제대로 다루어지지 못하고 있고 변화되거나 개혁되지도 못하는 현실에 주목하면서, 즉 교회의 대사회적 적실성의 상실이라는 현실에 주목한다. 그러면서 성경적으로 및 교회사적으로 이루어진 논의들을 바탕으로 교회와 세계와의 관계, 또는 교회와 사회와의 관계에 관하여 성찰할 것이다. 특히, 교회와 사회를 이분법적으로 분리하여 이해하는 시각을 비판적으로 성찰할 것이다.

더 나아가서, 이 글은 교회의 정체성과 교회의 대사회적 적실성을 모두 확보하고 서로를 긴밀하게 연결하고자 시도하는 신학적인 작업들을 소개할 것이다. 그 중에서도 특히, 현대에 와서 부흥기를 맞이하고 있는 현대 삼위일체신학에서의 교회론을 검토할 것이다. 오늘날의 삼위일체신학은 삼위일체 하나님을 하나의 연합 또는 교제, 즉 커뮤니온communion/코이노니아koino-nia로서 여긴다. 이러한 커뮤니온/코이노니아는 그 자체로 닫혀있거나 폐쇄적이지 않고, 오히려 세계를 향해 개방되어 있고 세계로 하여금 하나님 자신의 커뮤니온에 참여하도록 초대하고 부르고 기다리며, 또한 이미 참여하고 있는 자들을 세계와 사회 속으로 파송한다.

마지막으로, 이 글은 하나님을 삼위일체 하나님으로 이해하며, 삼위일체 하나님을 커뮤니온으로 이해하고, 교회를 그러한 커뮤니온에 참여하는 커뮤니온적 존재로, 그렇지만 동시에 세계와 사회 속으로 파송되어진 선교적 존재로 이해하는 '삼위일체적 커뮤니온의 교회론'이 오늘날의 한국교회의 현실과 한국사회의 현실 속에서 어떤 실천적인 적용가능성과 함의성이 있는지를 간략하게 검토할 것이다.

이와 같은 점들을 다루는 이 글은 현재의 한국교회와 한국사회에 많은 기대효과들을 제공할 것이다. 첫째, 이 글은 온갖 종류의 문제점들로 인하여 위기에 처해있는 한국교회로 하여금 자신의 교회론적 입장들을 면밀하게 검토하면서 새로운 반성과 성찰을 할 수 있도록 도전하고 자극할 수 있다. 둘째, 이 글은 성경적이고 종교개혁적인 교회론의 핵심과 정체성을 제시함으로써 한국교회를 새롭게 개혁할 수 있는 신학적 토대를 제공할 수 있다. 셋째, 이 글은 한국교회를 새롭게 개혁할 수 있도록 도울 뿐만 아니라, 교회를 통하여 사회와 세계와 우주만물을 삼위일체 하나님의 모습의 관점에서 접근하고 성찰하고 개혁할 수 있는 신학적 발판을 제공할 수 있다. 마지막으로, 하나님의 영광의 무대인 온 우주만물이 하나님의 말씀으로 개혁되고 새로워지며, 종말의 완성에로 다가가는 하나님의 역사를 기대하고 소망할 수 있다.

II.
한국교회의 문제들과 교회의 정체성identity

앞에서 언급하였듯이, 기독교윤리실천운동기윤실이 2013년 12월에 실시한 한국교회 신뢰도 조사에 따르면,[8] 한국교회에 대한 우리 사회의 신뢰도는 19.4% 뿐이며, 2017년 조사에 따르면[9] 20.2% 뿐이다. 5점 만점에서는 2.62점 밖에 되지 않는다. 보통이다가 36%, 신뢰하지 않는다가 44.6%이다. 흥미로운 점은 기독교인들 중에서도 47.5%만이 자기가 다니는 교회를 신뢰하고 있다는 사실이다. 그리고 2015년 10월 28일 불교사회연구소가 발표한 2015년 한국의 사회 정치 및 종교에 관한 대국민 여론조사에 따르면, 개신교의 신뢰도는 10.2%일 뿐이지만, 천주교는 39.8%이고 불교는 32.8%이다.

기독교윤리실천운동기윤실의 한국교회신뢰도 조사에서, 한국교회를 신뢰하지 않는 이유로 한국교회가 복음대로 살기 때문에 신뢰하지 않는다고 한다면 전혀 문제가 되지 않을 것이다. 그러나 이 조사에 따르면, 신뢰하지 않는 이유들로 "언행일치가 되지 않아서", "교회내부적 비리/부정부패가 많아서", "타종교에 대해 비판적/배타적이어서", "선교활동이 지나쳐서/강압적으로 전도해서", "믿음을 주지 않아서", "목사/지도자 윤리문제 및 부도덕한 행동 때문에", "상업적/기업적이어서", "목사의 개인이익추구/재산축적 때문에" 등이 제시되어 있다. 이러한 현상들은 한국 교회가 교회의 제도화, 교권화, 개교회주의화, 외형화, 성장화, 사유화, 세습화, 게토화 등에 빠져 있음을 보여준다. 이와 같은 이유들로 인하여 오늘날 교회를 안 나가는 그리스도인들을 가리키는 '가나안 성도'가 100만 명 이상이라고 추정되고 있다.[10]

임성빈은 21세기 초반 한국교회의 현실을 제도적 차원, 개인신앙적 차원, 윤리적인 차원, 교회에 대한 대외 인식 차원, 교회의 공공성에 대한 차원, 선교적 차원, 기독교에 대한 부정적 담론의 차원이라는 7가지 차원에서 기독교윤리학적 관점에서 분석한다. 그러면서 한국교회에 대한 종합적인 평가를 다음과 같이 제시한다.

> 오늘의 교회 위기는 신앙인들의 신앙인답지 못함에 기인한다는 것이다. 이는 기독교적 세계관에 입각한 신앙체계와 삶에 대한 지식의 부족과 함께 신앙공동체의 공공 영역에서의 역할 부족으로 나타났다. 이러한 제도적, 신앙적, 기능적 역할의 부족함은 결국 교회에 대한 대외 인식을 악화시킴으로써 대사회적 선교 역량의 한계를 노출하게 되었다. 이러한 교회의 위기는 시민사회를 비롯한 사회의 각 영역, 특별히 영화를 비롯한 미디어의 영역에서 기독교 복음의 핵심 담론이 제대로 소통되지 못하고 있는 현실에서 심화되고 있다. 핵심 담론이 소통되지 못한다는 문제는 곧 우리의 삶이 그 담론을 살아내지 못하고 있다는 뜻이기도 하다. 그러므로 우리는 교회 안에서의 신앙생활과 함께 사회 참여에 대한 태도와 전략에 있어서도 지금까지의 내용과 방식을 반성하고 새로운 길을 모색해야 한다.[11]

이러한 분석과 평가에서 드러나는 바와 같이, 한국 교회의 문제들은 근본적으로 교회의 정체성identity과 교회의 대사회적 적실성relevance 의 문제들에로 귀결된다. 그래서 임성빈은 다음과 같이 더 구체적으로 날카롭게 지적한다.

결국 확고하지 못한 기독교적 정체성, 즉 십자가와 부활의 신학에 뿌리를 깊이 내리지 못한 미숙하고 왜곡된 신앙, 기복적 성향은 뿌리가 깊으나 십자가와 섬김에는 얄팍한 신앙과 건전한 신학의 부족, 사회 문화적 맥락에 대한 이해 부족, 권력에 대한 신학적 이해의 왜곡으로 인한 사회적 과제 선정의 미숙과 상대적으로 우수한 인재와 풍부한 재원의 활용 부족, 결과적인 연대와 소통의 부족함이 오늘 한국 교회가 위기를 자초한 원인이라고 할 수 있다.[12]

교회의 정체성은 신앙인이 신앙인다워지는 것, 교회가 교회다워지는 것, 그리고 신앙공동체의 구성원으로서의 정체성을 분명히 세워가는 것과 관련이 있다. 교회의 대사회적 적실성은 교회가 세계와의 관계에서 사회와 소통하고 연대하고 사회적 공동선에 관심을 가지고 함께 동참하는 것이다. 교회의 정체성을 보존하는 것과 사회적 공공선을 위해 연대하는 것은 분리된 것이 아니라 서로 긴밀하게 연결되어 있다. 교회의 정체성을 뚜렷하게 보존하지만 대회사적 적실성을 상실하는 것도 심각한 문제이며, 교회의 대사회적 적실성을 확보하지만 정체성을 상실하는 것도 심각한 문제이다. 그러므로 교회의 정체성과 대사회적 적실성을 함께 보존하고 확보할 수 있는 신학적인 작업과 실천적인 적용이 모두 요청된다.

이러한 요청에 부응하기 위해서 먼저 교회의 정체성에 관한 성경적으로, 교회사적으로, 및 신학적으로 이루어진 논의들을 살펴보고자 한다. 왜냐하면 한국 교회에서 드러나고 있는 부정적인 현상들은 근본적으로는 교회에 대한 부적합한 이해들로부터 생겨난 것이기 때문이다. 즉, 그것들은 무엇보다 교회의 정체성이나 교회의 본질에 대한 심각한 오해와 중대한 왜곡으로부터 생겨난 것이다.

성경에서 교회를 가리키는 신약의 그리스어는 '에클레시아'^{ἐκκλησία}이며,

이것은 구약 히브리어의 '카할'קָהָל에 대응한다. 에클레시아는 하나님의 부르심을 받은 자들을 의미한다. 고린도전서 1장 1-3절에서 "고린도에 있는 하나님의 교회"는 "그리스도 예수 안에서 거룩하여지고 성도라 부르심을 받은 자들"을 가리키고 "각처에서 예수 그리스도의 이름을 부르는 모든 자들"을 가리킨다. 즉, 교회는 가장 근본적으로 하나님의 부르심을 받은 사람들을 가리킨다. 그러기에 교회는 일차적으로 장소, 건물, 제도, 조직, 역사, 전통, 집단이 아니다. 하나님의 부르심이 있어야하기에 교회는 인간의 자연적인 동질집단도 아니며, 또한 교회는 교황, 추기경, 총대주교, 감독, 목사, 재력가 등의 유력한 개인과도 동일시될 수도 없다. 구약의 '카할'도 부름을 받은 자들을 가리키며 구약에서 주로 "회중" 또는 "총회"로 번역되는데, 일차적으로 하나님께서 출애굽을 통하여 불러주신 자들을 가리킨다.

에클레시아와 카할이 지닌 근본적인 의미를 가장 온전하게 드러낸 표현이 "하나님의 백성"이다. 출애굽기 6장 7절에서 하나님께서 모세에게 출애굽을 약속하시면서 "너희를 내 백성으로 삼고 나는 너희의 하나님이 되리니"라고 말씀하셨다. 이러한 근본적인 의미는 신약에서도 보존되고 있다. 대표적으로 베드로전서 2장 9-10절에서 "그러나 너희는 택하신 족속이요 왕같은 제사장들이요 거룩한 나라요 그의 소유가 된 백성이니 …… 너희가 전에는 백성이 아니더니 이제는 하나님의 백성λαὸς θεοῦ이요 전에는 긍휼을 얻지 못하였더니 이제는 긍휼을 얻은 자니라"라고 말씀한다. 요한계시록 21장 1-8절에 따르면, 종말에 하나님께서 만물을 새롭게 하시고 새 하늘과 새 땅을 만드실 때에, 믿는 자들이 "하나님의 백성"λαοὶ θεοῦ이 될 것이며 하나님은 친히 그들과 함께 계실 것이다.

구약에서 '회중'을 의미하는 단어가 카할 외에도 '에다'עֵדָה가 있다. 그런데 에다는 이후에 그리스어로 '쉬나고게'συναγωγή로 번역되었는데, 쉬나고게는 유대교 회당을 가리키며 장소적인 의미를 주로 가지게 되었다. 그러기에

회당은 에클레시아와 카할이 지닌 근본적인 의미를 상실하게 되었다. 에클레시아와 카할이 영어로는 '처치'church로 사용되는데, 이 단어는 본래 '퀴리아코스'κυριακός와 '퀴리케'kyrike로부터 왔다. '퀴리아코스'는 주님이신 '퀴리오스'κύριος에게 속한 자들을 의미하였고, '퀴리케' 또한 '주님에게 속하는'이라는 뜻이다. 고대 영어에서는 '키리케'cirice 또는 '키르케'circe, 독일어에서는 '키르헤'Kirche, 네덜란드에서는 '케르크'kerk로 사용되었다.[13] 그런데 시간이 지날수록 '처치'가 주님에게 속한 자들을 가리키기보다는 '교회당' 또는 '예배당'이라는 장소적인 의미로 퇴색하게 되었다.

교회의 근본적인 의미는 '하나님의 백성'이다. 이러한 점은 교회사에서 지속적으로 강조되어 왔다. 대표적인 예들을 들자면, 종교개혁을 일으켰던 루터는 교회의 기본적인 정의를 성경에서의 '하나님의 백성'과 사도신경에서의 '성도의 교제'communio sanctorum로부터 이끌어 냈다. 그러면서 루터는 교회의 비제도적인 특성을 강조하였다. 그러기에 루터는 교회라는 단어를 사용할 때에 '키르헤'Kirche라는 단어보다는 '게마인데'Gemeinde, '게마이네'Gemeine, '잠믈룽'Sammlung이라는 단어들을 선호하였다. '게마인데'는 공동체community를 의미하며, '게마이네'는 회중congregation을 의미하고, '잠믈룽'은 '회집'assembly을 의미한다.[14] 또한, 루터는 부름을 받은 무리라는 뜻을 지니는 '페어잠멜테 폴크'versammelte Volck라는 구절을 사용하였다.[15]

장 칼뱅Jean Calvin, 1509-1564도 교회를 하나님의 선택된 백성으로, 그리고 그리스도의 공동체로 이해한다. 그에게 교회는 일차적으로 하나님의 선택을 받은 모든 사람들을 가리킨다.[16] 교회의 기초로서 하나님의 은밀한 선택과 내적인 부르심을 강조하는 것은 교회를 단지 가시적인 제도나 조직으로 이해하지 않도록 하기 위함이다. 그리고 하나님의 선택을 받은 모든 사람들은 그리스도의 몸의 지체들로서 그리스도 안에서 연합되어 있다.[17] 칼뱅은 참 교회를 신자들의 어머니로 이해하는데, 이러한 이해의 의도는 하나님께서 교회의 품속으로 자신의 자녀들을 모으시고 양육하시고 보호하시고 지도하셔서 믿음의 목적지에 도달하게 하신다는 점을 강조하기 위함이다.[18] 그리고 칼뱅에 따르면, 사도신경에서의 '성도의 교제'는 성도가 하나님께서 주시는 은혜는 무엇이든지 서로 나눈다는 원칙하에 그리스도의 공동체에로 소집되었다는 점을, 그리고 믿는 자들이 한 마음과 한 뜻이 되어 공동체를 이룬다는 점을 의미한다고 이해한다.[19] 교회에 대한 이러한 이해는 1559년의 『기독교강요』최종판에서 뿐만 아니라. 1536년의 『기독교강요』초판, 1537년의 『제네바 교회에서 사용하는 신앙교육 요강 및 신앙고백』, 1541-1542년의 『제네바 교회의 요리문답』 등에서 지속적으로 나타나고 있다.[20]

디트리히 본회퍼Dietrich Bonhoeffer, 1906-1945는 1927년에 박사학위논문으로 쓰고 1930년에 출판한 『성도의 교제』Sanctorum Communio에서 공동체로서의 교회 또는 교제로서의 교회를 주장한다.[21] '공동체로서 존재하는 그리스도'Christus als Gemeinde existiered와 성령의 활동에 근거하여 교회의 공동체성을 강조한다. 여기에서 그리스도는 단지 한 개인 또는 개별 인격이 아니라 집단인격으로 존재하는 그리스도로서 모든 개인을 끌어모으며 하나님 앞에서 그들을 대리함으로써 교회를 실재화한다.[22] 성령은 감동의 활동을 통하여 하나님의 사랑을 인간의 마음 안으로 가져와서 하나님과 교제하도록 인도함으로써 교회를 활성화한다. 교회의 실재화와 활성화의 궁극적인 기초로서의 하나님의 사랑은 교제를 원하며 새로운 인격들의 교제를, 즉 성도의 교제를 실현한다.[23] 성도의 교제로서의 교회에 관한 그의 이해가 핑케발데Finkenwalde 신학교에서의 공동체적인 삶으로 구체화되어 1938년에 쓰여지고 1939년에 출판된 것이 『신도의 공동생활』Gemeinsames Leben이다.[24] 본회퍼의 교회론은 교회의 본질이 우선적으로 건물이나 제도가 아니라, 공동체와 교제와 사귐이라는 점을 강조하였다.

로마 가톨릭은 제1차 바티칸공의회1869-1870에서 제도로서의 교회를 강조하였지만,[25] 제2차 바티칸공의회1962-1965에서는 하나님의 백성으로서의 교회를 부분적으로 강조하기 시작하였다. 제2차 바티칸공의회는 "교회에 관한 교의헌장" 제1장에서 '교회의 신비'The Mystery of the Church를 다루었고 제2장에서 교회를 '하나님의 백성'The People of God으로 정의하며 강조하였다.[26] 이 것은 교회의 제도성을 강조해왔던 로마 가톨릭의 전통에서는 신선한 자극이었다. 그렇지만 이러한 신선한 자극은 매우 제한적이다. 왜냐하면 제2차 바티칸공의회에서 정의하고 강조하는 '하나님의 백성'의 초점이 하나님의 백성 한 사람이나 성도 한 사람에 있지 않기 때문이다. 오히려 그 초점이 '개 개인'이 아니라 '개개인을 모아놓은 하나의 전체로서의 집단'에 있기 때문이다.[27] 그러기에 제3장에서는 "교회의 위계질서"The Church Is Hierarchical를 분명하게 제시한다.[28]

한스 큉Hans Küng, 1928년 출생은 신약의 빛에서 교회론을 분석하면서 제2차 바티칸공의회의 교회론이 신약으로부터 출발하는 것을 긍정적으로 평가하면서도, 이러한 점이 끝까지 관철되지 못하고 오히려 신스콜라주의에 의존한 교파적 교회론으로 끝을 맺는 것을 아쉬워하였다.[29] 신약에 근거하여 큉은 교회의 본질을 하나님의 백성, 성령의 피조물, 그리스도의 몸으로 이해한다. 큉은 교회란 하나님의 부름을 통하여 된 하나님의 백성이라고 주장한다. 그에 따르면, 교회란 "아무런 상호 관계가 없이 고립 자족하는 종교 단체가 아니라 상호 봉사를 통하여 결합된 하나의 포괄적인 공동체의 구성원들"이다.[30] 그러면서 교회는 개개의 개인이 아니며, 성직자 중심이 아니며, 하나님의 백성 각자의 인간적인 결단을 초월한 객관적 실체가 아니며, 역사를 초월한 초역사적 이상이 아니라고 주장한다.[31]

위에서 살펴보았듯이, 성경적으로나 교회사적으로 보자면, 교회의 근본적인 의미는 '하나님의 백성'이다. 하나님의 부르심을 받은 자들을 가리킨다. 또는 '성도,' 즉 거룩한 무리를 가리킨다. 그리고 교회는 예수 그리스도의 이름을 부르는 자들을 가리키며, 또는 주님이신 예수 그리스도에게 속한 자들을 가리킨다. 이런 의미에서 교회는 일차적으로 및 근본적으로 철저히 사람들을 가리킨다. 그리고 이러한 점을 고려하면, 한국에서 나타나고 있는 교회의 제도화, 교권화, 개교회주의화, 외형화, 성장화, 사유화, 세습화, 게토화 등은 교회에 대한 부적합한 이해로 말미암아 생겨나는 것이라고 볼 수 있다.

그리고 교회의 근본적인 의미로서의 '하나님의 백성'은 '성도'이다. 이러한 의미를 가장 잘 드러내는 표현이 '성도의 교제'이다. 이런 점에서 교회는 근본적으로 성도의 교제를 의미한다. 그래서 사도신경에서는 "성도가 서로 교통하는 것"을 믿는다고 고백한다. "성도가 서로 교통하는 것"이 바로 "성도의 교제"이며, 이것은 라틴어로 "코무니오 상크토룸"communio sanctorum 으로, 그리고 영어로는 "커뮤니온 오브 세인츠"the communion of saints 로 표현된다. 따라서, 교회의 근본적인 의미를 가리키는 정체성은 근본적으로 '커뮤니온'이라고 할 수 있다. 본 논문에서는 '커뮤니온'의 교회론을 더욱 삼위일체론적으로 전개하고자 시도한다.

III.
한국사회의 문제들과 교회의 대사회적 적실성 relevance

오늘날 한국사회의 문제들은 무엇인가? 남북분단의 고통, 남남갈등과 이념갈등으로 인한 혼란은 말할 것도 없고, 경제침체로 모두가 우울한 곳이 되었다. 앞에서 언급하였듯이, 취업포털 잡코리아가 20·30세대 498명을 대상으로 2015년 4월에 조사하고 발표한 결과에 따르면,[32] '연애·결혼·출산·인간관계·내집마련·희망·꿈 중 하나라도 포기하거나 포기할 생각이 있는지' 물었는데 그 결과 85.9%가 '그렇다'에 답하였다. 그래서 '포기세대'라고 한다. 청년들의 어려움이 심각해지면서 젊은이들 사이에서는 '3포세대', '5포세대', '7포세대'라는 말이 회자되고 있다. '3포세대'란 연애, 결혼, 출산을 포기한 세대를 의미한다. '5포세대'는 내 집 마련, 인간관계까지 포기한 세대를 의미한다. '7포세대'는 꿈과 희망까지도 포기한 세대를 의미한다. 그런데 청년들이 직장에 들어가는 것만 어려운 게 아니라, 직장에 들어간 사람들도 힘들다고 한다. 대기업의 인사담당자들에 따르면, 젊은이들이 들어와도 견디지 못하고 금방 그만두고 나간다고 한다.

청년들 뿐만 아니라 모든 연령층들이 힘들다고 한다. 중고등학생들은 학생대로 입시스트레스로 큰 억눌림 속에 살아가고 있다. 중년들은 노후 계획도 잘 되어있지 않지만, 설사 노후 계획을 했다고 하더라도 예상한대로 되지 않는다. 이 사회에서 어느 정도 자리를 잡았다고 하는 사람들도 여러 가지 불안정한 상황들로 인하여 불안 속에 살고 있다. 그래서 오늘날 이 사회에서는 누구든지 쉽지 않고 어려운 상황이다. 한국의 자살률이 지난 11년 동안 OECD 국가 중에서 인구 10만 명당 29.1명으로 1위를 차지하고 있다. OECD 평균자살률은 12.1명으로 절반도 안 된다. 한국은 한해 자살인구가 1만5천 명 가까이 되어 하루 평균 40명 정도가 자살한다.[33]

오늘날 한국사회의 현실이 이러하지만, 한국교회는 자체적인 문제들로 인하여 사회를 개혁시킬 여력도 없고, 오히려 개혁의 대상이 되어 사회로부터 지탄을 받고 있다.[34] 교회가 사회의 문제들을 제대로 다루지 못하는 현상의 근본적인 원인은 교회와 사회가, 또는 교회와 세계가 이원론적으로 분리되어 있는 부적합한 교회론으로부터 기인하는 것이다. 그러하기 때문에 교회가 사회의 문제들을 고치기 위하여 어떤 개혁도 시도할 수 없고, 시도한다고 하더라도 아무런 영향력도 발휘할 수 없다. 그러므로 이러한 문제는 한국 교회의 대사회적 적실성의 문제로 귀결된다고 할 수 있다. 즉, 한국 교회가 사회와 관계에서, 또는 한국 교회가 세계와의 관계에서 어떻게 소통하고 연대하고 참여하고 개혁하는가의 문제로 귀결된다고 할 수 있다.

성경에 따르면, 교회와 세계는 긴밀한 관계를 맺는다. 그런데 이러한 관계는 하나님과 세계와의 밀접한 관계에 근거한다. 창세기 1장 1절에 따르면, 하나님께서 태초에 천지를, 즉 세계를 창조하셨다. 세계에 죄가 있음에도 불구하고, 요한복음 3장 16절에 따르면 하나님께서는 세계κόσμος을 사랑하셔서 독생자를 주셔서 그를 믿는 자마다 멸망하지 않고 영생을 얻게 하신다. 요한계시록 21장 1-8절에 따르면, 하나님께서 종말에 만물πάντα을 새롭게 하시며 새 하늘과 새 땅을 만드실 것이다. 즉, 만물을 새롭게 하시며 새 세계를 만드실 것이다. 성경에서 만물은 우주만물 전체를 가리키며, 곧 세계를 가리킨다.

하나님과 세계와의 밀접한 관계는 예수 그리스도와 세계와의 밀접한 관계를 포함한다. 요한복음 1장 3절에 따르면, 만물인 세계가 그로 말미암아 지은 바 되었다. 그래서 어느 하나도 그가 없이는 된 것이 없다. 골로새서 1장 16-17절은 "만물이 그에게서 창조되되 하늘과 땅에서 보이는 것들과 보이지 않는 것들과 혹은 왕권들이나 주권들이나 통치자들이나 권세들이나 만물이 다 그로 말미암고 그를 위하여 창조되었고, 또한 그가 만물보다 먼저 계시고 만물이 그 안에 함께 섰느니라"고 말씀한다. 그러기에 예수 그리스도의 구속의 활동은 만물 전체인 세계와 관련을 맺는다. 요한복음 1장 29절에서 세례 요한은 독생자이신 예수 그리스도를 가리켜 세계의 죄ἁμαρτία τοῦ κόσμου를 지고 가는 하나님의 어린 양이라고 표현하였다. 골로새서 1

장 19-20절에 따르면, "아버지께서는 모든 충만으로 예수 안에 거하게 하시고, 그의 십자가의 피로 화평을 이루사 만물 곧 땅에 있는 것들이나 하늘에 있는 것들이 그로 말미암아 자기와 화목하게 되기를 기뻐하심이라"고 말씀한다.

그렇다면 하나님과 세계와의 밀접한 관계 하에서 예수 그리스도와 교회와 세계와의 관계는 어떠한가? 에베소서 1장 22-23절에 따르면, "또 만물을 그예수 그리스도의 발 아래에 복종하게 하시고 그를 만물 위에 교회의 머리 κεφαλὴν ὑπὲρ πάντα τῇ ἐκκλησίᾳ (head over everything for the church)로 삼으셨느니라. 교회는 그의 몸이니 만물 안에서 만물을 충만하게 하시는 이의 충만함이니라"라고 말씀한다. 여기에서 예수 그리스도는 교회의 머리이고, 교회는 예수 그리스도의 몸이다. 예수 그리스도는 만물 위에 계시고, 만물은 예수 그리스도의 발 아래 복종하게 된다. 예수는 만물 안에서 만물을 충만하게 하시는 분이다. 이와 같은 관계 하에서 교회는 만물 안에서 만물을 충만하게 하시는 분, 즉 예수 그리스도의 충만함이며, 예수 그리스도가 만물 위에 계심을 교회에 먼저 주어지고 알려진다. 이런 점에서 교회와 만물은 긴밀한 관계를 맺는다. 예수 그리스도의 충만함이 교회에게 먼저 주어지고 교회에서 먼저 드러나되, 교회에로 한정되거나 멈추거나 중단되는 것이 아니라, 더 나아가서 예수 그리스도는 교회를 통하여 만물을 충만하게 하신다. 이 과정에서 만물이 예수 그리스도의 발 아래 복종하게 된다. 이러한 점을 핵심적으로 파악하여 에베소서 3장 10절에서는 "이는 이제 교회로 말미암아 하늘에 있는 통치자들과 권세들에게 하나님의 각종 지혜를 알게 하려 하심이니"라고 말씀한다.

그리고 골로새서 1장 18-20절은 화평과 화목의 관점에서 예수 그리스도와 교회와 세계와의 관계를 다음과 같이 말씀한다. "그예수 그리스도는 몸인 교회의 머리ἡ κεφαλὴ시라. 그가 근본이시오. 죽은 자들 가운데서 먼저 나신 이시니, 이는 친히 만물의 으뜸이 되려 하심이요. 아버지께서는 모든 충만으로 예수 안에 거하게 하시고, 그의 십자가의 피로 화평을 이루사 만물 곧 땅에 있는 것들이나 하늘에 있는 것들이 그로 말미암아 자기와 화목하게 되기를 기뻐하심이라." 예수 그리스도는 교회의 머리이며, 교회는 예수 그리스도의 몸이다. 그리고 예수 그리스도는 죽음과 부활을 통하여 만물의 으뜸이 되고자 하신다. 그리고 성부 하나님은 예수 그리스도의 십자가의 피로 이루어진 화평을 통하여 세계와 화목하게 되기를 기뻐하신다. 이러한 일은 예수 그리스도의 십자가를 통하여 그의 몸인 교회에서 먼저 시작되고 세계에로 확장된다.

이러한 의미에서 교회와 세계는 아주 긴밀한 관계를 맺는다. 성경은 이와 같은 관계를 하나님께서 세계를 향하여 갖고 계시는 하나님의 경륜의 관점으로 제시한다. 하나님의 경륜의 비전이 에베소서 1장 9-10절에서 분명하게 드러난다. "그하나님 뜻의 비밀을 우리에게 알리신 것이요. 그의 기뻐하심을 따라 그리스도 안에서 때가 찬 경륜оἰκονομία (economy)을 위하여 예정하신 것이니, 하늘에 있는 것이나 땅에 있는 것이 다 그리스도 안에서 통일되게 하려 하심이라άνακεφαλαιώσασθαι." 경륜을 의미하는 그리스어 '오이코노미아'οἰκονομία는 집을 의미하는 '오이코스'οἶκος와 법을 의미하는 '노모스'νόμος의 합성어로서 어느 집의 법을 의미한다. 집 안에 있는 자원들을 어떻게 사용할 것인가에 관한 법, 즉 경제를 의미한다. 가정의 법은 가정경제이며, 국가의 법이 국가경제이며, 이와 마찬가지로 하나님의 집의 법이 하나님의 경륜이다. 하나님의 집은 하나님께서 창조하신 우주만물 전체를 가리킨다. 우주만물 전체를 어떻게 사용할 것인지에 관한 것이 하나님의 경제이며 하나님의 경륜이다. 하나님의 경륜의 비전은 하늘에 있는 것과 땅에 있는 만물이, 즉 세계가 예수 그리스도 안에서 통일되게 하시는 것이다. 여기에서 '통일하다'를 의미하는 단어 '아나케팔라이오오'άνακεφαλαιόω는 누구가 머리κεφαλὴ 되심을 인정하도록 하다를 뜻한다. 즉, 예수 그리스도의 머리되심을 세계가 인정하도록 하다를 뜻한다. 그러한 일이 있도록 하기 위하여 하나님께서는 가장 중요한 자원이신 독생자를 세계에로 파송하심으로써 성육신이 일어난다. 그래서 초대교회에서는 오이코노미아라는 단어가 성육신을 의미하였다.

요약하면, 예수 그리스도는 교회의 머리가 되심으로써 또한 세계의 머리로 인정되기를 원하시며, 그럼으로써 자신 안에서 세계가 통일되기를 원하신다. 그리고 성부 하나님은 세계가 예수 그리스도의 십자가의 피로 하나님 자신과 화목하게 되기를 원하시는데, 이러한 일은 예수 그리스도의 몸인 교회에서 먼저 시작되고 세계로 확장된다. 이와 같은 관점에서는 교회와 세계는 아주 긴밀한 관계가 존재한다. 교회와 세계 사이에 이원론적이거나 이분법적인 분리가 전혀 없다.

교회의 역사에서 교회와 세계 사이의 긴밀한 관계를 논의하게 된 계기는 19세기 선교의 확장과 발전으로 인하여 새롭게 요청된 교회들 사이의 협력, 즉 에큐메니칼 운동이었다. 1910년 에딘버러에서 개최된 세계선교대회World Missionary Conference, WMC가 1921년 국제선교협의회International Missionary Conference, IMC로 발전되었다. 그리고 에딘버러 세계선교대회를 계기로 1925년에 '삶과 봉사'Life and Work로 창설되었고, 1927년에 '신앙과 직제'Faith and Order가 창설되었다. 그리고 '삶과 봉사'와 '신앙과 직제'가 연합하여 1948년 세계교회협의회World Council of Churches, WCC가 창설되었다. 국제선교협의회는 1961년에 세계교회협의회 제3차 뉴델리 총회에서 '세계선교와전도 위원회'Commission on World Mission and Evangelism, CWME로 통합되었다.[35] 19세기의 선교는 복음전도 중심적이었고 회심에 초점을 두었다. 그리고 '하나님 - 교회 - 세계'의 패러다임이었다. 그러나 20세기 초부터의 새로운 논의는 교회와 세계와의 관계를 긴밀하게 맺기 위하여 '하나님 - 세계 - 교회'의 패러다임으로 전환되었다.[36]

에큐메니칼 운동에서의 논의들 중 가장 대표적인 것은 1952년 빌링겐에서 개최된 제5차 세계선교대회 IMC이다. 여기에서 하나님의 선교라는 의미를 지닌 '미시오 데이'missio Dei라는 개념이 본격적으로 다루어지기 시작하였다. 칼 바르트가 1932년 부란덴부르크 선교대회에서 선교를 삼위일체 하나님의 활동으로 처음으로 규정한 이후로 논의되기 시작한 '미시오 데이'라는 개념은 선교가 근본적으로 교회의 선교가 아니라 하나님의 선교이라는 점을 강조한다. 삼위일체 하나님 자신이 선교운동의 궁극적인 원인이라는 점을 강조한다. 성부 하나님께서는 세계를 향한 한없는 사랑으로 세계와 자신을 화해시키기 위하여 성자를 파송하시고 성령을 파송하셨다. 삼위일체 하나님의 이러한 구속사적인 틀에서 교회는 세계 속으로 파송을 받는다. 그리고 교회는 하나님께서 행하시는 바들을 이 세계 속에서 증언하여야 한다.[37]

빌링겐의 '미시오 데이'는 에큐메니칼 진영뿐만 아니라 로마 가톨릭 진영과 동방정교회 진영에도, 그리고 개신교의 복음주의 진영에까지 많은 영향을 끼쳤다. 호켄다이크Johannes Christiaan Hoekendijk, 1912-1975는 1964년에 저술한 『흩어지는 교회』에서 '미시오 데이' 개념을 급진적으로 확장시키고 발전시켰다. 그는 교회 중심의 선교관을 비판하고 온 세계를 지향하는 선교를 주장한다. 즉, 교회는 하나님의 위대한 활동무대인 세계에 대한 하나님의 활동의 한 부분으로서 사용되는 범위에서만 참으로 교회이다.[38] 교회는 자신을 지향하지 않고 그 너머의 하나님의 나라를 지향해야 하며, 세계 속에서 하나님의 나라를 위한 수단이며 도구이다. 교회는 하나님의 나라와 세계와의 유기적인 관계 속에서 그 위치를 차지한다. 그래서 교회는 그리스도의 활동이 되는 사도직을 수행할 때에만, 즉 하나님의 나라의 복음을 세계 속에서 선포하는 때에만 존재의의를 지닌다.[39]

'미시오 데이'의 개념을 받아들이면서 호켄다이크의 급진적인 적용을 어느 정도 완화시킨 자들로는 데이비드 보쉬David J. Bosch, 1929-1992와 레슬리 뉴비긴Lesslie Newbigin, 1909-1998과 대럴 구더Darrell L. Guder, 1939년 출생 등이 있다. 보쉬는 교회가 선교를 수행하는 것이 아니라 '미시오 데이'가 교회를 구성한다고 주장하면서,[40] 부상하고 있는 에큐메니칼 선교 패러다임의 요소들을 다음과 같이 13가지로, 즉 ① 다른 사람들과 함께 하는 교회로서의 선교, ② '미시오 데이'로서의 선교, ③ 구원을 중재하는 것으로서의 선교, ④ 정의를 위한 추구로서의 선교, ⑤ 복음으로서의 선교, ⑥ 상황화로서의 선교, ⑦ 해방으로서의 선교, ⑧ 문화화로서의 선교, ⑨ 공동 증거로서의 선교, ⑩ 하나님의 전체 백성들에 의한 사역으로서의 선교, ⑪ 타종교인들에 대한 증거로서의 선교, ⑫ 신학으로서의 선교, ⑬ 소망의 활동으로서의 선교로 정리한다.[41] 여기에서 교회와 세계 사이의 긴밀한 관계를 확인할 수 있다.

뉴비긴과 구더는 '미시오 데이'의 개념을 받아들이면서 교회와 지역사회와의 긴밀한 관계에 더 많은 초점을 둔 '선교적 교회론'Missional Church에 관한 논의를 시작하였다. 뉴비긴은 인도에서 35년간 선교활동을 한 이후인 1974년에 영국으로 귀국하였을 때에 영국이 더 이상 기독교사회의 모습을 찾아볼 수 없는 세속사회가 된 것에 충격을 받았다. 그래서 영국과 유럽을 새로운 선교현장으로 인식하게 되었다. 그래서 뉴비긴은 교회란 순례의 길을 걷는 하나님의 백성으로서, 모든 사람이 하나님과 화목하게 되기를 간절히 원하며 만인을 하나로 모을 그 주님을 만나기 위해 끝날까지 서둘러 길을 재촉하는 행진을 계속한다고 갈파한다.[42] 교회의 의미와 목적은 세계를 향해 사도적 증인의 사명을 수행하는 것인데, 복음서가 말하는 구원은 모든 것을 그리스도 안에서 하나 되게 하는 것임을 의미한다. 즉, 만물이 처음 창조되었을 때의 모습대로 하나님과 사람, 사람과 사람, 사람과 자연 사이의 조화를 온전히 회복하는 것으로서 포괄적이며 보편적이며 우주적인 범위를 지닌다. 삼위일체 하나님 안에 존재하는 완전한 사랑의 연합을 따라 온 창조세계가 하나로 회복되는 것이다.[43] 이러한 영향으로 영국 성공회는 '교회의 새로운 표현들'Fresh Expressions of Church = fxC 프로젝트를 추진하고 있다.[44]

구더는 교회의 본질을 선교로 새롭게 이해하고자 시도하기 위하여 북미와 호주에서 선교적 교회론 운동, 즉 '복음과 문화 네트워크'The Gospel and Our Culture Network, GOCN 운동을 추진하였다.[45] 이 운동은 뉴비긴에 의하여 영국에서 시작된 GCGospel and Culture, 즉 복음과 문화에 관한 토론이 북미에서 지속된 것이다. 구더와 함께 활동하는 알란 록스버러Alan J. Roxburgh는 선교적 교회론의 핵심방향을 다음과 같이 6가지, 즉 ① 교회와 선교 사이의 역사적 이원론적 분열의 극복, ② 삼위일체 하나님의 선교에 대한 인식, ③ 교회중심적 선교로부터 하나님의 선교 패러다임으로의 전환, ④ 선교의 목표로서의 하나님의 통치, ⑤ 선교하는 하나님에 의해 세계에로 파송을 받은 존재로서의 교회, ⑥ 선교적 해석학의 방법론의 발전으로 정리한다.[46] 여기에서도 교회와 세계 사이의 긴밀한 관계를 확인할 수 있다. 더 구체적으로, 구더는 예수 그리스도의 교회인 우리들은 각자가 속해 있는 사회와 문화 가운데 선교적 교회가 되도록 부르심과 보내심을 받았음을 역설한다.[47]

로잔운동에서 활동하고 있는 크리스토퍼 라이트Christopher J. H. Wright, 1947년 출생는 선교적 교회론의 성경적 근거를 제시하기 위한 선교적 해석학을 추구하면서 성경전체를 하나님의 선교the mission of God의 거대서사로 이해한다. 라이트에 따르면, "성경은 하나님의 창조 세계 전체를 위해 하나님 나라에 관여하는 하나님의 백성을 통한 하나님의 선교 이야기다."[48] 그리고 라이트에게 선교는 "우리가 하나님의 백성으로서, 하나님의 부르심과 명령에 따라, 하나님 자신의 역사 안에서, 하나님의 피조물의 구속을 위해, 헌신적으로 참여하는 것을 의미한다."고 정의한다.[49] 이러한 점을 조금 더 구체화하면서 라이트는 "우리의 선교는 하나님의 선교에서 나오며, 하나님의 선교는 그분의 세상 전체 - 진실로 하나님의 창조세계 전체 - 를 위한 것이다."[50]라고 규정한다.

위에서 살펴보았듯이, 성경적으로나 교회사적으로 및 신학적으로 보자면, 교회와 세계는 긴밀한 관계 속에 있다. 하나님께서 세계를 창조하시고, 죄가 있음에도 불구하고 세계를 사랑하시고, 종말에 세계를 새롭게 하시며 완성하시기 때문이다. 이를 위하여 예수 그리스도가 교회의 머리가 되심으로써 또한 세계의 머리로 인정되기를 원하시며, 이로써 자신 안에서 세계가 통일되기를 원하신다. 그러기에 선교는 단지 교회의 선교가 아니라 하나님의 선교이다. 선교는 단지 하나님의 활동들 중의 하나인 것이 아니라 하나님 자신의 속성과 본질에 속한다. 사랑이신 하나님 자신의 본질적인 모습이다. 하나님의 사랑은 대내적으로는 성부와 성자와 성령 사이의 교제, 즉 커뮤니온communion 안에 있으며, 대외적으로는 타자와의 교제, 즉 커뮤니온communion을 원하신다. 따라서, 교회의 대사회적 적실성, 또는 교회와 세계와의 긴밀한 관계를 근본적으로 '커뮤니온'의 관점으로 다룰 수 있다. 본 논문에서는 '커뮤니온'의 교회론을 더욱 삼위일체론적으로 전개하고자 한다.

Ⅳ.
삼위일체적 커뮤니온의 교회론An Ecclesiology of Trinitarian Communion

앞에서 다루었듯이, 한국교회의 문제들은 근본적으로 교회의 정체성identity과 교회의 대사회적 적실성relevance의 문제들에로 귀결된다. 교회와 사회에서 교회와 관련하여 드러나고 있는 문제들의 근본적인 핵심은 교회의 본질에 관한 것이며, 또한 교회와 사회 및 세계와의 관계에 관한 것이다. 교회의 정체성에 관한 부적합한 이해들과 교회와 사회 및 세계와의 관계에 관한 왜곡된 이해들로 인하여 한국교회 내에서 수많은 부정적인 현상들이 드러나고 있으며, 또한 한국 사회에서 드러나는 문제들을 교회가 다루지도 못하고 있는 실정이다.

이와 같은 문제들을 해결하기 위해서 이 글은 교회의 정체성과 관련하여 하나님의 백성 및 성도로서의 교회의 정의에 관심을 가지고 성도의 교제communio sanctorum, the communion of saints에 주목하면서 '커뮤니온의 교회론'에로 나아갔다. 그리고 교회의 대사회적 적실성과 관련하여 교회와 세계와의 긴밀한 관계를 제시하는 '미시오 데이'Missio Dei, '하나님의 선교'the mission of God, 또는 '선교적 교회론'Missional Church에 관심을 기울이면서 이것들의 근원이 되는 삼위일체 하나님의 사랑의 교제communion, 즉 '커뮤니온'에로 나아갔다. 그러므로 교회의 정체성과 교회와 세계와의 관계를 온전히 다루기 위해서는 '커뮤니온의 교회론'an ecclesiology of communion에로 수렴됨을 알 수 있다.[51]

교회의 정체성과 교회의 대사회적 적실성은 서로 분리될 수 있는 것이 아니라 서로 긴밀하게 연결되어 있다. 교회의 정체성을 뚜렷하게 보존하지만 대회사적 적실성을 상실하는 것도 심각한 문제이며, 교회의 대사회적 적실성을 확보하지만 정체성을 상실하는 것도 심각한 문제이다. 그러기에 교회의 정체성과 대사회적 적실성을 함께 보존하고 확보할 수 있는 신학적인 작업과 실천적인 적용이 모두 요청된다. 이런 점을 고려하면 '커뮤니온의 교회론'이 오늘날 한국 교회와 사회의 문제들을 해결하고 개혁할 수 있는 매우 적합한 교회론이 될 수 있음을 기대할 수 있다. 본 논문은 '커뮤니온의 교회론'을 삼위일체론적으로 더욱 발전시켜서 '삼위일체적 커뮤니온의 교회론'an ecclesiology of trinitarian communion을 제시하고자 한다.

애버리 덜레스Avery Dulles, 1918-2000는 교회의 모델을 5가지로, 즉 ① 제도

institution로서의 교회, ② 신비적 교제mystical communion로서의 교회, ③ 성례전 sacrament으로서의 교회, ④ 전달자herald로서의 교회, ⑤ 섬김의 종servant으로 서의 교회로 구별한다.[52] 딜레스는 5가지 모델들을 평가하면서 각각의 모델 이 지니는 강점들과 약점들을 분석하고 제시하였다. 딜레스는 어느 모델도 가장 우월한 것으로 여길 수 없다고 인정하면서도, 5가지 모델 각각의 장점 들을 통합할 수 있는 모델로서 성례전으로서의 교회를 제안하였다.[53] 그러 면서도 '성례전으로서의 교회'를 보완할 수 있는 새로운 모델로서 '제자들의 공동체로서의 교회'를 제안하기까지 하였다.[54]

본 논문에서는 5가지 모델들 모두에 대한 딜레스의 분석을 다루지는 않 고, 다만 '신비적 교제'로서의 교회에 관하여 그가 분석한 바에 주목하고자 한다. 딜레스에 따르면, 이 모델은 '하나님의 백성'과 '그리스도의 몸'으로서 의 교회를 강조하고 성령의 은혜를 강조하는 특징이 있다. 이 모델의 강점 은 "교회가 은혜에 의하여 하나님과 연합하여야 하며 이런 은혜의 능력 안 에서 신자들이 사랑으로 하나가 되어야 한다는 점을 분명하게" 해주는 것이 다. 반면에 이 모델의 약점은 "열광주의라는 불건전한 정신을 불러일으킬 수가 있다. 또 종교적 체험이라든가 따뜻하고 가족적인 관계를 추구함으로 서 …… 교회의 방대함, 교회가 추구해야 하는 많은 목표들, 또 교회의 종말 론적인 목표로부터 교회가 멀리 떨어져 있는" 것이다. 그러기 때문에 이 모 델은 교회의 정체성을 확보할 수는 있으나 교회의 대사회적 적실성을 확보 하는 데에는 큰 어려움이 있음을 알 수 있다. 그래서 딜레스는 이에 대한 보 완책으로서 "인내, 믿음, 그리고 더 크고 보편적인 선에 대해 관심을 갖도록 요구해야 한다."[55]

다니엘 밀리오리Daniel L. Migliore는 딜레스의 범주들을 사용하되 자신의 방 식대로 수정하면서 각각의 모델이 지니는 강점들과 약점들을 분석하여 정 리한다. 그의 논의를 간략하게 정리하면, ① 구원의 제도institution of salvation로서의 교회 모델은 교회가 분명한 형태와 조직을 가지며 권력과 권위의 관계가 정확하게 규정하지만, 교회의 구조가 위계질서적이며 제도적 경직화에 빠진다. ② 성령의 엘리트 공동체elite community of the Spirit로서의 교회 모델은 교회를 영적인 경험을 공유한 친밀한 공동체로 이해하지만, 개인적이고 분파적이고 배타적이기 쉽다. ③ 구원의 성례sacrament of salvation로서의 교회 모델은 교회의 성례적 삶에 참여하는 것에 관심을 기울이지만, 예전상의 정확성에 몰두하는 교회중심주의로 기울고 사회적 증언과 섬김을 상실할 수 있다. ④ 복음의 전달자herald of good news로서의 교회 모델은 복음을 선포하는 것을 교회의 사명으로 강조하지만, 복음선포의 과제를 협소한 관점으로 해석하거나 대상자들에게 선심을 쓰는 듯 자기의에 빠진 태도를 보일 수 있다. ⑤ 섬기는 종servant으로서의 교회 모델은 세계를 섬기는 종으로서의 교회를 강조하지만, 교회를 사회개선기관과 동일시하거나 섬김 자체에 대한 왜곡된 이해를 드러낼 수 있다.[56]

밀리오리의 '성령의 엘리트 공동체'로서의 교회 모델은 교제를 중요하게 여기면서 성령의 친밀한 공동체를 추구하고 성령의 은사에 대한 영적인 경험을 배양하고 상호인격적인 관계를 증진하는 것을 강조한다. 이러한 모델은 인간의 실질적인 욕구를 다룬다는 점에서는 큰 의미가 있다. 그러나 이 모델의 심각한 약점을 밀리오리는 다음과 같이 예리하게 평가한다.

> 그러나 이런 모델에도 심각한 약점이 있다. 특히 기독교 공동체에 대한 이해가 현대 문화의 흐름에 무비판적으로 의존할 때, 또한 교회의 삶이 참된 만남을 위한 단체, 민감성 훈련 단체, 여타 다른 종류의 치유 모임과 구별되지 않을 때 그 약점은 더 분명하게 드러난다. 이런 공동체들을 구체적으로 기독교적 모임이 되도록 하는 기준이 무엇인지가 항상 분명한 것은 아니다. 성스러움의 황홀한 경험이나 타자와

의 친밀성과 유대성의 경험이 필연적으로 기독교 신앙을 형성하는 것은 아니기 때문이다. 더욱이 치유 중심의 공동체는 더 큰 차원의 사회적 책임에는 관심을 기울이지 않은 채 개인의 성장에만 집중하는 경향을 보인다. …… 이런 형태의 영성과 친밀한 공동체를 모방하는 교회는 무감각해지는 동시에, 관료주의화된 사회와 이 사회의 비인격화된 영향으로부터 피하는 단순한 도피처가 된다. 다른 말로 표현하자면, 사회를 변혁하고 갱신하기 위해 노력하고 비판하기보다는 오히려 거기서부터 도망하는 것으로 만족하는 것이다.[57]

위와 같은 평가는 '성령의 엘리트 공동체' 또는 '성령의 친밀한 공동체'로서의 교회 모델, 즉 '교제'communion를 강조하는 교회 모델이 지닐 수 있는 심각한 약점을 날카롭게 지적한다. 덜레스가 '신비적 교제'로서의 교회 모델에 관하여 제시한 분석과 평가, 그리고 밀리오리가 '성령의 엘리트 공동체'로서의 교회 모델에 관하여 제시한 분석과 평가는 '커뮤니온의 교회론'an ecclesiology of communion이 지닐 수 있는 약점들을 예리하게 드러내주고 있음을 알 수 있다. '커뮤니온의 교회론'은 교제, 즉 커뮤니온을 강조하면서도 "개인을 변화시키고 세계를 변혁하는 하나님의 목적을 섬기도록 부름을 받는다"[58]는 점을 강조할 수 있어야 한다.

그렇다면 '삼위일체적 커뮤니온의 교회론'이 하나님의 백성 또는 성도로서의 교회의 정체성을 분명히 하는 교제, 즉 커뮤니온을 충분히 강조하면서도, '미시오 데이'missio Dei, '하나님의 선교'the mission of God, 또는 '선교적 교회론'Missional Church이 강조하는 교회의 대사회적 적실성을 온전히 강조할 수 있는 신학적인 가능성은 무엇인가? 밀리오리는 5가지 교회 모델들에 관하여 분석한 후에, 교회의 정체성을 왜곡하지 않고 교회적 삶의 지속적인 개혁과 갱신을 추구하는 교회론을 제시하기 위하여 다음의 두 가지 점들을 강조해야 한다고 제안한다. 첫째는 교회는 말씀과 성례와 기도와 공동의 삶을 통해 잠정적이고 불완전한 방식으로나마 하나님의 삼위일체적 사랑에 참여하며 삼위일체적 교제에로 부름을 받는다는 점이다. 둘째는 교회는 증언과 긍휼의 사역, 세계 내 정의와 화해와 평화를 위한 다층적인 섬김을 통해 삼위일체 하나님의 선교에 불완전하게 나며 참여하도록 부름을 받는다는 점이다.[59] 밀리오리의 제안에서는 교제와 선교가 두 가지 중요한 필수적인 기둥들임을 알 수 있지만, 그의 제안에서 더 중요한 점은 교제와 선교를 삼위일체 하나님과 아주 긴밀하게 연결하고 있다는 것이다. 즉, 밀리오리의 제안들을 온전히 반영하는 교회론이 '삼위일체적 커뮤니온의 교회론'an ecclesiology of trinitarian communion 이다. 교회의 정체성을 삼위일체적 커뮤니온과 연관시켜 이해하면서, 동시에 교회와 세계와의 관계를 긴밀하게 연결시킨다.

'삼위일체적 커뮤니온의 교회론'an ecclesiology of trinitarian communion 이란 무엇인가? 삼위일체적 커뮤니온을 중심에 두는 교회론이다. 삼위일체적 커뮤니온이란 무엇인가? 성부 하나님과 성자 하나님과 성령 하나님께서 커뮤니온을 이루고 계시는 삼위일체 하나님이심을 의미한다. 성부와 성자와 성령이 하나의 커뮤니온 안에서 근원적으로 서로 관계를 맺고 계신다. 이러한 근원적인 관계 안에서 성부와 성자와 성령 사이에 사랑과 평등과 일치와 사귐이 존재한다. 삼위일체 하나님의 내적인 사랑이 흘러넘쳐서 세계에로 나아간다. 그래서 세계를 창조하시고, 섭리하시고, 구속하시고, 완성하신다. 이러한 과정에서 이 세계가 삼위일체 하나님의 내적인 사랑에 참여하여 그 사랑을 맛보며 누리게 하신다. 이를 위하여 먼저 불러 모으신 자들이 하나님의 백성이며 성도이며, 이들이 곧 교회이다. 하나님의 백성이며 성도로서의 교회는 무엇보다도 성도 사이의 교제, 즉 성도의 교제이다. 이 성도의 교제는 성도 개개인들 사이의 교제만을 의미하지 않고, 성부와 성자와 성령 사이의 내적인 교제에 참여함을 의미한다.

'삼위일체적 커뮤니온의 교회론'은 삼위일체 하나님을 하나의 연합 또는 교제, 즉 커뮤니온communion 으로 여기되, 이러한 커뮤니온은 그 자체로 닫혀 있거나 폐쇄적인 것인 아니라, 세계를 향해 개방되어 있고 세계로 하여금 자신의 커뮤니온에 참여하도록 초대하고 부르고 기다리심을 강조한다. 그리고 이미 참여하고 있는 자들, 즉 하나님의 백성 또는 성도를 세계와 사회 속으로 파송하심을 강조한다.[60] 교회를 커뮤니온으로 이해하는 것의 근원과 뿌리는 삼위일체 하나님 자신의 영원한 커뮤니온의 삶이다. 이러한 커뮤니온의 삶의 반영이 교회이지만, 그 범위는 현재의 교회에로만 한정되지 아니하고 교회를 통하여 사회와 세계와 우주만물에로까지 확대되는 종말론적 비전의 성격을 지닌다. 즉, 이러한 커뮤니온은 폐쇄적이지 않고 선교와 섬김으로 세상에 대하여 개방되어 있다. 교회는 삼위일체 하나님의 커뮤니온에 참여하는 교제적 존재이면서, 동시에 세계 속으로 나아가서 만물이 하나님의 커뮤니온에 참여하도록 하는 섬김을 위하여 파송받는 선교적 존재이다.[61]

V.
나오는 말

앞에서 살펴보았듯이, 한국교회의 문제들은 근본적으로 교회의 정체성 identity과 교회의 대사회적 적실성relevance 의 문제들에로 귀결된다. 그런데 교회의 정체성을 보존하는 것과 사회적 공공선을 위해 연대하는 것은 분리된 것이 아니라 서로 긴밀하게 연결되어 있다. 교회의 정체성을 뚜렷하게 보존하지만 대회사적 적실성을 상실하는 것도 심각한 문제이며, 교회의 대사회적 적실성을 확보하지만 정체성을 상실하는 것도 심각한 문제이다.

교회의 정체성과 대사회적 적실성을 함께 보존하고 확보할 수 있는 신학적인 작업을 위하여 이 글에서는 먼저, 교회의 핵심적인 정체성과 근본적인 본질이 '하나님의 백성'이며 '성도'이며, 그래서 '성도의 교제'the communion of saints 이라는 점에 주목하였다. 한국 교회에서 나타나고 있는 교회의 제도화, 교권화, 개교회주의화, 외형화, 성장화, 사유화, 세습화, 게토화 등은 교회에 대한 부적합한 이해로 말미암아 생겨나는 것이라고 볼 수 있다.

그런 다음에 이 글은 교회와 세계와의 긴밀한 관계를 확보하고자 하는 신학적인 작업으로 '미시오 데이'missio Dei, '하나님의 선교'the mission of God, 또는 '선교적 교회론'Missional Church 을 살펴보면서, 그 기초로서 하나님의 사랑의 교제communion 에 주목하였다. 하나님의 사랑은 대내적으로는 성부와 성자와 성령 사이의 교제, 즉 커뮤니온communion 안에 있으며, 대외적으로는 타자와의 교제, 즉 커뮤니온communion 을 원하신다. 따라서, 교회의 대사회적 적실성, 또는 교회와 세계와의 긴밀한 관계를 근본적으로 '커뮤니온'의 관점으로 접근되어질 수 있다.

그런데 교회의 정체성과 교회의 대사회적 적실성은 서로 분리될 수 없는 긴밀한 것임을 고려하여, 이 글은 교회의 정체성과 교회와 세계와의 관계를 온전히 다루기 위해서는 '커뮤니온의 교회론'an ecclesiology of communion 에로 수렴된다는 점에 주목하였다. 그래서 이 글은 '커뮤니온의 교회론'을 삼위일체론적으로 더욱 발전시켜서 '삼위일체적 커뮤니온의 교회론'an ecclesiology of trinitarian communion 을 제안하고자 하였다.

'삼위일체적 커뮤니온의 교회론'은 삼위일체 하나님을 하나의 연합 또는 교제, 즉 커뮤니온communion 으로 여기되, 이러한 커뮤니온은 그 자체로 닫혀있거나 폐쇄적인 것인 아니라, 세계를 향해 개방되어 있고 세계로 하여금 자신의 커뮤니온에 참여하도록 초대하고 부르고 기다리심을 강조한다. 그리고 이미 참여하고 있는 자들, 즉 하나님의 백성 또는 성도를 세계와 사회 속으로 파송하심을 강조한다. 이러한 관점에서 보자면, 교회는 삼위일체 하나님의 커뮤니온에 참여하는 교제적 존재이면서, 동시에 세계 속으로 나아가서 만물이 하나님의 커뮤니온에 참여하도록 하는 섬김을 위하여 파송받는 선교적 존재이다.

이와 같은 '삼위일체적 커뮤니온의 교회론'은 한국 교회와 사회에 아주 많은 실천적인 적용성과 함의들을 지닌다. 여기에 관하여는 여러 논문들이 발표되었다.[62] 하나의 예를 든다면, 한국일은 한국교회의 특징적인 문제들을 네 가지로, 즉 세계관, 교회관, 선교관, 교회구조에 대한 이해로 나누어 정리하고 있다. 첫째는 교회와 세계를 대립구조로 이해하는 이원론적 이해이다. 둘째는 세계에 대하여 대립적 특성을 지니기에 자연히 교회중심적 신앙생활을 강조한다. 셋째 해외선교중심과 프로그램 위주로 선교를 이해한다. 넷째, 교회 내에서 목회자와 평신도와의 관계를 계층적이고 위계질서적인 구조로 이해한다.[63] 교회와 선교에 대한 이해는 당연히 교회의 정체성에 대한 부적합한 이해들과 교회와 세계와의 관계에 대한 왜곡된 이해들을 초래한다.

이런 점을 고려하면, 이 글에서 제시하고 있는 '삼위일체적 커뮤니온의 교회론'은 한국 교회와 한국 사회의 개혁을 추구하는 데에 신학적으로 중요한 기반과 실천적으로 중요한 함의를 제공하여 줄 수 있다. '삼위일체적 커뮤니온의 교회론'과 관련된 대표적인 작업의 예로 예일대학교 신학대학원 밀로슬라브 볼프의 『삼위일체와 교회 – 하나님의 형상으로서 교회에 대한 가톨릭 · 동방정교회 · 개신교적 이해를 찾아서』를 들 수 있다.[64] 그는 삼위일체신학의 관점에서 교회 구조의 문제를 연구하면서 극단적 개인주의와 집단주의를 모두 비판하면서 교제, 즉 커뮤니온communion 을 중시한다. 그리고 그는 이것은 교회 구조가 배타적이지 않고 개방적이어야 함을, 또한 교회 구조가 하나의 중심적 구조one-centered structure가 아니라 다多중심적 구조poly-centeric structure이어야 하며 이를 토대로 다중심적 참여와 공동체가 되어야 한다고 주장한다. 한국 교회와 사회의 상황 속에서 '삼위일체적 커뮤니온의 교회론'이 구체적으로 어떤 모습이어야 하는지에 관해서는 앞으로 계속 탐색하고자 한다.

1 제13회 종교개혁기념 학술강좌 「얀 후스 순교 600주년 기념」 (장로회신학대학교 세계교회협력센터, 2015년 10월 22일); 정미현, 『체코 신학의 지형도』(서울: 연세대학교대학출판문화원, 2015); 토마시 부타 지음, 이종실 옮김, 『체코 종교개혁자 얀 후스를 만나다』(서울: 동연, 2015); 이지 오떼르 지음, 김진아 옮김, 『걸어서 가보는 프라하 종교개혁 이야기』(서울: 한국장로교출판사, 2012).

2 박경수, 『교회의 신학자 칼뱅』(서울: 대한기독교서회, 2009); 배정훈 엮음, 『칼뱅의 종교개혁과 교회 갱신(제7, 8회 종교개혁기념학술강좌)』(서울: 장로회신학대학교출판부, 2012).

3 박경수, "얀 후스의 『교회(De Ecclesia)』에 나타난 교회개혁 사상," 『장신논단』 47권 4호 (2015), 53-54.

4 얀 밀리치 로흐만 지음, 김원배 · 정미현 편역, 『살아있는 유산』(서울: 한국기독교장로회 신학연구소, 1997), 71. 1419년에 작성된 체코종교개혁의 대헌장인 '프라하 4개 조항'에 대한 해설의 끝부분에서 로흐만이 이와 같이 말하였다.

5 기윤실 자료집 https://cemk.org/resource/2613/

6 기윤실 자료집 https://cemk.org/resource/2699/

7 중앙일보 기사 http://news.joins.com/article/17708129

8 기윤실 자료집 https://cemk.org/resource/2613/

9 기윤실 자료집 https://cemk.org/resource/2699/

10 양희송, 『가나안 성도 교회 밖 신앙』(서울: 포이에마, 2014); 정재영, 『교회 안나가는 그리스도인 - 가나안 성도를 어떻게 이해할 것인가?』(서울: 한국기독학생회출판부, 2015); 민경진, "가나안 현상"과 온 신학의 과제, 「온신학」 1권 (2015): 135-186.

11 임성빈, "21세기 초반 한국 교회의 과제에 대한 소고 - 공공신학적 관점에서," 『장신논단』 47권 2호 (2015), 195. 다음의 자료들도 참조하라. 서명수, "구약성서의 관점에서 본 한국교회의 위기와 극복 방향," 「한국기독교신학논총」 61권 (2009): 129-151; 성석환, 『공공신학과 한국 사회 - 후기 세속 사회의 종교 담론과 교회의 공적 역할』(서울: 새물결플러스, 2019); 은준관, "한국교회! 이대로 좋은가? - 교회신학적 접근," 「한국기독교신학논총」 3권 (1988): 7-30; 이오갑, "한국교회, 문제가 무엇인가? - 한국교회에 대한 조직신학적 반성과 대안," 「한국조직신학논총」 25권 (2009): 163-185; 최윤배 엮음. 『제15회 소망신학포럼 - 한국교회의 위기 진단과 대안 모색』(서울: 장로회신학대학교 출판부, 2013).

12 임성빈, "21세기 초반 한국 교회의 과제에 대한 소고 - 공공신학적 관점에서," 200.

13 한스 큉 지음, 이홍근 옮김, 『교회란 무엇인가』(서울: 분도출판사, 2008), 62-64.

14 Eric W. Gritsch, "Introduction to Church and Ministry," in *Luther's Works*, vol. 39: *Church and Ministry I* (Philadelphia: Fortress Press, 1970), xiii. 여기에 관해서는 다음을 참조하라. 파울 알트하우스 지음, 이형기 옮김, 『루터의 신학』(고양: 크리스챤 다이제스트, 2001). 이 책 21장의 제목이 '하나님의 백성'이며 22장의 제목이 '성도의 교제로서의 교회'이다.

15 최주훈, "마틴 루터의 교회론," 한국조직신학회 엮음, 『교회론』(서울: 대한기독교서회, 2009), 106-107.

16 장 칼뱅 지음, 김종흡 외 공역, 『기독교강요(최종판)』(서울: 생명의 말씀사, 1999), III, i, 2.

17 칼뱅, 『기독교강요(최종판)』, III, i, 2.

18 칼뱅, 『기독교강요(최종판)』, III, i, 1.

19 칼뱅, 『기독교강요(최종판)』, III, i, 3.

20 최윤배. "칼빈의 교회론 - 교회의 본질을 중심으로," 「한국기독교신학논총」 49권 (2007), 104-108.

21 디트리히 본회퍼 지음, 유석성 · 이신건 옮김, 『성도의 교제 - 교회사회학에 대한 교의학적 연구 (디트리히 본회퍼 선집1)』(서울: 대한기독교서회, 2010). 여기에 관해서는 다음을 참조하라. 이신건, "디트리히 본회퍼의 교회론," 한국조직신학회 엮음. 『교회론』(서울: 대한기독교서회, 2009), 231-253; 고재길, 『본회퍼, 한국 교회에 말하다』(서울: 케노시스, 2012).

22 본회퍼, 『성도의 교제』, 132.

23 위의 책, 146.

24 디트리히 본회퍼 지음, 정지련 · 손규태 옮김, 『신도의 공동생활/성서의 기도서 (디트리히 본회퍼 선집 6)』(서울: 대한기독교서회, 2010).

25 최승태, "성만찬적 교회론 - 교회의 공동체성 회복을 위하여," 「한국조직신학논총」 8권 (2003), 269-270.

26 "Dogmatic Constitution on the Church - Lumen Gentium," II. 9-17. Austin Flannery, O.P., ed., *Vatican Council II: The Basic Sixteen Documents* (Northport: Costello Publishing Company, 1996), 12-25.

27 위의 책, II. 9.

28 위의 책, III. 18-29.

29 정지련, "한스 큉의 교회론," 한국조직신학회 엮음, 『교회론』(서울: 대한기독교서회, 2009), 283.

30 큉, 『교회란 무엇인가』, 65.

31 큉, 『교회란 무엇인가』, 85-93. 다음의 책들도 참조하라. Yves Congar, *Essential Writings* (Maryknoll: Orbis Books, 2010); Colin E. Gunton and Daniel W. Hardy, eds., *On Being the Church: Essays on the Christian Community* (Edinburgh: T&T Clark, 1990); Edward Schillebeeckx, *Church: The Human Story of God* (New York: The Crossroad Publishing Company, 1993).

32 중앙일보 기사, http://news.joins.com/article/17708129.

33 보건복지부 자료실, http://www.mohw.go.kr/m/noticeView.jsp?MENU_ID=0403&cont_seq=301867&page=121.

34 문시영, "'공공신학'의 교회, '교회윤리'의 교회," 「한국기독교신학논총」 88권 (2013): 211-232; 문시영, "'위험사회'의 공공신학적 성찰과 한국교회의 과제," 「장신논단」 47권 4호 (2015): 177-199.

35 이형기, 『에큐메니칼 운동사 - 세계교회협의회(WCC)가 창립될 때까지』(서울: 대한기독교서회, 1994), 142. 다음의 책도 참조하라. 이형기, 『하나님의 나라와 교회 - 20세기 주요 신학의 종말론적 교회론』(서울: 한들출판사, 2005), 376-381; 백충현, "세계교회협의회(WCC)와 삼위일체 - 총회 보고서를 중심으로," 현요한 · 박성규 엮음, 『WCC 신학의 평가와 전망』(서울: 장로회신학대학교출판부, 2015), 33-63.

36 이형기, 『하나님의 선교』(파주: 한국학술정보, 2008), 78-83.

37 위의 책, 132-133.

38 J. C. 호켄다이크 지음, 이계준 옮김, 『흩어지는 교회』(서울: 대한기독교서회, 1998), 39.

39 호켄다이크 지음, 『흩어지는 교회』, 42.

40 데이비드 J. 보쉬 지음, 김병길 · 장훈태 옮김, 『변화하고 있는 선교 - 선교 신학의 패러다임 변천』(서울: 기독교문서선교회, 2000), 763.

41 보쉬, 『변화하고 있는 선교 - 선교 신학의 패러다임 변천』, 547-749.

42 레슬리 뉴비긴 지음, 홍병룡 옮김, 『교회란 무엇인가?』(서울: 한국기독학생회출판부, 2010), 29.

43 위의 책, 171.

44 https://freshexpressions.me.

45 대럴 구더 엮음, 정승현 옮김, 『선교적 교회 - 북미 교회의 파송을 위한 비전』(인천: 주안대학원대학교출판부, 2013).

46 한국일, 『선교적 교회의 이론과 실제』(서울: 장로회신학대학교출판부, 2016), 40-41. 다음의 책도 참조하라. 강아람, 『선교와 해석학 - 선교적 교회론과 선교적 해석학』(서울: 케노시스, 2016).

47 구더, 『선교적 교회 - 북미 교회의 파송을 위한 비전』, 31.

48 크리스토퍼 라이트 지음, 정옥배 · 한화룡 옮김, 『하나님의 선교』(서울: IVP, 2010), 24.

49 위의 책, 25.

50 크리스토퍼 라이트 지음, 한화룡 옮김, 『하나님 백성의 선교』(서울: IVP, 2012), 22.

51 Dennis M. Doyle, *Communion Ecclesiology: Vision and Visions* (Maryknoll, Orbis Books, 2000); Morris Pelzel, *Ecclesiology: The Church as Communion and Mission* (Chicago: Loyola Press, 2001).

52 애버리 덜레스 지음, 김기철 옮김, 『교회의 모델』(서울: 조명문화사, 2003), 39-118. 특히, 224-225를 참조하라.

53 위의 책, 228 그리고 237.

54 위의 책, 238.

55 위의 책, 224-225.

56 다니엘 밀리오리 지음, 신옥수·백충현 공역, 『이해를 추구하는 신앙 - 기독교조직신학개론(개정3판)』(서울: 새물결플러스, 2016), 444-454.

57 위의 책, 424-426.

58 위의 책, 426.

59 위의 책, 432.

60 위의 책, 433-443.

61 '삼위일체적 커뮤니온의 교회론'에 관해서는 본 논문에서 다룬 밀리오리 외에 칼 바르트, 존 지지울라스, 위르겐 몰트만, 레오나르드 보프, 미로슬라브 볼프 등 현대 삼위일체신학을 전개하고 발전시킨 학자들을 참조할 수 있다. 그리고 교회의 일치를 추구하기 위하여 코이노니아(또는 커뮤니온)의 개념을 연구하고 논의하였던 세계교회협의회(WCC)에서의 다양한 문서들을 참조할 수 있다. 다음의 자료들을 참고하라. 존 지지울라스 지음, 이세형·정애성 옮김, 『친교로서의 존재』(춘천: 삼원서원, 2014); 밀로슬라브 볼프 지음, 황은영 옮김, 『삼위일체와 교회 - 하나님의 형상으로서 교회에 대한 가톨릭·동방정교회·개신교적 이해를 찾아서』(서울: 새물결플러스, 2012); 웨슬리신학연구소 엮음, 『관계 속에 계신 삼위일체 하나님』(서울: 아바서원, 2015); 김영관, "칼 바르트의 교회론 - 성장하는 기독교공동체로서의 교회개념을 중심으로," 『한국기독교신학논총』 99권 (2016): 29-56; 백충현, 『남북한 평화통일을 위한 삼위일체적 평화통일 신학의 모색』(서울: 나눔사, 2012); 백충현, 『내재적 삼위일체와 경륜적 삼위일체 - 현대삼위일체 신학에 대한 신학/철학의 융합적 분석』(서울: 새물결플러스, 2015); 백충현, "프레데릭 데니슨 모리스에서의 삼위일체와 사회," 『한국조직신학논총』 37집 (2011.9): 7-37; 백충현, "레오나르도 보프의 '페리코레시스-연합모델'에 관한 비판적 고찰," 『한국기독교신학논총』 79집 (2012.1): 135-154; 신옥수, 『몰트만 신학 새롭게 읽기』(서울: 새물결플러스, 2015); 윤철호, "통전적인 종말론적 하나님 나라와 현실 변혁적 교회," 『한국기독교신학논총』 44권 (2006): 87-110; 윤철호, 『삼위일체 하나님과 세계』(서울: 장로회신학대학교출판부, 2011); 이신건, "삼위일체론적 코이노니아 교회론 - 제5차 신앙과 직제 세계대회 토의 문서와 대화하면서," 『한국기독교신학논총』 10권 (1993): 190-214; 이형기, 『에큐메니칼 운동의 패러다임 전환 - '신앙과 직제'와 '삶과 봉사'의 합류』(서울: 한들출판사, 2011); Thomas F. Best and Gunther Gassmann eds. *On the Way to Fuller Koinonia: Official Report of the Fifth World Conference on Faith and Order* (Faith and Order Paper No. 166) (Geneva: WCC Publications, 1994).

62 실천적인 적용성과 함의들에 관해서는 다음의 논문들을 참조하라. 김용복, "코이노니아로서의 교회 - 한국 기독교적 시각," 『한국기독교신학논총』 10권 (1993): 13-27; 남재현, "의사소통 공동체로서의 교회 - 코이노니아로서의 교회 이해를 위한 하나의 시론," 『한국기독교신학논총』 10권 (1993): 245-265; 박근원, "코이노니아 교회 형성의 실천적 과제," 『한국기독교신학논총』 10권 (1993): 266-290; 이문균, "삼위일체 신관에서 본 교회 이해," 『한국기독교신학논총』 30권 (2003): 263-290; 정숙자, "교회와 코이노니아 - 여성신학 입장에서," 『한국기독교신학논총』 10권 (1993): 311-340; 최성일, "선교 공동체로서의 교회와 코이노니아," 『한국기독교신학논총』 10권 (1993): 341-359; 최승태, "성만찬적 교회론 - 교회의 공동체성 회복을 위하여," 『한국조직신학논총』 8집 (2003): 262-284; 허정갑, "성만찬적 교회론 - '성도의 교제'를 중심으로," 『한국기독교신학논총』 52집 (2007): 201-226; Jae Kwang Kye, "Moltmann's Social Doctrine of the Trinity and Its Implications for Korean Church Leadership," *Korean Journal of Christian Studies* 75 (2011): 183-210.

63 한국일, 『선교적 교회의 이론과 실제』, 50-60.

64 밀로슬라브 볼프 지음, 황은영 옮김, 『삼위일체와 교회 - 하나님의 형상으로서 교회에 대한 가톨릭·동방정교회·개신교적 이해를 찾아서』(서울: 새물결플러스, 2012).

07장

세계교회협의회 제1-9차 총회에서
드러난 삼위일체론

I.
들어가는 말

2013년 세계교회협의회World Council of Churches 의 부산 총회를 앞두고 여기에 관해 많은 관심이 생겨났다. 이와 더불어 세계교회협의회wcc 의 신학적인 입장들에 관한 연구들이 왕성하게 이루어졌다. 이러한 점을 고려하면서 이 글은 세계교회협의회wcc 의 신학적인 입장이 전체적으로는 삼위일체적 경향을 보여 오고 있음을 주장한다. 이러한 주장을 제시하기 위하여 이 글은 세계교회협의회wcc 의 총회보고서들을 중점적으로 검토한다.

세계교회협의회wcc 에서 1938년부터 1966년까지 초대 총무를 역임하였던 비서트 후프트W. A. Visser't Hooft 는 1965년도에 저술한 책 『혼합주의와 기독교우주주의: 다른 이름은 없다』에서 세계교회협의회wcc 의 초기 역사에서의 신학적 패러다임은 "그리스도 중심적 보편주의"Christocentric universalism [1]라고 규정하였다. 그러면서도 "그 협의체[세계교회협의회]WCC는 「그리스도」 중심적이었다. 그러나 그것이 「그리스도」 중심적이기 때문에 정확하게 삼위일체가 되지 않으면 안 되는 것이다."[2]라고 지적하였다. 하지만 1965년 당시에는 삼위일체적 입장이 새로운 신학적 패러다임으로서 온전하게 형성되어 있지는 않은 상태였다.

1992년부터 2004년까지 5대 총무를 지냈던 콘라드 라이저Konrad Raiser 는 1991년에 출판한 책 『전환기의 에큐메니즘 - 에큐메니칼 운동의 패러다임 변화』Ecumenism in Transition: A Paradigm Shift in the Ecumenical Movement 에서 후프트의 입장에 동의하였다. 그래서 그는 1948년에 개최된 세계교회협의회WCC 제1차 암스테르담 총회로부터 이후의 여러 총회에 이르기까지 세계교회협의회 WCC의 주요한 신학적 패러다임이 "그리스도 중심적 보편주의"Christocentrism[3] 또는 "에큐메니칼 그리스도 중심주의"Ecumenical Christocentrism[4]라고 규정하였다. 그러나 라이저는 동일한 책에서 1968년의 제4차 웁살라 총회 이후로 제기된 여러 도전들로 인하여 "새로운 패러다임이 우리 앞에 놓여 있다. 아니 이미 시작되고 있다."[5]고 판단하고 "우리는 전환기에 놓여 있다."[6]고 진단하면서, 새로운 패러다임을 위한 성찰의 출발점 중 하나로서 "하나님의 실재에 관한, 그리고 하나님-세계-인간의 관계에 관한 삼위일체적 이해"[7]를 제시하였다.

이런 점들을 고려하면, 세계교회협의회WCC의 전반적인 신학적 패러다임을 어떻게 규정해야 하는지에 관하여, 그리고 신학적 패러다임이 어떻게 변화하고 있는지에 관하여 많은 관심이 일어난다. 이와 관련하여, 강희창은 2008년도의 글 "포스트모던 신학으로서 WCC의 삼위일체론에 대하여"[8]에서 세계교회협의회WCC에서 "삼위일체에 대한 이해가 확장되고 깊어져 감에 따라, 기독교적 일치의 근원과 모델과 목표로서 그리고 신학과 영성의 갱신을 위한 근거로서 삼위일체의 신비를 재발견해 가게 된다."고 규정하면서, 세계교회협의회wcc의 삼위일체론을 분석하였다. 하지만 이 글은 세계교회협의회wcc의 신앙과 직제Faith and Order에서 1991년에 발표한 "하나의 신앙고백"Confessing the One Faith 문서만을 주로 다루었다.[9]

이형기는 2011년에 출판한 책 『에큐메니칼 운동의 패러다임 전환: '신앙과 직제'와 '삶과 봉사'의 합류』[10]에서 세계교회협의회wcc의 "'그리스도 중심적 보편주의'가 1991년 제7차 캔버라 총회 이후 삼위일체론 안에 편입"[11]되었다고 분석한다. 하지만, 이형기는 라이저의 입장을 따라 세계교회협의회wcc의 신학적 패러다임이 변화성보다는 통일성을 강조하는 관점을 취하기 때문에, 새로운 신학적 패러다임으로서 삼위일체론을 전면에 내세우지는 않았다.[12] 반면에, 송인설은 2010년의 논문 "에큐메니칼 운동의 신학적 패러다임의 발전"[13]에서 세계교회협의회wcc의 신학적 패러다임이 20세기 전반의 "그리스도 중심적 보편주의"로부터 20세기 후반의 "삼위일체 중심적 보편주의"로 발전하였다고 논증한다.[14]

이 글에서는 세계교회협의회wcc의 전반적인 신학적 패러다임을 "발전성"의 관점에서 분석한 송인설의 입장에 동의하면서도, "통일성"을 강조하는 라이저와 이형기의 입장을 고려하여, 양자를 포괄하는 관점으로서 신학적 패러다임에서의 "삼위일체적 경향성"을 제시하고자 한다. 이를 위하여 이 글은 세계교회협의회wcc의 총회보고서들을 중점적으로 검토하고 분석하고자 한다. 그리고, 세계교회협의회wcc는 '신앙과 직제', '삶과 봉사', '선교운동'이라는 세 흐름들이 종합되어 형성된 것이기에, 이 글의 주제와 직접적인 관련이 있는 범위 내에서는 이 세 흐름들에서 개최된 대회 및 회의의 보고서들까지 살펴보고자 한다.

II.
세계교회협의회와 삼위일체

1910년 에딘버러에서 개최된 제8차 세계선교대회wMC에서 미국 성공회의 감독 브렌트Brent가 대회가 끝나갈 무렵에 "우리는 하나님의 자녀들로서 우리에게 주어진 모든 능력을 발휘해야 한다. 지난 10년 동안 하나님께서 우리에게 하나의 새로운 비전을 주셨다. 그런데 하나님께서는 새로운 비전을 주실 때마다 또한 새로운 책임을 부여하신다. 여러분과 내가 이 대회를 떠날 때, 어떤 새로운 의무수행을 의식해야 할 것이다."¹⁵라고 연설하면서 하나의 연합교회에 대한 비전을 제시하였다. 그 이후로, 연합을 위한 수많은 노력과 만남을 거쳐서, '신앙과 직제'Faith and Order가 창설되어 1927년 1차 로잔 대회, 1937년 2차 에딘버러 대회, 1953년 3차 룬트 대회, 1963년 4차 몬트리올 대회, 1993년 5차 산티아고 데 콤포스텔라 대회가 개최되었다. 그리고 '삶과 봉사'Life and Work가 창설되어 1925년 1차 스톡홀롬 대회, 1937년 2차 옥스퍼드 대회, 1966년 3차 제네바 '교회와 사회'Church & Society 대회, 1974년 부카레스트 '교회와 사회' 대회, 1979년 미국 MIT '교회와 사회' 대회, 1983년 밴쿠버 JPIC 대회, 1990년 서울 JPIC 대회가 개최되었다.

또한, '선교운동'이 1910년 제8차 에딘버러 세계선교대회wMC, 이후 국제선교협의회IMC 1921년 1차 레이크 모홍크 대회, 1928년 2차 예루살렘 대회, 1938년 3차 탐바람 대회, 1947년 4차 휘트비 대회, 1952년 5차 빌링엔 대회, 1958년 6차 가나 아치모타 대회로 개최되었다. 그 이후에는 '선교운동'이 1961년 세계교회협의회wCC 3차 뉴델리 총회에서 '세계선교와 전도위원회'CWME Commission on World Mission and Evangelism으로 통합된 상태로 1963년 7차 멕시코 대회, 1972년 8차 방콕 대회, 1980년 9차 멜버른 대회,

1989년 10차 산 안토니오 대회, 1996년 11차 브라질 살바도르 대회, 2005년 11차 아테네 대회가 개최되었다.

위의 세 흐름의 운동들이 진행되면서, 1938년 국제선교협의회ɪᴍᴄ와의 긴밀한 협조 하에서 '신앙과 직제'와 '삶과 봉사'의 대표자들 각 7인이 우트레히트에서 모였다. 이들로 구성된 '14인 위원회'에서 세계교회협의회ᴡᴄᴄ의 헌장을 준비하였고, 이후에는 국제선교협의회ɪᴍᴄ가 연합관계를 맺음으로써 세계교회협의회ᴡᴄᴄ가 창설되어 1948년 제1차 암스테르담 총회, 1954년 제2차 에반스톤 총회, 1961년 제3차 뉴델리 총회, 1968년 제4차 웁살라 총회, 1975년 제5차 나이로비 총회, 1983년 제6차 밴쿠버 총회, 1991년 제7차 캔버라 총회, 1998년 제8차 하라레 총회, 2006년 제9차 포르토 알레그레 총회가 개최되었고, 2013년에는 제10차 부산 총회가 준비 중에 있다.

위에서 개관한 바와 같이, 세계교회협의회ᴡᴄᴄ는 1910년을 기점으로 '신앙과 직제', '삶과 봉사', '선교운동'이라는 세 흐름이 종합되어 형성되었다. '신앙과 직제'는 교리와 신학에서 교회의 일치를 추구하였고, '삶과 봉사'는 교회의 사회참여에서의 일치를 추구하였으며, '선교운동'은 복음전도에서 일치를 추구하여 왔다.

1. 제1차 암스테르담 총회1948

세계교회협의회ᴡᴄᴄ의 제1차 총회는 1948년 암스테르담에서 "인간의 무질서와 하나님의 계획"이라는 주제로 개최되었다.[16] 제2분과의 보고서는 "하나님의 목적은 하나님의 아들 예수 그리스도 안에서 모든 인간을 하나님 자신과 화해시키는 것이며, 모든 인간을 인간들과 화해시키는 것이다. 이러한 목적은 예수 그리스도 안에서 분명하게 드러났다."[17]고 진술한다. 하나님의 목적이 예수 그리스도 안에서 분명하게 드러났다는 점에서 그리스도 중심적이며, 하나님의 목적이 모든 사람을 지향한다는 점에서 보편주의적이다. 그래서 후프트와 라이저는 이러한 점들을 염두에 두고 세계교회협의회 WCC의 신학적 패러다임이 "그리스도 중심적 보편주의"라고 규정하였다.

총회주제가 지닌 그리스도 중심성이라는 특징은 제1차 총회에서 널리 지지를 받은 "암스테르담 총회의 메시지"the message of the Amsterdam Assembly에서도 분명하게 나타나있다. 이것은 "우리는 모두 그리스도 안에 있다"[18]와 "우리는 그리스도를 우리의 하나님과 구주로 인정하는 일에 있어서 하나다"[19]라고 진술한다.

그런데, 제1차 총회의 주제 또는 메시지보다도 더 눈에 띄는 것은 세계교회협의회 WCC의 헌장 자체이다. 헌장은 세계교회협의회 WCC를 예수 그리스도 안에 토대를 두는 교회들의 교제로 정의하였다. 헌장 1조는 협의회의 기초를 다음과 같이 분명하게 표현하였다.

> 세계교회협의회 WCC는 우리 주 예수 그리스도를 하나님과 구주로 받아들이는 교회들의 교제이다.[20]

헌장에 따르면, 세계교회협의회는 교회들의 모임이지만, 예수 그리스도를 하나님과 구주로 받아들이는 교회들의 모임이다. 이러한 의미에서 세계교회협의회 WCC의 교회론은 그리스도 중심적이다. 세계교회협의회 WCC의 회원이 되기 위한 주요한 기준은 예수 그리스도를 하나님과 구주로 고백하는 것이다. 이러한 점은 세계교회협의회 WCC에서 의미하는 교회의 본질과 정체성이 무엇인지를 분명하게 드러내 준다.

세계교회협의회 WCC의 그리스도 중심적 교회론은 교회들 사이의 일치성을 위한 신학적인 기초를 제공하여 주었다. 즉, 우리는 이미 그리스도 안에 있기 때문에, 그리고 그리스도께서 우리를 하나됨으로 모으시기 때문에, 기독교적 일치성이 우리 안에 존재한다. 암스테르담 총회의 제1분과의 보고서 "하나님의 계획 속에 있는 보편적 교회"The Universal Church in God's Design에 따르면, 하나님께서는 우리에게 일치성을, 즉 그리스도 안에서의 일치성을 이미 주셨다. 비록 현실에서는 우리가 서로 분리되어 있다고 하더라도, 하나님께서는 자신 안에서 나뉘지 않을 뿐만 아니라 우리로 하여금 예수 그리스도 안에서 서로 하나가 되게 만드신다.[21] 이러한 일치성은 "선물로서 주어진 일치성"given unity as a gift이라고 일컬어진다. 비록 우리가 가장 깊은 차이점들에 직면한다고 하더라도, "주어진 일치성"given unity이라는 관점에서 여전히 우리는 그리스도에 대한 신앙으로 함께 걸어가며 서로를 함께 사랑한다.[22]

더 나아가서, 세계교회협의회wcc의 그리스도 중심적 교회론은 교회의 과제가 무엇인가에 대한 협의회의 이해에도 영향을 미쳤다. "우리가 그리스도를 바라볼 때에, 우리는 세계를 있는 그대로 볼 수 있다"[23]는 문구에서 알 수 있는 바와 같이, 세계를 바라보는 관점은 오직 예수 그리스도를 통해서라야 올바른 관점이 된다. 이와 같은 관점은 교회와 세상 사이의 긴밀한 연관성을 맺어주기에 매우 용이하다. 이러한 관점을 채택한 암스테르담 총회는 "책임적 사회"responsible society[24]라는 개념을 만들어내었다. 이 용어가 의미하는 바에 따르면, 교회가 책임적인 사회가 되기 위해서는 세상으로 나아가야 하지만, 예수 그리스도의 주님되심에 대한 믿음을 가지고 예수 그리스도를 통하여 세상으로 나아가야 한다. 그리고 교회는 그리스도가 세상에 알려지도록 하기 위하여 그리스도의 복음을 선포해야 한다.

사실 이와 같은 그리스도 중심성은 1927년에 개최된 '신앙과 직제' 1차 대회에서 만장일치로 채택하였던 진술문과 밀접하게 연관되어 있다. 1차 대회의 최종보고서는 "우리는 예수 그리스도를 하나님의 아들, 우리의 주,

그리고 우리의 구주로 받아들이는 공통된 신앙고백에서 연합되어 있다"[25]고 진술하였기 때문이다. 암스테르담 총회에서 보여주었던 그리스도 중심적 복음 이해도 로잔 대회의 보고서에 다음과 같이 근거를 두었다.

> 교회가 세상에 선포해야 하는 메시지는 예수 그리스도의 복음이며, 항상 이러한 것이어야 한다. 복음은 이생에서뿐만 아니라 저생에서의 구원에 관한 기쁜 소식으로서, 하나님께서 그리스도 안에서 죄인에게 주시는 선물이다. ……
>
> 예수 그리스도는 십자가에 달려 죽으신 분이며 살아계신 분이시며, 구주이며 주님이시다. 예수 그리스도는 사도들과 교회가 선포하는 범세계적인 복음의 중심이다. 예수 그리스도 자신이 복음이시기 때문에, 복음은 교회가 세상에 선포해야 하는 메시지이다.[26]

1937년에 개최된 '신앙과 직제' 2차 대회도 이러한 그리스도 중심성을 확증한다. 2차 대회가 채택한 "우리 주 예수 그리스도에 대한 충성의 일치성에 관한 확증"Affirmation on Union in Allegiance to Our Lord Jesus Christ이라는 문서는 "우리는 우리 주 예수 그리스도, 즉 성육신하신 하나님말씀에 대한 신앙에서 하나이다. 교회의 머리, 만왕의 왕, 만주의 주이신 예수 그리스도에 대한 충성에서 우리는 하나이다."[27]

요약하자면, 암스테르담 제1차 총회, 그리고 이것 직전의 '신앙과 직제' 1차 및 2차 대회들은 그리스도 중심성을 채택하였는데, 이것은 교회론에서 특히 두드러지게 나타났다. 구체적으로, 교회의 정체성에 대한 이해, 교회의 일체성에 대한 이해, 그리고 교회가 세상에서 감당해야 하는 책임성에 대한 이해에서 그리스도 중심성을 분명하게 드러내었다.

2. 제2차 에반스톤 총회 1954

1954년 에반스톤에서 개최된 세계교회협의회wcc 제2차 총회의 신학적 패러다임은 제1차 암스테르담 총회와 거의 유사하였다. 이러한 이유 때문에 에반스톤 총회는 교회론의 토대 자체에 대해서는 더 이상 상세하게 언급하지 않았다. 그 대신에, 총회주제인 "그리스도 – 세계의 소망"28에서 알 수 있는 것처럼, 에반스톤 총회는 그리스도 중심성을 세계를 위한 종말론적 소망의 차원으로 확대하였다. 즉, 총회주제는 그리스도 중심적으로 종말론을 이해하고 이것을 세계에 적용하였다. "에반스톤 총회의 메시지"the message of the Evanston Assembly 는 다음과 같이 진술한다.

예수 그리스도를 믿는 우리의 신앙이 세계의 소망임을 우리는 확증하며, 우리는 이러한 신앙을 모든 사람들과 공유하기를 바란다. ……
우리가 서있는 바로 이곳에서 예수그리스도가 우리와 함께 서계신다. 예수 그리스도는 우리를 찾으시고 구원하시기 위하여 참 하나님과 참 인간으로서 우리에게 오셨다. …… 예수 그리스도는 만물을 완성하시기 위하여 심판주와 왕으로서 우리에게 다시 오실 것이다. 그 때에 우리는 예수 그리스도를 대면하여 볼 것이며, 우리는 그에게 알려진 바가 될 것이다. 우리는 모든 창조세계와 함께 간절한 소망으로 이것을 기다린다.29

교회의 일체성과 관련하여, 에반스톤 총회는 "6년 전에 세계교회들이 언약관계를 맺음으로써 이 세계교회협의회wcc를 형성하였고 일치성에 함께 머물고자 하는 의도를 확증하였다."30고 진술함으로써 암스테르담 총회를 긍정적으로 평가하였다. 그러나 에반스톤 총회는 암스테르담 총회의 일

단계의 일치에 더 이상 만족하지 않고, "함께 머무는 것으로는 충분하지 않다. 우리는 더 나아가야만 한다."[31]고 진술하였다. 그러면서 에반스톤 총회는 세계교회협의회WCC가 이단계의 일치에로 나아가야 한다고 제안하였다. 이를 위하여 에반스톤 총회는 교회들 간의 그리스도 중심적 일치성을 가시적으로 더 적극적으로 추구하였다. 교회들로 하여금 단지 "주어진 일치성" given unity에 머무르지 않도록 촉구하였으며, 동시에 가시적이고 구체적인 일치성을 발전시킬 과제를 감당하도록 촉구하였다.

교회의 일체성과 관련한 이러한 발전은 1952년 룬트에서 개최된 '신앙과 직제' 3차 대회의 영향을 받았기 때문이다. 룬트 대회는 이전의 방법에 만족하지 않았다. 즉, 교회들로 하여금 현재 있는 그대로 상호간의 일치성에 머물도록 하게 하는 비교교회론의 방법에 만족하지 않았다. 그 대신에, 룬트 대회는 "일치성을 위한 그리스도 중심적 방법"the Christocentric method of unity[32]을 새롭게 개발하였다. 이 새로운 방법은 교회들이 그리스도에게로 더 가까이 다가갈수록 교회들이 상호 간에 더 가까워진다고 주장한다. 이러한 주장은, 교회의 본성에 관한 여러 가지 개념들을 단지 비교하는 것만으로는 교회의 일치성을 향한 어떠한 진보도 제대로 이루어질 수 없다는 점을 함의한다. 그래서 룬트 대회는 다음과 같이 진술하였다.

> 그러므로 우리는 교회들 사이의 분열들을 뚫고 넘어가야 한다. 그럼으로써 그리스도께서 그의 몸된 교회와 이루신 일치성, 즉 하나님께서 주신 일치성의 신비를 더 심오하고 더 풍성하게 이해할 수 있다.[33]

여기에서는 그리스도께서 교회와 함께 맺으신 일치성이 교회들의 일치성을 추구하기 위한 모델이 된다.

교회의 사회적 책임성과 관련하여, 에반스톤 총회는 책임성의 범위를 확대하였다. 이러한 발전은 1952년에 빌링엔에서 개최된 세계선교대회IMC 로부터 큰 영향을 받았기 때문이었다. 빌링엔 대회는 "하나님의 선교"Missio Dei를 주창함으로써 선교개념을 삼위일체론적으로 이해할 것을 강조하였다. "하나님의 선교"에 따르면, 선교는 교회의 활동이라기보다는, 근본적으로는 하나님의 속성이며 본성이다. 즉, 하나님은 선교하시는 하나님이시다. 세계를 향한 깊은 사랑으로 성부 하나님은 만물을 자신과 화해시키기 위하여 성자를 파송하셨고, 우리는 성령을 통하여 성자 안에서 성부와 하나가 될 수 있다. 이와 같은 완전한 사랑이 바로 하나님의 본성이다. 그러기에 선교활동의 근원은 바로 삼위일체 하나님이시며, 우리는 그러한 근원에 참여할 뿐이다.[34]

　　빌링엔 대회에서 주창된 "하나님의 선교"라는 개념은 삼위일체적, 기독론적, 성령론적인 방식으로 정의된 개념이다. 선교는 하나님으로부터 시작하여 세계로 나아가는 운동이다. 교회는 하나님 자신의 선교를 위한 도구일 뿐이다. 선교가 있는 곳에 교회가 있지만, 그 역은 아니다. 선교에 참여하는 것은 세계를 향한 하나님의 사랑의 운동에 참여하는 것이다. 그래서 선교는 교회 내의 활동들뿐만 아니라 세계 속에서 행하는 모든 활동을 포함한다. 이러한 선교 개념이 에반스톤 총회에 영향을 끼쳐서 교회의 사회적 책임성의 범위를 확대하도록 하였다. 교회의 사회적 책임성은 정치, 경제, 사회 등 삶의 모든 영역들에로 확대되어 적용되었다. 아래에서 살펴보듯이, 빌링엔 대회는 에반스톤 총회에뿐만 아니라 뉴델리 총회에도 많은 영향을 끼쳤다.

3. 제3차 뉴델리 총회 1961

　　세계교회협의회WCC의 제3차 총회는 1961년 뉴델리에서 개최되었다.

뉴델리 총회의 중심주제는 "예수 그리스도 – 세상의 빛"[35]이었다. 이러한 주제는 그리스도 중심적으로 보인다. 그러나 뉴델리 총회는 교회들 사이의 가시적 일치성의 근거로서 삼위일체 하나님을 강조하기 시작하였다. 뉴델리 총회가 1952년에 개최되었던 빌링엔 대회로부터 영향을 받았을 뿐만 아니라, 1960년 세인트 앤드류스에 개최된 '신앙과 직제' 위원회가 작성한 중간 보고서 "한 분 주님 하나의 세례"One Lord One Baptism로부터 영향을 받았기 때문이었다. 이 중간보고서의 부제는 "하나님의 삼위일체 그리고 교회의 일치성"The Divine Trinity and the Unity of the Church이었다.

세인트 앤드류스 위원회는 교회의 일치성을 추구하기 위한 룬트 대회의 방법을 더 확장하기 위하여 삼위일체 하나님을 교회의 기초로서 포함시켰다. 중간보고서는 다음과 같이 진술한다.

> 예수 그리스도와 교회와의 불가분리성을 인정한다면, 반드시 삼위일체 하나님을 고백해야 한다. 한 분 하나님이 되시는 성부와 성자와 성령을 교회의 근거로서 이해해야 한다는 주장은 성경적으로 및 신학적으로 강력한 근거를 지닌다.[36]

위의 진술문에 따르면, 예수 그리스도에 대한 중심적인 관심은 삼위일체 하나님에 대한 관심으로 연결된다. 이것은 "그리스도 중심적 삼위일체"이다. 교회들의 일치성은 삼위일체 하나님의 완전한 일치성에 토대를 둔다. 일치성을 가시적으로 보여주는 표지인 세례는 "성부와 성자와 성령의 이름으로 세계를 주노라"와 같은 삼위일체적 세례문과 함께 삼위일체 하나님의 이름으로 시행된다.[37] 하지만, 세인트 앤드류스 위원회는 삼위일체에 관하여 더 상세하게 논의하지는 않았다. 그 대신에, 위원회는 삼위일체 위격들의 상호관계들의 신비는 인간의 이해를 넘어서는 것임을 인정하였고, 또한,

교회는 지체들이 성육신의 의미를 숙고하는 것과 심오한 예배에 참여하는 것을 통하여 삼위일체의 실재를 파악할 수 있음을 주장하였다.[38]

이와 같은 영향들로 인하여, 뉴델리 총회에서는 교회들의 일치성의 개념이 삼위일체에 토대를 두게 되었다. "성령의 일치성 안에서 이루어지는 성부와 성자와의 사랑은 모든 인간과 창조세계를 위하여 삼위일체 하나님께서 의지하시는 일치를 위한 근원과 목적이다."[39] 뉴델리 총회는 에반스톤 총회에서와 같이 교회들 간의 그리스도 중심적 일치성을 가시적으로 더 적극적으로 추구하였다. 교회들로 하여금 단지 "주어진 일치성"given unity에 머무르지 않도록 촉구하였으며, 동시에 가시적이고 구체적인 일치성을 발전시킬 과제를 감당하도록 촉구하였다. 그리고 뉴델리 총회는 더 나아가서 세인트 앤드류스 위원회가 처음으로 제안하였던 것을 받아들여서 사도적 신앙과 세례와 성만찬과 같은 가시적인 표지들로써 일치를 추구하였다. 동시에, 뉴델리 총회는 이 세 가지 표지들을 모두 삼위일체 하나님의 관점에서 접근하였다.

> 예수 그리스도로 세례를 받고 예수 그리스도를 주님과 구주로 고백하는 각 지역의 모든 자들이 성령의 인도하심을 따라 온전하게 헌신된 하나의 교제를 형성하여, 사도적 신앙을 고백하고, 하나의 복음을 선포하며, 하나의 떡을 나누고, 공통의 기도에 참여하며, 그리고 증언과 기도를 통하여 모든 이들에게 다가가는 공동체적인 삶을 나눌 때에, 일치성이 가시적이 됨을 우리는 믿습니다.[40]

이와 같은 영향들로 인하여 삼위일체 하나님에 관하여 더 많은 관심을 갖게 된 세계교회협의회wcc는 또한 뉴델리 총회에 새로운 회원교회들이 많이 참여함으로써 암스테르담 총회가 채택한 세계교회협의회wcc의 헌장을 수정할 필요를 느꼈다. 특히, 뉴델리 총회에서는 러시아 정교회를 포함하여 동유럽의 여러 동방정교회들이 참여하였을 뿐만 아니라, 칠레의 오순절 교회들과 아프리카 복음주의 교회들을 포함하여 제3세계로부터 18개의 신생 교회들이 참여하였다. 새로운 교회들의 참여로 인하여 세계교회협의회WCC 는 협의회의 정신을 더 심오하고 더 풍성한 방식으로 표현하여야 하였다.

그래서 뉴델리 총회는 협의회의 헌장을 다음과 같이 수정하였다.

> 세계교회협의회WCC 는 성경에 따라서 주 예수 그리스도를 하나님과
> 구주로 고백하고, 그러므로 성부와 성자와 성령, 한 분 하나님의 영광
> 을 위하여 부름을 받은 공동의 소명을 함께 성취하기를 추구하는 교
> 회들의 교제이다.[41]

뉴델리 총회에서 수정된 헌장은 세계교회협의회WCC 가 그리스도 중심적 토대로부터 삼위일체적 토대로 이동하고 있음을 알려준다. 여기에서 수정된 헌장은 세계교회협의회WCC 와 회원교회들이 삼위일체 하나님의 영광을 위하여 받은 공동의 소명을 함께 성취하여 나갈 것을 촉구한다.

비탈리 보로포이Vitaly Borovoy 의 분석에 따르면, 뉴델리 총회에서는 이전의 암스테르담 총회와 에반스톤 총회에 비하여 세계교회협의회WCC 의 신학적 강조점이 "순전히 기독론적 중심주의"the pure Christological centrism 로부터 "기독교 일치를 위한 삼위일체적 명령"Trinitarian imperative for Christian unity 으로 분명히 이동하였다.[42] 이러한 분석은 세계교회협의회WCC 의 헌장, 교회의 정체성 및 일치성에 관해서는 분명하게 적용된다. 하지만, 교회의 과제와 관련해서는 뉴델리 총회도 여전히 그리스도 중심적으로 머무르고 있다. 즉, 교회의 과제의 토대는 예수 그리스도를 통해서 드러난 하나님의 사랑의 관점에서 여전히 규정된다. "기독교의 봉사는 예수 그리스도께서 계시하셨던 하나님의

값비싼 사랑으로부터 기원하며, 그 사랑에 의하여 북돋워진다. 봉사에 관한 어떤 기독교 윤리라도 그 근거는 여기에 있다."[43]

이런 점에서 뉴델리 총회는 "책임적 사회"responsible society 라는 틀을 넘어서지 못하고 있다. 다만, 뉴델리 총회에서는 그리스도 중심성의 한계를 넘어서려는 시도가 없는 것은 아니었다. 예를 들어, 미국의 루터교 신학자인 조셉 시틀러Joseph Sittler 는 골로새서 1장 15-20절에 근거하여 "우주적 기독론"cosmic Christology 을 제시하였다. 이를 통하여, 시틀러는 기존의 기독론을 확대하여 기독론의 우주적 차원에로 적용하였으며, 복음의 범위를 하나님의 창조세계 전체에로 확장하였다.[44]

뉴델리 총회 이후에는 삼위일체적 표현들이 더 많이 인정되었다. 예를 들어, 1963년 몬트리올에서 개최된 '신앙과 직제' 4차 대회는 교회의 일치성과 관련하여 일치의 삼위일체적 토대를 재확인하였다. 제2분과의 서론에서는 다음과 같이 진술한다.

> 우리는 한 분이신 성부 하나님에 대한 신앙과 소망 안에서 서로를 만날 수 있음을 안다. 성부는 성자 예수 그리스도에 의하여 성령을 파송하셨다. 이를 통하여 모든 사람들이 서로 일치를 이루고 하나님과 일치를 이루도록 하셨다. 바로 이러한 신앙과 소망을 기초로 그리고 성부와 성자와 성령으로 계시는 한 분 하나님에게 드리는 공동기도의 맥락 안에서, 우리가 서로 대화를 나눌 수 있으며 상호간의 이해를 증진할 수 있음을 우리는 지금까지 발견하여 왔다.[45]

그리고 교회의 과제와 관련하여 1966년 제네바에서 개최된 '삶과 봉사' 3차 대회, 즉 제네바 '교회와 사회'Church and Society 대회에서는 "우리는 삼위일체 하나님이 그의 세계의 주님이시며 그의 세계 안에서 활동하신다는 기본적인 전제를 시작한다."[46]고 언급하였다.

4. 제4차 웁살라 총회1968

세계교회협의회wcc의 제4차 총회는 "보라, 내가 만물을 새롭게 하리라"라는 주제로 1968년 웁살라에서 개최되었다. 웁살라 총회는 교회의 사회적 사명을 주로 다루었다. 그러나 제1분과의 제목인 "성령, 그리고 교회의 보편성"The Holy Spirit and the Catholicity of the Church에서 알 수 있는 것처럼, 웁살라 총회는 성령론의 관점에서 교회의 보편성의 문제에 접근하였다.[47] 성령론적인 보편성의 개념은 교회들의 일치성이 지니는 내적으로 심오한 차원을 표현할 수 있도록 하였다. 교회의 보편성에 관하여 말하는 것은 교회에 맡겨진 과제를 통하여 수행되어야 하는 소명에 관하여 말하는 것을 의미하고, 이러한 과제는 성령의 지속적인 지탱과 안내에 의해서만 성취될 수 있다. 이러한 의미에서, 교회의 보편성의 개념은 성령과 밀접하게 연관되어 있다.

세계교회협의회wcc의 역사에서 성령을 본격적으로 다룬 것은 웁살라 총회가 처음이다. 이와 동시에, 웁살라 총회가 성령과 교회의 과제 및 교회의 보편성의 개념들과의 연관성을 확보한 것은 세계교회협의회wcc에서 앞으로 이루어질 삼위일체적 경향의 발전에 기여하는 매우 의미 있는 공헌들중의 하나가 되었다. 총회보고서의 첫 부분에서는 다음과 같이 진술한다.

우리는 지금 성령 하나님께 감사를 드린다. 왜냐하면 바로 지금 이 시
점에서 성부 하나님의 영광을 위하여 성령께서 우리를 인도하시고,
우리로 하여금 그리스도의 몸을 새롭고도 유쾌하게 이해할 수 있도
록 하고 계시기 때문이다.[48]

여기에서 성령은 교회들의 관계를 적극적으로 변화시키는 분으로 뿐만 아니라, 우리를 삼위일체 하나님께로 인도하시는 분으로 이해된다. 이러한 이해는 이전의 총회들에 비하여 성령의 역할에 관하여 많이 발전한 것이다.

5. 제5차 나이로비 총회 1975

세계교회협의회wcc의 제5차 총회는 "예수 그리스도는 자유롭게 하시며 하나 되게 하신다."라는 주제로 나이로비에서 개최되었다.[49] 나이로비 총회는 '협의회적 친교' conciliar fellowship 의 개념을 발전시켰다. 이 개념은 1971년에 개최된 루뱅 '신앙과 직제' 위원회에서,[50] 그리고 1973년에 개최된 살라망카 '신앙과 직제' 위원회에서[51] 이미 제안되었던 것이다. 루뱅 위원회는 세계교회협의회wcc가 추구하여 왔던 일치의 개념을 '협의회적 친교'로서 기술하고자 시도하였다. 살라망카 위원회는 온전한 보편성과 사도적 신앙을 가진 지역교회들이 참으로 연합되어 있는 교제의 의미로서의 일치성의 개념을 제안하였다. 나이로비 총회는 여기에서 더 나아가서, '협의회적 친교'의 개념을 삼위일체 하나님과 연결하였으며 협의회성 conciliarity 의 기초를 삼위일체 하나님의 존재 속에 두었다. 그 결과로, 교회들의 일치성의 개념이 삼위일체 하나님에게 토대를 두었다. 더 나아가서, 나이로비 총회에서는 우리가 '협의회적 친교'를 통하여 삼위일체 하나님의 내적인 삶에 참여할 수 있다고 보았다. 부활하신 그리스도께서 각 지체를 성령의 연합 안으로 이끄시며, 그들을 성부 하나님의 자녀들로 삼으시기 때문이다. 우리는 하나님의 본성에 공동으로 참여할 수 있으며, 부활하신 그리스도의 한 몸 안에서 살아있는 지체들이 될 수 있다. 게다가, 나이로비 총회에 따르면, 이러한 협의회성은 모든 이들에게 열려 있다. 왜냐하면 그리스도께서 모든 이들을 위하여 죽으시고 부활하셨기 때문이며, 그의 교회는 앞으로 인류가 이룩한 일치

성을 보여주는 표지이기 때문이다.[52]

1963년 몬트리올에서 개최된 '신앙과 직제' 4차 대회와 1975년 나이로비에서 개최된 세계교회협의회wcc 제5차 총회 이후로, 세계교회협의회wcc는 기독교의 하나의 신앙에 대한 공동의 이해 및 신앙고백의 문제를 꾸준하게 탐구하여 왔다. 1978년 뱅갈로에서 개최된 '신앙과 직제' 위원회는 하나님에 대한 삼위일체적 신앙을 다루었고, 사도적 신앙에 관한 일치된 입장을 요구하는 제안을 다루었다. 1978년 베니스에서 개최된 '공동의 신앙고백을 위한 협의회'Consultation on Towards a Confession of the Common Faith와 1978년 클링엔탈에서 개최된 '필리오케 문제에 관한 협의회'Consultation on The Filioque Question는 앞으로 사도적 신앙을 연구하기 위한 초점으로서 니케아-콘스탄티노플 신조381를 선택하였다. 두 번의 이 협의회들을 통하여, 동방교회와 서방교회를 포함한 세계교회협의회wcc는 필리오케가 없는 니케아신조를 채택하였다.[53] 그래서 니케아신조의 세 번째 조항은 "우리는 생명의 주님이시며 시여자이신 성령을 믿습니다. 성령은 성부로부터 나옵니다. 성령은 성부 및 성자와 함께 예배와 영광을 받으시며, 이전에 예언자들을 통하여 말씀하셨습니다."[54]와 같다. 이러한 신앙조항으로써 모든 기독인이 성령에 대한 공통의 신앙을 고백할 수 있게 되었다. 1982년 리마에서 개최된 '신앙과 직제' 위원회는 "오늘날 사도적 신앙의 공동적인 표현을 지향하며"Towards the Common Expression of the Apostolic Faith Today라는 새로운 신학연구 프로젝트를 공식적으로 시작하였다. 이 위원회는 니케아신조를 에큐메니칼적인 관점으로 해설하려고 시도하면서, 1987년에는 잠정적인 연구문서를 내놓았고, 이후 여러 번의 수정과정들을 거쳐 1990년에 최종적으로 "하나의 신앙고백"Confessing the One Faith이라는 문서를 발표하였다. 이 문서는 1993년 산티아고 데 콤포스텔라에서 개최된 '신앙과 직제' 제5차 대회에서 상당히 중요한 역할을 담당하였고, 오늘날 사도적 신앙의 공동적인 해설로서 널리 받아들여지고 있다.

6. 제6차 밴쿠버 총회 1983

1983년 밴쿠버에서 개최된 세계교회협의회 wcc의 제6차 총회는 "예수 그리스도 – 세계의 생명"이라는 주제로 개최되었다.[55] 한편으로, 밴쿠버 총회의 주제는 그리스도에 초점을 두고 있다. 실제로, 참가자들이 전체모임이 끝날 때에 헌신의 행동으로 부름을 받았을 때에, 하나님의 행동이 그리스도 안에서 중점적으로 나타났음을 다음과 같이 기쁘게 회상하였다.

> 오라, 그리스도 앞에서 예배를 드리고 그 앞에 무릎을 꿇자. 그는 거룩한 삼위일체의 한 위격이시오, 하나님의 독생자이며 영원불멸한 말씀이시며, 성부 및 성령과 함께 영광을 받으신다. 우리를 구원하고 세계에 생명을 주시고자 그는 성육신하시고 십자가에 달리시고 자신을 내어주셨다. 자신의 죽음으로써 그는 죽음을 멸하셨다. 신실하신 여러분, 부활하신 그리스도 우리 하나님을 찬양하고 영광을 돌립시다. 생명의 시여자이신 그는 세계를 구원하기 위하여 오실 때에 기쁨으로 만물을 충만케 하셨다.[56]

여기에서 삼위일체 하나님이신 성부와 성자와 성령이 모두 언급되고 있지만, 그리스도에게 더 많은 강조점이 있다.

다른 한편으로, 밴쿠버 총회에서 다루어진 생명의 개념이 삼위일체적으로 설명되고 있다는 점은 매우 주목할 만하다. 즉, "생명은 하나님의 선물이다. 충만한 생명은 삼위일체 하나님, 즉 성부와 성자와 성령 사이에 존재하는 사랑의 연합을 반영한다. 이것은 우리의 삶을 위한 모형으로서 경이와 영광으로 가득 찬 선물이다."[57]

밴쿠버 총회가 끝난 지 2년 후인 1985년에 동방의 시리아 정교회에 속한 델리 교구의 대주교인 파울로스 마르 그레고리오스Paulos Mar Gregorios는 "하나님의 영광을 위한 인간의 일치"[58]라는 논문을 작성하였다. 이 논문에서 그레고리오스는 뉴델리 총회 이후 세계교회협의회WCC가 삼위일체적 토대를 갖추기는 하였지만, 밴쿠버 총회를 포함한 에큐메니칼 신학은 그리스도의 독특성을 너무나 강조함으로써 그리스도 일원론Christomonism에 이르렀다고 지적하였다. 그리스도 일원론을 넘어서기 위한 해결책으로서 그레고리오스는 삼위일체 하나님의 본성이 지닌 세 가지 측면들을 우리가 고려해야 한다고 주장하였다. 첫째는 그리스도에 대한 우리의 신앙과 삼위일체에 관한 우리의 지식 사이의 통합적인 관계이며, 둘째는 삼위일체 하나님의 일치성이 교회의 일치에 미치는 중요성이며, 셋째는 세계 속에서 활동하시는 삼위일체 하나님의 활동에 관한 이해이다. 삼위일체 하나님은 세계 속에 계시면서 교회를 하나되게 하시고, 인류를 하나되게 하시며, 창조세계 전체를 하나되게 하신다.[59]

교회의 일치성과 관련하여, 밴쿠버 총회는 일치를 보여주는 세 가지 표지들을 제시하였는데, 이것은 뉴델리 총회에서 제시한 표지들보다 범위 면에서는 더 크다. 첫째는, 사도적 신앙에 대한 공동의 이해이며, 둘째는 세례와 성만찬과 사역에 대한 상호 간의 온전한 인정이며, 셋째는 의사결정을 위한 공통의 방식들 및 권위있는 가르침을 위한 방식들이었다.

여기에서 두 번째 표지는 1961년에 개최된 뉴델리 총회에서 처음으로 제안되었고, 1982년 리마에서 개최된 '신앙과 직제' 위원회에서 더 깊이 다루어졌다. 리마 위원회에서는 "세례, 성만찬, 사역"Baptism, Eucharist and Ministry라는 문서를 채택하였고, 세계교회협의회WCC에 속한 모든 교회들이 보여준 반응들을 모았다. 밴쿠버 총회는 리마에서 채택된 문서를 토대로 "리마 예전"Lima Liturgy을 작성하였고, 여기에 따라서 예배를 드렸다.

그리고 밴쿠버 총회에서 다룬 첫 번째 표지는 총회 7년 후인 1990년에 더 깊이 다루어졌고, "하나의 신앙고백"Confessing the One Faith이라는 문서가 작성되었다. 이 문서는 사도적 신앙에 대한 공동의 신앙고백에 교회들이 일치하도록 돕기 위하여 작성되었다. 특히, 니케아-콘스탄티노플 신조381를 중점적으로 해설한 이 문서는 세 부분으로 구성되었다. 1부는 "우리는 한 분 하나님을 믿습니다."라는 제목으로 A. 한 분 하나님, B. 전능하신 성부, C. 창조주 및 창조세계를 다루었다. 2부는 "우리는 한 분 주 예수 그리스도를 믿습니다."라는 제목으로 성자를, 그리고 3부는 "우리는 성령을 믿습니다." 라는 제목으로 성령을 다루었다.[60]

7. 제7차 캔버라 총회1991

세계교회협의회WCC 제7차 총회는 "오소서, 성령이여 - 모든 창조세계를 새롭게 하소서"Come, Holy Spirit - Renew the Whole Creation라는 주제로 1991년 캔버라에서 개최되었다.[61] 한편으로, 총회의 전체주제 및 분과주제들에서 알 수 있는 것처럼, 캔버라 총회는 성령을 대단히 강조하였다. 세계교회협의회 WCC의 역사에서 성령에 초점을 둔 첫 번째 총회였다. 그래서 캔버라 총회는 "성령-중심적 신학"Spirit-centered theology이었다고 일컬어진다.[62] 여기에서 성령은 지탱자, 해방자, 화해자, 변혁자로서 이해된다. 생명의 근원이며 생명의 시여자인 성령은 온 창조세계를 지탱하고 갱신한다. 성령은 죄 및 악의 세력으로부터 우리를 자유하게 하실 뿐만 아니라, 또한 우리로 하여금 타인들의 자유를 위하여 행동하도록 부르신다. 성령의 화해의 권능을 통하여 우리는 하나님과 하나되며, 타인들과도 하나가 된다. 이런 점에서 통찰들과 실천들의 다양성은 오히려 성령이 주시는 선물이다. 마지막으로, 성령은 우리 안에서 활동하시면서 우리의 삶의 변혁시키며 새롭게 조직하신다. 변혁의 근원은 바로 성령의 활동이다.

다른 한편으로, 캔버라 총회의 "성령-중심적 신학"은 삼위일체 신학과 밀접한 관련을 맺는다. 성부 하나님은 모든 생명의 근원이며, 그의 영광은 우주의 아름다움과 장엄함으로 드러난다. 성부로부터 나온 성령은 예수 그리스도를 가리킨다. 그리스도 안에서 만물이 창조되었기에, 그리스도 안에서 만물이 완성된다. 창조세계 안에서 활동하시는 성령의 현존은 인간인 우리를 모든 피조된 생명과 연결시켜 주신다.[63] 이런 의미에서, 캔버라 총회는 "성령은 성부와 하나이시며 성자와 하나이시기에, 나누어지지 않았으며 또한 나누어질 수도 없다."[64]고 신앙고백하였다. 즉, 거룩한 삼위일체 하나님의 삶이 없이는 성령은 이해될 수 없다. 삼위일체 하나님이 본성상 거룩하시기 때문에, 성령도 거룩한 것이다.[65]

그러므로, 캔버라 총회는 표현된 주제 면에서는 "성령-중심적 신학"으로 보이지만, 내용적인 면에서는 삼위일체와 밀접한 관련을 맺고 있음을 알 수 있다. 이러한 점은 캔버라 총회가 제시한 '코이노니아'koinonia의 개념에 확실하게 반영되어 있다. 1987년에 개최된 세계교회협의회WCC 중앙위원회는 '신앙과 직제' 위원회로 하여금 캔버라 총회에 제출할 "우리가 추구하는 일치성"The Unity We Seek에 관한 초안을 준비하도록 요청하였다. 캔버라 총회의 제3분과에서 "코이노니아로서의 교회의 일치: 선물과 소명"이라는 문서를 논의하고, 수정하고, 채택하였다. 여기에서 제시된 코이노니아의 개념은 삼위일체 하나님의 상호교환 및 상호나눔의 삶에 토대를 두고 있다.[66] 성령의 권능에 의하여 하나님과의 화해를 이룸으로써 그리고 남들과의 화해를 이룸으로써 가능해지는 코이노니아는 근원적으로는 삼위일체 하나님 안의 나눔의 삶에 근거한다.[67]

사실, 코이노니아라는 개념은 '신앙과 직제' 1차 로잔 대회 때부터 검토되어 왔다. 1927년의 로잔 대회 이후로, '신앙과 직제'의 여러 대회들과 세계교회협의회의 여러 총회들을 통하여 코이노이아 개념이 심화되어 왔다.

특히, 1963년 몬트리올에서 개최된 '신앙과 직제' 4차 대회 이후부터는 코이노니아를 중심주제로서 활발하게 논의되었다. 무엇보다도, 1991년의 캔버라 총회에서 코이노니아는 교회의 가시적 일치성을 표현하는 중심적인 주제가 되었다. 교회의 일치성으로서의 코이노니아는 사도적 신앙에 대한 공동의 신앙고백에서, 세례와 성만찬으로 들어가는 공동의 성례적 삶에서, 서로의 사역들을 상호인정하는 공동의 삶에서, 그리고 모든 사람에게 하나님의 은혜의 복음을 증언하고 모든 창조세계를 섬기는 공동의 사명에서 이루어진다.[68]

교회의 일치성으로서의 코이노니아 개념은 이후 1993년 산티아고 데 콤포스텔라에서 개최되는 '신앙과 직제' 5차 대회에 많은 영향을 끼쳤다. "믿음과 삶과 증언에서의 코이노니아를 향하여"Towards Koinonia in Faith, Life and Witness 라는 주제 하에서 개최된 5차 대회에서는 코이노니아가 교회의 삶과 활동에 미치는 의미들과 함의들을 탐구하였다. 무엇보다도, 여기에서 하나님은 사랑의 코이노니아로서, 즉 성부와 성자와 성령의 일치로서 이해된다.

> 예수 그리스도는 자신의 삶, 사역, 죽음, 부활을 통하여 성자 자신과 성부와의 친밀한 관계를 드러내셨다. 성자는 성부 안에 머물고 있으며, 성령은 성자 안에서 활동하고 계신다. 성부와 성자와 성령 사이에서 일어나는 신적인 연합이라는 신비로운 삶은 인격적이며 관계적인 삶이다. 즉, 서로에게서 흘러넘치는 사랑을 주고 받는 삶이다. 이와 같은 삶은 십자가를 중심에 두는 연합의 삶이며, 자신을 넘어서서 타자를 받아들이고 포용하는 연합의 삶이다.[69]

간단히 말하면, 코이노니아는 삼위일체 하나님의 경험과 실재이다. 성령의 권능을 통하여 기독인들은 그리스도와 함께 죽으며, 그리스도 안에서 새로운 생명으로 살아나고, 그럼으로써 성부 하나님과 연결되어 진다. 또한, 코이노니아는 모든 기독인을 하나가 되게 한다. 하나님께서 우리에게 사랑의 영원한 관계들을 맺고 계신 삼위일체 하나님으로 계시되어 왔기에, 우리도 또한 그와 같은 삶을 살도록 부름을 받는다. 이런 점에서 캔버라 총회의 "성령-중심적 신학"은 삼위일체 하나님에 토대를 두고 있다고 말할 수 있다.

8. 제8차 하라레 총회 1998

1998년 하라레에서 개최된 세계교회협의회 wcc 제8차 총회는 "하나님께로 돌이키라 - 희망 중에 기뻐하라"Turn to God - Rejoice in Hope를 주제로 삼았다. 이 주제에 대한 해석은 간단하지 않고 매우 복잡하다. 특히, 어떤 하나님에게로 돌이켜야 하는가에 관해서는 여러 해석들이 있다. 어떤 이들은 삼위일체의 첫 번째 위격인 성부 하나님에게로 돌이켜야 한다고 해석한다.

세계교회협의회 wcc 중앙위원회 의장이었던 아람 I세 Aram I와 콘라드 라이저를 포함한 어떤 이들은 1948년에 개최되었던 제1차 암스테르담 총회의 주제로 돌아가야 한다고 해석한다. 아람 I세는 "암스테르담 총회에서 칼 바르트가 진술하였던 하나님의 나라를 우리는 가리켜야 한다. 즉, 오늘날 세계를 향한 하나님의 계획을 분별하기 위하여 하나님에게로 돌이켜야 한다."[70]고 말하였다. 콘라드 라이저는 하라레 총회의 주제는 암스테르담 총회의 주제 속에 표현된 하나님의 신실하심에 대한 확증을 갱신한다고 지적하면서, 하나님에게로 돌이키는 것은 현재 사회의 모든 혼란과 불확실성의 한 가운데에서 하나님의 신실성을 신뢰하도록 초청하는 것이라고 해석하였다.[71]

그런데, 토마스 베스트 Thomas F. Best를 포함한 어떤 이들은 삼위일체 하나님에게로 돌아가야 한다고 해석한다. 베스트는 하라레 총회의 주제는 삼위일체 하나님과의 관련 하에서 가장 잘 해석된다고 주장한다.[72] 즉, 베스트에 따르면, 하라레 총회의 주제는 기독교적 삶의 삼중적인 형태에 근거한 역동적 구조를 지닌다. 첫째, 하나님께서 은혜 중에 우리에게 돌이키신다. 둘째, 우리는 신앙으로 응답하며 사랑으로 행동한다. 셋째, 우리는 창조세계 안에서 하나님의 현존이 충만하여질 것을 기대한다. 달리 표현하면, 이 세 요소는 하나님의 구원의 행동들을 회상하는 것, 신앙을 현재에 실천하는 것, 미래를 소망하는 것이다. 이 세 가지는 구별된지만 분리되지 않으며, 계속되는 믿음의 삶 안에 있는 순간들이다. 더 나아가서, 베스트는 다음과 같이 주장한다.

> 그것들[세 가지 요소들]은 기독교의 다른 삼중적인 확증들과 일치한다. 즉, 그것들은 성부 하나님의 흔들림이 없는 신실함에, 그리스도의 구원의 행동들에, 그리고 성령의 강력한 현존에 토대를 두고 있다. …… 그리고 그것들은 교회의 성만찬적 증언에서 기념되는 세 가지 측면들이다. 즉, 우리의 신앙을 형성하였던 요소들을 회상하며, 하나님께로 돌이키어 그리스도께서 주셨던 생명을 현재 받아들이며, 그리고 성령의 권능 안에서 실현된 하나님의 약속의 충만함을 현재 선취하는 것임을 소망하면서 기대한다.[73]

9. 제9차 포르토 알레그레 총회 2006

세계교회협의회WCC의 제9차 총회는 2006년 포르토 알레그레에서 "하나님, 당신의 은혜로 세상을 변화시키소서"God, in your grace, transform the world 라는 주제로 열렸다. 기도문 형식으로 작성된 총회메시지에 따르면, 총회주제에서 가리키는 하나님은 바로 삼위일체 하나님이다. "은혜의 하나님, 기도를 통하여 우리는 함께 당신에게로 돌이킵니다. 우리를 하나되게 하시는 분은 바로 당신이기 때문입니다. 우리가 믿는 당신은 한 분 하나님, 성부와 성자와 성령이십니다."[74] 이 기도문은 "하나님, 당신의 은혜로 세계를 변혁하소서. 성부와 성자와 성령의 이름으로 기도 드립니다. 아멘"으로 마친다.[75]

알바니아의 대주교 아나스타시오스Archbishop Anastasios of Albania는 총회의 개회설교문에서 총회주제의 "은혜"grace는 삼위일체 하나님의 에너지를 가리킨다고 다음과 같이 정의를 내린다.

> 삼위일체 하나님의 에너지(행 13:43, 14:26; 롬 5:15; 고전 1:4, 3:10,
> 15:10; 고후 6:1, 8:1, 9:14; 엡 3:2, 7:7 등)인 은혜는 신약에서 때때로
> '하나님의 은혜'로, 때때로 '우리 주 예수 그리스도의 은혜'로, 때때로
> '성령의 은혜'로 일컬어진다. 함께 모인 교회의 양심에 따르면, 은혜
> 는 거룩한 삼위일체 전체의 에너지이다. 성 아타나시오스가 강조하
> 듯이, '은혜는 독특한 것으로서, 성부로부터 기원하며 성자를 통하여
> 나오고 성령 안에서 성취된다.' 성 아타나시오스는 다른 곳에서 '성부
> 로부터 기원하고, 성령을 통하며, 말씀의 참여와 함께 신자들은 이러
> 한 은혜를 누린다.'고 말한다.[76]

교회의 일치성과 관련하여 제9차 총회가 채택한 문서는 세계교회협의회wcc가 일치성을 추구해온 이래로 충만한 가시적 일치를 향하여 나아가고 있음을 언급하면서, 교회의 일치성을 성부와 성자와 성령의 연합 안에서 이루어진 삼위일체 하나님의 일치성의 이미지이라고 규정한다. 그리고 교회는 하나님의 백성, 그리스도의 몸, 성령의 전이라고 삼위일체적으로 정의를 내리며, 이러한 교회는 풍성한 다양성 속에서 일치성을 표현하도록 부름을

받았다고 진술한다.[77]

　게다가, 제9차 총회가 경제적 정의의 문제와 관련하여 채택한 아가페문서 AGAPE, Alternative Globalization Addressing People and Earth 는 백성과 땅의 문제를 해결하는 대안적인 세계화를 추구하면서, 빈곤퇴치, 정의로운 국제무역, 책임적인 금융, 토지 및 천연자원의 지속가능한 사용, 생명을 주는 농업 등의 문제들에 관하여 교회들이 사랑과 행동으로 나아갈 것을 촉구한다. 즉, 교회의 사회적 책임과 과제도 근본적으로는 삼위일체 하나님 위에 기초하고 있다고 볼 수 있다. 아가페문서에서 삼위일체 하나님은 다음과 같이 두 번의 기도문 속에 포함되어 있다.

　　창조주 하나님이시여,
　　당신의 창조세계를 온전하게 하시고 인간들을 존엄하게 하소서.
　　구속주 및 해방주 하나님이시여,
　　종됨과 죽음으로부터 우리를 자유하게 하소서.
　　성령 하나님이시여,
　　우리를 변혁시키시고 우리에게 힘을 북돋워주소서.
　　성부, 성자, 성령이시여,
　　우리로 하여금 당신의 사랑과 생명과 변혁적인 은혜를 증언하게 하소서.
　　(모두) 하나님, 당신의 은혜로, 세계를 변혁시키소서.[78]
　　(모두)
　　창조주 하나님이시여,
　　당신의 은혜의 권능으로 우리를 변혁시키소서.
　　그리스도이시여,
　　우리가 서로서로, 그리고 우리가 세상과 함께 우리의 생명을 공유할 수
　　있는 용기와 소망을 우리에게 주소서.

성령이시여,

우리에게 힘을 주셔서 우리가 백성과 땅을 위한 정의를 향하여 일하게
하소서.

하나님, 당신의 은혜로, 세계를 변혁시키소서. 아멘.[79]

III.
나오는 말

위에서 다룬 내용을 요약하면, 세계교회협의회wcc의 총회보고서들과
이것과 연관된 대회들 및 회의들의 문서들을 검토함으로써 이 글은 세계교
회협의회wcc의 입장이 그리스도 중심주의에서부터 삼위일체 중심주의로
향하여 나아가는 경향을 보여 오고 있음을 주장한다.

첫째, 세계교회협의회wcc의 헌장은 1948년에 개최된 제1차 암스테르
담의 그리스도 중심적 토대로부터 1961년에 개최된 제3차 뉴델리 총회의
삼위일체적 토대로 옮겨 갔다. 세계교회협의회wcc는 주 예수 그리스도를
하나님과 구주로 받아들이는 교회들의 친교일 뿐만 아니라, 성부와 성자와
성령으로 계시는 한 분 하나님의 영광을 위하여 부름을 받아 소명을 성취하
고자 애쓰는 교회들의 친교라고 정의를 내린다.

둘째, 세계교회협의회wcc의 총회의 주제들을 살펴보면, 제1차 암스테
르담, 제2차 에반스톤, 제3차 뉴델리, 제4차 웁살라, 제5차 나이로비에서는
그리스도 중심적 주제이었고, 제7차 캔버라 총회에서는 삼위일체적 성령-
중심적 주제이었으며, 제8차 하라레와 제9차 포르토 알레그레에서는 삼위

일체 하나님 중심적 주제로 옮겨 갔다.

셋째, 교회의 일치성과 관련하여, 세계교회협의회wcc 및 이와 연관된 대회들 및 회의들은 그리스도 중심적 방법으로부터 삼위일체 중심적 방법으로 나아갔다. 1948년에 개최된 제1차 암스테르담 총회는 세계교회협의회wcc가 예수 그리스도 안에서 이미 선물로 주어진 일치성에 함께 머물 것을 촉구하는 그리스도 중심적 방법을 추구하였다. 1953년에 룬트에서 개최된 '신앙과 직제' 3차 대회는 일치성을 더 깊이 추구하기 위하여 예수 그리스도에게로 더 가까이 다가갈 것을 촉구하는 그리스도 중심적 방법을 사용하였다. 1954년에 에반스톤에서 개최된 제2차 총회에서는 교회의 가시적 일치성을 기독론적으로 추구하였으며, 1961년 뉴델리에서 열린 제3차 총회에서는 삼위일체 하나님을 가시적 일치의 토대로서 강조하기 시작하였다. 1968년 웁살라에서 개최된 제4차 총회에서부터는 성령에 대한 강조와 함께 일치성을 교회의 보편성의 개념과 연결시켰다.

마지막으로, 세계교회협의회wcc가 교회의 가시적 일치성을 추구하면서, 일치성을 보여주는 가시적 표지들을 몇 가지로 제안하였다. 1961년의 뉴델리 총회부터는 사도적 신앙, 세례, 성만찬을 제시하였고, 1975년의 나이로비 총회부터는 협의회적 친교를 제시하였으며, 1983년의 밴쿠버 총회부터는 의사결정 및 권위 있는 가르침을 위한 공동의 방식들을 제시하였고, 1991년의 캔버라 총회에서는 코이노니아의 개념을 제시하였다. 이러한 역사에서 중요한 점은 이와 같은 가시적 표지들이 성부와 성자와 성령, 즉 삼위일체 하나님의 관점으로부터 해석되고 있다는 것이다. 세례는 삼위일체 하나님의 이름으로 시행되며, 협의회성은 삼위일체 하나님의 존재에 토대를 두고, 코이노니아는 삼위일체 하나님 안의 사랑에 근거를 둔다. 사도적 신앙의 초점으로 선택된 니케아-콘스탄티노플 신조[381]는 성부와 성자와 성령에 대한 삼중적인 구조로 짜여 있다.

이러한 점들을 고려하면서, 이 글은 세계교회협의회wcc의 신학적 패러다임은 그리스도 중심주의로부터 삼위일체적 성령-중심의 신학을 거쳐서 삼위일체 중심주의로 나아가는 경향을 보인다고 주장한다.

1 W. A. 비셔트 후프트 지음. 임홍빈 옮김, 『혼합주의와 기독교우주주의: 다른 이름은 없다』(서울: 성광문화사, 1993), 138. 이 책은 본래 1965년에 나왔다. Hooft, W. A. Visser't, *Kein anderer Name: Syncretismus oder christlicher Universalismus* (Basel: Basilia Verlag, 1965).

2 위의 책, 151.

3 Konrad Raiser, *Ecumenism in Transition: A Paradigm Shift in the Ecumenical Movement* (Geneva: WCC, 1991), 41, 55.

4 위의 책, 58.

5 위의 책, 54.

6 위의 책, 77.

7 위의 책, 79.

8 강희창, "포스트모던 신학으로서 WCC의 삼위일체론에 대하여," 역사신학연구회 지음. 『삼위일체론의 역사』(서울: 대한기독교서회, 2008), 657-685.

9 세계교회협의회(W.C.C.) 지음. 이형기 옮김. 『세계교회가 고백해야 할 하나의 신앙고백』(서울: 한국장로교출판사, 1996); World Council Churches, *Confessing the One Faith: An Ecumenical Explication of the Apostolic Faith As It Is Confessed in the Nicene-Constantinopolitan Creed (381)* (Geneva: WCC, 1991).

10 이형기, 『에큐메니칼 운동의 패러다임 전환: '신앙과 직제'와 '삶과 봉사'의 합류』(서울: 한들출판사, 2011).

11 위의 책, 403.

12 위의 책, 375.

13 송인설, "에큐메니칼 운동의 신학적 패러다임의 발전," 「한국교회사학회지」 26집 (2010): 309-341.

14 위의 글, 313, 335. 송인설의 논문의 분석과 정리에 따르면, 후프트의 "그리스도 중심적 보편주의"는 세 가지 요소들, 즉 ① 예수 그리스도에 대한 신앙고백(기독론), ② 그리스도의 백성의 일치와 순종(교회론), ③ 인류 전체에게 증거하고 봉사하라는 소명(세상)을 포함하고 있으며, 라이저의 "그리스도 중심적 보편주의"는 네 가지 요소를, 즉 ① 그리스도 중심, ② 교회에 대한 집중, ③ 세계에 대한 보편적 관점, ④ 역사 중심적 사고 구조를 포함한다. 그리고 송인설은 20세기 후반의 "삼위일체 중심심적 보편주의"에는 ① 삼위일체와 하나님의 나라, ② 교회에 대한 연구의 심화, ③세계(인류) 문제에 대한 철저한 연구, ④ 자연(피조물)에 대한 강조라는 네 가지 요소들을 포함시킨다.

15 이형기, 『에큐메니칼 운동사: 세계교회협의회(WCC)가 창립될 때까지』(서울: 대한기독교서회, 1994), 142.

16 암스테르담 총회는 네 개의 분과들과 네 개의 위원회들로 구성되었다. "인간의 무질서와 하나님의 계획"이라는 중심주제 하에서 총회는 네 개의 분과들로, 즉 제1분과 "하나님의 계획 속에 있는 보편적 교회," 제2분과 "하나님의 계획에 대한 교회의 증언," 제3분과 "교회, 그리고 사회의 무질서," 그리고 제4분과 "교회, 그리고 국제적인 무질서"로 구성되었다.

17 W. A. Visser't Hooft, ed., *The First Assembly of the World Council of Churches, Amsterdam 1948* (New York: Harper & Brothers, 1948), 65. 이후로는 *Amsterdam*으로 표기함.

18 위의 책, 9.

19 위의 책, 9.

20 위의 책, 197.

21 후프트, *Amsterdam*, 9.

22 위의 책, 51.

23 위의 책, 9.

24 암스테르담 총회가 만들어낸 이 개념은 그 당시의 역사에서 이데올로기들 사이의 충돌, 즉 공산주의와 자유방임적 자본주의 사이의 충돌을 극복함으로써 신앙상의 진일보를 이루기 위한 방법으로 사용되었다. Michael Kinnamon and Brian E. Cope, eds., *The Ecumenical Movement: An Anthology of*

Key Texts and Voices (Geneva: WCC Publications, 1997), 295. 이후로 *Anthology*로 표기함.

25 Lukas Vischer, ed., *A Documentary History of the Faith and Order Movement 1927-1963* (St. Louis: The Bethany Press, 1963), 27. 이후로 *Documentary 1923-1963*으로 표기함. 이 책은 다음과 같이 번역되어 있다. 루카스 피셔 엮음, 이형기 옮김, 『에큐메니칼 신학의 발전사 (I) - 신앙과 직제 운동사에 나타난 문서들 1927-1963』(서울: 한국장로교출판사, 1998).

26 피셔, *Documentary 1927-1963*, 29-30.

27 위의 책, 72.

28 에반스톤 총회는 다음과 같이 여섯 개의 분과들로 나뉘어졌다. 제1분과 "신앙과 직제: 그리스도 안에서의 우리의 일치성, 그리고 현실 교회들 사이의 불일치성," 제2분과 "복음전도: 교회 밖의 사람들을 향한 교회사명," 제3분과 "사회의 문제들: 세계 관점에서 본 책임적 사회," 제4분과 "국제관계: 세계 공동체를 위해 투쟁하고 있는 기독인," 제5분과 "집단관계: 인종적 긴장들 속에 있는 교회들," 제6분과 "평신도: 소명을 받은 기독인."

29 W. A. Visser't Hooft, ed., *The Evanston Report: The Second Assembly of the World Council of Churches 1954* (New York: Harper & Brothers, 1955), 1. 이후로 *Evanston*으로 표기함.

30 위의 책, 2.

31 위의 책, 2.

32 룬트 대회는 "일치성을 위한 그리스도 중심적 방법"이라는 새로운 방법 외에도 소위 "룬트 원리" (Lund principle)를 제시한 것으로 유명하다. 이 원리에 따르면, 교회들은 신앙상의 깊은 차이점들로 인하여 상호분리적으로 행동할 수 밖에 없는 일들을 제외하고는 모든 일에서는 함께 행동해야 한다. 이후에 개최된 '신앙과 직제' 대회들은 "룬트 원리"를 넘어서야 한다고 지적하였다. 일례로, 1993년 산티아고 데 콤포스텔라에서 개최된 '신앙과 직제' 5차 대회는 "교회들이 신앙과 삶과 증언에 있어서 더 많은 교제를 이루어야 할 긴급한 필요성이 있으며, 룬트보다 더 멀리 나아가야 할 필요성이 있다."고 지적하였다.

33 후프트, *Evanston*, 2.

34 피셔, *Documentary 1927-1963*, 339-340.

35 뉴델리 총회는 세 개의 분과들, 즉 제1분과 "증언," 제2분과 "봉사," 제3분과 "일치"로 구성되었다.

36 G. W. H. Lampe, and David M. Paton, *One Lord One Baptism, World Council of Churches Commission on Faith and Order, St. Andrews 1960* (London: SCM Press, 1960), 13. 이후로 *One Baptism*으로 표기함.

37 위의 책, 45.

38 위의 책, 13.

39 위의 책, 116.

40 위의 책, 116.

41 W. A. Visser't Hooft, ed., *The New Delhi Report: The Third Assembly of the World Council of Churches 1961* (New York: Association Press, 1962), 426. 이후로 *New Delhi*로 표기함.

42 Vitaly Borovoy, "The Trinitarian Basis of Christian Unity," *Dialogue & Alliance* 4 (Fall 1990): 33.

43 후프트, *New Delhi*, 93.

44 키나몬, *Anthology*, 289-290.

45 Günther Gassmann, ed., *A Documentary History of the Faith and Order Movement 1963-1993* (Geneva: WCC Publications, 1993), 3. 이 책은 다음과 같이 번역되어 있다. 권터 가스만 엮음, 이형기 옮김, 『에큐메니칼 신학의 발전사 (II) - 신앙과 직제 문서사 1963-1993』(서울: 한국장로교출판사, 1998), 33. 몬트리올 대회에서의 주목할 만한 점은 성경(Scripture), 전승(Tradition), 전통들(traditions)을 구별하였던 것이다. 대문자 T의 전통(Tradition)은 복음 자체를 가리키며, 소문자 t의 전통(tradition)은 전승되는 과정을 가리키며, 복수형의 전통들(traditions)은 교파적 전통들과 다양한 표현형태들을 가리킨다.

46 M. M. Thomas and Paul Abrecht, *Christians in the Technical and Social Revolutions of Our Time: World Conference on Church and Society, Geneva, July 12-26, 1966: the Official Report* (Geneva: WCC Publications, 1967), 179-180.

47 웁살라 총회는 총회의 주제 하에서 6개의 분과로 구성되었다. 즉, 제1분과 "성령, 그리고 교회의 보편성," 제2분과 "선교의 갱신," 제3분과 "세계의 경제 및 사회 발전," 제4분과 "국제관계에서의 정의와 평화를 향하여," 제5분과 "예배," 제6분과 "삶의 새로운 양식들을 향하여"로 구성되었다.

48 Norman Goodall, ed., *The Uppsala 68 Report: Official Report of the Fourth Assembly of the World Council of Churches. Uppsala 1968* (Geneva: WCC Publications, 1968). 이후로 *Uppsala*로 표기함.

49 나이로비 총회는 다음과 같이 여섯 개의 분과들로 구성되었다. 제1분과 "오늘날 예수 그리스도를 고백하기," 제2분과 "일치를 위한 조건들," 제3분과 "공동체의 추구 - 다양한 신앙들과 문화들과 이데올로기들을 지닌 사람들의 공동의 탐구," 제4분과 "해방과 공동체를 위한 교육," 제5분과 "불의의 구조들, 그리고 해방을 위한 투쟁들," 제6분과 "인간의 발전 - 힘과 기술과 질적인 삶의 모호성들."

50 이 위원회의 주제는 "교회의 일치 - 인류의 일치"이다.

51 이 위원회의 주제는 "일치의 개념들 그리고 연합의 모델들"이다.

52 World Council of Churches, *Faith and Order Louvain 1971* (Geneva: WCC Publications, 1971), 59-61. 이후로 *Louvain*으로 표기함.

53 Gennadios Limouris, "Historical Background of the Apostolic Faith Today," in *Confessing the One Faith: An Ecumenical Explication of the Apostolic Faith As It Is Confessed in the Nicene-Constantinopolitan Creed (381)* (Geneva: WCC Publications, 1991), 106-107. 이 책은 이후로 *Confessing the One Faith*로 표기함. 그리고 이 책은 다음과 같이 번역되어 있다. 세계교회협의회 지음, 이형기 옮김, 『세계교회가 고백해야 할 하나의 신앙고백』(서울: 한국장로교출판사, 1996).

54 Lukas Vischer, ed., *Spirit of God, Spirit of Christ: Ecumenical Reflections on the Filioque Controversy, Klingenthal 1978-1979* (London: SPCK, 1981), 18.

55 제6차 총회는 네 개의 분과들, 즉 제1분과 "생명, 하나님의 선물," 제2분과 "죽음을 대면하고 극복하는 생명," 제3분과 "충만한 생명," 제4분과 "일치성 안에 있는 생명"으로 구성되었다.

56 Daivd Gill, ed., *Gathered for Life: The Sixth Assembly of the World Council of Churches, Vancouver 1983* (Grand Rapids: Wm. B. Eerdmans, 1983), 22. 이후로 *Vancouver*로 표기함.

57 위의 책, 2.

58 Paulos Mar Gregorios, "Human Unity for the Glory of God," *Ecumenical Review* vol. 37, no. 2 (April 1985): 206-212. 이 논문은 앞에서 언급한 *Anthology*에도 실려 있다.

59 Gregorios, "Human Unity for the Glory of God," 209.

60 World Council of Churches, *Confessing the One Faith*.

61 캔버라 총회의 4개의 분과는 다음과 같다. 제1분과 "생명의 시여자이시여 - 당신의 창조세계를 지탱하소서!"; 제2분과 "진리의 성령이시여 - 우리를 자유하게 하소서!"; 제3분과 "일치의 성령이시여 - 당신의 백성을 화해하게 하소서!"; 제4분과 "성령이시여 - 우리를 변화시키고 거룩하게 하소서!"

62 Michael Kinnamon, ed., *Signs of the Spirit: Official Report Seventh Assembly, Canberra 1991* (Grand Rapids: Wm. B. Eerdmans, 1991), 240. 이후로 *Canberra*로 표기함.

63 위의 책, 238.

64 위의 책, 236.

65 위의 책, 254.

66 위의 책, 248.

67 위의 책, 249.

68 위의 책, 250.

69 World Council of Churches, *Towards Koinonia in Faith, Life and Witness: The Fifth World Conference on Faith and Order, Santiago de Compostela 1993* (Geneva: WCC Publications, 1993), 7.

70 Aram I, "Report of the Moderator to the WCC's Eighth Assembly, Harare," *Ecumenical Review* 51 (January 1999), 74 그리고 76.

71 Konrad Raiser, "Report of the General Secretary to the WCC's Eighth Assembly, Harare," *Ecumenical Review* 51 (January 1999), 83.

72 Thomas F. Best, "Turn to God - Rejoice in Hope! An Approach to the Theme of the Eighth Assembly of the WCC," *Ecumenical Review* 48 (July 1996), 403.

73 위의 글, 404.

74 Luis N. Rivera-Pagán, ed. *God, in Your Grace ......: Official Report of the Ninth Assembly of the World Council of Churches* (Geneva: WCC Publications, 2007), 2.

75 위의 책, 3.

76 위의 책, 57.

77 위의 책, 256.

78 위의 책, 219.

79 위의 책, 221.

08장

세계교회협의회 제10차 부산 총회에서
드러난 삼위일체적 교회의 정체성과 과제

I.

들어가는 말

우리는 모든 생명의 근원이신 하나님을 향하여 기도를 드린다:

We turn to God, the source of all life, and we pray:

생명의 하나님,

O God of life,

우리를 정의와 평화로 이끄소서.

lead us to justice and peace,

그리하여 고통당하는 사람들이 희망을 찾고,

that suffering people may discover hope;

상처 입은 세계가 치유되고,

the scarred world find healing;

갈라진 교회들이 가시적 일치를 이루게 하시되,

and divided churches become visibly one,

우리를 위해 기도하시는 그분을 통해,

through the one who prayed for us,

우리가 한 몸을 이루는 그분 안에서 하옵소서.

and in whom we are one Body,

하나님의 아들, 예수 그리스도는

your Son, Jesus Christ,

성부와 성령과 더불어 한 분 하나님이시니,

who with you and the Holy Spirit,

이제와 영원히 찬양을 받기에 합당하시나이다. 아멘.

is worthy to be praised, one God, now and forever. Amen.[1]

세계교회협의회wcc 제10차 총회가 "생명의 하나님, 우리를 정의와 평화로 이끄소서"God of Life, Lead Us to Justice and Peace라는 주제로 2013년 10월 30일부터 11월 8일까지 부산에서 개최되었다. 제10차 총회에서는 "생명, 정의, 평화"를 강조함으로써, 온 세계가 직면하고 있는 심각한 문제들을 해결하기 위한 나름대로의 신학적인 방향을 제시하였다. 그런데 이전의 세계교회협의회의 총회들과 비교하면, 제10차 총회는 신학적인 해결과 방향의 근거를 삼위일체신학에서 더욱 더 분명하게 가져오고 있으며,[2] 특히 교회의 정체성과 과제를 삼위일체신학의 관점에서 다루고 있다.[3] 그러므로 이 글은 제10차 총회와 관련된 문서들 속에서 삼위일체신학이 교회의 정체성 및 과제와 관련하여 어떻게 연결되어 있는지를 분석하고자 한다.

이러한 분석을 수행하고자 이 글은 먼저 세계교회협의회wcc 안에서 삼위일체신학이 어떻게 형성 및 발전되어 왔는지를 개괄적으로 살핀다. 이를 통하여 세계교회협의회wcc의 신학이 삼위일체신학으로 나아가고 있음에 주목하면서 제10차 부산 총회의 여러 문서를 검토하고자 한다. 첫째, 제10차 부산 총회에 제출되었던 문서는[4] 7개이다.[5] 이 문서들 중에서 이 글의 주제와 관련이 있는 문서들로는 "교회: 공동의 비전을 향하여"The Church: Towards a Common Vision, "함께 생명을 향하여: 기독교의 지형 변화 속에서 선교와 전도" Together towards Life: Mission and Evangelism in Changing Landscapes, "모두의 생명, 정의, 평화를 위한 경제: 행동 촉구 요청"Economy of Life, Justice, and Peace for All: A Call to Action, "정의로운 평화에 대한 에큐메니칼 선언"An Ecumenical Call to Just Peace 이 있다.

둘째, 제10차 부산 총회에서 공식적으로 채택된 문서들이 18개이다.[6] 이 문서들 중에서 이 글의 주제와 관련이 있는 문서들로는 "WCC 10차 총회 메시지"Message of the WCC 10th Assembly, "하나님의 선물과 일치로의 부르심 그리고 우리의 헌신"Unity Statement, "정의로운 평화의 길에 관한 성명서"Statement on the Way of Just Peace, "한반도의 평화와 통일에 관한 성명서"Statement on Peace and Reunification of the Korean Peninsula[7]가 있다. 이러한 분석과 연구를 통하여 이 글은 세계교회협의회 제10차 부산 총회는 교회의 정체성과 과제를 삼위일체신학에 근거시키면서 생명과 정의와 평화를 제시하는 특징이 있음을 주장할 것이다.

II.

세계교회협의회에서의 삼위일체신학의 형성과 발전[8]

1910년 에딘버러에서 개최된 제8차 세계선교대회wmc에서 미국 성공회의 감독 브렌트Brent가 대회가 끝나갈 무렵에 연설하면서 하나의 연합교회에 대한 비전을 제시하였다.[9] 그 이후로 연합을 위한 수많은 노력과 만남을 거쳐서, '신앙과 직제'Faith and Order가 창설되어 1927년 1차 로잔 대회, 1937년 2차 에딘버러 대회, 1953년 3차 룬트 대회, 1963년 4차 몬트리올 대회, 1993년 5차 산티아고 데 콤포스텔라 대회가 개최되었다. 그리고 '삶과 봉사'Life and Work가 창설되어 1925년 1차 스톡홀롬 대회, 1937년 2차 옥스퍼드 대회, 1966년 3차 제네바 '교회와 사회' 대회, 1974년 부카레스트 '교회와 사회' 대회, 1979년 미국 MIT '교회와 사회' 대회, 1983년 밴쿠버 JPIC 대회, 1990년 서울 JPIC 대회가 개최되었다. 또한, '선교운동'이 1910년 제8차 에딘버러 세계선교대회wmc, 이후 국제선교협의회imc 1921년 1차 레이크 모홍크 대회, 1928년 2차 예루살렘 대회, 1938년 3차 탐바람 대회, 1947년 4차 휘트비 대회, 1952년 5차 빌링엔 대회, 1958년 6차 가나 아치모타 대회로 개최되었다. 그 이후에는 '선교운동'이 1961년 세계교회협의회wcc 3차 뉴델리 총회에서 '세계선교와 전도위원회'CWME, Commission on World Mission and Evangelism로 통합된 상태로 1963년 7차 멕시코 대회, 1972년 8차 방콕 대회, 1980년 9차 멜버른 대회, 1989년 10차 산 안토니오 대회, 1996년 11차 브라질 살바도르 대회, 2005년 11차 아테네 대회가 개최되었다. 마지막으로, '기독교교육' 분야에서 참여가 이어졌다. 본래 1889년 900명 이상의 주일학교 지도자들이 구성한 '세계주일학교연합회'가 1940년대 후반에 '세계기독교교육협회'World Council of Christian Education로 이름을 바꾸었으며, 1971년에는 세계교회협의회wcc와 통합하였다.

위의 네 흐름의 운동들이 합류하여 가는 과정 속에서 1938년 국제선교협의회IMC와의 긴밀한 협조 하에서 '신앙과 직제'와 '삶과 봉사'의 대표자들 각 7인이 우트레히트에서 모였다. 이들로 구성된 '14인 위원회'에서 세계교회협의회wcc의 헌장을 준비하였고, 이후에는 국제선교협의회IMC가 연합관계를 맺음으로써 세계교회협의회wcc가 창설되어 1948년 제1차 암스테르담 총회, 1954년 제2차 에반스톤 총회, 1961년 제3차 뉴델리 총회, 1968년 제4차 웁살라 총회, 1975년 제5차 나이로비 총회, 1983년 제6차 밴쿠버 총회, 1991년 제7차 캔버라 총회, 1998년 제8차 하라레 총회, 2006년 제9차 포르토 알레그레 총회, 그리고 2013년에는 제10차 부산 총회가 개최되었다. 이렇게 하여 세계교회협의회wcc는 1910년부터 시작하여 '신앙과 직제', '삶과 봉사', '선교운동', '기독교교육'이라는 네 흐름이 점차적으로 합류되어 형성되었다. '신앙과 직제'는 교리와 신학에서 교회의 일치를 추구하였고, '삶과 봉사'는 교회의 사회참여에서의 일치를 추구하였으며, '선교운동'은 복음전도에서 일치를 추구하였으며, '기독교교육'은 교회교육에서의 일치를 추구하여 왔다.[10]

이와 같은 흐름들 속에서 세계교회협의회wcc는 그리스도 중심주의에서부터 삼위일체 중심주의로 나아가는 경향을 보여 오고 있다. 이러한 경향은 가장 우선적으로는 세계교회협의회의 헌장의 변화 및 총회주제들의 변천에서 확인할 수 있다. 이러한 점은 단지 갑자기 일어난 신학적 전환이라기보다는 세계교회협의회wcc 내에서의 점진적인 내적 발전을 통하여 나아가게 된 과정 또는 경향이라고 볼 수 있다.[11] 또한, 그리스도 중심주의에서부터 삼위일체 중심주의로 나아가는 경향은 교회의 일치에 대한 개념과 방법 및 표지들에 대한 신학적 이해들 속에서 분명하게 확인할 수 있다.

첫째, 세계교회협의회wcc의 헌장은 1948년에 개최된 제1차 암스테르담의 그리스도 중심적 토대로부터 1961년에 개최된 제3차 뉴델리 총회의 삼위일체적 토대로 옮겨 갔다. 세계교회협의회wcc는 주 예수 그리스도를 하나님과 구주로 받아들이는 교회들의 친교일 뿐만 아니라, 성부와 성자와 성령으로 계시는 한 분 하나님의 영광을 위하여 부름을 받아 소명을 성취하고자 애쓰는 교회들의 친교라고 정의를 내린다. 세계교회협의회wcc의 총회의 주제들을 살펴보면, 제1차 암스테르담, 제2차 에반스톤, 제3차 뉴델리, 제4차 웁살라, 제5차 나이로비에서는 그리스도 중심적 주제이었고, 제7차 캔버라 총회에서는 삼위일체적 성령-중심적 주제이었으며, 제8차 하라레와 제9차 포르토 알레그레에서는 삼위일체 하나님 중심적 주제로 옮겨 갔다. 제10차 부산에서는 주제문구 자체 안에는 삼위일체라는 단어가 등장하지는 않지만, 제10차 총회에서 제시하는 교회의 정체성과 과제는 삼위일체신학의 관점과 근거 위에서 다루어지고 있다.

둘째, 교회의 일치에 대한 개념과 방법 및 표지들과 관련하여, 세계교회협의회wcc 및 이와 연관된 대회들 및 회의들은 그리스도 중심적 방법으로부터 삼위일체 중심적 방법으로 나아갔다. 1948년에 개최된 제1차 암스테르담 총회는 세계교회협의회wcc가 예수 그리스도 안에서 이미 선물로 주어진 일치성에 함께 머물 것을 촉구하는 그리스도 중심적 방법을 추구하였다. 1953년에 룬트에서 개최된 '신앙과 직제' 3차 대회는 일치성을 더 깊이 추구하기 위하여 예수 그리스도에게로 더 가까이 다가갈 것을 촉구하는 그리스도 중심적 방법을 사용하였다. 1954년에 에반스톤에서 개최된 제2차 총회에서는 교회의 가시적 일치성을 기독론적으로 추구하였으며, 1961년 뉴델리에서 열린 제3차 총회에서는 삼위일체 하나님을 가시적 일치의 토대로서 강조하기 시작하였다. 1968년 웁살라에서 개최된 제4차 총회에서부터는 성령에 대한 강조와 함께 일치성을 교회의 보편성의 개념과 연결시켰다. 더 나아가서, 세계교회협의회wcc가 교회의 가시적 일치성을 추구하면서,

일치성을 보여주는 가시적 표지들을 몇 가지로 제안하였다. 1961년의 뉴델리 총회부터는 사도적 신앙, 세례, 성만찬을 제시하였고, 1975년의 나이로비 총회부터는 협의회적 친교를 제시하였으며, 1983년의 밴쿠버 총회부터는 의사결정 및 권위있는 가르침을 위한 공동의 방식들을 제시하였고, 1991년의 캔버라 총회에서는 코이노니아의 개념을 제시하였다. 이러한 역사에서 중요한 점은 이와 같은 가시적 표지들이 성부와 성자와 성령, 즉 삼위일체 하나님의 관점으로부터 해석되고 있다는 것이다. 세례는 삼위일체 하나님의 이름으로 시행되며, 협의회성은 삼위일체 하나님의 존재에 토대를 두고, 코이노니아는 삼위일체 하나님 안의 사랑에 근거를 둔다. 사도적 신앙의 초점으로 선택된 니케아-콘스탄티노플 신조381는 성부와 성자와 성령에 대한 삼중적인 구조로 되어 있다.[12]

이러한 점들을 고려할 때에, 세계교회협의회WCC의 신학적 패러다임이 그리스도 중심주의로부터 삼위일체적 성령-중심의 신학을 거쳐서 삼위일체 중심주의로 나아가는 경향을 보이고 있음을 알 수 있다. 이와 같은 흐름 속에서 형성되고 발전되어 온 삼위일체신학의 틀 속에서 제10차 부산 총회의 문서들에 접근할 때에 그것들을 더 온전하게 이해하고 파악할 수 있다고 여겨진다. 특히, 제10차 부산 총회에서 제시하는 교회의 정체성과 과제는 다음에서 문서들을 직접 검토하여 볼 때에 더더욱 그러하다는 점을 알 수 있다.

III.

삼위일체적 교회의 정체성과 과제

이제 제10차 부산 총회의 문서들 속에 드러난 교회와 정체성과 과제에 대한 이해를 삼위일체신학의 관점에서 살펴보고자 한다. 부산 총회에 제출되었던 공식문서 7개 중에서 교회의 정체성과 과제를 직접적으로 및 구체적으로 다룬 문서들로는 "교회: 공동의 비전을 향하여",[13] "함께 생명을 향하여: 기독교의 지형 변화 속에서 선교와 전도",[14] "모두의 생명, 정의, 평화를 위한 경제: 행동 촉구 요청",[15] "정의로운 평화에 대한 에큐메니칼 선언"[16]이 있다.

첫째, "교회: 공동의 비전을 향하여"라는 문서에 따르면, 교회는 이 세상을 사랑하사 독생자를 주시고 성령을 보내신 성부 하나님에 의하여 생성된다[II. B. 13]. 이 세상을 향한 하나님의 최초이자 최고의 태도가 바로 이 사랑이다. 성자는 성부께 제자들에게 성령을 보내어주시기를 기도하셨고 성부는 그렇게 하셨다[II. B. 16]. 성령은 교회가 성자 안에서 최종 회복에 이르기까지 구원사의 모든 과정을 인도하시어 성부께 영광이 되도록 하신다[III. A. 33]. 성부와 성자와 성령에 의해서 생성된 교회는 "하나님이 세우신 친교"이다. 여기에서의 친교는 코이노니아koinonia이며 커뮤니온communion이며, 교통/교제/참여/나눔 등을 모두 함의한다. 이러한 친교는 성삼위 하나님께 속하고 성삼위 하나님의 주도권 하에 있다. 교회는 결코 자기 자신을 위한 존재가 아니다[II. B. 13]. 교회는 근본적으로 "성삼위 하나님 안에 있는 친교이자 그와 동시에 그 구성원들이 모든 친교의 근원이자 중심이 되시는 삼위일체이신 하나님의 생명과 선교에 함께 동참하는 하나의 교제"이다[II. B. 23]. 하나님의 친교로서의 교회는 "하나님의 백성"이며[II. B. 17], "그리스도의 몸"이고, "성령의 전"이다Ⅱ. B. 21.

이 세상을 향한 하나님의 최초이자 최고의 태도인 사랑은 모든 인간을 대상으로 할 뿐만 아니라 모든 창조세계를 향한 것이다Ⅳ. A. 58. 하나님의 계획은 "인간과 모든 창조세계를 그리스도의 주권 하에 있는 친교 속으로 불러 모으는 것이다"Ⅱ. C. 25. 성삼위 하나님이 누리는 친교의 반영으로서의 교회는 이러한 목표에 이바지하도록 의도되었다. "교회는 그 자체의 본질상 선교적인 공동체로서 모든 인류와 하나님의 통치 안에 있는 모든 창조세계를 위하여 하나님께서 뜻하시는바 그러한 친교에 대해 자신의 삶을 통하여 증언하도록 부르심을 받았고 또 보내심을 받았다"Ⅱ. B. 13. "교회는 성부께서 창조세계를 위하여 이루시는 화해와 치유와 변화의 역사를 증거하도록 그리스도를 통하여 성령 안에서 부름받았다. 따라서 정의와 평화를 촉진하는 것은 복음화를 구성하는 한 측면이다."Ⅳ. A. 59.

"하나님의 백성"으로서의 교회는 하나님의 말씀에 대한 증거를 지니는 예언자적 백성이며, 제자직을 통해 삶의 제사를 드리는 사제적인 백성이며, 하나님의 통치를 세우기 위한 도구로서 섬기는 왕 같은 백성이다Ⅱ. B. 19. "그리스도의 몸"으로서의 교회는 그리스도를 변함없으신 머리로 모시며, 그리스도와의 친밀한 연합을 이루고, 그리스도로부터 인도함과 정결함과 치유함을 얻는다Ⅱ. B. 21. "성령의 전"으로서의 교회는 성령에 의하여 성도의 마음이 새롭게 되고, 선한 일을 하도록 구비되며, 모든 피조물이 탄식하며 고대하는 만물의 변혁을 선포하고 이룩하도록 힘을 얻는다Ⅱ. B. 21. 이렇게 세상의 변혁을 지향하는 그리스도인들의 열정은 그들이 성령 안에서 그리스도를 통하여 성부 하나님과 나누는 친교에 그 원천을 두고 있다Ⅳ. C. 64. 그리고 교회의 최종 목적지는 성부와 성자와 성령이 이루시는 코이노니아 안에 사로잡혀, 영원히 하나님 안에서 찬양하고 기뻐하는 가운데, 새 창조의 일부가 되는 것이다.

이와 같은 내용을 신약성서적으로 고찰하면서 배현주는 다음과 같이 핵심적으로 정리한다.

> 이상에서 살펴본 바와 같이 신약성서에서 교회는 그 자체로서가 아니라, 하나님, 그리스도, 성령과의 관계에서 그 존재의 의미와 정체성을 지닌다. 교회는 그리스도의 몸, 하나님의 백성, 성령의 전으로서의 삼위일체적 특성을 지닌다. 삼위일체 하나님의 상호교제는 생명의 연대성과 관계성을 환기시키는 중요한 개념으로서, 교회가 성도의 교제에 임하는 자세, 그리고 교회가 세계와 관계를 맺는 선교적 방식에 중요한 근거가 된다. 교회는 삼위일체적 근거로부터 새로운 창조가 되는 힘을 부여받는 것이다.[17]

둘째, "함께 생명을 향하여: 기독교의 지형 변화 속에서 선교와 전도"라는 문서에 따르면, 하나님은 모든 생명의 창조자, 구속자, 유지자이신 삼위일체 하나님이시다. 성부는 세상의 생명인 예수 그리스도를 파송하셨고, 생명의 시여자인 성령을 통하여 생명을 지탱시키시고 힘을 주시며 모든 피조물을 새롭게 하신다ㅣ.1. 삼위일체 하나님은 우리로 하여금 생명 살리기의 선교에로 이끌어 가신다. 선교는 삼위일체 하나님의 마음에서 시작되고, 성삼위를 하나로 묶는 그 사랑은 온 인류와 창조세계로 넘쳐흐른다. 성자를 세상에 파송하신 선교사 하나님은 하나님의 모든 백성을 부르시고 희망의 공동체가 되도록 힘을 주신다. 교회는 성령의 능력 안에서 생명을 축하하고 생명을 파괴하는 모든 세력에 대항하고 그것을 변혁시키라는 임무를 받았다ㅣ.2. 교회는 하나님 나라를 향해 세상을 변혁하기 위하여 이 세상에 주신 하나님의 선물이다. 그러므로 교회의 선교는 새 생명을 가져오는 것이고 하나님의 사랑의 현존을 이 세상에 선포하는 것이다ㅣ.10.

삼위일체 하나님의 선교의 틀 안에서 이해된 성령의 선교에 따르면I. 11, 선교하는 교회는 오직 삼위일체 하나님의 사랑의 교제 안에 깊게 뿌린 내린 영성에 의해서만 유지되고 변혁을 추구하는 교회이며II. 29-30, 서열구조 안에 억압적인 권력들이 머물지 않고 그 대신에 대항문화공동체counter-cultural community로서 활동하는 교회이며III. 49, 봉사의 힘이 지배의 힘보다 우월함을 나타내고 생명을 위한 가능성을 육성하며 하나님의 변혁하는 은총을 증언하는 봉사공동체로서의 교회이며IV. 78, 모든 사람과 만유를 위한 좋은 소식인 복음을 전하되 겸손과 상호성과 존중을 가지고 변혁을 추구하는 교회이다V. 80-81, 86. 교회의 생명은 삼위일체 하나님의 사랑으로부터 기원하며, 선교는 창조세계와 구속 안에서 보여주신 하나님의 강권하시는 사랑에 대한 응답이다IV. 55. 삼위일체 하나님께서는 양으로 생명을 얻게 하되 더 풍성히 얻게 하려고 오신 예수 그리스도를 통해, 그리고 새 하늘과 새 땅을 창조하라는 하나님의 통치의 비전을 확증하시는 성령을 통해 온 창조물을 생명의 잔치로 초대하신다. 그러기에 우리는 겸손과 소망 가운데 만물을 새롭게 창조하시고 화해시키는 하나님의 선교에 헌신한다VI. 112.

이 문서를 비평적으로 고찰하면서 동시에 한국적 적용을 모색하는 김영동은 "'함께 생명을 향하여'는 삼위일체와 삼위일체적 성령과 생명 중심과 하나님 나라의 소망으로 선교를 이해한다."[18]고 정리한다. 이러한 삼위일체신학적 이해는 선교 및 신학의 새로운 지평을 열어준다고 김영동은 평가한다.

선교이해와 신학적 지평의 새로운 정립이다. 현대의 깨어지고 오용된 현실을 드러내면서 새로운 하나님의 선교가 개시되어야 함을 천명하는 관점에서 예언자적이다. 세상의 상처와 고통으로 연단을 받으며 소망을 갈구하는 많은 사람들에게 선교문서는 열정과 약속으로 수용될 것이다. 이러한 차원에서 한국교회는 '영혼구원'이라는 좁은 구원관을 확대하여 전인적이며 포괄적인 구원이란 관점에서 선교에 임하도록 도전을 받아야 한다. 선교활동은 인간 영혼구원만 아니라 온전한 구원과 생명을 살리는 활동으로 실현되어야 하며, 전피조물을 포함한 생명 그물망의 이해와 우주적 구원을 정립하고 구현할 실제적인 방법을 모색하도록 도전한다.[19]

그러기 때문에 삼위일체신학을 근거로 교회의 정체성과 근거를 이해하는 제10차 부산 총회는 교회론과 생명, 정의, 평화를 수월하게 연결시키고 있음을 알 수 있다. 이러한 점은 아래에서 다루는 문서들 속에서 확장되고 있음을 분명하게 확인할 수 있다.

셋째, "모두의 생명, 정의, 평화를 위한 경제: 행동 촉구 요청"이라는 문서에 따르면, 좋은 삶에 대한 성서적인 비전은 삼위일체 공동체성에서 드러나는 삶으로서, 상호성과 동반자 정신과 호혜성과 정의와 사랑과 친절이 있는 삶이다[3]. 이러한 삶은 지상에서는 죽음을 야기하는 일에서 떠나 새로운 생명으로 변화시키는 삶이며, 정의를 추구하고 하나님의 살아계심을 증언하는 삶이며, 생명죽임의 가치에 저항하고 혁신적인 대안을 찾는 변혁적 영성의 삶이다[5-7]. 교회는 바로 이러한 변혁을 위한 하나님의 대행자이며, 어떤 생명부정에도 항거하며 모두를 위한 풍성한 생명을 선언하는 예수 그리스도의 제자공동체이다[8].

이러한 교회는 생명경제an Economy of Life를 추구하기에, 이기심과 탐욕과 불의와 불로소득과 불의한 기득권 등으로 점점 더 심화되고 있는 경제적 불평등에 반대한다[13]. 원주민들과 가난한 자들과 장애우들과 강제이주노동자들과 불가촉천민들과 난민들 등에게 가해지는 각종 사회적 차별을 철폐하고자 한다[6]. 무제한의 개발과 착취로 인한 자연생태계의 파괴를 바꾸고자 한다11. 또한, 번영신학과 자기의와 지배와 개인주의와 편의성을 가르치는 잘못된 신학을 변혁시키고자 한다17. 이렇게 함으로써 생명경제는 빈곤의 극복, 부의 재분배, 친생태적인 생산과 소비와 분배, 친평화적인 사회를 형성하는 정책들 및 구조적 변화들을 가능하게 할 것이다26.

넷째, "정의로운 평화에 대한 에큐메니칼 선언"이라는 문서에 따르면, 정의는 평화를 포용하기에 이 두 가지를 분리시킬 수 없고 이 두 가지를 위해 함께 일해야 한다1, 3. 그러기에 교회는 정의로운 평화의 길에 동참해야 하며, 그 중심은 시민불복종과 불순응행위와 같은 비폭력 저항은 이 길의 중심적인 내용이다8-9. 정의로운 평화의 길은 정당전쟁Just War의 개념과는 근본적으로 다르며, 불의한 무력사용으로부터 사람들을 보호하는 기준을 훨씬 넘어서며10, 더 나아가서 인간과 모든 창조세계에 대한 하나님의 목적을 이루는 여정이다12.

교회는 정의로운 평화를 만드는 공동체이기에, 지역사회에서 경제적 계층, 인종, 피부색, 신분제도, 종교, 성 등으로 일어나는 분열들을 극복하고 평화문화의 건설자로 참여하고 협력할 수 있다30-31. 교회는 탐욕과 이기심과 무한성장에 대한 신념 등으로 지구와 창조세계에 가해진 착취와 파괴에 맞서서, 하나님의 귀중한 선물인 창조세계를 존중하고 보호하며 생태정의를 위해서 노력해야 한다. 이를 위해서 생태지향적 교회와 녹색교회가 더 많이 있어야 한다33-35. 교회는 소수의 엘리트들이 엄청난 부를 축적하고 14억 명 이상의 사람들이 극빈자로 살고 있는, 그래서 세계에서 가장 부유한 세 사람의 부가 세계에서 가장 가난한 48개 국가의 국내총생산량보다 더 많은 경제적 불평등을 해결하기 위해서 생명경제를 통해서 촉진되는 시장의 평화를 추구한다36-38. 그리고 교회는 외국인혐오, 공동체간 폭력, 증오범죄, 전쟁범죄, 노예제, 인종학살 등과 같은 갈등들을 해결하기 위하여 생명의 존엄성을 존중하고 평화를 건설하기 하도록 노력한다39-42. 교회의 평화건설은 선포하고, 능력을 개발하고, 위로하고, 화해하고, 치유할 뿐만 아니라, 때로는 비판하고, 고발하고, 옹호하고, 저항해야 한다[42].

위에서 다룬 문서들 외에, WCC 제10차 부산 총회에서 공식적으로 채택된 18개의 문서들 중에서 본 논문의 주제와 관련된 문서들로는 "WCC 10차 총회 메시지", "하나님의 선물과 일치로의 부르심 그리고 우리의 헌신", "정의로운 평화의 길에 관한 성명서", "한반도의 평화와 통일에 관한 성명서"가 있다.

첫째, "WCC 10차 총회 메시지"라는 문서에서는 부산총회의 참석자들이 "생명의 하나님, 우리를 정의와 평화로 이끄소서"라는 주제를 따라 함께 순례의 길을 간다고 언급한다[1]. 그리고 한국에서의 갈등과 분열의 상황 속에서[2], 그리고 경제적 생태적 사회·정치적 영적 도전들에 직면한 전 지구적 위기의 상황 속에서[5], 선한 의지를 가진 모든 형제자매가 하나님께서 주신 은사들을 활용하여 변혁적인 행동들에 동참할 것을 촉구한다[6]. 이러한 행동촉구 속에는 삼위일체 하나님에 대한 확고한 신앙이 담겨 있다. 즉, 창조주 하나님이 모든 생명의 근원이심을 믿고 예수 그리스도의 사랑과 성령의 자비를 확신한다. 이러한 신앙을 바탕으로 하나님의 자녀들의 교제로서의 교회는 하나님의 나라의 실현을 향해 함께 나아가며, 또한 하나님의 창조세계의 정의로운 청지기가 되도록 부름을 받는다[4].

둘째, "하나님의 선물과 일치로의 부르심 그리고 우리의 헌신"이라는 문서는 일치에 관한 성명서로서 교회의 일치, 인류공동체의 일치, 그리고 온 창조세계의 일치는 서로 연결되어 있다고 주장한다. 그러기에 우리를 하나가 되도록 이끄시는 그리스도께서는 우리가 정의와 평화의 삶을 살도록 부르시며, 우리가 하나님의 세계 안에서 정의와 평화를 위해 함께 협력하도록 하신다[13]. 그렇지만 우리는 생명의 근원이신 하나님께 늘 영광을 돌리지 못하여, 관행적으로 사람들을 배제하거나 주변화시키고, 정의추구를 거부하며, 평화로운 삶을 꺼리고, 불일치를 추구하며, 창조세계를 착취하고 생명을 남용하고 있음을 고백한다5.

이러한 현실 속에서 교회는 그리스도의 몸으로서 십자가 위에서 예수가 세상을 향하여 보여주신 연합과 화해와 자기희생의 사랑을 체현하고 있다. 하나님 자신의 친교의 삶의 중심에는 십자가와 부활이 있으며, 이러한 점은 우리에게 계시된 실재이다. 그래서 우리는 하나님께서 온 창조세계를 새롭게 하실 것을 간절히 기도하며, 우리에게 회개로 부르시고 잘못을 용서하시고 새 생명의 선물을 주실 것을 기대한다8.

예언자적 표지로서의 교회에 주어진 소명은 하나님께서 온 창조세계를 향하여 뜻하시는바 생명을 공표하는 것이다11. 그리고 봉사자로서의 교회는 예수 그리스도 안에서 계시된 하나님의 거룩함과 사랑과 생명긍정의 계획을 나타내 보이도록 부르심을 받았다. 그러기에 교회는 그 본질에 있어서 선교적이며, 하나님께서 그의 나라를 통하여 모든 인류와 모든 창조세계를 향하여 뜻하신 친교의 선물에 대해 증거하도록 부르심을 받았고, 또한 보내심을 받았다. 그리하여 교회는 그리스도의 방법으로 섬기고 전도하며 선교하는 가운데 세상에 하나님의 생명을 전하는 일에 참여한다. 교회는 성령의 권능 안에서 하나님의 정의를 추구하고 하나님의 평화를 위해 일하여야 한다12. 이렇게 하면서 교회는 창조하시고 재창조하시는 하나님의 능력을 믿는 가운데, 교회 자신이 하나님께서 세상에 주시는 새로운 생명의 전조이자 신뢰할 만한 표지이며 유능한 봉사자가 되기를 갈망한다14.

셋째, "정의로운 평화의 길에 관한 성명서"라는 문서는 부산 총회에 제출되었던 "정의로운 평화에 대한 에큐메니칼 선언"을 수정하고 다듬은 것으로, "1장 우리는 함께 믿는다"Together We Believe, "2장 우리는 함께 요청한다"Together We Call, "3장 우리는 함께 헌신한다"Together We Commit, "4-5장 우리는 함께 권고한다"Together We Recommend라는 장들로 구성된다. 모든 생명을 창조 하신 하나님, 평화의 왕이신 예수 그리스도, 모든 생명을 주고 유지하시는 성령을 함께 믿는다는 고백으로부터 시작하면서, 교회는 화해를 이루는 정 의롭고 평화로운 공동체이며 또한 전지구적 차원의 정치적 사회적 경제적 구조들 속에서도 화해와 정의와 평화를 실천하는 대행자임을 인정한다1장. 평화는 삶의 형태로 드러나는데, 그 형태는 만물을 향한 하나님의 사랑에 인간이 참여하는 방식으로 나타난다. 교회는 평화를 추구하고 생명을 보호 함으로써 세상을 향한 하나님의 사랑을 나누는 일에 함께 헌신한다3장. 4장 에서는 세계교회협의회가, 5장에서는 정부들이 착수하여야 할 구체적인 행 동들을 제안한다.

넷째, "한반도의 평화와 통일에 관한 성명서"라는 문서는 분열과 전쟁 과 고통은 충만한 생명을 바라는 하나님의 뜻과 모순됨을 주장하면서, 한반 도에서 영구적이고 지속가능한 정의로운 평화를 모두가 추구할 것을 촉구 한다. 또한, 총회의 주제인 "생명의 하나님, 우리를 정의와 평화로 이끄소 서"라는 기도문을 통하여 치유와 화해와 평화와 통일을 향한 열망이 이루어 지기를 기도한다. 한반도에서의 이루어져야 하는 평화는 생명 전체를 포용 하고 이웃 간의 조화를 회복하는 정의의 상태로서의 평화이며, 우리의 평화 가 되시기 위해서 이 세상에 오신 예수 그리스도께서 이룩하신 평화이다. 한반도가 평화와 정의와 충만한 생명을 품을 수 있는 틀과 희망의 조짐이 있지만, 여기에서 그치지 아니하고 더 나아가서, 우리를 정의와 평화로 인 도하시겠다는 하나님의 약속에 응답하기 위해 한반도의 평화와 화해를 위 하여 더 많은 노력을 해야할 것을 촉구한다. 이 문서의 마지막에서는 세계 교회협의회가 헌신하고 착수할 행동들의 목록을 제시한다.

IV.
교회 - 삼위일체 하나님의 코이노니아_{Koinonia}와 미시오_{Missio}

위에서 검토하였던 여러 문서를 종합적으로 요약하면, 교회는 이 세상을 사랑하시는 하나님의 사랑에 기초한다. "하나님이 세상_{cosmos}을 이처럼 사랑하사 독생자를 주셨으니 이는 그를 믿는 자마다 멸망하지 않고 영생을 얻게 하려 하심이라"요 3:16. 여기에서의 세상은 코스모스, 즉 세계 전체 또는 우주만물을 의미하며, 여기에서의 사랑은 아가페_{agape}의 사랑을 의미한다. 그런데 이러한 사랑은 성부 성자 성령 안에서 이루어지는 상호 간의 사랑에 근거한다. 성부는 성자를 주시고 성령을 보내시며, 성자는 성령을 보내어주시기를 성부께 기도하시고, 성령은 구원사의 모든 과정을 인도하여 성부께 영광이 되도록 하신다. 성부와 성자와 성령 사이의 사랑이 바로 코이노니아이며, 커뮤니온이며, 친교/교통/교제/참여/나눔이다.

코이노니아라는 개념은 '신앙과 직제' 1차 로잔 대회 때부터 검토되어 왔다. 1927년의 로잔 대회 이후로, '신앙과 직제'의 여러 대회와 세계교회협의회의 여러 총회를 통하여 코이노이아 개념이 심화되어 왔다. 특히, 1963년 몬트리올에서 개최된 '신앙과 직제' 4차 대회 이후부터는 코이노니아를 중심주제로서 활발하게 논의되었다. 무엇보다도, 1991년의 캔버라 총회에서 코이노니아는 교회의 가시적 일치성을 표현하는 중심적인 주제가 되었다. 교회의 일치성으로서의 코이노니아는 사도적 신앙에 대한 공동의 신앙고백에서, 세례와 성만찬으로 들어가는 공동의 성례적 삶에서, 서로의 사역들을 상호인정하는 공동의 삶에서, 그리고 모든 사람에게 하나님의 은혜의 복음을 증언하고 모든 창조세계를 섬기는 공동의 사명에서 이루어진다고 여겼다.[20]

교회의 일치성으로서의 코이노니아 개념은 이후 1993년 산티아고 데 콤포스텔라에서 개최되는 '신앙과 직제' 5차 대회에 많은 영향을 끼쳤다. "믿음과 삶과 증언에서의 코이노니아를 향하여"Towards Koinonia in Faith, Life and Witness 라는 주제 하에서 개최된 5차 대회에서는 코이노니아가 교회의 삶과 활동에 미치는 의미들과 함의들을 탐구하였다. 여기서 하나님은 사랑의 코이노니아로서, 즉 성부와 성자와 성령의 일치로서 이해된다. 그래서 이 대회의 문서는 "성자는 성부 안에 머물고 있으며, 성령은 성자 안에서 활동하고 계신다. 성부와 성자와 성령 사이에서 일어나는 신적인 연합이라는 신비로운 삶은 인격적이며 관계적인 삶이다. 즉, 서로에게서 흘러넘치는 사랑을 주고받는 삶이다. 이와 같은 삶은 십자가를 중심에 두는 연합의 삶이며, 자신을 넘어서서 타자를 받아들이고 포용하는 연합의 삶이다."[21]라고 진술하였다.

사랑의 코이노니아를 상호 간에 이루고 계시는 삼위일체 하나님께서 세상, 즉 우주만물을 사랑하심으로써 교회가 생성되기에, 교회는 근본적으로 성삼위 하나님 안에 있는 친교이며 또한 삼위일체 하나님의 친교의 반영이다. 그러기에 교회는 삼위일체 하나님께서 온 세계를 향하여 가지고 계시는 목적과 비전에 참여하고 동참한다. "그 뜻의 비밀을 우리에게 알리신 것이요 그의 기뻐하심을 따라 그리스도 안에서 때가 찬 경륜을 위하여 예정하신 것이니 하늘에 있는 것이나 땅에 있는 것이 다 그리스도 안에서 통일되게 하려 하심이라"엡 1:9-10. 성부께서 성자와 성령을 보내셔서 파송 및 선교의 본을 보여주셨듯이, 사랑의 코이노니아에 근거한 교회도 파송 및 선교의 사명을 살아갈 수 있다. 그러기에 교회는 본질적으로 선교의 공동체이다.

이러한 선교에 대한 이해는 세계교회협의회wcc의 흐름 속에서 점진적으로 발전되어 옴을 알 수 있다. 1948년에 개최된 제 1차 암스테르담 총회에서는 "책임적 사회"라는 개념을 통하여 교회가 세상에 대해서 감당해야 할 사명을 표현하고자 하였다. 1954년에 개최된 제2차 에반스톤 총회에서는 교회의 사회적 책임성의 범위를 확대하였다. 이러한 변화는 1952년에 빌링엔에서 개최된 세계선교대회IMC로부터 큰 영향을 받았기 때문이다. 빌링엔 대회는 "하나님의 선교"Missio Dei를 주창함으로써 선교개념을 새롭게 제시하였다. "하나님의 선교"에 따르면, 선교는 교회의 활동이라기보다는, 근본적으로는 하나님의 속성이며 본성이다. 즉, 하나님은 선교하시는 하나님이시다. 세계를 향한 깊은 사랑으로 성부 하나님은 만물을 자신과 화해시키기 위하여 성자를 파송하셨고, 우리는 성령을 통하여 성자 안에서 성부와 하나가 될 수 있다. 이와 같은 완전한 사랑이 바로 하나님의 본성이다. 그러기에 선교활동의 근원은 바로 삼위일체 하나님이시며, 우리는 그러한 근원에 참여할 뿐이다.[22]

빌링엔 대회에서 주창된 "하나님의 선교"라는 개념이 제10차 부산 총회에서는 삼위일체신학적으로 더더욱 강조되고 확장되고 있다. 그래서 제10차 부산총회는 선교와 관련하여 "삼위일체 하나님의 선교"the mission of the triune God라는 표현을 사용한다. 선교는 하나님으로부터 시작하여 세계에로 나아가는 운동이다. 교회는 하나님 자신의 선교를 위한 도구일 뿐이다. 선교가 있는 곳에 교회가 있지만, 그 역은 아니다. 선교에 참여하는 것은 세계를 향한 하나님의 사랑의 운동에 참여하는 것이다. 그래서 선교는 교회 내의 활동들뿐만 아니라 세계 속에서 행하는 모든 활동을 포함한다. 그러기에 교회의 선교는 온 세계, 즉 우주만물과 관련이 있다. 특히, 정치, 경제, 사회, 문화, 예술 등 삶의 모든 영역과 관련이 있다. 제10차 부산 총회에서는 이러한 우주적 차원을 고려하면서, 또한 온 세계의 심각한 문제들을 고민하면서, "생명, 정의, 평화"를 강조하였다. 이러한 강조점이 지닌 큰 의미에 대해서 장윤재는 다음과 같이 평가한다.

WCC 역사상 처음으로 '정의'justice와 '평화'peace가 총회 주제어가 되었다. '생명'life이 주제어가 된 적이 한 번 있었지만6차 밴쿠버 총회, 그리고 '정의·평화·창조'Justice, Peace, Creation, JPC가 1990년 서울대회 이후 꾸준히 다뤄져오긴 했지만, 전체 총회의 주제로 정의와 평화가 제기되기는 이번이 처음이다. 다음 총회까지 앞으로 8년간 세계교회는 정의와 평화의 문제에 집중할 것이다.[23]

삼위일체 하나님은 생명의 하나님이시다. 성부는 생명의 근원이며 성자는 세상의 생명이다. 그래서 성부는 세상의 생명인 예수 그리스도를 파송하신다. 그리고 성령은 생명의 시여자로서 생명을 지탱시키시고 힘을 주시며 모든 피조물을 새롭게 하신다. 그러기에 삼위일체 하나님의 선교는 교회를 생명살리기의 선교에로 이끌어 가신다. 삼위일체 하나님께서는 예수 그리스도를 통하여 양으로 생명을 얻게 하되 더 풍성히 얻게 하시며, 성령을 통하여 새 하늘과 새 땅이라는 하나님의 통치의 우주적 비전을 확증하신다. 이를 위하여 온 세계의 모든 피조물을 생명의 잔치에로 초대하신다.

교회는 성령의 능력 안에서 한편으로 생명을 축하하고, 다른 한편으로 생명을 파괴하는 모든 세력들에 대항하고 그것들을 변혁하여야 한다. 교회는 하나님의 나라를 위하여 새 생명을 가져오고 이로써 지상의 삶의 모든 영역에서 하나님의 사랑의 현존을 널리 선포한다. 이를 위하여 이기심과 탐욕으로 가득찬 경제가 아니라 생명의 경제를 추구하며, 정의를 추구하고 평화를 추구한다. 정의와 평화는 서로 배타적이지 않고 포용적이기에 교회는 정의로운 평화를 추구한다. 정의로운 평화는 기존의 정의로운 전쟁이라는 개념보다는 근본적으로 다르며, 불의한 무력까지도 사용하면서 사람들을 보호한다는 개념과도 훨씬 다르다. 정의로운 평화는 인간과 모든 창조세계에 대한 하나님의 우주적 경륜을 이루어가는 여정이다. 그러므로 한반도의 전쟁과 분열과 고통은 하나님의 뜻과 근본적으로 모순된 것이기에 한반도에서 영구적이고 지속가능한 정의로운 평화를 추구해야 한다.

삼위일체 하나님은 모든 생명을 창조하신 하나님이시다. 성부 하나님은 모든 생명의 근원이시며, 예수 그리스도는 세계의 생명이시고 평화의 왕이시고, 성령은 모든 피조물에게 생명을 주고 유지하신다. 이러한 하나님을 믿고 고백하는 교회는 화해와 평화를 이루는 정의로운 공동체이며, 전 세계의 정치적 사회적 경제적 구조들 속에서도 생명과 정의와 평화를 추구하고 실천하는 대행자이다.

V.
나오는 말

세계교회협의회WCC 제10차 총회가 "생명의 하나님, 우리를 정의와 평화로 이끄소서"God of Life, Lead Us to Justice and Peace 라는 주제로 2013년 10월 30일부터 11월 8일까지 부산에서 열렸다. 제10차 총회에서는 "생명, 정의, 평화"를 강조함으로써, 온 세계가 직면하고 있는 많은 문제들을 해결하고자 나름대로의 신학적인 방향을 제시하였다. 이전의 세계교회협의회WCC 총회들과 비교하면, 제10차 총회는 신학적인 해결과 방향의 근거를 삼위일체신학에서 더욱 더 분명하게 가져오고 있으며, 특히 교회의 정체성과 과제를 삼위일체신학의 관점에서 접근하고 있음을 확인할 수 있다. 특히, 교회의 정체성 및 과제와 관련하여 세계교회협의회WCC 제10차 부산 총회는 삼위일체신학에 근거하여 접근하고 있으며, 특히 교회의 과제로서는 생명과 정의와 평화를 제시하고 있다는 특징이 있음을 알 수 있다.

이 글은 먼저 세계교회협의회wcc 안에서 삼위일체신학이 어떻게 형성과 발전되어 왔는지를 개괄적으로 고찰하였다. 이를 통하여 세계교회협의회wcc의 신학이 그리스도 중심주의로부터 삼위일체적 성령-중심의 신학을 거쳐서 삼위일체 중심주의로 나아가는 경향을 보이고 있음에 주목하였다. 이와 같은 흐름 속에서 형성되고 발전되어 온 삼위일체신학의 틀 속에서 제10차 부산 총회의 문서들에 접근할 때에 더 온전하게 이해할 수 있음을 제안하면서, 이 글은 제10차 부산 총회에서 제출되거나 채택된 문서들 중에서 본 논문의 주제와 관련이 있는 8개의 문서를 검토하였다.

이러한 분석과 연구를 통하여 이 글은 세계교회협의회 제10차 부산 총회는 교회의 정체성과 과제를 삼위일체신학에 근거시키면서 생명과 정의와 평화를 제시하고 있는 특징이 있음을 주장하였다. 교회는 이 세상cosmos을 사랑하시는 하나님의 사랑에 기초한다. 이러한 사랑은 성부 성자 성령 안에서 이루어지는 상호간의 사랑에 근거한다. 성부와 성자와 성령 사이의 사랑이 바로 코이노니아koinonia이다. 교회는 사랑의 코이노니아를 상호간에 이루고 계시는 삼위일체 하나님께서 우주만물을 사랑하심으로써 생성되기에, 교회는 근본적으로 성삼위 하나님 안에 있는 친교이며 또한 삼위일체 하나님의 친교의 반영이다. 그러기에 교회는 삼위일체 하나님께서 온 세계를 향하여 가지고 계시는 목적과 비전에 참여하고 동참한다. 성부께서 성자와 성령을 보내셔서 파송 및 선교의 본을 보여주셨듯이, 사랑의 코이노니아에 근거한 교회도 파송 및 선교의 사명missio을 살아갈 수 있다. 그러기에 교회는 본질적으로 선교의 공동체이다. 모든 생명을 창조하신 삼위일체 하나님을 믿고 고백하는 교회는 화해와 평화를 이루는 정의로운 공동체이며, 전 세계의 정치적 사회적 경제적 구조들 속에서도 생명과 정의와 평화를 추구하고 실천하는 대행자이다. 이러한 점에서 교회는 삼위일체 하나님의 코이노니아koinonia이며 미시오missio이다.

1 　WCC 제10차 부산 총회주제 기도문 전문. "하나님의 선물과 일치로의 부르심, 그리고 우리의 헌신(Unity Statement)"문서에 포함되어 있다.

2 　현요한·박성규 편, 『WCC 신학의 평가와 전망』(서울: 장로회신학대학교출판부, 2015), 33-63; 이형기, 『세계교회협의회와 신학』(서울: 북코리아, 2013); 정병준, "세계교회협의회(WCC) 에큐메니칼 신학의 전개 - 역대 총회 주제를 중심으로," 『한국기독교와 역사』 40 (2014): 79-113.

3 　배현주, "에큐메니칼 교회론 정립을 위한 신약성서적 고찰 - 2013년 세계교회협의회(WCC) 제10차 총회를 맞이하여," 『신학논단』 69 (2012): 99-124.

4 　세계교회협의회, 『자료모음 - 세계교회협의회 제10차 총회 대한민국 부산, 2013』(제네바: WCC 홍보출판국, 2013). 영문으로 된 자료집은 다음과 같다. World Council of Churches, *Resource Book - WCC 10th Assembly Busan, 2013* (Geneva: WCC Publications, 2013).

5 　7개의 문서는 다음과 같다. ① "교회: 공동의 비전을 향하여(The Church: Towards a Common Vision)," ② "함께 생명을 향하여: 기독교의 지형 변화 속에서 선교와 전도(Together towards Life: Mission and Evangelism in Changing Landscapes)," ③ "다종교 세계에서의 기독교의 증언(Christian Witness in a Multi-Religious World: Recommendations for Conduct)," ④ "모두의 생명, 정의, 평화를 위한 경제: 행동 촉구 요청(Economy of Life, Justice, and Peace for All: A Call to Action)," ⑤ "정의로운 평화에 대한 에큐메니칼 선언(An Ecumenical Call to Just Peace)," ⑥ "21세기의 디아코니아에 관한 신학적인 전망(Theological Perspectives on Diakonia in the Twenty-First Century)," ⑦ "신학교육에 대한 에큐메니칼 서약(Ecumenical Covenant on Theological Education)."

6 　이러한 문서들을 다음의 책에서 확인할 수 있다. 세계교회협의회 제10차 총회 백서발간위원회, 『세계교회협의회 제10차 총회 백서』(서울: 기독교연합신문사 출판국, 2014). 또는 다음의 싸이트에서 확인할 수 있다. http://wcc2013. info/en/resources/documents 또는 http://www. oikumene. org/en/resouces/documents. 그리고 이 외에도 WCC와 관련된 문서들을 확인하려면 http://www. globethics. net을 활용할 수 있다.

7 　본문에서 언급된 문서들 외에도 총회에서 제시된 발표문, 연설문, 설교문 등이 있는데, 이 중에는 본 논문의 주제와 관련이 있는 문서들이 여럿 있다.

8 　이 글 II장은 『WCC 신학의 평가와 전망』 36-37 및 58-60에 있는 내용을 수정 및 보완한 것이다.

9 　이형기, 『에큐메니칼 운동사: 세계교회협의회(WCC)가 창립될 때까지』(서울: 대한기독교서회, 1994), 142.

10 　현요한·박성규 편, 『WCC 신학의 평가와 전망』, 36-37.

11 　정병준은 그의 논문에서 세계교회협의회(WCC)의 총회 주제들을 분석하면서 "1990년대에 들어와서는 성령론과 삼위일체론적 전환이 일어났다"고 정리한다. 정병준, "세계교회협의회(WCC) 에큐메니칼 신학의 전개 - 역대 총회 주제를 중심으로," 106.

12 　현요한·박성규 편, 『WCC 신학의 평가와 전망』, 58-59.

13 　이 문서는 2012년 말레이시아 페낭에서 개최된 신앙과직제위원회에서 결정되었고, 2012년 크레타 섬에서 개최된 WCC 중앙위원회에서 승인되었으며, 2013년 제10차 부산 총회에 제출되었다. 이 문서가 나오기까지 신앙과직제위원회에서는 그동안 『세례, 성만찬, 직제』(1982), 『교회와 세계』(1990), 『교회의 본질과 목적』(1998), 『교회의 본질과 선교』(2005), 『하나의 믿음을 고백하기』(2010), 『하나의 세례 - 상호 인정을 향하여』(2011)와 같은 문서들을 작성하여 왔다.

14 　이 문서의 부제는 "WCC 선교와 전도에 대한 새로운 확언"이다. WCC의 선교와 전도에 대한 공식성명서는 기존에는 1982년 WCC 중앙위원회에 의해 승인된 "선교와 전도 - 에큐메니칼 확언"(Mission and Evangelism: An Ecumenical Affirmation)이었다. 그렇지만 변화하는 지형 속에서 선교와 전도를 새롭게 이해하고 실천할 필요성이 제기되어 이 문서가 나오게 되었다. 이 문서는 2006년 WCC 제9차 포르토 알레그레 총회 이후부터 연구되었고, 2012년 크레타 섬에서 개최된 WCC 중앙위원회에서 승인되었으며, 2013년 제10차 부산 총회에 제출되었다.

15 　이 문서는 2006년 포르토 알레그레에서 개최된 WCC 제9차 총회에서 제출된 아가페 콜(the Agape Call)로 마무리된 "아가페 과정"(the Agape Process - the Alternative Globalization Addressing People and Earth)의 후속 프로그램으로 시작되고 6년 동안 연구 및 논의되었던 "빈곤, 부, 생태 프로그램"(PWE - Poverty, Wealth, Ecology)의 결과물이다.

16 이 문서는 2006년 포르토 알레그레에서 개최된 WCC 제9차 총회에서의 권고사항에 대한 응답으로 발표된 문서로서, DOV(Decade to Overcome Violence) "폭력 극복 10년 2001-2010: 화해와 평화를 추구하는 교회"라는 프로그램에서 얻은 통찰에 근거한다.

17 배현주, "에큐메니칼 교회론 정립을 위한 신약성서적 고찰 - 2013년 세계교회협의회(WCC) 제10차 총회를 맞이하여," 118.

18 김영동, "WCC 새로운 선교문서 '함께 생명을 향하여'(TTL)의 한국적 적용," 「선교와 신학」 34 (2014), 25.

19 위의 글, 25-26.

20 Michael Kinnamon, ed., *Signs of the Spirit: Official Report Seventh Assembly, Canberra 1991* (Grand Rapids: Wm. B. Eerdmans, 1991), 250.

21 World Council of Churches, *Towards Koinonia in Faith, Life and Witness: The Fifth World Conference on Faith and Order, Santiago de Compostela 1993* (Geneva: WCC Publications, 1993), 7.

22 Lukas Vischer, ed., *A Documentary History of the Faith and Order Movement 1927-1963* (St. Louis: The Bethany Press, 1963), 339-340. 이 책은 다음과 같이 번역되어 있다. 루카스 피셔 엮음, 이형기 옮김, 「에큐메니칼 신학의 발전사 (I) - 신앙과 직제 운동사에 나타난 문서들 1927-1963」(서울: 한국장로교출판사, 1998).

23 장윤재, "세계교회협의회(WCC) 제10차 부산총회와 에큐메니컬 운동," 「한국조직신학논총」 37 (2013), 224.

IV

—

삼위일체와 통일

제 4 부

09장

이 글은 『남북한 평화통일을 위한 삼위일체적 평화통일신학의 모색』(서울: 나눔사, 2012) II장의 내용을 수정 및 보완한 것으로 다음과 같이 출판되었다. 백충현, "삼위일체-중심적(Trinity-centered) 신학의 전개를 위한 구상 - 남북한평화통일신학에 관한 논문들의 분석을 중심으로," 「온신학」 2권 (2016년 10월): 141-182.

10장

이 글은 장로회신학대학교 남북한평화신학연구소 주최로 2015년 10월 26일 개최된 제2회 평화통일신학포럼에서의 발표문을 수정 및 보완한 것으로 다음과 같이 출판되었다. 백충현, "삼위일체적 평화통일신학의 적용 - 북한이탈주민들과 한국사회와의 상호 이해와 포용을 중심으로," 「한국개혁신학」 49집 (2016년 2월): 132-162.

삼위일체 중심적 평화통일신학

I.
들어가는 말

이 글은 삼위일체-중심적Trinity-centered 신학의 전개를 위한 구상의 일환으로 시도된다. 이를 위하여 이 글에서는 남북한평화통일신학에 관하여 기존에 발표된 논문들을 중점적으로 다룬다. 그동안 신학의 여러 분야 내에서 논문들이나 책들을 통해서 발표된 논의들은 아래의 표에서 보는 바와 같이 상당히 많다.[1]

년도	수	년도	수	년도	수	년도	수	년도	수	년도	수
1961	3	1971		1981	3	1991	7	2001	8	2011	11
1962		1972	2	1982	3	1992	2	2002	8	2012	19
1963		1973		1983	1	1993	3	2003	2	2013	7
1964		1974	1	1984	3	1994	2	2004		2014	4
1965		1975		1985	5	1995	14	2005	8	2015	16
1966	1	1976		1986	1	1996	4	2006	13		
1967		1977	1	1987	3	1997	4	2007	2		
1968		1978		1988	6	1998	10	2008	8		
1969		1979	1	1989	6	1999	4	2009	11		
1970	3	1980	1	1990	11	2000	7	2010	10		
소계	7		6		42		57		70		57
총계	239										

구체적으로, 이 글은 남북한평화통일신학과 관련된 기존의 논문들에서 주요하게 다루어지는 신학적 주제들을 신학분야별로 정리하고, 더 나아가서 이 신학적 주제들이 다루어지고 논의되는 방식을 세 가지 신학적 관점의 유형들로 대별하여 파악한다. 세 가지 신학적 관점의 유형들이란 성부 하나님과 성자 하나님과 성령 하나님 세 위격 중에서 어느 위격을 더 중점적으로 강조하는가를 기준으로 크게 구별한 개념들이다. 즉, ① 창조주 성부 하나님을 강조하는 신-중심적Theo-centric 유형, ② 구원주 성자 하나님을 강조하는 그리스도-중심적Christo-centric 유형, ③ 완성주 성령 하나님을 강조하는 성령-중심적Pneuma-centric 유형으로 크게 구별할 수 있다.[2]

이 글은 각 유형이 지닌 장점과 한계점들을 검토하면서, 각 유형의 장점들을 최대화하고 각 유형의 한계점들을 최소화하면서 세 유형을 통합하기 위하여 삼위일체-중심적Trinity-centered 유형을 제안한다. 이와 같은 과정을 통하여 이 글은 신학적 주제들을 통합적으로 및 온전하게 논의하기 위해서는 삼위일체-중심적Trinity-centered이어야 함을 주장하고자 한다.

II.

남북한평화통일신학과 관련된 기존의 논문들 분석

1. 신학적 주제들

한반도의 분단상황이라는 문제를 해결하기 위하여 기독교 내에서는 신학적인 논의들을 많이 시도하여 왔다. 역사신학, 성서신학, 기독교윤리학, 선교신학, 조직신학, 기독교교육학과 같이 다양한 신학분야에서 남북한평화통일에 관하여 신학적인 논의들을 많이 시도하여 왔다. 그동안 시도된 신학적인 논의들을 한데 모아 조망하고 살펴보면, 신학분야별로 다음과 같은 신학적 주제들이 다루어졌음을 관찰할 수 있다.

첫째, 역사신학 분야에서 이루어진 역사적 고찰과 서술의 내용을 살펴보면, 그동안 남북한평화통일에 관하여 시도된 신학적인 논의들에서는 '통일', '샬롬 또는 평화', '일치', '만남', '선교', '복음화', '하나님의 주권', '하나님의 선교', '하나님의 나라', '화해', '기독교사회주의' 등과 같은 신학적인 주제들을 다루었다.[3]

둘째, 성서신학 분야에서는 남북한평화통일의 성서적 기초 또는 근거를 찾으면서 '평화', '정의', '정의로운 평화', '통일', '통합', '복음화', '화해', '희년', '하나님의 나라', '이스라엘의 회복' 등의 주제들을 다루었다.[4]

셋째, 기독교윤리학 분야에서는 남북한평화통일을 위한 신학적인 논의들을 위하여 '평화', '정의', '정의로운 평화', '하나님의 형상', '하나님의 나라', '하나님의 주권', '민중주권', '생명', '생명평화', '문화통합', '공적 책임 또는 공공신학', '화해', '용서의 사랑', '영성', '통일 영성', '통일 윤리' 등의 주제들을 다루었다.[5]

넷째, 선교신학 분야에서는 남북한 평화통일을 위한 신학적인 논의들을 시도함에 있어서 '예수 그리스도의 성육신', '예수 그리스도의 십자가', '화해의 디아코니아', '북한선교 또는 이북선교', '북한교회 재건', '복음화 선교', '하나님의 선교', '통합적 또는 통합적 선교', '화해', '일치 또는 하나됨', '치유', '하나님의 나라', '평화', '통일', '통이' 등의 주제들을 다루었다.[6]

다섯째, 조직신학 분야에서는 남북한의 평화통일을 위한 신학적인 시도들을 전개함에서 있어서 '통일', '토착화', '예수 그리스도의 십자가 또는 십자가 복음', '화해', '코이노니아', '희년', '하나님의 나라', '하나님의 주권', '상생', '통합' 등의 주제들을 다루었다.[7]

여섯째, 기독교교육학 분야에서는 기존의 신학적인 주제들을 바탕으로 통일을 준비하거나, 또는 통일 이후를 준비하는 교회교육 및 기독교교육에 관하여 많은 논의를 제시하여 왔다.[8]

지금까지 남북한평화통일신학에 관하여 다루어진 신학적 주제들을 신학분야별로 정리하면 아래의 표와 같다.

분야	신학적 주제들
역사신학	'통일', '샬롬 또는 평화', '일치', '만남', '선교', '복음화', '하나님의 주권', '하나님의 선교', '하나님의 나라', '화해', '기독교사회주의' 등
성서신학	'평화', '정의', '정의로운 평화', '통일', '통합', '복음화', '화해', '희년', '하나님의 나라', '이스라엘의 회복' 등
기독교 윤리학	'평화', '정의', '정의로운 평화', '하나님의 형상', '하나님의 나라', '하나님의 주권', '민중주권', '생명', '생명평화', '문화통합', '공적 책임 또는 공공신학', '화해', '용서의 사랑', '영성', '통일 영성', '통일 윤리' 등
선교신학	'예수 그리스도의 성육신', '예수 그리스도의 십자가', '화해의 디아코니아', '북한선교 또는 이북선교', '북한교회 재건', '복음화 선교', '하나님의 선교', '통합적 또는 통합적 선교', '화해', '일치 또는 하나됨', '치유', '하나님의 나라', '평화', '통일', '통이' 등
조직신학	'통일', '토착화', '예수 그리스도의 십자가 또는 십자가 복음', '화해', '코이노니아', '희년', '하나님의 나라', '하나님의 주권', '상생', '통합' 등
기독교 교육학	기존의 신학적인 주제들을 바탕으로 통일을 준비하거나 또는 통일 이후를 준비하는 교회교육/기독교교육

2. 신학적 관점의 유형들

남북한평화통일에 관하여 그동안 다루어졌던 신학적 주제들을 정리하고, 그러한 주제들이 다루어진 방식들을 더 세밀하게 분석하면, 크게 세 가지의 신학적 관점의 유형들을 발견할 수 있다. 성부 하나님과 성자 하나님과 성령 하나님 세 위격 중에서 어느 위격을 더 중점적으로 강조하는가를 기준으로 세 가지 신학적 유형들로 대별할 수 있다. 즉, 창조주 성부 하나님을 강조하는 신-중심적 Theo-centric 유형, 구원주 성자 하나님을 강조하는 그리스도-중심적 Christo-centric 유형, 완성주 성령 하나님을 강조하는 성령-중심적 Pneuma-centric 유형으로 크게 구별할 수 있다.

1) 신-중심적 Theo-centric 유형

① 특징적 경향들

첫째, 가장 두드러지게 나타나는 유형은 신-중심적 Theo-centric 유형이다. 이 유형을 하나님-중심적 God-centric 유형이라고도 명명할 수 있다. 여기에서 신-중심 또는 하나님-중심이라는 용어가 의미하는 바는 인간-중심적 Anthropo-centric 인 인본주의와 대조되는 개념으로서의 신본주의가 아니다. 이 용어는 구원주 성자 하나님과 완성주 성령 하나님에 비하여 창조주 성부 하나님을 더 강조하는 유형을 가리키는 의미로 사용된다. 창조주 성부 하나님을 더 강조함으로써 일반적인 의미로서의 하나님 또는 신을 포괄할 수 있기에 하나님-중심적 또는 신-중심적 유형이라고 일컬을 수 있다.

신-중심적 유형의 방식으로 다루어진 주제들로는 '하나님의 나라', '하나님의 주권', '하나님의 형상', '하나님의 선교', '통일', '샬롬 또는 평화', '정의', '정의로운 평화', '이스라엘의 회복', '희년', '일치', '만남' 등이 있다. 이러한 주제들은 전반적으로 창조주 성부 하나님을 중심으로 논의되고 전개된다. 특히, 성서신학 분야 중 구약신학을 위주로 남북한평화통일을 위한 성서적 근거를 찾는 논의들 대부분은 창조주 성부 하나님을 위주로 신학적인 논의들이 전개된다.

성서신학 분야 중 신약신학을 위주로 성서적 근거를 찾는 논의들은 때때로 예수 그리스도 중심적인 유형을 보이기도 하지만, 예수 그리스도가 선포하는 '하나님의 나라'the kingdom of God에 초점을 둔다면, 이것은 신-중심적 유형에 속한다고 여길 수 있다. '하나님의 선교'missio Dei도 본래의 개념은 삼위일체 하나님을 전제하는 것이지만, 남북한 평화통일을 위한 신학적인 논의들에서는 '교회의 선교'라는 개념이 지니는 협소성을 비판하고 교회를 포함하여 사회와 세계와 우주 전반에 역사하시는 창조주 성부 하나님을 강조하는 개념으로서 많이 사용되고 있다.

신-중심적 유형에 속하는 주제들은 교회 안에서뿐만 아니라, 사회와 역사 속에서 움직이시는 하나님의 일반적인 활동과 보편적인 사역을 제시함으로써, 남북한평화통일이라는 문제를 신학적으로 논의하기에 매우 용이한 장점이 있다. 그렇지만 하나님의 활동과 사역의 일반성과 보편성을 강조하면 할수록, 남북한평화통일의 논의가 종종 기독교적인 정체성 또는 고유성을 상실하거나 희미하게 하는 한계점이 있다.

② 대표적인 예들

이러한 신-중심적 유형의 대표적인 예들을 안병무, 박순경, 박종천에게서 찾아볼 수 있다. 첫째, 민중신학자인 안병무는 "성서의 궁극적 내용은 평화"이라고 파악하면서, 예수 그리스도의 설교의 주제는 하나님의 나라이며, 예수 그리스도의 십자가와 부활은 화해의 사건 및 평화의 기쁜 소식이라고 주장한다. 안병무에게 하나님의 나라는 하나님께서 함께 하는 새로운 공동체로서 기존체제에 대한 새로운 질서의 공동체를 가리킨다.[9] 안병무는 예수의 선포와 사상의 핵심이 하나님의 나라이며, 예수의 삶 전체는 바로 이 하나님의 나라의 도래를 위한 운동이었다고 여긴다.[10]

둘째, 통일신학자인 박순경도 하나님의 나라를 강조한다. 박순경에 따르면, 현대의 신약연구에서는 예수의 선포의 핵심이 하나님의 나라라고 파악한다.[11] 그리고 초대교회에서의 복음선포는 "예수의 하나님 나라 선포, 그의 죽으심과 부활 사건에 입각해서 하나님의 궁극적·종말적 구원을 세계에 선포하고 증거하는 행위"이었다고 박순경은 말한다.[12] 이러한 하나님의 나라는 종말적 새 나라를 의미하며 철저한 세계변혁을 함축한다. 그러기에 하나님의 나라의 선포는 희년의 선포와 그 성취이며, 더 구체적으로 땅의 해방, 즉 사회와 경제의 변혁을 가리킨다. 그래서 가난한 자와 갇힌 자와 눈먼 자와 슬퍼하는 자의 궁극적인 해방을 의미한다. 박순경은 예수님께서 말씀하신 하나님의 나라와 그 의는 사회적 및 경제적 정의와 불가분적 관계에서 추구되고 실천되어야 한다고 주장한다.[13]

셋째, 토착화신학자 또는 문화신학자인 박종천은 민족통일의 문제에 관하여 박순경과의 비판적인 대화를 통하여 토착화신학의 입장에서 민족통일의 과제를 전개한다. 이러한 작업을 위한 토대와 근거는 토착화신학이 전제하는 "보편적 계시론"이다. 박종천에 따르면, "보편적 계시론"이란 "하나님의 계시와 구원은 기독교와 현시적 교회 속에서만 나타나는 것이 아니라 타종교는 물론이고 민족·민중의 메시아주의적 열망과 운동 속에서도 비록 예비적이며 불완전한 형태일지언정 암묵적으로 그리고 역설적으로 현존"함을 긍정한다.[14] 이러한 보편적 계시론은 신-중심적 유형으로서, "현실적 교회" manifest church와 "암묵적 교회"latent church를 포괄하는 하나님의 나라 중심적 유형이라고 할 수 있다. 박종천은 보편적 계시론을 바탕으로 논문의 결론에서 "역사초월적 하나님 나라의 역설적 현존을 민족통일 운동 속에서 증언"하기 위하여 4가지 테제들을 제시한다. 그 중 첫 번째 테제는 다음과 같다. "1) 통일운동은 암묵적 교회latent church의 하나님 나라 운동이다. 하나님 나라는 분단시대에 있어서 "현실적 교회"manifest church보다 암묵적 교회에 더 뚜렷이 현존할 수 있다." 그리고 두 번째 테제는 다음과 같다. "2) 통일운동에 참여하지 않는 기독교는 하나님 나라의 약속을 상속할 수 없다. 하나님의 계시와 구원은 갑자기 주어지는 것만이 아니라 오랫동안의 암묵적 교회(그것이 타종교이든 민족·민중의 자기 해방의 과정이든 통일운동이든)의 예비적 단계가 선행한다. 한국의 기독교 신학의 과제는 이 암묵적 교회의 운동으로부터 시대적 계시의 의미를 수용, 비판, 변혁해야 하는 것이다." 그러기에 박종천은 "토착화 신학의 과제는 무엇보다도 민족·민중의 역사 속에서 암묵적으로 드러난 메시아주의적 하나님 나라의 열망의 출현과 억압, 그리고 비판적 전승을 기독교 신학적, 종말론적 의미로써 드러내는 것이어야 한다."고 주장한다.[15]

2) 그리스도-중심적 Christo-centric 유형

① 특징적 경향들

둘째, 신-중심적 유형 다음으로 두드러지게 나타나는 유형은 그리스도-중심적 Christo-centric 유형이다. 이러한 유형의 방식으로 다루어진 주제들로는 '복음화', '통일', '샬롬 또는 평화', '화해', '성육신', '십자가', '십자가 복음' 등이 있다. 이러한 주제들은 구원주 예수 그리스도의 인격과 사역을 위주로 논의된다. 물론 많은 주제가 창조주 성부 하나님을 전제하고 있고, 또한 완성주 성령 하나님을 포함하고 있지만, 대부분 간접적으로 및 암시적으로 언급되고 있을 뿐이다. 때때로는 구원주 예수 그리스도를 전면적으로 아주 많이 강조함으로써 성부 하나님과 성령 하나님에 관한 언급이 사라지거나 배제되기도 한다.

그리스도-중심적 유형으로 다루어지는 주제들은 남북한평화통일에 관한 신학적인 논의들을 예수 그리스도의 인격과 사역을 위주로 전개하기 때문에, 기독교적인 정체성 또는 고유성을 분명하게 드러내기에 용이한 장점이 있다. 그렇지만, 이 유형에 속하는 주제들은 많은 경우에 예수 그리스도의 성육신과 십자가의 대속과 화해의 의미를 개인영혼의 구원과 교회의 성장과 확장에로만 제한하여 적용한다. 그러기 때문에 남북한평화통일에 관한 신학적인 논의들이 단지 좁은 의미의 복음화와 선교화로서 전개되는 경향이 많다. 그래서 신학적 논의들에서 사회적인 차원, 역사적인 차원, 세계적인 차원, 우주적 차원을 상실해가는 한계점을 보인다.

하나님의 주권을 강조하는 개혁주의 신학과 예수 그리스도의 우주적 차원을 강조하는 우주적 기독론Cosmic Christology이 예수 그리스도의 복음이 지니는 사회적, 역사적, 세계적, 우주적 차원들을 강조하고 있음에도 불구하고, 남북한평화통일을 위한 신학적인 논의들에서는 이러한 차원들이 충분히 전개되거나 표현되지 못하고 있다.

② 대표적인 예들

이러한 그리스도-중심적 유형의 대표적인 예들을 황현조, 김영한, 문병호에게서 찾아볼 수 있다. 첫째, 황현조는 "십자가적 정치신학" 또는 "십자가적 통일신학"을 주창하면서 분단과 통일에 대한 모든 신학적 접근은 "예수 그리스도의 십자가" 안에서 전개되어야 한다고 주장한다. 십자가는 인간의 모든 문제를 해결할 수 있는 역사의 중심이며 초점이다. 그래서는 황현조는 십자가를 중심으로 모든 신학적인 주제들을 다룬다. 예를 들면, 성육신은 십자가의 전주곡이고 십자가는 성육신의 완성이다.[16] 하나님과 인간 사이에 맺어진 언약이 예수 그리스도의 성육신을 통하여 성취되었다. 화해는 예수 그리스도의 성육신과 대속적 죽음을 통하여 이루어지며, 하나님과의 수직적 차원과 인간과의 수평적 차원을 포함한다. 그래서 황현조는 그리스도인들이 예수 그리스도의 성육신 및 화해의 사역에 참여하여야 하며, 이를 위하여 성육신적 선교로서의 정황화 선교를 제안한다.[17] 이러한 선교의 과제들로는 사회봉사 차원의 의료선교, 교육선교, 인도주의적 봉사활동을 무시할 수 없지만, 그럼에도 불구하고 최우선적인 과제는 복음전달을 통한 영혼구원이다.[18]

둘째, 김영한은 "개혁주의적 평화통일신학"을 주창하면서 한반도를 향한 하나님의 절대주권과 절대섭리를 강조한다. 하나님의 절대적 주권과 섭리를 믿는 신앙 안에서 한국역사를 바라보아야 한다고 제안하며,[19] 평화통일의 신학적 유일한 근거는 한반도를 향한 하나님의 선하신 섭리이라고 주장한다.[20] 이런 점에서 인간의 삶의 총체적 영역 속에서 하나님이 절대적 주권자와 왕으로서 통치하심을 인정한다. 그런데 이러한 출발점과 전제들을 바탕으로 김영한은 평화통일신학이 더 구체적으로 "십자가 신학"으로 전개되어야 한다고 주장한다. 왜냐하면 인간의 삶의 총체적인 영역은 그리스도가 왕으로 통치하시기 때문이다. 그리고 예수 그리스도께서 창조세계의 깨진 샬롬을 회복하기 위하여 속죄제물이 되셨고, 예수 그리스도의 구속에 의하여 인간이 하나님과 화평을 누리게 되었고, 인간 사이의 갈등과 대립의 담이 허물어졌고, 자연과의 부조화의 관계가 화평으로 바뀌었기 때문이다.[21] 김영한의 십자가신학적 통일신학에서 특징점인 점은 민족분단의 현실을 그리스도의 십자가의 유비로서 간주하면서 민족분단을 한국민족이 져야 하고 극복해야 할 십자가라고 인정한다는 점이다. 여기에서 주목할 만한 점은 하나님이 그의 아들 예수 그리스도의 십자가를 통하여 남북한의 분단현실 가운데 현재하시며 한반도분단의 고통에 동참하신다고 여기는 관점이다.[22]

셋째, 문병호는 남북통일에 관한 신학적인 작업에서 "구속사적-구원론적 관점"을 주장하면서 성경이 강조하는 하나됨은 "오직 그리스도의 의를 전가받아 그와 함께 하나님과 하나가 되는 것으로서만" 제시된다고 주장한다. 즉 남북한통일을 신학적으로 바라볼 수 있는 것은 오직 예수 그리스도의 구속사건을 통해서만 가능하다고 주장한다.[23] 문병호에 따르면, 그리스도의 의는 그가 우리를 위하여 자기 자신을 제물로 드리신 의이기 때문에 그의 의를 전가받는 것은 곧 그 자신과 하나가 됨을 의미한다. 이러한 하나됨의 은혜는 오직 보혜사 성령의 임재로 말미암는다. 보혜사 성령이 임하면 그리스도의 의가 우리에게 전가되고 그 자신이 우리 안에 살게 된다. 그리하여 우리가 그 안에서 하나가 된다.[24] 그래서 문병호는 이러한 관점 이외에는 하나됨의 교리 또는 통일에 관한 신학이 따로 없다고 주장한다. 예수님의 대제사장적 기도처럼, 인류가 성부와 성자와의 "우리"에 동참하여 그 가운데 "우리"가 될 때 진정 하나가 될 수 있다. 각자가 그리스도를 믿어 그의 의를 전가받아 그와 하나가 됨으로 그 안에서 서로가 하나가 되는 길을 제시할 때에만 통일신학이 적실성을 가질 수 있다고 주장한다.[25] 그래서 문병호는 남북통일에 대한 신학적 또는 교리적 접근은 일반은총에 속한 일이 아니라 특별은총에 속한 일로 우선적으로 인식되어야 하며, 이는 타락한 인류에게는 구속주 하나님을 인정함이 없이는 결코 창조주 하나님을 인정함이 있을 수 없기 때문이라고 주장한다.[26]

3) 성령-중심적 Pneuma-centric 유형

① 특징적 경향들

셋째, 마지막으로 다루는 유형은 성령-중심적 Pneuma-centric 유형이다. 그런데 이 유형은 남북한평화통일을 위한 신학적인 논의들에서 놀라울 정도로 두드러지게 나타나지 않는다. 사실 교회 현장에서는 성령에 대한 많은 관심이 있다. 그럼에도 불구하고 남북한평화통일을 위한 신학적인 논의들에서는 눈에 띌 정도로 나타나지 않는다. 그 주된 이유는 성부 하나님을 강조하는 신-중심적 유형과 성자 하나님을 강조하는 그리스도-중심적 유형 안에 성령 하나님에 관한 언급이 전제되어 있거나 함축되어 있기 때문이다.

교회 내에서 많은 관심을 가지고 있는 성령-중심적 유형은 성령의 사회적, 역사적, 세계적, 우주적 활동보다는 성령의 교회 내적 활동을 훨씬 더 많이 강조한다. 그래서 이 유형은 많은 경우에 협소한 그리스도-중심적 유형과 쉽게 결부되어 나타난다. 교회 내적 활동을 더 많이 강조함으로써 신자들을 교회의 활동과 선교에 참여시킬 수 있는 장점이 있지만, 신자들로 성령 활동의 사회적, 역사적, 세계적, 우주적 차원을 보지 못하게 하는 한계점이 있다. 그러기에 남북한평화통일에 관한 신학적 논의들에서 성령-중심적 유형이 두드러지게 나타나지 않는다. 물론 성령 활동의 사회적, 역사적, 세계적, 우주적 차원을 강조하는 논의들이 아주 희소하게나마 존재하지만 충분히 전개되거나 표현되지는 못하고 있다.

② 대표적인 예들

이러한 성령-중심적 유형은 노정선과 김영한과 문병호에게서 아주 간략하게 언급되고 있을 뿐이다. 성령-중심적 유형이라고 분류하기에는 성령에 관한 논의의 내용이 너무나 미미하다. 다만, 박순경과 이형기에게서는 성령에 관한 논의가 어느 정도 전개되고 있음을 발견할 수 있다. 그러나 이 경우들에서도 성령에 관한 논의는 어느 정도 있지만 전체적으로 성령-중심적 유형이라고 분류하기에는 한계가 있다.

첫째, 노정선은 "IMF 시대에 통일로 향한 기氣 살리기 - 통일을 향한 영성신학"이라는 제목의 논문에서 "영성신학"을 언급하고 있지만, 성령을 아주 간략하게 언급할 뿐이다. 노정선은 논문의 결론에서 "그럼에도 불구하고 세계기독교인들의 기도와 헌신과 노력은 분단세력들을 중성화시키는데 크게 기여하고 있다. 그 힘은 결국 성령의 힘일 것이다."라고 언급하면서 성령에 관해서는 더 이상의 논의를 하지 않는다. 다만, 성령을 우리에게 살아있는 영적인 힘으로서 기술하면서 "그 힘은 영원할 것이다. 이 통일을 향한 영적인 힘을 소유하고 있는 한, 우리 민족은 평화와 정의와 통일을 이루어 낼 것이며, 곧 세계의 평화에 기여할 것이다."라고 진술한다.[27]

둘째, 김영한도 논문에서 평화통일신학을 전개하고 "영성"을 언급하면서도 성령에 관한 논의는 없고, 다만 통일의 영성으로서 "사랑과 정의의 영성"을 제시할 뿐이다. 그에게 "사랑과 정의의 영성"이란 "이데올로기의 단편성을 지적하고 상대화시키며, 다양성을 허용하고, 서로 적대감을 지니는 쌍방에게 용서와 화해의 마음을 가지도록 한다."고 간단하게 제시하되 더 이상의 논의는 없다.[28]

셋째, 문병호는 오직 예수 그리스도의 구속사건을 통해서만 남북한통일을 신학적으로 바라볼 수 있다고 주장하면서, 구속사건에서의 그리스도의 의는 오직 보혜사 성령의 임재를 통해서만 우리에게 전가된다고 말한다. 그러면 그리스도가 우리 안에 살게 되고 우리가 그리스도 안에서 하나가 된다.[29] 문병호의 상세한 설명에 따르면, 보혜사 성령은 그리스도의 영 또는 주의 영이라고 불린다. 왜냐하면 그리스도가 하나님의 보좌 우편에서 성령을 부어주시고, 성령을 통하여 그리스도의 가르침과 행하심을 우리에게 가르치시고, 생각나게 하시고, 살게 하시기 때문이다.[30]

넷째, 이형기는 세계교회협의회WCC 제7차 캔버라총회의 주제를 해설하는 논문에서 제3분과의 토의주제인 "하나되게 하시는 성령이시여, 당신의 백성을 화해케 하소서!"를 한국적인 상황에 적용하여 논의하면서 교회 자체의 화해와 코이노니아 외에도, 한국적인 상황에서의 정치적 정의, 경제적 정의, 그리고 남북통일의 문제를 논한다.[31] 그의 해설에 따르면, 예수 그리스도의 십자가 사건은 하나님과 인간 사이의 화해사건이다. 화해자로서의 예수 그리스도는 하나님 보좌 우편에 앉아 계시면서 인류역사 속에서 성령을 통하여 화해를 실현시키신다. 여기에서 하나님과 화해된 공동체인 교회가 생겨났고 사도들은 화해의 복음을 선포하였다. 성령은 사도들의 화해의 복음을 통하여 예수 그리스도의 화해 및 구속사업을 인류역사 속에서 실현해 가신다. 교회는 하나님과 인류공동체의 화해를 미리 보여주며 인류공동체의 화해를 위해서 화해사역을 행한다.[32] 그러기에 하나님과 화해된 공동체로서의 교회는 남북통일을 위한 화해사역에 참여할 수 있고, 또한 그렇게 하여야 한다. 이형기의 이러한 논의에서 특징적인 점은 성령의 역사의 범위가 일반역사적이고 보편적이라는 점이다. "하나님은 교회의 역사와 일반역사를 통하여 일하신다. 하나님 아버지께선 교회를 통하여 그의 성령으로 화해의 복음을 전하실 뿐만 아니라 일반역사 속에서 동일한 성령의 역사로 화해를 실현하신다."[33]

다섯째, 통일신학자이며 여성신학자인 박순경은 성령 활동의 일반역사적이고 보편적인 차원에 많은 관심을 보여 왔다. 성령은 전통적으로 하나님 아버지와 예수 그리스도의 영이며 교회와 신앙의 영이며 증언의 영이면서, 또한 "새 피조물의 영"으로서[34] "세계 안에서 역사하시는 영"이다. "세계 안에서 역사하시는 영"의 차원, 또는 "성령의 세계성"은 기존 교회 및 기독교의 전통의 틀을 넘어서는 것으로서, 특히 피억압적 상황 속에서 새롭게 증언되어야 한다.[35] 그러므로 영성도 세계적인 차원을 지닌다. 기존의 신학전통이 교회의 영성을 강조한다고 하더라도, 그 영성이 "하나님의 영, 진리의 영에 상응하는 새 하늘·새 땅·새 인간의 탄생을 증언하는 영성일 때에만, 그러한 의미에서 역사 변혁적인 동력으로서의 영성이요 진리의 영요 14:17의 표징이다."[36]

III.

삼위일체-중심적Trinity-centric 유형의 요청 및 제안

위에서 살펴보았듯이, 남북한평화통일신학과 관련된 기존의 논문들에서 주요하게 드러난 신학적 주제들을 정리한 결과들과, 이 신학적 주제들이 다루어지는 방식들에 반영되어 있는 신학적 관점의 유형들을 분석한 결과들을 종합하면 다음과 같은 표로 정리할 수 있다.

유형	① 신-중심적 유형	② 그리스도-중심적 유형		③ 성령-중심적 유형	
		ⓐ 협소	ⓑ 광대	ⓐ 협소	ⓑ 광대
관점	창조주 성부 하나님	구원주 성자 하나님		완성주 성령 하나님	
신학 주제들	'하나님의 나라', '하나님의 주권', '하나님의 형상', '하나님의 선교', '통일', '샬롬 또는 평화', '정의', '정의로운 평화', '이스라엘의 회복', '희년', '일치', '만남' 등	'복음화', '통일', '샬롬 또는 평화', '화해', '성육신', '십자가', '십자가 복음' 등		'영성', '일치', '화해' 등 (또는 ①, ② 유형에 전제되거나 함축되어 있음)	
강조	하나님의 나라	십자가 대속 및 성육신		신적 사역의 실현/완성	
범위	교회 + 사회/세계/역사/우주	교회/신자	세계/우주	교회	사회/세계/역사/우주
특징	보편적 계시론	대속(속죄)론	우주적 기독론	교회론 성화론	우주적 완성론
장점	하나님 활동/사역의 일반성과 보편성 확보	기독교적 정체성/고유성의 확보		교회내적 활동 관심	교회외적 활동 관심
한계점	기독교적 정체성/고유성의 상실 또는 희미화	개인영혼구원/교회성장확장 관심		교회외적 활동 간과	
대표적 예들	박종천/안병무/박순경	김영한/황현조/문병호		김영한 문병호	노정선 이형기 박순경
신학적 입장	토착화신학(문화신학) 민중신학 통일신학(여성신학)	개혁신학/보수신학		개혁신학보수 신학	WCC신학 통일신학 (여성신학)

이와 같은 분석과 정리에서 주목할 수 있는 점은 신-중심적 유형과 그리스도-중심적 유형과 성령-중심적 유형은 각각 나름대로의 장점들이 있음

에도 불구하고, 또한 각각 나름대로의 한계점들을 드러내고 있다는 것이다. 이러한 점을 고려하면, 남북한평화통일을 위한 앞으로의 신학적 논의는 각 유형이 지니는 한계점을 보완하고 장점을 극대화하여야 하며, 이를 위하여 신학적으로 통합적인 틀이 필요함을 알 수 있다.

첫째, 신-중심적 유형에서 다루어지는 주제들은 교회 안에서뿐만 아니라, 사회와 역사 속에서 움직이시는 하나님의 일반적인 활동과 보편적인 사역을 제시함으로써, 남북한평화통일이라는 문제를 신학적으로 논의하기에 매우 용이한 장점이 있다. 그렇지만 하나님의 활동과 사역의 일반성과 보편성을 강조하면 할수록, 남북한평화통일의 논의가 종종 기독교적인 정체성 또는 고유성을 상실하거나 희미하게 하는 한계점이 있다. 신-중심적 유형이 지니는 한계점을 보완하기 위하여 그리스도-중심적 유형과 성령-중심적 유형이 함께 다루어져야 할 것이다.

둘째, 그리스도-중심적 유형에서 다루어지는 주제들은 남북한평화통일에 관한 신학적인 논의들을 예수 그리스도의 인격과 사역을 위주로 전개하기 때문에, 기독교적인 정체성 또는 고유성을 분명하게 드러내기에 용이한 장점이 있다. 그렇지만, 이 유형에 속하는 주제들은 많은 경우에 예수 그리스도의 성육신과 십자가의 대속과 화해의 의미를 개인영혼의 구원과 교회의 성장과 확장에로만 제한하여 적용한다. 그러기 때문에 남북한평화통일에 관한 신학적인 논의들이 단지 좁은 의미의 복음화와 선교화로서 전개되는 경향이 많다. 그래서 신학적 논의들에서 사회적인 차원, 역사적인 차원, 세계적인 차원, 우주적 차원을 상실해가는 한계점을 보인다. 협소한 그리스도-중심적 유형의 한계점을 보완하기 위하여 하나님의 주권을 강조하는 개혁주의 신학의 장점을 철저히 회복하는 것이 하나의 방법이 될 수 있다. 또는, 예수 그리스도의 사역의 우주적 차원을 강조하는 우주적 기독론Cosmic Christology을 전개하는 것도 하나의 방법이 될 수 있다. 그렇지만 협소한 그리스도-중심적 유형의 한계점을 보완하기 위한 더 나은 방법은 신-중심적 유형을 함께 강조하는 것이 좋은 방법이 될 수 있다. 그래야 예수 그리스도의 복음이 지니는 많은 차원 중에서 개인적 차원뿐만 아니라, 사회적, 역사적, 세계적, 우주적 차원들도 함께 강조할 수 있다.

셋째, 교회 내에서 많은 관심을 가지고 있는 성령-중심적 유형은 성령의 사회적, 역사적, 세계적, 우주적 활동보다는 성령의 교회 내적 활동을 훨씬 더 많이 강조한다. 그래서 이 유형은 많은 경우에 협소한 그리스도-중심적 유형과 쉽게 결부되어 나타난다. 교회 내적 활동을 더 많이 강조함으로써 신자들을 교회의 활동과 선교에 참여시킬 수 있는 장점이 있지만, 신자들로 성령 활동의 사회적, 역사적, 세계적, 우주적 차원을 보지 못하게 하는 한계점이 있다. 이러한 한계점을 극복하기 위하여 성령의 사회적, 역사적, 세계적, 우주적 활동을 더 많이 강조하는 것이 좋은 방법이다. 그러기 위해서는 협소한 성령-중심적 유형이 신-중심적 유형과 그리스도-중심적 유형과 함께 강조되어야 한다.

이와 같은 점들을 고려하면, 남북한평화통일을 위한 앞으로의 신학적 논의는 각 유형이 지니는 한계점을 보완하고 장점을 극대화하는 통합적인 틀이 필요하며, 이를 위해서는 기존의 세 유형을 함께 강조할 수 있는 통합적인 틀로서 삼위일체-중심적Trinity-centric 유형이 필수적임을 알 수 있다. 그러므로 본 논문은 이러한 통합적인 틀을 위한 대안으로 삼위일체-중심적Trinity-centric 유형을 앞으로의 대안으로 제안한다.

Ⅳ.
나가는 말

이 글은 삼위일체-중심적Trinity-centered 신학의 전개를 위한 구상의 일환으로 시도되었다.[37] 이를 위하여 이 글에서는 남북한평화통일신학에 관하여 기존에 발표된 논문들을 중점적으로 다루었다. 신학분야별로 주요하게 다루어진 신학적 주제들을 정리하고, 또한 그 신학적 주제들이 다루어진 방식인 신학적 관점의 유형들을 분석하면서 각각의 장점들과 한계점들을 파악하였다. 이러한 작업을 통하여 이 글은 남북한평화통일신학의 앞으로의 발전을 위하여, 기존의 세 신학적 관점의 유형들 각각의 장점을 극대화하고 각각의 한계점을 보완하는 통합적인 신학적 틀로서 삼위일체-중심적 유형을 제안하며, 본문에서의 고찰과 논의를 바탕으로 다음과 같이 몇 가지 방향들을 제시하고자 한다.[38]

1. ① 신-중심적 유형, ② 그리스도-중심적 유형, ③ 성령-중심적 유형은 각각 나름대로의 장점과 한계점을 지니고 있기 때문에 어느 하나를 배타적으로 선택하면 신학적인 풍성함과 다양성과 적실성을 상실할 수 있다. 그러므로 세 유형 모두를 비판적으로 받아들이고 종합할 수 있는 통합적인 신학적 틀로서 삼위일체-중심적 유형의 형성과 발전에 신학적인 관심을 기울여야 한다.

2. 세 가지 유형 중 현실에서 두드러지게 나타나는 것은 ① 신-중심적 유형과 ② 그리스도-중심적 유형이지만, ③ 성령-중심적 유형은 다른 유형들 속에 전제되어 있거나 함축되어 있다. 좀 더 엄밀하게 구별한다면, 세 가

지 유형들은 실제로 다섯 가지 유형들로 세분될 수 있다. ① 신-중심적 유형, ②-ⓐ 협소한 그리스도-중심적 유형, ②-ⓑ 광대한 그리스도-중심적 유형, ③-ⓐ 협소한 성령-중심적 유형, ③-ⓑ 광대한 성령-중심적 유형으로 세분할 수 있다. 이 다섯 가지 유형들은 신학적 입장이라는 스펙트럼의 다양성과 풍성함을 보여주기에 이러한 점들을 상실하지 않도록 하여야 한다.

3. 이러한 신학적 입장의 스펙트럼이 가지는 다양성과 풍성함이 있기 때문에, 기존의 신학적인 논의들을 단지 이분법적인 틀로 파악하고 규정하고 비난한다면 올바른 해결방향에로 나아갈 수 없다. 즉, 진보진영-보수진영, 에큐메니칼 신학-(보수적) 복음주의 신학, 하나님의 나라의 신학-예수 그리스도의 십자가의 대속(및 성육신)의 신학 등의 이분법적인 틀로는 올바른 해결방향에로 나아갈 수 없다. 그러기에 이분법적인 틀을 지양하고 극복할 수 있는 삼위일체-중심적 틀과 논리를 개발하고 발전시켜야 한다. 그래서 삼위일체-중심적 유형은 하나님의 나라의 신학을 충분히 긍정하면서도 예수 그리스도의 십자가의 대속 및 성육신의 신학을 충분히 긍정할 수 있어야 한다. 삼위일체-중심적 신학은 진보진영의 신학과도 충분히 대화할 수 있고, 보수진영의 신학과도 충분히 대화할 수 있어야 한다. 삼위일체-중심적 유형은 에큐메니칼 신학을 충분히 긍정하면서도 (보수적) 복음주의 신학을 충분히 긍정할 수 있어야 한다.

4. 삼위일체-중심적 유형은 ① 신-중심적 유형의 장점인 하나님의 활동 및 사역의 일반성과 보편성을 확보하고, ② 그리스도-중심적 유형의 장점인 기독교적 정체성과 고유성을 분명히 하며, ③ 성령-중심적 유형의 장점인 교회적 정체성과 개인신앙의 삶의 경건성을 계승한다. 그렇지만, 삼위일체-중심적 유형은 ②-ⓐ 협소한 그리스도-중심적 유형의 한계점인 개인영혼구

원 및 교회성장과 확장에로의 관심의 몰두를 지양하고, ③-ⓐ 협소한 성령-중심적 유형의 한계점인 성령활동의 교회 내적 활동에만으로의 한정을 극복한다. 이러한 지양과 극복을 위하여 ②-ⓑ 광대한 (사회적/역사적/세계적/우주적) 그리스도-중심적 유형과 ③-ⓑ 광대한 (사회적/역사적/세계적/우주적) 성령-중심적 유형을 충분히 전개하고 발전시켜야 한다.

5. 삼위일체-중심적 유형은 전통적 삼위일체론의 논의들과 현대 삼위일체신학의 르네상스 및 부흥기에서 발전된 결과들과의 충분한 대화를 통하여 삼위일체 하나님에 대한 분명한 신앙과 고백과 이해를 가져야 한다. 그리고 성부 하나님과 성자 하나님과 성령 하나님, 즉 삼위 간의 함께 계심_{공존}과 함께 활동하심_{공역}을 성서적으로 및 신학적으로 충분히 확보할 수 있도록 하여야 한다. 일예로, 페리코레시스_{상호내재, 상호침투, 상호통재}를 바탕으로 근원적 관계성의 심오한 차원과 함의들을 충분히 발전시켜야 한다.

6. 삼위일체-중심적 유형은 삼위일체 하나님에 대한 분명한 신앙과 고백과 이해가 개인적인 차원에로만 머물지 아니하고, 사회와 세계와 역사와 우주적 차원에로 확대될 수 있도록 삼위일체-중심적 신학체계를 전개하도록 하여야 한다.

1   이 글에서 다루는 자료들은 주로 한국학술정보 데이터베이스 KISS(Koreanstudies Information Service System), 누리미디어 국내학술전문 데이터베이스 DBpia, 교보문고 국내학술논문 데이터베이스 스콜라(Scholar)와 같은 데이터베이스들을 통해서 수집되었다. 이러한 데이터베이스들에 포함되지 아니한 자료들이 많이 있을 수 있기에 이 글에서 제시하는 통계는 완벽하지 않을 수 있다. 다만, 현재의 자료로 제한적으로나마 어느 정도의 연구경향성을 파악할 수 있다.

2   리차드 니버는 신학의 유형들을 분석하면서 "창조주 일신론"(the unitarianism of the Creator), "예수 그리스도/성자 일신론"(the unitarianism of Jesus Christ or of the Son), "성령의 일신론"(the unitarianism of the Spirit)으로 구별하였다. H. Richard Niebuhr, "Theological Unitarianisms," *Theology Today* vol. 40 on. 2 (1983): 150-157. 이러한 점을 받아들여 다니엘 밀리오리는 삼위일체론에 대한 관심이 감소하면 하나님에 대한 기독교적 이해가 왜곡되며 다양한 비성경적 일신론들이 고개를 든다고 지적한다. 신옥수・백충현 공역, 다니엘 L. 밀리오리 지음, 『기독교조직신학개론 - 이해를 추구하는 신앙(전면개정판)』(서울: 새물결플러스, 2012), 138-140.

3   역사신학 분야에서의 논의들을 몇몇 소개하면 다음과 같다. 박명수, "반공, 통일, 그리고 북한선교: 한국기독교교회협의회(NCCK)와 한국기독교총연합회(CCK)의 비교연구," 『성결교회와 신학』 21 (2009년 봄): 119-145; 안교성, "통일신학의 발전에 관한 소고," 『한국기독교신학논총』 90 (2013): 87-113; 연규홍, "한국교회의 민족통일 운동과 평화문제 - 민족통일과 평화에 대한 한국 기독교회의 선언(1988)을 중심으로," 『신학연구』 41 (2000. 12): 425-443; 이덕주, "통일이후 한반도 신학 모색 - 손정도의 기독교 사회주의를 중심으로," 『신학과 세계』 66 (2009. 12): 108-147; 이상규, "해방 후 한국교회의 민주화운동과 통일운동," 『한국기독교와 역사』 4 (1995. 12): 65-98; 이형기, "일치의 영: 한국 교회와 화해, 일치, 통일," 『새롭게 하시는 성령과 한국교회 - 기독교와 한국사회』 2 (1991): 73-89; 주도홍, "한국 복음주의 교회의 통일 인식," 『한국개혁신학』 20 (2006. 10): 171-194; 주재용, "한국 교회의 통일론," 『기독교사상』 276 (1981. 6): 28-38.

4   성서신학 분야에서의 몇몇 논의들을 소개하면 다음과 같다. 강사문, "희년법의 성서적 의미," 『장신논단』 6 (1990): 148-171; 김득중, "통일의 복음: 눅 4:16-30을 중심으로," 『기독교사상』 324 (1985. 6): 14-26; 김이곤, "구약성서에서 본 평화,"『교회와 세계』 38 (1995. 2): 8-10; 김회권, "이사야 11장의 메시야 예언서에 나타난 이사야의 민족화해 신학," 『한국개혁신학』 20 (2006): 71-98; 민영진, "구약에서 본 샬롬," 『기독교사상』 247 (1979. 1): 46-54; 박동현, "체제통합적인 통일준비: 성서적 관점에서," 『통합적인 통일과 그리스도인들의 과제』(서울: 장로회신학대학교 출판부, 1999), 207-232; 박정수, "성서적 통일신학 - '통일선교신학'을 제안하며," 『신학과 선교』 41 (2012): 237-278; 배희숙. "에서/에돔-야곱/이스라엘 관계에 나타난 통일신학의 기초,"『제1회 평화통일신학포럼: 평화통일신학 - 신학적 근거의 모색』(서울: 나눔사, 2015), 13-48; 안병무, "성서에서 본 평화," 『기독교사상』 168 (1972. 5): 30-37; 장영일, "한반도의 분단과 평화에 대한 구약성서적 조명," 『교회와 신학』 27 (1995. 5): 8-33; 차정식, "바울신학에 나타난 통일사상," 『한국기독교신학논총』 17 (2000): 51-89; 하경택, "이스라엘 개혁운동을 통해서 본 통일신학 - 신명기 역사서에 나타난 요시야 개혁운동을 중심으로," 『제1회 평화통일신학포럼: 평화통일신학 - 신학적 근거의 모색』(서울: 나눔사, 2015), 49-94.

5   기독교윤리학 분야에서의 몇몇 논의들을 소개하면 다음과 같다. 노정선, "IMF 시대에 통일로 향한 기(氣) 살리기: 통일을 향한 영성신학," 『한국여성신학』 33 (1998. 3): 30-36; 맹용길, "한반도의 평화신학 정립," 『한국기독교신학논총』 6 (1989. 10): 7-49; 박삼경, "이데올로기를 넘어서 화해의 윤리 공동체를 향하여 - 미학적 통일을 준비하는 그리스도인의 과제," 『한국기독교신학논총』 91 (2014): 185-207; 이창호, "역대 한국 정부의 통일 정책에 대한 기독교 윤리적 응답: 전쟁과 평화 전통을 중심으로," 『기독교사회윤리』 20 (2010): 223-268; 임성빈, "사람의 통일'을 위한 교회의 역할: 남북한 문화통합을 중심으로," 『한국기독교신학논총』 19 (2000): 229-252; 정종훈, "분단시대 한국교회의 신학적 반성과 과제," 『한국기독교신학논총』 21 (2001. 10): 261-283; 홍성현, "평화를 위한 교회의 과제," 『교회와 세계』 38 (1985. 2): 4-7.

6   선교신학 분야에서의 몇몇 논의들을 소개하면 다음과 같다. 김중석, 『북한교회 재건론』(서울: 진리와 자유, 1998); 박보경, "통일한국사회의 남북여성들의 하나 됨을 위한 선교학적 고찰," 『한국기독교신학논총』 64 (2009): 305-332; 박성원, "평화와 화해의 문들아 너의 머리를 들지어다!: 한반도 평화와 화해를 위한 세계교회의 노력," 『선교와 신학』 15 (2005): 71-99; 박종화, "평화통일신학의 향후 과제," 『기독교사상』 392 (1991년 8월): 42-50; 임희모, "북한교회 재건론의 문제," 평화와 통일신학 연구소 편, 『평화와 통일신학 1』(서울: 한들, 2002), 15-61; 조은식, 『통일선교: 화해와 평화의 길』(서울: 미션아카데미, 2007); 하충엽, "통이(統異) 신학," 한국장로교총연합회, 『비전70 하나님 사랑의 나라, 통

일』(서울: 영문, 2015), 175-208; 황현조, 『성육신적 북한선교: 성서적 통일 신학의 정립과 민족 화해의 새로운 방향』(서울: 영문, 1998).

7   조직신학 분야에서의 몇몇 논의들을 소개하면 다음과 같다. 김명용, 『열린 신학 바른 교회론』(서울: 장로회신학대학교 출판부, 1997); 김명혁, "이 시대가 요구하는 통일 정신,"「기독교와 통일」8 (2012): 8-13; 김영한, 『개혁주의 평화통일신학 - 선진사회적 자유민주통일론』(서울: 숭실대학교 출판부, 2012); 김영한, "평화통일신학과 영성,"「한국조직신학연구」18 (2013): 9-39; 김용복, "광복 50주년과 민족희년,"「한국기독교신학논총」12 (1995): 5-21; 김정형, 『탈냉전 시대 분단한국을 위한 평화의 신학』(서울: 나눔사, 2015); 김재진, "문화의 동질성 회복을 통한 남·북 통일 신학: 이스라엘의 고난 극복을 위한 신학을 중심으로,"「동서문화」31 (1998년): 63-79; 문병호, "남북통일에 대한 교리적 일고(教理的一考) - 구속사적·구원론적 관점을 제안,"「개혁논총」36 (2015): 65-103; 박성규, "평화통일의 신학적 근거로서의 기독교 화해론,"「제1회 평화통일신학포럼: 평화통일신학 - 신학적 근거의 모색」(서울: 나눔사, 2015), 95-152; 박순경, 『통일신학의 여정』(서울: 한울, 1992); 박순경, 『통일신학의 미래』(서울: 사계절출판사, 1997); 박종천, "민족통일과 토착화 신학의 미래 - 박순경 교수의 「기독교사상」8월호 논문을 보고,"「기독교사상」357 (1988. 9): 114-133; 신옥수, "통일신학의 어제와 오늘,"「한국기독교신학논총」61 (2009): 55-83; 신옥수, "평화통일신학의 형성과 과제 - 하나님나라 신학의 빛에서,"「제1회 평화통일신학포럼: 평화통일신학 - 신학적 근거의 모색」(서울: 나눔사, 2015), 153-194; 허호익, "남남 갈등과 통합적 통일신학의 모색,"「한국조직신학논총」42 (2015): 161-189.

8   기독교교육학 분야에서의 몇몇 논의들을 소개하면 다음과 같다. 김도일, 『조화로운 통일을 위한 기독교교육』(서울: 나눔사, 2013); 김성재, "통일이후를 준비하는 교회교육 - 통일 이후 , 한국교회 교육의 전망과 과제,"「교육교회」259 (1998): 2-5; 양금희, "통일 이후를 준비하는 교회의 통일교육,"「교육교회」422 (2013): 29-34; 윤응진, "기독교 평화통일 교육을 위한 이론정립의 방향 모색,"「한국기독교신학논총」12 (1995): 204-244; 임창복, "통일을 준비하는 교회교육의 실제,"「교육교회」411 (2012): 26-32; 주선애, "통일을 준비하는 교회교육 - 교회의 탈북자 사역 개발 - 새 생활 체험학교를 중심으로,"「교육교회」369 (2008): 23-28.

9   안병무, "성서에서 본 평화,"「기독교사상」168 (1972년 5월), 30, 36-37.

10 안병무, 『갈릴래아의 예수』(천안: 한국신학연구소, 1990), 120.

11 박순경, 『통일신학의 여정』(서울: 한울, 1992), 92; 박순경, 『통일신학의 미래』(서울: 사계절출판사, 1997), 234.

12 위의 글, 92.

13 위의 글, 141.

14 박종천, "민족통일과 토착화 신학의 미래 - 박순경 교수의 「기독교사상」8월호 논문을 보고,"「기독교사상」357 (1988년 9월), 126-127.

15 위의 글, 133.

16 황현조, 『성육신적 북한선교: 성서적 통일 신학의 정립과 민족 화해의 새로운 방향』(서울: 영문, 1998), 192-193.

17 위의 글, 161.

18 위의 글, 211-213.

19 김영한, 『개혁주의 평화통일신학 - 선진사회적 자유민주통일론』(서울: 숭실대학교 출판부, 2012), 26-27.

20 위의 글, 204-211.

21 위의 글, 60.

22 위의 글, 51-54.

23 문병호, "남북통일에 대한 교리적 일고(教理的一考) - 구속사적-구원론적 관점을 제안,"「개혁논총」36 (2015), 78.

24 위의 글, 79.

25 위의 글, 83.

26 위의 글, 91-92.

27 노정선, "IMF 시대에 통일로 향한 기(氣) 살리기: 통일을 향한 영성신학,"「한국여성신학」33 (1998년 3월), 30-36.

28 김영한, "평화통일신학과 영성," 「한국조직신학연구」 18 (2013), 29.

29 문병호, "남북통일에 대한 교리적 일고(敎理的一考) - 구속사적·구원론적 관점을 제안," 79.

30 위의 글, 87.

31 이형기. "일치의 영: 한국 교회와 화해, 일치, 통일," 「새롭게 하시는 성령과 한국교회 - 기독교와 한국 사회」 2 (1991), 75.

32 위의 글, 76-77.

33 위의 글, 86.

34 박순경, 『통일신학의 여정』, 263.

35 위의 글, 77.

36 위의 글, 336.

37 삼위일체-중심적 유형의 신학을 추구하는 한 가지 예를 노영상에게서 발견할 수 있다. 노영상은 에딘버러 대학교의 생태신학자 마이클 노쓰코트(Michael S. Northcott)가 제시한 생태신학의 세 가지 유형들, 즉 ① 인간중심적 생태신학, ② 신중심적 생태신학, ③ 생태중심적 생태신학 각각의 약점을 보완할 수 있는 포괄적인 생태신학으로서 삼위일체론적 생태신학을 제시하고자 하였다. 노영상, "인간 중심적 생태신학, 신 중심적 생태신학, 생태 중심적 생태신학의 통합으로써의 삼위일체론적 생태신학(Trinitarian Ecotheology)을 향하여," 「장로교회와 신학」 7 (2010): 93-120.

38 남북한평화통일신학을 전개하면서 삼위일체 하나님을 언급한 신학자로는 맹용길과 박순경이 있다. 그러나 이는 다른 신학자들에 비하여 삼위일체 하나님을 상대적으로 조금 더 많이 언급한 정도이지 이들에게서 삼위일체론이 충분히 전개되거나 표현되지는 못하였다. 맹용길. "한반도의 평화신학 정립," 「한국기독교신학논총」 6 (1989. 10): 7-49. 박순경, 『통일신학의 미래』(서울: 사계절출판사, 1997), 133-157.

10장

삼위일체 중심적 평화통일신학의 실천
— 북한이탈주민에 대한 이해와 포용

I.

들어가는 말

남북한의 분열은 지난 반세기 이상 동안 크나큰 상처와 고통을 안겨주고 있다. 남북한의 평화통일의 당위성이 있음에도 불구하고, 통일의 실현은 갈수록 멀어지는 것처럼 보인다. 정치적 및 제도적인 면에서의 형식적 통일이 갈수록 멀어지는 것처럼 보일 뿐만 아니라, 설사 그러한 통일이 이루어진다고 하더라도 사회적 및 문화적인 면에서의 실질적인 통일은 더더욱 요원한 것처럼 보인다. 유엔인구기금UNFPA의 자료인 '2014 세계인구현황 보고서'에 따르면,[1] 앞으로 이루어질 통일한국의 총인구는 7500만 명 전후가 될 것으로 추산된다. 통일이 된다면, 과연 7500만 명이 실질적인 통일의 모습 속에서 살 수 있을까?

　이러한 문제에 답하기 위한 시금석은 남한으로 온 북한이탈주민들[2]이 남한 내에서 어떻게 정착하고 있는지를 살펴보는 것이다. 즉, 북한이탈주민들이 한국 사회 및 교회와 상호적으로 어떤 관계성과 어떤 공동체성을 맺고 있는지가, 장차 있을 남북한의 통일에서 남한사람들과 북한사람들이 어떤 관계성과 어떤 공동체성을 맺을 수 있는가를 보여주는 귀중한 시금석이다. 그러나 주위에서 목격하고 전해 듣는 여러 현상들은 부정적인 답변의 가능성을 보여준다. 몇몇 예를 들면, 북한이탈주민으로 구성된 어느 교회는 아파트단지 안에 위치하고 있음에도 불구하고 이 교회에 출석하는 남한성도는 전혀 보이지 않는다. 북한선교부를 두고 있는 여러 남한교회에 북한이탈주민들이 출석하지만, 이들을 교구와 구역에서는 찾아보기가 힘들다.[3] 또한, 죽음을 무릅쓰고 남한에 왔지만 남한에서의 무시와 차별과 어려움으로 인하여 해외로 나가는 탈남 현상이 증가하고 있다.[4]

　이러한 문제의식을 동기로 시작된 이 글은 남북한의 평화통일이 정치적 및 제도적인 면에서의 형식적인 통일이 될 뿐만 아니라, 더 나아가서 사회적 및 문화적인 면에서의 실질적인 통일이 되도록 하기 위한 목적으로 시도되었다. 이 글에서는 남한으로 온 북한이탈주민들이 지니고 있는 어려움들이 북한이탈주민들에 대해 남한사람들이 가지고 있는 차별과 무시와 배타에 의해서 더욱 가중되고 심화되고 있음을 지적하고자 한다. 이러한 점을 제시하기 위하여 이 글은 북한이탈주민들에 관하여 이루어진 여러 선행연구를 참조하되,[5] 특히 남북하나재단이 2014년에 실시한 북한이탈주민 실태조사 및 사회조사의 결과들을 중점적으로 분석하고 해석할 것이다. 그런 후에 이 글은 이러한 문제를 극복하기 위한 신학적인 비전으로 현대 삼위일체신학이 제시하는 삼위일체 하나님의 공동성과 개방성과 상호내주성에 근거하여, 남한사람들과 북한이탈주민들과의 관계성/공동체성 및 개방성/포용성의 원리들을 제시하고자 한다.

II.
북한이탈주민들의 남한에서의 경험

북한이탈주민의 입국인원에 관한 통일부의 현황자료에 따르면, 2015년 6월 조사시점까지의 북한이탈주민 총인원은 2만8,133명이다. 북한이탈주민들은 1990년대 이후 급증하여 2001년부터는 매년 1천 명 이상이 입국하고 있으며, 특히 2006년부터 2011년까지는 2천 명 이상이 입국하였다. 2012년부터는 매년 1천 명 이상이 들어오고 있다. 2008년에는 2,803명, 2009년에는 2,914명이 입국하여 최고의 정점을 기록하였다. 입국한 북한이탈주민의 누적수로는 2007년에 1만 명을 넘어섰으며, 그 후로 3년만인 2010년에는 2만 명을 넘어섰다. 여전히 매년 1천5백여 명 이상의 북한이탈주민들이 들어오고 있다. 그래서 2015년 6월까지의 북한이탈주민들 총인원은 2만8,133명이다.[6]

남북하나재단의 2014년 북한이탈주민 실태조사는 "2014년 12월 현재 남한에 거주 중인 북한이탈주민의 총인원을 약 2만7,500명"[7]이라고 보고있다. 통일부 자료의 총인원 2만8,133명 중에서 2015년 1월부터 6월까지 입국한 614명을 빼면 2만7,519명이기에 거의 일치한다고 볼 수 있다. 남북하나재단의 2014년 실태조사는 약 2만7,500여 명 중에서 "23,141명을 조사모집단으로 선정하여 전수조사를 실시하였고"라고 밝히고 있는데, 이러한 수치는 북한이탈주민들 중에서 현재까지 별세한 자들이 대략 1천 명 정도이며, 해외로 나간 탈남 북한이탈주민들이 대략 4천 명 정도이라는 점을 고려하면 거의 일치한다. 이런 점을 고려할 때에, 현재 남한에 거주하는 북한이탈주민의 총인원은 2만3-4천명이라고 거의 정확하게 추정할 수 있다. 남북하나재단의 2014년 실태조사는 2만3,141명을 조사모집단으로 선정하여 전수조사를 실시하였는데, 이 중에서 최종 1만2,777명이 조사에 응하였기에, 조사완료율 55.2%를 기록한다. 결과적으로 남북하나재단의 2014년 12월의 실태조사는 조사시점에 남한에 거주하고 있는 2만3,141명 중에서 1만2,777명을 대상으로 이루어진 것이라고 할 수 있다. 참고로, 이들이 남한 내에서 거주하는 지역은 경기 26.5%, 서울 22,0%, 인천 9.2%로서 수도권에 거주하는 북한이탈주민들이 전체 중 57.7%임을 알 수 있다.[8]

1. 남한생활의 만족도

남북하나재단의 2014년 북한이탈주민 실태조사에 따르면, 남한생활의 만족도에 관하여 매우만족 17.7%, 만족 49.9%, 보통 28.6%, 불만족 2.8%, 매우불만족 0.6%, 모름/무응답 0.4%로 나타났다. 이러한 조사결과에 따르면, 매우만족 및 만족이 67.6%, 불만족 및 매우불만족이 3.4%, 보통 28.6%이다. 그런데, 이러한 수치를 근거로 북한이탈주민들이 남한생활에 대한 만족도가 상당히 높으며, 이러한 점에서 북한이탈주민들이 남한사람들과 좋은 관계성 및 공동체성을 형성하고 있다고 결론을 내리는 것은 단편적이고 일면적인 해석이며 성급한 결론이다. 그러기에 더욱 심층적인 분석과 해석이 요청된다.

먼저, 북한이탈주민들이 남한생활에 대한 만족도의 이유들에 관한 조사에 따르면,[9] 복수응답을 허용한 이 조사에서 남한생활에 대한 만족 이유들로 "내가 하고 싶은 일을 할 수 있어서" 47.4%, "북한 생활보다 경제적으로 여유가 생겨서" 42.3%, "내가 일한 만큼의 소득을 얻을 수 있어서" 40.7%, "감시와 통제를 받지 않아서" 27.1%, "가족들과 행복하게 살 수 있어서" 23.8%, "안정된 직장에서 일을 할 수 있어서" 5.0%, "이웃, 학교, 회사 등 사회로부터 인정받아서" 3.3%이다. 그런데, 이러한 만족들을 남한생활 자체에 대한 만족으로 해석하는 것은 너무 성급한 해석이다. 왜냐하면 만족의 이유들의 대부분은 남한생활이 북한생활에 비하여 갖는 비교우위적인 특성들에서 오는 만족들로 보이기 때문이다.

　　그러기에 북한이탈주민들이 남한생활에서의 만족도의 이유들보다는 불만족의 이유들에 더 많은 관심을 가지는 것이 중요하다. 불만족의 이유들에 관한 조사결과는 다음과 같다.[10]

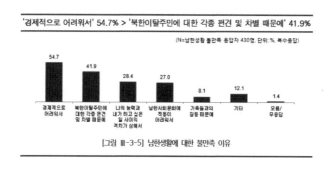

[그림 Ⅲ-3-5] 남한생활에 대한 불만족 이유

　　위의 조사에 따르면, "경제적으로 어려워서" 54.7%, "북한이탈주민에 대한 각종 편견 및 차별 때문에" 41.9%, "나의 능력과 내가 하고 싶은 일 사이의 격차가 심해서" 28.4%, "남한사회문화에 적응이 어려워서" 27%, "가족들과의 갈등 때문에" 8.1%, 기타 12.1%, 모름/무응답 1.4% 이다. 이러한 불만족의 이유들은 남한생활 자체에서 나오는 이유들이다. 남한생활 내에서 겪는 경제적인 어려움, 사회적인 편견과 차별, 직장 선택에서의 불만, 사회문화에의 부적응은 모두 남한생활 자체 안에서 오는 것이기 때문이다.

위의 불만족 이유 중에서 첫 번째 요인인 경제적인 어려움 자체 안에도 사회적인 편견 및 차별이 반영되어 있다고 볼 수 있다. 2014년 북한이탈주민들의 고용률 53.1%, 실업률 6.2%인데, 이러한 수치는 남한전체의 고용률 60.8%보다 낮고, 남한전체의 실업률 3.2%보다 높다. 이러한 점에서 북한이탈주민들이 남한 내에서 경제적으로 어려운 상황 속에 있음을 확인할 수 있다. 이것은 월평균 임금 및 평균 근로시간에서도 확인할 수 있다. 2014년 북한이탈주민들의 월평균소득은 147.1만원이지만 남한전체의 223.1만원에 비하여 76만원이나 낮다. 그리고 주당 평균근로시간은 북한이탈주민들의 경우에는 47.0시간인데, 남한전체의 44.1시간에 비하여 주당 2.9시간 더 많이 일하는 것으로 나타났다. 또한, 북한이탈주민들의 직업유형을 살펴보면, 단순노무 32.6%, 서비스업 23.1%, 기능원 및 관련종사자 12.2%, 사무직 8.3%로서 북한이탈주민들이 현재의 직업에서 전문성을 축적하는 데에 어려움을 겪고 있다고 볼 수 있다.[11]

2. 차별, 무시, 배타의 경험

2014년의 실태조사에서, "지난 1년 동안 북한 출신이라는 이유로 차별이나 무시를 당한 경험"이 있다는 북한이탈주민이 25.3%나 되었다. 그러한 경험이 없다는 북한이탈주민이 73.6%이지만 이러한 수치의 해석에는 여러 가지 요소들을 고려해야 한다. 중요한 것은 25.3%의 북한이탈주민들이 차별과 무시를 당한 경험이 있다는 점이다. 차별과 무시의 구체적인 이유들에 관한 조사에 따르면,[12] "말투, 생활방식, 태도 등 문화적 소통방식이 다르다는 점에서" 68.6%, "남한사람들이 북한이탈주민들의 존재에 대한 부정적 인식 때문에" 42.6%, "남한사람에 비해 능력이 부족하다고 생각되어서" 19.2%, "남한사회에서 경제적 수준이 낮은 계층이라서" 13.4%, "언론에서 북한체제/이탈주민들에 대한 부정적 보도의 영향으로" 11%, "북한의 호전적인 도발의 영향으로" 5.5.% 등으로 나타났다.

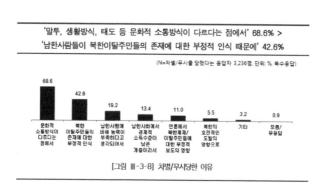

[그림 III-3-8] 차별/무시당한 이유

북한이탈주민 중에서 25.3%가 차별이나 무시를 당한 경험이 있다고 응답하였지만, 그렇다고 나머지 북한이탈주민들이 모두 행복하다고 결론을 내릴 수는 없다. 이러한 점을 해석하는 데에 있어서, 남북하나재단은 2014년 북한이탈주민 실태조사 외에도 2014년 북한이탈주민 사회조사를 동시에 실시하였는데,[13] 여기에서의 조사결과는 상당히 의미 있는 점들을 제공하여 준다. 2014년 북한이탈주민 사회조사에서는 북한이탈주민들의 정신적인 스트레스 민감도, 슬픔 및 절망감의 정도, 죽고 싶다는 생각의 정도를 조사하였는데, 상당히 높은 수치이다.

첫째, 지난 2주일 동안 일상생활에서 전반적으로 스트레스를 어느 정도 느꼈는지에 관한 조사결과에 따르면, "매우 많이 느꼈다" 19.9%, "느낀 편이다" 51.4%, "느끼지 않는 편이다" 22.6%, "전혀 느끼지 않았다" 5.8%, "모름/무응답" 0.2%로 나타났다. 스트레스를 느낀다는 응답이 71.4%, 스트레스를 느끼지 않았다는 응답이 28.4%로서, 스트레스를 느낀다는 북한이탈주민이 상당히 많음을 알 수 있다.[14] 북한이탈주민 10명 중에서 7명은 일상생활에서 스트레스를 전반적으로 느끼고 있음을 알 수 있다. 이러한 수치는 남한전체 중 66.6%가 스트레스를 느끼는 수치보다 5.2%나 높은 것이기에, 북한이탈주민들이 스트레스를 더 많이 느끼고 있음을 확인할 수 있다.

둘째, 슬픔 및 절망감을 느낀 경험과 관련하여 2014년 사회조사는 지난 1년 동안 연속적으로 2주 이상 일상생활에 지장이 있을 정도로 슬프거나 절망감을 느낀 경험이 있는지에 대해서 "그런 경험이 없다" 70.3%, "그런 경험이 있다" 29.2%로 나타났다.[15] 북한이탈주민 10명 중 3명이 일상생활에 지장이 있을 정도로 연속적으로 2주 이상 슬픔과 절망을 느끼고 있음을 알 수 있다.

셋째, 지난 1년 동안 한 번이라도 죽고 싶은 생각을 해 본 적이 있는지에 대해서 "없다"는 응답이 78.7%, "있다"는 응답이 20.5%로 나타났다. 북한이탈주민 10명 중 2명이 죽고 싶은 생각을 해 본 것으로 나타났다.[16] 죽고 싶은 적이 있다고 응답한 이들의 구체적인 이유들로는 "경제적 어려움" 30.3%, "신체적/정신적 질환 및 장애" 18%, "외로움 및 고독" 16.9%, "북한에 두고 온 가족 생각" 9.3%, "가정불화" 9.2%, "직장문제" 5.7% 등이다.[17] 북한이탈주민들 10명 중 2명이 죽고 싶은 생각을 한다는 수치는 남한전체의 6.8%만이 죽고 싶은 생각을 해 본 적이 있다고 응답한 것에 비해서, 즉 남한사람 중에서는 10명 중에 1명도 안 되는 사람이 죽고 싶은 생각을 해 본 적이 있다는 것에 비해서, 3배 이상의 높은 수치임을 알 수 있다. 이러한 수치가 얼마나 심각한 것인지는 남한의 자살률이 지난 11년 동안 OECD 국가 중에서 1위라는 점을 미루어 충분히 짐작할 수 있다. 2000년대에 가파르게 증가하였던 남한의 자살률은 2011년에 인구 10만 명당 31.7명으로 최고점을 기록하였고, 2012년 28.1명, 2013년 28.5명, 2014년 27.3명이다. 이러한 수치는 OECD 평균자살률이 12.1명인 것에 비하여 두 배 이상 높은 것이다.[18] 그리고 이러한 수치는 남한에서 한해 자살하는 사람들이 1만 5천 명에 가까우며 하루 평균 40명에 가깝다는 점을 의미한다. 남한사람들의 자살이 이 정도라고 한다면 북한이탈주민들의 경우는 더욱 더 심각하다는 점을 추정할 수 있다.

이와 같은 조사결과를 바탕으로 남북하나재단은 북한이탈주민들이 남한사람들에 비해 스트레스를 더 많이 받고 있으며, 죽고 싶다고 생각한 경험도 더 많다는 점에 주목한다. 북한이탈주민들의 치유되지 않은 정신건강 문제는 남한 정착과정에서의 스트레스가 더해지면서 일상생활에도 부정적인 영향을 심각하게 미치고 있다고 분석한다. 아울러, 남북하나재단은 북한이탈주민들의 스트레스를 줄이고 삶의 만족도를 높이기 위해서 이들에 대한 사회적 이해와 포용을 증진시키기 위하여 남한사람들의 인식개선이 이루어져야 한다고 지적한다.[19]

이러한 개선이 이루어지지 않는다면, 북한이탈주민들의 탈남 현상은 앞으로 더욱 더 많아질 것이다. 영국에 망명하였던 북한이탈주민들이 2007년 135명, 2008년 170명이다. 그런데 이들 중 상당수는 제3국이 아닌 이미 남한에서 정착했던 북한이탈주민들이었다. 이들은 위장 망명을 통해서라도 남한을 떠나 해외로 가고자 하였던 것이다. 영국으로 위장 망명한 북한이탈주민들은 "한국에서 북한이탈주민들을 2등 국민으로 취급하는 것을 견딜 수가 없어서" 등의 이유로 탈남을 선택하였다고 한다. 북한이탈주민에 관한 연구들은 북한이탈주민들이 남한에서 받는 차별이나 편견 등이 남한에서의 적응에 어려움을 주고 있다고 밝힌다. 즉, 남한에서 보이지 않게 일어나는 차별, 부적응, 상대적 박탈감, 생활고, 교육 부담 등이 탈남 현상을 일으키고 있음을 보여준다.[20]

유엔난민기구UNHCR의 2014년 세계난민현황Global Trends Forced Displacement 보고서에 따르면,[21] 탈북 난민자이 1천 173명, 난민 지위 신청 후 대기하는 사람이 3,489명이다. 게다가 유엔난민기구에 의해 무국적자로 규정된 사람이 204명에 달해, 탈북난민과 난민신청자가 합계 약 4,866명이다. 그리고 2014년 중반까지의 조사에 따르면, 영국에 정착한 탈북난민의 수가 630명으로 가장 많고, 이어 캐나다 127명, 독일 107명, 러시아 67명, 벨기에 66명, 네덜란드 58명 순이다. 해외에 흩어져 있는 디아스포라 탈북난민 중에는 남한에서 살다가 해외로 나간 탈남 북한이탈주민이 상당히 많이 있다. 탈남 북한이탈주민들은 대부분 남안에서 사회적으로, 경제적으로, 문화적으로 차별과 무시와 배타를 경험하기 때문에, 새로운 희망을 찾아서 해외로 문을 두드리고 있는 실정이다.

III.
삼위일체적 평화통일신학

위에서 살펴보았듯이, 북한이탈주민들이 겪는 어려움은 다차원적이고 다면적이고 다층적이다. 특히, 이들의 어려움은 남한생활 내에서의 차별, 무시, 배타에 대한 경험들로 인하여 더 가중되고 악화된다. 그러기에 북한이탈주민들이 남한생활 내에서 더욱 더 따스한 환영 및 환대, 사회적 포용,

경제적 배려, 문화적 상호이해를 경험할 수 있다면, 자신들의 어려움을 더 수월하고 더 넉넉히 극복할 수 있으리라 기대된다. 이러한 가능성을 모색하고 증진하고자 이 글은 신학적 비전을 삼위일체신학에서 가져오고자 한다.

삼위일체론은 교회사에서 325년의 니케아공의회와 381년의 콘스탄티노플공의회에서 공식화되어 교리적으로 확정되었다. 그러나 삼위일체론이 가리키는 바는 갑자기 생겨난 것이 아니라 이미 성경 속에 명시적으로 및 암시적으로 표현되어 온 것이다. 신약에서는 예수 그리스도에 대한 신앙과 성령에 대한 신앙을 통하여 명시적으로 표현되어 왔으며, 구약에서는 하나님의 내적인 구별성에 대한 이해가 암시적으로 반영되어 왔다.[22] 삼위일체론이 교리적으로 공식화된 이후로 교회는 삼위일체론을 믿고 가르치고 고백하여 왔지만, 동시에 도전과 비판과 공격을 받아왔으며, 특히 18세기 및 19세기에는 더 큰 도전과 비판을 받아 신학의 논의에서 사라지는 일식현상을 보이기도 하였다. 그러다가 20세기 및 21세기에서는 삼위일체론이 일식으로부터 회복되었을 뿐만 아니라, 더 나아가 신학의 모든 주제와 분야들이 삼위일체 하나님의 관점에서 다루어지는 삼위일체신학의 르네상스 또는 부흥을 맞이하고 있다. 창조론, 인간론, 기독론, 구원론, 속죄론, 성령론, 영성론, 교회론, 종말론 등의 주제뿐만 아니라, 목회사역, 예배, 성례, 선교, 기도, 가정생활, 사회, 다문화, 세계종교 등의 분야들이 삼위일체신학의 관점에서 다루어지고 있다.[23]

1. 삼위일체신학에서의 하나님과 사회

현대 삼위일체신학이 오늘날 제시하는 통찰들과 공헌들이 많이 있지만, 그 중에서 가장 중요한 것은 삼위일체 하나님과 사회와의 연관성이다. 19세기 중엽의 영국의 기독교사회주의자인 프레데릭 데니슨 모리스는 1854

년에 출판한 자신의 책 『신학에세이』에서 삼위일체는 인간의 삶의 토대이며 인간사회의 토대라고 주장한다.[24] 1869년에는 캠브리지대학교에서 사회도덕에 관하여 21회의 강연을 하면서 사회도덕을 위한 신학적 기초를 탐구할 것을 제안한다. 그리고 모리스는 모든 신학을 성부와 성자와 성령으로 계시는 삼위일체 하나님의 이름 위에 토대를 두고자 하는 자신의 신학기획이 삼위일체를 사회도덕의 토대로서 여기는 자신의 입장을 확증한다고 여긴다. 19세기 말의 러시아정교회 신학자 니콜라스 페도로프는 "삼위일체론은 우리의 사회적 프로그램이다."라는 명제를 주장하면서 사회를 변혁시키기를 원하였다.

한편으로, 모리스의 비전과 페드로프의 원리는 몰트만의 사회적 삼위일체론과 보프의 해방신학적 사회적 삼위일체론으로 확장되고 심화된다. 보프는 "삼위일체는 우리의 참된 사회적 프로그램이다."라고 주장한다.[25] 이러한 논의를 통하여 경제적 착취와 정치적 억압과 사회적 불평등이 없는 공동체, 즉 평등, 정의, 사랑이 가득한 사회 공동체가 되기를 바란다. 그러나 다른 한편으로, 모리스의 비전과 페드로프의 원리는 건톤과 볼프에 의해서 제한된다. 건톤은 인간의 철저한 죄성으로 인하여 사회적 삼위일체론을 무제한적으로 적용하는 데에 문제가 있다고 여긴다.[26] 그래서 볼프도 그러한 비전과 원리를 무제한적으로 지지하기보다는 약간의 제한을 가한다. 그리고 볼프는 삼위일체의 형상을 사회에 적용하기보다는 교회에 적용하는 것에 더 많은 관심을 기울인다. 그래서 그는 "기독인들의 교제는 삼위일체 하나님의 일치성을 반영해야 한다"고 주장하며, "그리스도의 이름으로 모인 자들은 삼위일체의 형상이 될 수 있다"고 진술한다.[27] 그리고 볼프는 "삼위일체론은 우리의 사회적 비전이다."라는 명제로 좀 더 완화된 표현을 사용한다.

제한적이든 광범위하게든, 인간은 하나님의 형상대로 지음을 받았기에,

인간은 사회 속에서 삼위일체 하나님의 모습을 닮아갈 수 있다. 인간의 한계성과 연약성과 죄성으로 인하여 인간은 완벽하게는 아니라고 하더라도 삼위일체 하나님의 모습을 닮아갈 수 있다. 『남북한 평화통일을 위한 삼위일체적 평화통일 신학의 모색』이 제안하듯이,[28] 성경의 하나님은 삼위일체 하나님의 공동성Triune Togetherness, 삼위일체 하나님의 개방성Triune Openness, 삼위일체 하나님의 상호내주성/페리코레시스Triune Mutual Indwelling/Perichoresis의 모습들을 지니는 분이시다. 즉, 삼위일체 하나님은 성부와 성자와 성령으로 늘 함께 존재하시며 늘 함께 사역하신다. 삼위일체 하나님은 하나님 자신 안에 머무르지 아니하고 하나님 자신 밖으로 나아가며 세계에 대하여 개방되어 있는 분이시다. 또한, "아버지께서 내 안에, 내가 아버지 안에 있는 것 같이"요 17:21라는 예수님의 기도문에서 알 수 있는 것처럼, 성부와 성자와 성령은 상호내주 또는 상호침투하시면서 사랑과 평등의 공동체를 이루신다. 이와 같은 삼위일체 하나님의 모습들에 근거하여 삼위일체신학은 인간 존재 및 인간 사회에 대하여 관계성/공동체성 및 개방성/포용성의 원리를 도출 및 적용할 수 있다.

2. 삼위일체신학에서의 관계성/공동체성

먼저, 현대 삼위일체신학은 삼위일체 하나님 안에서의 관계성 또는 공동체성뿐만 아니라, 인간 존재에서와 인간 사회에서의 관계성 및 공동체성에 큰 함의를 가진다. 현대사회의 가장 주요한 특징 중의 하나이면서 동시에 현대사회의 가장 큰 문제 중의 하나는 개인주의individualism이다. 이에 대립되는 집단주의collectivism도 또한 큰 문제 중의 하나이다.[29] 개인주의와 집단주의를 극복하고 진정한 공동체authentic community를 형성하기 위하여 관계성relationality에 관한 논의들이 학문적으로 계속 진행되고 있다. 특히, 근대적 주체의 특징으로서의 개인주의는 인간의 자율성과 합리성을 강조하는 장점이 있지만, 인간중심적인 가치관을 견고하게 함으로써 타자를 이해하지 못하고 배제하며 심지어 폭력까지 행사하는 많은 병폐를 초래하고 있다.[30] 그래서 타자를 긍정하고 포용하는 진정한 공동체를 형성하기 위한 사상적 토대를 제시하기 위하여, 관계성 및 공동체성에 대한 논의가 진행되고 있다.

구체적으로 근대적 주체의 개념을 비판하면서, 또한 상호주관적인 관계성의 개념에 남아 있는 실체론적 또는 유아론적 잔재를 더 철저하게 제거하면서, 관계성을 더 적극적으로 강조하는 이들이 있다. 마르틴 부버는 근대 세계의 특징으로서의 "나와 그것I-It"의 관계를 비판하면서 "나와 너"I-Thou 의 상호인격적 관계를 제안한다.[31] 엠마누엘 레비나스는 전체성의 개념을 거부하고, 또한 타자를 위한 책임과 타자를 위한 고통의 개념을 통하여 "타자의 윤리"Ethics of the Other를 제안한다.[32] 칼빈 슈렉은 "횡단적인 자아"Transversal Self 라는 개념을 통하여, 인간은 특정한 사회에 의존하여 자신의 정체성을 구성하나, 그러한 특정한 사회에 결정되어 있는 것은 아니기에, 다른 차원의 합리성을 구현하고 있는 공동체와의 의사소통을 통해 자신의 정체성을 보다 다층적으로 구성한다고 주장한다.[33] 이러한 논의들을 통하여 우리는 개인주의적인 단일성을 넘어서고 집단주의적인 획일성에 빠지지 않는 지점에서 자아를 구성할 때 진정한 공동체를 형성할 가능성에 더 가까이 다가갈 수 있는 가능성을 볼 수 있다.

신학의 영역에서는 이러한 가능성을 현대 삼위일체신학에서 발견할 수 있다. 예를 들면, 지지울라스는 자신의 책인 『친교로서의 존재』에서 존재being 자체가 친교communion 이며 연합union 이며 관계relation 이라는 점을 밝힌다.[34] 밀리오리는 우리로 하여금 삼위일체론의 "표면문법"surface grammar에 머무르지 말고 "심층문법"depth grammar에로 나아가도록 조언한다. 그가 의미하는 삼위일체론의 심층문법에 따르면, 삼위일체 하나님은 자신을 내어주고self-giving,

남을 긍정하며other-affirming, 공동체를 세우는community-forming 사랑이시다.[35] 이러한 시도들은 위격Person을 개별적으로 분리되거나 단절된 존재로 보지 않고, 서로 간의 밀접한 관계를 맺고 있는 관계적 존재로 보는 통찰을 제공한다.

그러므로 인간 존재 및 인간 사회는 분리되고 단절된 자아들이 아니라, 이미 관계성과 공동체성 안에 있는 존재이며, 그 안에서 친교와 연합과 일치를 누릴 수 있는 존재이다. 인간이 가지고 있는 자기중심성은 이러한 관계성과 공동체성을 부인하고 각자의 개별적이고 독립된 자아를 내세운다. 삼위일체 하나님을 깊이 묵상하고 바라보고, 삼위일체 하나님의 모습을 제한적이나마 닮아가고자 할 때에, 인간 존재 및 인간 사회는 본연의 관계성과 공동체성을 회복할 수 있다.

3. 삼위일체신학에서의 개방성/포용성

다음으로, 현대 삼위일체신학은 삼위일체 하나님 안에서의 개방성과 포용성뿐만 아니라, 하나님의 형상대로 지음을 받은 인간 존재와 인간 사회에서의 개방성 및 포용성에 대하여 큰 함의를 가진다. 예수님의 세례사건에 대한 칼뱅의 주석이 분석하듯이,[36] 예수님의 세례사건은 삼위일체 하나님 안에서만 머무는 사건이 아니라, 우리와 세계에로 열려 있는 개방성의 사건이며 우리를 받아들이는 포용성의 사건이다. 예수님의 사건에서 드러난 삼위일체 하나님은 바로 우리를 위하시는 분이다.

예수 그리스도에게 이미 거하였던 성령이 예수님의 세례사건에 다시 임하신 까닭은 공생애를 시작하는 예수 그리스도로 하여금 성령의 막대한 권능을 입히도록 하기 위함일 뿐만 아니라, 우리와 같이 믿는 자들이 어떻게 성령의 능력을 받아들이는지를 배우도록 하기 위함이다. 성령이 불의 형상이 아니라 "비둘기 같이"〈마 3:16〉 나타난 까닭은 예수 그리스도의 온유함을 상징적으로 드러냄으로써, 죄인들에게까지 열려 있으시며 죄인들까지 받아들이시는 예수 그리스도의 개방성과 포용성을 발견하도록 한다. 이를 통하여 우리는 온유하신 예수 그리스도에게 나아갈 때에 두려움이 없이 믿음으로 나아가도록 돕는다. 그리고 예수 그리스도에게 하늘로부터 "이는 내 사랑하는 아들이요 내 기뻐하는 자라"〈마 3:17〉는 소리가 들린 까닭은 예수 그리스도로 하여금 성부의 막대한 사랑을 맛보도록 하기 위함일 뿐만 아니라, 우리와 같이 믿는 자들이 어떻게 성부 하나님의 사랑을 받아들이는지를 배우도록 하기 위함이다. 그리고 우리에게도 하늘로부터 그러한 사랑의 소리를 듣게 함으로써 우리가 예수 그리스도를 통하여 하나님의 양자가 되어 하나님을 아버지라고 대담하게 부를 수 있도록 하기 위함이다.

이러한 삼위일체 하나님의 개방성과 포용성은 우리로 하여금 우리 자신의 개인적인, 또는 집단적인 전제들, 선입견들, 심지어 왜곡된 이데올로기들을 비판적으로 검토하고 극복할 수 있도록 요청한다. 예수 그리스도를 진정으로 알아가는 일은 그리스도 안에서 우리가 발견되어짐으로써, 우리의 전제들과 선입견들과 개념들과 왜곡된 이데올로기들이 노출되고 이와 동시에 변화되고 갱신되는 것이다.[37] 그럼으로써 동시에 우리는 은혜를 통하여 타자에게 열려 있는 개방성을 가지게 되고, 또한 타자를 있는 그대로 받아들이는 포용성을 가지게 된다.

삼위일체 하나님의 개방성과 포용성을 구체적으로 적용하는 볼프는 『배제와 포용』에서 타자를 어떻게 이해하고 긍정하고 받아들이는지에 관하여 논의한다.[38] 그러면서 볼프는 십자가에서의 하나님의 자기 내어줌이라는 주제에 담긴 사회적 함의를 제시하고자 한다. 즉, 하나님이 경건하지 않은 이들을 악에 넘겨주지 않으시고, 오히려 그들을 향해 팔을 내뻗으시고, 속죄를 통해 하나님과의 교제 속으로 받아들이시며 포용하시고자 자기를 내어주셨음에 주목한다. 삼위일체 하나님의 포용을 받은 우리도 또한 그렇게 하여야 한다고 볼프는 주장한다.[39] 그리고 볼프는 『베풂과 용서』에서 선물로서의 은혜와 그것이 사회적 관계들에 미치는 함의들을 고찰하였다.[40] 삼위일체 하나님은 근본적으로 베푸시는 분이시고 용서하시는 분이다. 삼위일체 하나님은 우리에게 무한히 베푸시고 무조건적으로 용서하시는 분이시기에, 베풂과 용서를 받은 우리도 또한 남들에게 베풀어야 하고 남들에게 용서하여야 한다.

IV.
상호 이해와 포용을 위한 구체적 함의들과 사례들

삼위일체 하나님의 공동성, 개방성, 상호내주성의 모습에 근거한 삼위일체적 평화통일신학은 인간 존재 및 인간 사회에서의 관계성/공동체성 및 개방성/포용성의 원리들을 제시하여 준다. 이러한 원리들은 한국 사회 및 교회에서 남한사람들과 북한이탈주민들과의 상호 이해와 포용을 어떻게 형성하고 증진시킬 수 있는지에 관하여 구체적인 함의들을 제공한다.

첫째, 삼위일체 하나님의 관계성/공동체성은 하나님 또는 신에 대한 이해를 교정하여 준다. 단일신론monotheism 적 또는 단일군주신론monarchianism 적인 신관념을 극복하고 관계적 공동체적인 하나님 이해에로 회복시켜 줄 수 있다. 북한이탈주민들에게는 북한주체사상적 세계관으로부터 벗어날 수 있는 사상적 대안을 제시하여 줄 수 있으며, 남한사람들에게는 수직적 위계질서적인 신관념으로부터 벗어나서, 성경이 증언하고 있는 공동체적이며 관계적인 하나님 이해를 갖도록 도와준다. 그럼으로써 우리 모두로 하여금 성경의 하나님은 과연 어떤 분이신지를 온전히 발견하고자 나아가게 하며, 그 속에서 하나님의 삼위일체 하나님 되심을 발견하여 삼위일체 하나님의 공동성, 개방성, 상호내주성의 모습을 깊이 깨달아가도록 한다. 그러면서 삼위일체 하나님의 모습을 닮아가고자 하면서 우리의 인간 존재 및 인간 사회가 관계성/공동체성을 온전히 형성하고 증진시킨다. 즉, 삼위일체 하나님의 관계성/공동체성에 비추어 인간 존재 및 인간 사회의 관계성/공동체성을 증대시킨다.

둘째, 삼위일체 하나님의 개방성/포용성은 남한사람이든 북한이탈주민이든 서로에게 자신을 열어서 개방하며 서로를 자신 안으로 포용할 수 있도록 돕는다. 이를 위해서는 무엇보다도 획일적인 일치가 아니라 다름 속에서의 일치로의 전환이 서로에게 있어야 할 것이다. 나와 다르고 우리와 다르다고 여겨지는 타자의 다름을 그대로 인정하고 받아들일 수 있어야 하며, 그리고 타자의 다름이 오히려 나의 정체성과 우리의 정체성에 영향을 주어 더 풍성한 변화에로 이끌어갈 것임을 확신하여야 한다.

이러한 함의들은 또한 현실 및 현장 속에서의 구체적인 실천방안들을 마련할 수 있도록 기초와 토대를 제공하여 준다. 현재 이러한 함의들을 반영하면서 진행되고 있는 몇 가지 구체적인 실천사례들을 제시하고자 한다.

첫째, 미래나눔재단과 한반도평화연구원은 공동으로 "새터민 대학생 멘토링 프로그램"을 진행하고 있다.[41] 북한이탈 대학생들을 매년 10여명 선발하여 대학 기간 동안 장학금을 지원한다. 현재는 약 40여 명의 북한이탈 대학생들을 지원한다. 그런데, 이 프로그램의 특징은 장학금을 지원하는 것으로 끝나지 않는다는 점이다. 또는, 장학금 지급을 조건으로 수혜 학생들에게 의무적인 동원이나 강요를 요구하지 아니한다는 점이다. 그 대신에,

멘토-멘티 프로그램을 도입하여 지속적으로 지원하고 있다. 멘토-멘티의 본래의 방식은 북한이탈 대학생과 남한 대학생을 친구로 연결하고자 하였다. 물론 이것도 매우 의미 있는 시도이었다. 그러나 이러한 경우 단순한 친구관계가 몇 차례의 만남의 관계 이상으로 발전하지 않는다는 점이 문제였다. 그렇다고 단순히 교회의 신앙 좋은 어르신들을 멘토로 선정하여 연결하는 방식도 피상적이고 일방적인 시혜의 관계가 될 우려가 있다.

그래서 이 프로그램은 멘티인 북한이탈 대학생의 관심사와 진로와 고민들에 실질적인 도움과 조언을 줄 수 있는 전문가들을 멘토로 선정하여 연결하는 방식을 도입하였다. 멘티 입장에서는 자신에게 꼭 필요하고 실질적인 도움을 받을 수 있기에 자신에게 계속적인 만남에 대한 동기부여가 이루어진다. 그러나 멘토는 자신의 분야에서는 전문가라고 할지라도 북한 및 북한이탈주민에 대한 이해에서는 어려움을 겪을 수 있기 때문에, 재단측에서 멘토들을 교육하고 훈련하고 상담하는 방식을 함께 도입하였다. 이러한 멘토-멘티 프로그램이 효과적으로 진행될 수 있도록 만드는 가장 중요한 방법은 멘토들과 멘티들을 상담하고 목회하는 코디네이터를 두는 것이다. 그리고 이 코디네이터는 반드시 북한사역의 경험이 풍부하고 북한이탈주민에 대한 이해의 전문가이어야 한다. 이 코디네이터는 멘티들을 캠퍼스로 찾아가 상담하고 조언해주고, 또한 멘토들의 고충을 듣고 상담하고 조언하여 준다. 그래서 멘토와 멘티 사이에 놓여 있는 장벽들과 오해들을 부드럽게 누그러뜨리고 제거해주는 방식으로 활동한다. 이러한 운영방식은 멘토와 멘티 양쪽 모두에게 크게 도움이 됨으로써 원활하게 진행되고 있어서, 다른 기관들의 귀감이 되고 있다.

둘째, 북한선교사역의 현장 전문가인 하충엽 박사가 제안하는 통이異공동체의 비전은 현장 경험 및 현실 상황에 매우 적절한 방식이어서 우리에게 많은 시사점을 제시하여 준다.[42] 그가 제안하는 통이공동체는 정치적인 구조 또는 제도로서의 공동체가 전혀 아니다. 그가 제안하는 통이공동체는 남북한의 통일에로 나아가는 과정으로서의 공동체를 의미하며, 상호 이해와 포용을 위한 과정으로서의 공동체이다. 이러한 제안의 밑바닥에는 그의 풍부한 현장 경험 및 적실한 현실 판단이 놓여 있다.

하충엽 박사는 분단 70년이 지난 현재 남한사람들과 북한사람들은 이미 이질화된 두 공동체들이라는 점을 인정해야 한다고 제안한다. 그 근거들로 3가지를 제시한다. 첫째는 사물인식에 있어서 남북한의 외형인식이 매우 이질적이라는 점이다. 예를 들면, 북한에서는 꽃이 주체사상을 나타내는 상징으로 인식된다. 평양시내에서 발견할 수 있는 매화, 해바라기, 진달래, 목련화, 김일성화, 김정일화는 단순히 식물의 꽃으로 인식되는 것이 아니라 혁명적 요소를 내포하는 상징들로 인식된다.[43] 둘째는 남북한의 언어표현이 매우 이질적이라는 점이다. 북한에서는 "이해"는 다르게 이해한다는 의미이고, "리해"는 제대로 이해한다는 의미이다. 이러한 점을 알지 못한다면, 의사소통에서 오해가 생길 수밖에 없다. 그리고 북한에서는 언어가 혁명의 도구로 간주되기 때문에 김일성의 주체사상에 맞도록 새롭게 형성된 언어표현들이 많다. 예를 들면, 남한에서는 "나는 할 수 있다"는 언어표현은 뭔가를 할 수 있는 힘이 있고 방법이 있다는 개인의 능력을 가리키는 표현인 반면에, 북한에서는 어떠한 장애물이 있더라도 할 수 있다는 혁명완수를 위한 불굴의 의지를 드러내는 언어표현이다. 이러한 차이로 인하여 북한이탈주민들이 남한에서 이 표현을 사용함으로써 도리어 새로운 일을 제대로 배우지 못하게 되는 상황들이 많이 발생한다.[44] 셋째는 남북한의 행동양식이 매우 이질적이라는 점이다. 예를 들면, 남한의 북한사역자들은 북한이탈주민들이 약속을 잘 지키지 않는다는 점을 많이 힘들어 한다. 그러나 북한은 전체주의 사회이기 때문에 약속은 당의 요구에 복종하기 위한 약속일 뿐이지 개인의 이익을 추구하는 약속은 거의 존재하지 않는다고 한다. 그러기에 북한이탈주민들이 약속에 대해서 어떻게 생각하고 어떻게 행동하는지를 남한 사람들이 알지 못한다면 그들을 불평하고 비난하고 그들에게 배타적이게 될 위험성이 많이 있게 된다.[45]

남북한의 외형인식, 언어표현, 행동양식이 이미 매우 이질화되어 있음을 현실적인 상황을 고려하여 하충엽 박사는 남북한 사이의 만남의 처음부터 통일을 말하는 것은 서로에 대한 강제적인 동화 및 적응을 초래하거나, 또는 강제적인 획일화를 요구하는 위험성이 있고, 그러다가 서로를 배제하고 서로에게 배타적이게 되는 가능성이 있다고 지적한다. 그러기에 양자의 만남 속에서의 삶 가운데서 서로 간의 상호작용을 통해서 서로를 알고 배우면서 새로운 민족적 정체성을 형성하도록 나아가도록 하는 것이 훨씬 더 효과적인 방식이라고 제안한다. 상호 이해와 포용의 국면으로서의 통이공동체를 거쳐야 진정하고 실질적인 통일로 나아갈 수 있다고 역설한다.[46] 통이는 다름안에서의 일치를 의미하기에 다른 집단을 한 집단으로 흡수하기를 포기하고, 서로의 다름을 포용하고 존중함으로써 조화로운 보편공동체를 창조하는 것이다라고 주장한다.[47]

셋째, 숭실대학교는 대학 최초로 통일 관련 교양필수과목인 "한반도 평화와 통일"을 2014년에 개설하였다. 한 학기 동안 온라인으로 이론수업을 하고, 이와 별도로 학과별로 3박4일간 숭실통일리더십연수원에서 합숙수업을 받는다. 합숙수업 1일차에는 "겨레의 통일 봄맞이," 2일차 "차이를 넘어 남북 하나되기," 3일차 "통일한국의 리더십 만들기," 4일차 "통일체험하기"의 주제로 진행된다. 이와 같은 이론수업과 합숙수업을 통하여 북한 및 북한이탈주민들에 관하여 기본적인 이해를 증진시킨다. 물론 이러한 교육과정이 피상적인 교육으로 그칠 가능성은 많이 있다. 그래서 이러한 교육과정의 목적과 취지를 더 효과적으로 드러낼 수 있도록 하기 위한 구체적인 방안들이 필요하다고 보인다.

서울대학교 평화통일연구원의 2014 통일의식조사에 따르면,[48] 통일이 필요한 것인지에 대한 질문에 대해 "매우 필요하다" 26.9%, "약간 필요하다" 28.9%로, 이 둘을 합친 긍정적인 응답의 비율은 55.8%이다. 반면에 "반반 또는 그저 그렇다" 22.5%, "별로 또는 전혀 필요 없다" 21.7%이다. 통일의 필요성에 대한 응답은 분단이 길어질수록 약해져 왔고, 통일의 불필요성에 대한 응답은 시간이 지날수록 증대하여 왔다. 연령별로 분석하면, 지난 몇 년간 나타난 현상과 마찬가지로 젊은 세대일수록 통일에 대한 필요성을 느끼는 응답률이 낮은 양상은 유지하고 있다. 가장 젊은 연령집단인 20대에서는 통일이 필요 없다는 응답이 32.6%이며, 30대에서는 25.3%, 40대에서는 18.1%, 50대 이상 14.9%이다. 이와 같이 통일에 대한 무관심이 점점 더 증대되는 상황 속에서 숭실대학교의 통일관련 교양필수과목 수업은 통일의식을 고양시키고 북한 및 북한이탈주민들에 대한 이해를 증진시키는 것에 크게 기여할 것이다. 이러한 과정을 통하여 앞으로 다가올 남북한의 통일을 위해 기여할 통일의 전문가 및 일꾼들이 배출될 것이라 기대한다.

더 나아가서, 숭실대학교는 기독교통일지도자훈련센터를 설립하여 기독교의 목회자 및 평신도 지도자들에게 통일준비포럼 및 통일교육을 제공하기 시작하였다. 이를 통하여 북한 및 북한이탈주민들을 심층적으로 이해할 수 있도록 귀한 교육과 훈련을 제공한다. 남한의 교회들이 교회 내에 북한선교부를 두고 북한선교사역을 감당하고 있지만, 이러한 사역에 대한 평가는 매우 부정적이다. 주된 원인은 북한선교사역을 담당할 진정한 전문가들이 교회 내에 없다는 점이다. 그러기에 기독교통일지도자훈련센터를 통하여 북한 및 북한이탈주민들을 잘 이해할 수 있는 전문가들이 배출될 수 있을 것이다. 그러면 남한의 개교회 내에서의 북한선교사역에서도 더 풍성한 결실이 있으리라 기대한다.

V.
나오는 말

이 글은 남한으로 온 북한이탈주민들이 남한 내에서 어떻게 정착하고 있는지를 살펴보면서, 이들의 어려움이 다차원적이고 다면적이고 다층적임에도 불구하고 남한생활 내에서의 차별, 무시, 배타에 대한 경험들로 인하여 가중되고 있다는 점을 문제의식으로 삼았다. 그리고 북한이탈주민들이 남한생활 내에서 더 따스한 환영 및 환대, 사회적 포용, 경제적 배려, 문화적 상호이해를 경험할 수 있다면, 이들의 어려움은 더 수월하게 더 넉넉하게 극복될 수 있으리라는 기대감을 가지고, 이러한 가능성을 모색하고 증진하고자 삼위일체신학에서 신학적인 근거와 비전을 가져왔다. 성경의 하나님은 삼위일체 하나님의 공동성, 삼위일체 하나님의 개방성, 삼위일체 하나님의 상호내주성의 모습들을 지니시는 분이기에, 이것에 근거하여 삼위일체신학은 인간 존재 및 인간 사회에 대하여 관계성/공동체성 및 개방성/포용성의 원리를 이끌어내고 적용할 수 있다고 주장하였다. 이를 바탕으로 남한 사람들과 북한이탈주민들 사이에 관계성/공동체성 및 개방성/포용성을 형성하고 증진시키기 위하여 구체적인 실천방안들을 귀감이 되는 사례들을 제시하며 제시하고자 하였다. 이 글은 남한 내에 있는 북한이탈주민들이 한국 교회 및 한국 사회 내에서 더 잘 정착할 수 있도록 도울 것이지만, 무엇보다도 이러한 노력들과 시도들은 북한이탈주민들뿐만 아니라, 한국 교회와 한국 사회에도 상당한 도움과 효과를 줄 것이다.

1 인구보건협회의 2014년 11월 18일 보도자료. 2015년 10월 5일 접속, 해당 사이트:http://www. ppfk. or. kr/.

2 이 글에서는 휴전협정체결 이후 남한으로 온 사람들을 통칭하는 법적인 용어로 "북한이탈주민"을 사용한다.

3 하광민, "통일과 목회가 만났을 때 - 제2유형 중심으로," 『제1회 목회자 통일준비포럼 자료집』(2015년 6월 18일, 숭실대학교 한경직기념관): 63-71.

4 류종훈, 『탈북 그 후, 어떤 코리안 - 남한을 떠나 해외 난민으로 살아가는 탈북자들의 삶을 취재한 다큐멘터리』(서울: 성안북스, 2014), 12-17.

5 대표적인 예로 다음의 책을 들 수 있다. 김영한, 『개혁주의 평화통일신학: 선진사회적 자유민주통일론』(서울: 숭실대학교 출판부, 2012). 본 논문은 기존의 논의들을 참고하고 바탕으로 하되, 더 나아가서 남북 간의 실질적인 통합을 위한 근거를 삼위일체신학적으로 모색하고자 시도한다.

6 통일부의 알림마당 자료. 2015년 10월 5일 접속, 해당 사이트: http://www. unikorea. go. kr/content. do?cmsid=1440.

7 남북하나재단, 『2014 북한이탈주민 실태조사』(서울: 남북하나재단, 2014), 5.

8 위의 글, 123.

9 위의 글, 161.

10 위의 글, 164.

11 위의 글, 6.

12 위의 글, 170.

13 남북하나재단, 『2014 북한이탈주민 사회조사』(서울: 남북하나재단, 2014).

14 위의 글, 228.

15 위의 글, 231.

16 남위의 글, 233.

17 위의 글, 236.

18 통계청 e-나라지표 "자살률." 2015년 10월 10일 접속, 해당 사이트: http://www. index. go. kr/potal/main/EachDtlPageDetail. do?idx_cd=2992#quick_02.

19 남북하나재단, 『2014 북한이탈주민 사회조사』, 260-261.

20 전명희, "미국으로 간 탈북자들의 정착과 적응에 관한 질적 연구," 『한국사회복지학』 6/4 (2012): 90-91.

21 유엔난민기구(UNHCR) 자료. 2015년 10월 12일 접속, 해당 사이트: http://unhcr. org/556725e69. html.

22 백충현, 『내재적 삼위일체와 경륜적 삼위일체』(서울: 새물결플러스, 2015), 21.

23 위의 책, 45-46.

24 Frederick Denison Maurice, *Theological Essays* (London: Macmillan, 1871), 309.

25 Leonard Boff, *Trinity and Society*, 이세형 역, 『삼위일체와 사회』(서울: 대한기독교서회, 2011), 16.

26 Colin Gunton, *The Promise of Trinitarian Theology*, 2nd ed. (London: T&T Clark, 1997), 73-75.

27 Miroslav Volf, *After Our Likeness: The Church as the Image of the Trinity*, 황은영 역, 『삼위일체와 교회 - 하나님의 형상으로서 교회에 대한 가톨릭·동방정교회·개신교적 이해를 찾아서』(서울: 새물결플러스, 2012), 196.

28 백충현, 『남북한 평화통일을 위한 삼위일체적 평화통일 신학의 모색』(서울: 나눔사, 2012).

29 Daniel L. Migliore, *Faith Seeking Understanding: An Introduction to Systematic Theology*, 2nd ed.. 신옥수·백충현 역, 『이해를 추구하는 신앙 - 기독교 조직신학 개론(전면개정판)』(서울: 새물결플러스, 2012), 413-414.

30 위의 책, 258-260.

31 Martin Buber, *I and Thou*, 김천배 역,『나와 너』(서울: 대한기독교서회, 2000).

32 Immanuel Levinas, *Otherwise than Being or Beyond Essence*, trans. Alphonso Lingis (Boston: Kluwer Academic Publishers, 1978).

33 Calvin O. Schrag, *The Self after Postmodernity* (New Haven: Yale University Press, 1997), 1.

34 John Zizioulas, Being as Communion, 이세형·정애성 역,『친교로서의 존재』(춘천: 삼원서원, 2012).

35 Migliore,『이해를 추구하는 신앙 - 기독교 조직신학 개론(전면개정판)』, 136.

36 백충현,『삼위일체적 평화통일 신학의 모색』, 83-85.

37 위의 책, 162.

38 Miroslav Volf, *Exclusion and Embrace*, 박세혁 역,『배제와 포용』(서울: IVP, 2012).

39 Volf,『배제와 포용』, 34-35.

40 Miroslav Volf, *Free of Charge*, 김순현 역,『베풂과 용서 - 값없이 주신 은혜의 선물』(서울: 복있는사람, 2008).

41 미래나눔재단. 2015년 10월 13일 접속, 해당 사이트: http://www.miraenanum.org/. 한반도평화연구원. 2015년 10월 13일 접속, 해당 사이트: http://www.koreapeace.or.kr/.

42 하충엽, "이질화된 두 공동체 간에 형성되는 통이 공동체,"「교회사학」11 (2012): 163-179.

43 위의 책, 167-169.

44 위의 책, 169-172.

45 위의 책, 172-173.

46 위의 책, 176.

47 하충엽. "신구이주민들 - 영락교회에서 보편적 공동체를 창출하기 위한 다양성의 수용,"「선교와 신학」31 (2013): 267.

48 박명규 외 공저,『2014 통일의식조사』(서울: 서울대학교 통일평화연구원, 2014), 36-38.

V

—

삼위일체와 사회

제 5 부

11장

이 글은 「한국조직신학논총」 30집 (2011년 9월): 7-37에 발표된 논문을 협동조합운동에 맞추어 수정 및 보완한 것으로 다음의 책 4장에 실려 있다. 한경호 엮음, 『협동조합운동과 마을목회 - 신학적 이론을 중심으로』(서울: 나눔사, 2018), 85-101.

12장

이 글은 2019년 4월 27일 서울 은혜감리교회에서 "인간과 미래" (Human Beings and the Future)라는 주제로 개최된 제14회 한국조직신학자 전국대회에서의 발표문을 수정 및 보완한 것으로 다음과 같이 출판되었다. 백충현, "다(多)문화사회의 관점에서 바라본 인간 - 삼위일체적 다(多)문화적 신학적 인간론의 모색,"「한국개혁신학」 64집(2019년 11월), 227-253.

13장

이 글은 2019년 9월 27-28일 "포스트휴먼/포스트휴머니즘(Posthuman/Posthumanism)" 주제로 서울신학대학교에서 개최된 제6회 한·독신학심포지엄에서 영어로 발표되었고, 이후 한글로 번역되고 수정 및 보완되어 다음과 같이 출판되었다. 백충현, "포스트휴머니즘의 시대에서의 삼위일체,"「한국조직신학논총」 57집(2019년 12월): 171-199.

11장

삼위일체와 협동조합
— 모리스의 '사회도덕'을 중심으로

I.

서론

한국에서 2011년 12월 협동조합기본법이 제정되면서 협동조합에 관한 관심이 크게 증대하고 있다. 특히, 협동조합이 지향하는 가치와 정신이 크게 주목을 받고 있다. 무엇보다도, 개인주의보다는 관계성과 공동체성이 강조되고 있고, 경쟁보다는 협력이 강조되고 있고, 개별적인 생명체보다는 온생명 또는 생명공동체가 강조되고 있다.[1] 이와 같은 가치와 정신은 앞으로 한국 사회 및 교회에 크게 영향을 미칠 것이다. 그렇지만 이와 같은 가치와 정신은 이미 성경 안에 담겨져 있을 뿐만 아니라, 또한 신학의 역사에서도 다루어져 왔음을 알 수 있다. 이 글에서는 협동조합의 가치와 정신이 신학의 역사에서 어떻게 연원하는지를 탐색하되, 특히 삼위일체론과 어떻게 연결되는지를 19세기에 활동한 프레데릭 데니슨 모리스Frederick Denison Maurice, 1805-1872의 "사회도덕"Social Morality을 중심으로 살펴보고자 한다.

왜 삼위일체와 협동조합인가? 20세기로부터 시작하여 새롭게 재발견 되고 부흥하고 있는 현대 삼위일체신학에서는 관계성과 공동체성의 의미를 집중적으로 밝혀내고, 이것이 사회에 미치는 함의들을 적극적으로 이끌어 내고 있기 때문이다. 테드 피터스는 『삼위일체 하나님 – 신적 삶 안에 있는 관계성과 시간성』의 서문에서 20세기 후반기의 신학에서 삼위일체신학은 으뜸으로 다루어지는 주제이라고 진술하였다.[2] 스탠리 그렌츠는 『현대신학의 삼위일체 하나님의 재발견』에서 삼위일체신학은 가장 광범위하게 인정된 기독교적 주제들 중의 하나가 되었으며 가장 인기 있는 신학사조들 중의 하나가 되었다고 주장하였다.[3] 이런 점에서 크리스토퍼 슈뵈벨은 삼위일체 신학은 신학의 역사에서 오늘날 르네상스를 누리고 있다고 표현하였다.[4] 이러한 르네상스는 칼 바르트, 블라디미르 로쓰키, 칼 라너에 의하여 시작되었으며, 위르겐 몰트만, 볼프하르트 판넨베르그, 로버트 젠슨, 레오나르드 보프, 노만 피턴저, 조셉 브라켄, 메조리 스하키, 캐써린 모우리 라쿠냐, 이정용 등의 삼위일체 신학자들에 의하여 더욱 더 발전되고 심화되어 왔다.[5]

현대 삼위일체신학의 가장 큰 특징들 중의 하나는 삼위일체론을 교회 내의 영역으로만 한정하지 아니하고 사회와 세계와 우주전체에로 확장하여 적용하고 있다는 점이다. 삼위일체론이 지닌 사회적 함의를 본격적으로 밝힌 자는 19세기 말의 러시아정교회 신학자인 니콜라스 페도로프이다. 그는 "삼위일체론은 우리의 사회적 프로그램이다"라는 명제를 통하여 당대의 사회를 삼위일체적으로 변혁시키기를 원하였다.[6] 이러한 원리는 위르겐 몰트만의 사회적 삼위일체론과[7] 레오나르드 보프의 해방신학적 사회적 삼위일체론[8] 안으로 적극적으로 도입되었다. 그런데 밀로슬라브 볼프는 페도로프의 명제를 무제한적으로 지지하기 보다는 약간의 제한을 가하되 교회론적으로 적용하고자 한다.[9] 볼프는 "삼위일체론은 우리의 사회적 비전이다"라는 명제로 완화된 표현을 사용한다. 콜린 건톤은 인간의 철저한 죄악성으로 인하여 사회적 삼위일체론을 무제한적으로 적용하는 데에는 문제가 있음을 확증한다.[10] 그러므로 현대 삼위일체신학에서 삼위일체와 사회와의 관계를 탐구하고 모색하는 논의는 여전히 계속 뜨거운 주제가 되고 있다.

그래서 이 글에서는 오늘날 확산되고 있는 협동조합의 가치와 정신이 삼위일체신학 안에서 어떻게 연결될 수 있는지에 관련하여 모리스를 중점적으로 살펴보고자 한다. 기독교 사회주의의 실질적인 창시자인 모리스는 노동자들의 교육, 협동조합의 설립, 참정권의 확대와 같은 활동들에 선구자적으로 참여하였다. 그런데 이와 같은 활동들은 삼위일체신학에 토대를 두었다. 모리스는 1854년에 출판한 자신의 책 『신학에세이』*Theological Essays*에서 삼위일체는 인간의 삶의 토대이며 인간사회의 토대라고 주장하였다.[11] 1869년도에는 캠브리지대학교에서 "사회도덕"에 관하여 21회의 강연을 하면서 사회도덕을 위한 신학적 기초를 탐구할 것을 제안하였다.[12] 그리고 모리스는 모든 신학을 성부와 성자와 성령으로 계시는 삼위일체 하나님의 이름 위에 토대를 두고자 하면서 삼위일체를 사회도덕의 토대로서 여긴다.[13] 그러기에 협동조합의 가치와 정신을 삼위일체신학과 연결시키는 것은 전혀 불가능하지 않고, 오히려 오늘날 새롭게 주목하고 회복시켜야 할 점이다. 다만, 이 글에서는 자료의 부족으로 인하여 모리스의 협동조합운동을 상세하게 다루지는 못한다. 그 대신에 그의 협동조합운동이 어떤 신학과 원리를 바탕으로 전개되었는지에 초점을 둔다.

II.

모리스의 "사회도덕"

모리스는 "사회도덕"social morality을 주창하는데, 여기에서 "사회"social 라는 용어는 무엇을 뜻하는가? 모리스가 캠브리지 대학교에서 행하였던 강연들로부터 실마리를 찾을 수 있다. 모리스는 강연들의 서문에서 "사회도덕"social morality과 "개인의 독립적 도덕"independent morality을 구별한다.[14] 사회도덕은 사회에서 형성된 관계들로부터 시작하지만, 개인의 독립적 도덕은 사회의 관계들로부터 벗어나려고 한다. 모리스는 개인의 독립적 도덕이 인간존재의 어떤 단계에서는 나름대로의 의미를 지닐 수 있기에 나름대로의 중요성이 있음을 인정한다. 그러나 모리스는 사회의 관계들과 분리되어서는 어떤 인간도 존재할 수 없다고 주장한다. 예를 들면, 인간은 가족의 사랑의 관계와 국가에 대한 의무의 관계를 떠나서는 존재할 수 없다. 게다가, 모리스는 개인이 독립적이라는 것은 사회 내의 어떤 한계들 하에서만 가능하다고 주장한다. 더 나아가서 모리스는 철저하게 독립적인 도덕이란 사실상 가장 비도덕적인 것이라고 주장한다.[15] 이러한 까닭에 모리스는 도덕을 모든 사회적 관계들과의 연관성 하에서 다루고자 하였으며, 이러한 과제를 캠브리지 대학교에서의 강연들을 통하여 탐색하였다.[16]

모리스에 따르면, 모든 사회적 관계들은 우리에게 이미 주어진 것들이다. 가정, 시민사회, 보편사회를 구분하는 쟝-자끄 루쏘의 방법론을 따라,[17] 모리스는 사회도덕 안에 세 가지 단계들, 즉 가정도덕, 국가도덕, 보편도덕이 있음을 제안한다. 이 세 가지는 함께 공존하며, 이러한 단계들 안에서 인간은 남들과 이미 관계를 맺고 있다고 모리스는 설명한다.

태어나면서 나는 이미 사회 안에 존재한다. 모든 사건들에서 나는 아버지와 어머니와 관련을 맺는다. 이러한 관계는 나의 존재의 일차적인 사실이다. 나는 이것 이외의 다른 어떤 사실들도 생각할 수 없다.[18]

너와 나는 어느 가족의 구성원이다. 그러므로 우리는 어느 국가의 구성원들이다. 하나는 다른 하나에 못지않게 우리의 삶을 구성하는 엄연한 사실이다.[19]

나는 가족의 구성원이다. 나는 국가의 시민이다. …… 그렇다면 나는 세계라고 불리우는 더 넓은 사회에 속하지 않겠는가?[20]

여기에서 우리는 모리스의 "사회도덕"이라는 개념이 가정과 국가와 세계에 있는 모든 사회적 관계들의 존재론적 소여성을 전제하고 있다고 볼 수 있다. 그러므로 모리스에게 사회적 관계는 가장 기본적인 범주이다. 우리에게 사회적 관계들은 이미 사실로서 주어진 소여이다. 이러한 의미에서 사회란 단순히 다수의 개인이 모여서 인위적으로 형성한 것이 아니다. 그리고 우리가 일련의 사회적 관계들 안에 존재하는 한에서만 우리는 참 인간이 된다. 19세기 신학사 연구의 거장인 클로드 웰치Claude Welch에 따르면, 모리스에게 인간이란 본질적으로 사회적 존재이다. 그러기에 가정과 국가와 세계를 포함하는 사회는 인간존재에 필수불가결한 것이다.[21] 가이 랜슨Guy H. Ranson에 따르면, 모리스에게 사회는 인격들persons이 존재하는 곳에 존재한다. 왜냐하면 모리스에게 인격적personal인 것은 이미 항상 사회적social이기 때문이다.[22] 바로 이러한 관점으로부터 모리스는 17세기와 18세기에 토마스 홉스, 존 로크, 임마누엘 칸트와 같은 철학자들이 도덕을 개인주의화하는 경향을 비판할 수 있었다. 모리스의 분석에 따르면, 이 철학자들은 도덕을 논할 때에 사회로부터 시작하지 않고, 오히려 개별적인 독립적 존재로서의 인격 자체로부터 시작하는 오류를 범하였다.[23]

Ⅲ.
"사회도덕"의 토대로서의 삼위일체

　　모리스에게 사회적 관계들은 인간에게 본질적인 것이다. 그런데 모리스에게는 삼위일체 하나님도 인간과 관계를 맺으시는 분이다. 첫째, 성부 하나님은 우리 모두를 사랑하시는 분이시다. 성부는 어떤 이들을 다른 이들로부터 분리하지 않으신다. 성부는 나를 위하실 뿐만 아니라, 또한 모든 사람을 위하신다. 삼위일체가 인간삶과 인간사회의 토대이라는 모리스의 주장은 삼위일체는 나만을 위하지 않고 모든 인간을 위한다는 점을 함축한다.[24] 모리스에게 모든 인간을 위하는 것이 바로 보편도덕이다. 그에게 따르면, 보편도덕은 성경에서 처음으로 완전하게 선포되었다. 성경에서는 "그러므로 하늘에 계신 너희 아버지의 온전하심과 같이 너희도 온전하라"마 5:48고 명하시기 때문이다.[25] 이 구절 바로 앞에 "하나님[성부]이 해를 악인과 선인에게 비추시며 비를 의로운 자와 불의한 자에게 내려주심이라"마 5:45라는 말씀이 있음을 모리스는 주목한다.[26] 모리스는 이러한 구절들이 보편도덕을 가장 완전하게 처음으로 선포한 것이라고 여긴다. 왜냐하면 이러한 구절들은 악인이든 선인이든, 의로운 자이든 불의한 자이든 인간을 분리하는 어떤 것이라도 분쇄하기 때문이다. 그러므로 성부는 모든 사람과 관련을 맺는 분이시다.

둘째, 성부 하나님의 의지는 인간을 구원하고 회복시키고자 하신다. 모리스에게 그러한 성부의 의지는 우주를 다스리기에 자신의 의지를 전달해 주는 어떤 자를 필요로 한다. 성부의 의지는 하나님의 아들에 의하여 전달되고 표현된다. 성자는 성부에 순종하고 성부의 의지를 따른다. 성자는 하나님을 자신의 성부로서 표현하며, 모든 인간에게 성부의 활동들을 드러내 준다. 성자는 보편적인 희생으로써 구속을 성취한다. 여기에서 희생과 구속은 어떤 사람들만을 위한 것이 아니라 모든 사람을 위한 것이다.[27] 성부의 의지는 성자의 희생으로써 모든 인간 피조물들을 악과 사망의 매임으로부터 구원하고자 하시는 것이다. 성만찬을 통하여 기념되는 성자의 보편적 희생은 인간도덕의 가장 심오한 기초이며, 성부와 모든 인간 자녀들이 교제하는 만남의 장소이다.[28] 여기에서, 성부가 모든 인간과 관계를 맺듯이, 성자도 자신의 희생을 통하여 모든 인간과 관계를 맺는다.

세째, 모든 인류를 위한 성자의 보편적인 희생은 성부가 하나님의 형상으로 모든 인간을 창조하셨다라는 사실과 성자인 그리스도가 인류의 머리이며 왕이며 주님이라는 사실에 근거한다. 이 점을 강조하면서 모리스는 링컨스 인 채플Lincoln's Inn Chapel에서 다음과 같이 설교하였다.

> 복음이 선포하듯이, 인간의 삶은 헛된 것이 아니다. 왜냐하면 인간의 삶은 하나님의 아들의 생명에서 유래하는 것이기 때문이다. 하나님의 아들은 모든 인간의 주님이시다. 그 안에 생명이 있고, 그의 생명은 인간들을 위한 빛이다. 인간 자신의 빛은 단지 자신이 생명의 근원이신 분과의 관계성을 고백하지 않는다면 헛된 가식이 된다.[29]

모든 인간은 하나님의 형상에 따라 창조되었고, 하나님의 형상은 하나님의 아들이신 그리스도 안에서 표현되었다.[30] 하나님의 아들은 모든 인간의 주님이시다. 더욱이, 그리스도는 참 인간이다. 완전한 인간성이 하나님의 아들 안에 있기 때문이다. 그러므로 모든 인간들이 그리스도 안에서 창조된 것으로 이해될 수 있고 그렇게 되어야만 한다.[31] 이러한 의미에서 하나님의 아들은 모든 인간들과 관계를 맺고 있다.

넷째, 성령도 어떤 사람들만을 위하여 일하지 않고 모든 사람을 위하여 일하신다. 성령은 우리와 모든 사람의 생각들을 안내하고 가르치신다. 성령은 인간들 중에서 어느 사람들만을 존귀하게 여기시지 않는다. 성령은 우리를 일깨워 활동하게 하시며, 우리가 분열하고자 하는 경향이 있다고 하더라도 우리를 하나로 보존하신다.[32] 성령은 인간들이 하나가 되도록 활동하시며, 성령 자신이 유래한 성부에게 모든 인간이 연합되도록 하신다. 성령은 성부의 의지를 행하시기 위하여 이 땅에 오셨다.[33] 성령의 현존은 보편사회의 가장 중요한 유대이다.[34] 우리 안에 있는 내적인 스승은 하늘에 계신 성부의 성령이시며, 이 성령은 우리로 하여금 우리의 모든 인류와 하나되게 하신다. 이런 점에서 성령은 모든 사람과 관계하시는 분이시며, 또한 성령은 우리로 하여금 서로에게 일치의 관계를 맺도록 하신다.

마지막으로, 성령을 통하여 우리 인간은 성부와 성자와 성령 사이의 신적인 삶에 참여할 수 있다. 그리고 성령을 통하여 우리는 삼위일체의 신적인 사회에 직접적으로 관계를 맺을 수 있다. 성부 하나님은 하나님의 아들인 성자에게 아버지이시듯이, 성부 하나님은 우리의 아버지가 되시며 우리는 성부 하나님의 자녀들이다. 이럼으로써 우리는 하나님의 아들과 한 형제자매가 된다. 모리스는 다음과 같이 진술한다.

성령을 성부의 성령이라고 고백하는 한, 이러한 고백은 그들이 하나님의 아들들이 됨을 의미한다. 성령이 그리스도의 성령이라고 고백하는 한, 이러한 고백은 그들이 한 형제들이 됨을 의미한다. 하나님의 성령은 그들의 생각들과 말들까지 소유하셨다. 인간들은 그리스도의 이름으로 세례를 받는다. 하나로 연합시키는 성령이 그들 위에 임하신다. 그들은 그리스도 안에서 하나님을 그들의 아버지로 고백한다. 그들은 한 형제들이다.[35]

요약하면, 세 위격 각각은 일부의 사람들만이 아니라 우리 모두와 직접적으로 관계를 맺는다. 성부는 우리 모두를 사랑하시며, 성자는 보편적 희생을 통하여 성부에게 순종하시며, 성령도 우리 모두를 위하여 활동하신다. 세 위격 각각이 우리와 맺는 직접적인 관계를 통하여, 삼위일체는 사회도덕의 토대가 된다.

Ⅳ.
사회적 관계성에 근거한 협동 및 협동조합

모리스에게 사회적 관계들은 인간에게 본질적인 것이며 삼위일체 하나님은 인간과 관계를 맺으시는 분이다. 그런데 관계의 깊이라는 관점에서 모리스에게는 관계의 두 가지 수준들levels 이 있음을 주목해야 한다. 우리가 사회적 관계들을 맺고 있다고 말하는 것과, 우리가 이러한 사회적 관계를 맺고 있는 남들과 일치하며 산다는 것은 구별되기 때문이다. 인간에게 사회적 관계들이 이미 존재한다는 사실에도 불구하고, 이러한 관계들을 깨뜨리고자 하는 경향이 있으며 또한 이러한 관계들 속에서조차 중심이 되려고 하는 경향이 있기 때문이다. 첫 번째 수준the first level, 즉 평범한 수준the plain level은 인간이 이미 사회적 관계들 속에 있다는 사실 자체를 가리킨다. 반면에 두 번째 수준the second level, 즉 심오한 수준the deep level은 인간이 이미 사회적으로 관계를 맺고 있는 다른 이들과 일치를 이루어 살아가는 것을 의미한다.

모리스는 관계에 있어서 두 수준 사이의 긴장이나 간격을 무시하지 않는다. 한편으로, 모리스는 산상수훈 전체의 원리는 우리도 하늘에 계신 하나님 아버지와 같이 될 수 있다는 것임을 주장하며, 우리의 행동들로 이러한 도덕의 대원리를 드러내야 한다고 주장한다.[36] 게다가, 모리스는 하나님의 아들이 우리에게 모범을 보여주셨기 때문에 우리도 도덕의 대원리를 드러낼 수 있다고 주장한다. 다른 한편으로, 모리스는 우리가 이러한 모범을 따르는 것이 쉽지 않다는 점을 인정한다. 그래서 모리스는 여기에 "역설"paradox이 있다고 이해한다. 그렇지만 모리스는 이러한 역설은 은혜로운 역설이며 기독교적인 역설이고 인간적인 역설이라고 여긴다.[37]

모리스가 이러한 역설을 어떻게 해결하였는지를 살펴보는 것은 삼위일체가 인간삶과 인간사회의 토대라고 말하는 그의 주장을 평가하는 데에 있어서 필수적이다. 모리스의 보편도덕에 따르면, 하늘에 계신 우리의 성부 하나님이 온전하신 것처럼 우리도 온전해야 한다. 성부 하나님께서 모든 사람에게 해를 비추시는 것처럼 우리도 모든 이들을 포용해야 한다. 성부 하나님께서 사랑이시기 때문에 우리의 행동들은 사랑에서 시작되어야 한다. 성자 하나님이 최고의 모범을 보여주셨듯이 우리는 자기희생의 삶을 살아야 한다. 성령 하나님께서 우리 모두를 위하여 일하시듯이 우리는 모두와 연합하여야 한다. 그러나 우리는 실제로 모든 이들을 품을 수 없으며 자기희생의 삶을 항상 살 수는 없으며, 다른 이들과 항상 연합할 수는 없다. 그러면 우리는 어떻게 살아야 하며 어떻게 행동해야 할 것인가?

모리스의 해결책은 우리로 하여금 인간의 본성에 거슬러서 억지로 살도록 강요하는 것도 아니며, 또한 우리 마음대로 자유방임적으로 살도록 내

버려두는 것도 아니다. 모리스의 해결책은 우리가 다른 이들과 이미 사회적으로 관계를 맺고 있음을 더 분명하게 깨닫도록 촉구하는 것이다. 모리스는 이러한 깨달음은 인간삶과 인간사회에 좋은 열매를 맺을 것이라고 기대한다. 모리스가 사회도덕이라는 영역의 세 단계를, 즉 가정도덕과 국가도덕과 보편도덕을 제안하였기에, 모리스가 그러한 깨달음을 각각의 단계에 어떻게 적용하고 있는지를 살펴보도록 하자.

우선적으로, 가정도덕과 관련하여, 모리스는 네 가지 관계들, 즉 부자관계, 부부관계, 형제자매관계, 주종관계가 있다고 말한다.[38] 첫째, 아들은 아버지가 없이는 아들이 될 수 없고, 역으로 아버지는 아들이 없이는 아버지가 될 수 없다는 점을 깨닫는 것이 중요하다. 이러한 사실을 인정해야 부자관계가 권위-순종의 관계가 될 수 있다. 그렇지 않다면, 부자관계는 지배-복종의 관계로 전락한다. 둘째, 부부관계가 단순히 인간이 만든 관계가 아니라 부자관계에 함축되어 있다는 점을 깨닫는다면, 부부관계는 신뢰의 관계가 될 것이다. 신뢰는 동성의 친구들 사이에서는 우정으로 표출된다. 신뢰는 부분관계를 통하여 국가의 모든 가정에로 확산된다. 그러나 부부관계의 참된 기원을 깨닫지 못하고 신뢰가 사라진 관계가 된다면, 사회는 견딜 수 없는 거짓말의 사회로 전락한다. 셋째, 형제자매의 관계에서 우리는 형제와 자매가 동일한 기원을 지녔음을 함축하는 혈연관계를 인정해야 한다. 형제와 자매가 동등한 자로서 동등한 수준 위에 있음을 깨닫는다면, 이것은 경제적 형제애, 종교적 형제애/자매애, 보편적 형제애와 같은 다른 종류의 형제애들로 확대된다. 그러나 이러한 관계를 부인하면 경쟁의 감정과 지배의 열망이 초래되고, 그러면 가족관계와 사회존립을 위협한다.[39] 넷째, 모리스는 주인-종의 관계가 가족관계들 중의 하나이라고 주장하면서, 주인과 종의 관계에서 주인과 종은 필연적으로 서로에게 관계를 맺고 있음을 깨닫는 것이 중요하다고 여긴다. 그러므로 주인과 종 사이에서도 서로를 존경하는 태도가 필수적으로 요구된다. 인간을 단순히 소유재산으로 다룬다면 사회의 무질서가 초래될 것이다. 이 점을 강의를 듣는 청중에게 적용하면서, 모리스는 다음과 같이 주장한다.

> 만약 영국이 힘으로써 통치한다면, 영국의 통치는 곧 끝날 것입니다. 만약 영국이 정의와 온유로써 통치한다면, 영국의 자녀들이 여러분의 행동들을 통하여 그러한 특징들을 드러내어야 합니다. 우리가 맺은 열매로써 우리는 알려지고 판단될 것입니다. 종들을 대하는 우리의 행동에 의하여 우리가 주인이 될 자격이 있는지, 아니면 종들 중의 종으로 떨어질 것인지 드러날 것입니다.[40]

두 번째로, 국가도덕과 관련하여 모리스는 국가는 개인들의 집합으로서 만약 국가를 구성하는 자들이 개인들이 아니라면 국가가 있을 수 없다고 여긴다. 그에게 따르면, 만약 온전한 의미로서의 국가가 존재하지 않는다면, 온전한 의미로서의 개인들이 존재하지 않을 것이다. 여기에서 개인들은 독립적인 개인도덕과는 관련이 없다. 국가는 언어와 법이라는 두 가지 주요한 특징들이 있다. 첫째, 국가들은 언어의 구별로서 이루어진다. 이러한 의미로 방언은 부정적인 의미로서의 방언이 결코 될 수 없음을 깨닫는 것이, 예를 들면, 영어는 다른 언어들보다 위에 있는 것이 아님을 깨닫는 것이 필수적이다. 둘째, 국가는 각 사람을 서로 동등한 개인으로서 다루도록 요구하는 법이 있다. 모리스는 법이 신적인 근거를 가져야 한다고 주장하며, 국가는 허구들 위에서 세워질 수 없다고 주장한다.[41] 이러한 법은 재산의 침해로부터 개인의 재산을 보호하고 개인의 생명을 보존한다. 게다가, 법은 각 사람으로 하여금 자신의 책임성을 깨닫도록 한다. "나 자신을 개인으로, 즉 구별되는 살아있는 인격으로 느끼는 것은 나의 행동들에 대하여 책임을 지는

것이다."⁴²

　마지막으로, 모리스에게 보편도덕은 보편사회 또는 보편세계에 적용되는 도덕을 가리킨다. 보편도덕의 단계에서는, 사도신경과 주기도문이 당연히 인정하듯이, 삼위일체 하나님의 이름과 특징이 계시되어 있음과 삼위일체 하나님께서 자신의 피조물들과의 관계를 맺으심을 깨닫는 것이 중요하다. 하나님의 그러한 이름과 특징이 드러난 것과 하나님과 피조물과의 관계가 드러난 것은 힘으로 세워진 제국과는 공존할 수 없다.⁴³ 그런 후에 모리스는 모든 사람을 위한 하나님의 보편적인 도시, 즉 "하나님의 나라"the Kingdom of God를 발견하는 것을 기대하는 마음을 드러냄으로써, 또한 동시에 분리주의와 제국주의를 모두 비판함으로써 자신의 캠브리지 강연들을 끝맺는다. 그는 다음과 같이 진술한다.

　　그러므로 지상의 모든 정치 아래에, 모든 국가의 질서를 지탱하며 모든 가정의 사랑을 떠받치는 큰 도시가 있을 것이다. 이 도시의 토대는 하나님이시며 하나님께서 이 도시를 건설하시고 만드신다. 이 도시는 모든 동족과 인류를 위한 것이어야 한다. 그러므로 인류를 나누는 분리주의에 맞서서, 그리고 보편적인 교제를 보편적인 사망으로 대체하고자 하는 제국주의에 맞서서, 화해할 수 없는 전쟁을 치러야 한다. 분리주의와 제국주의에 맞서서 우리는 하나님의 뜻이 하늘에서와 같이 땅에서도 이루어지기를 기도하고 요청한다.⁴⁴

　지금까지 논의한 점들을 고려하면, 모리스의 사회도덕과 삼위일체신학에서 가장 근본적인 원리는 인간이 본질적으로 사회적인 존재이라는 점과 우리가 본질적으로 삼위일체 하나님과 관계를 맺고 있다는 점을 명확하게 깨닫고 인정하는 것이다. 모리스는 이러한 깨달음과 인정함의 원리가 인간

사회에 좋은 열매들을 맺을 것이라고 기대한다. 리차드 노리스에 따르면, 모리스에게 신학의 과제는 일치를 위하여 모든 것들을 조화시키고자 하는 것이 아니다. 오히려, 이미 우리에게 주어진 일치를 발견해내는 것이다. 노리스의 주장에 따르면, 모리스는 일치에 대한 자신의 탐구를 초월하면서도 지탱하는 원리가 있다고 생각하며, 그래서 신학의 과제란 "건설"construction의 과제가 아니라 "발견"discovery의 과제라고 이해한다.[45]

더 나아가서, 모리스에게 신학이란 "건설하는 것"building이 아니라 "파내는 것"digging이다. 그리고 신학이란 이를 통하여 사회를 새롭게 개혁하는 것이다. 이러한 점은 1852년 자신의 친구인 러들로우J. M. Ludlow에게 보낸 서신 속에서 명확하게 드러난다. 이 서신에서 모리스는 다음과 같이 진술한다.

> 나는 신학자이며 신학 이외에 소명이 없기 때문에, 나의 할 일은 건설하는 것이 아니라 파내는 것이며, 경제와 정치가 그 이면에 어떤 토대를 지니고 있음을 보여주는 것이며, 사회가 우리 자신의 배열에 의해서 새롭게 만들어지는 것이 아님을 증명하는 것이며, 사회질서와 사회조화의 법과 토대가 하나님 안에 있다는 점을 발견함으로써 사회는 새롭게 개혁될 수 있다.[46]

모리스는 이러한 원리가 비실천적이며 비기독교적인 방법으로 보일 수 있다는 점을 기꺼이 인정한다. 그럼에도 불구하고, 모리스는 이러한 원리는 우리의 행동을 가능하게 해주는 유일한 원리이며, 신자들에게 기독교로 하여금 단순히 인위적인 종교 이상의 것이 되도록 하는 유일한 원리이라고 주장한다.[47]

이러한 신학과 원리는 모리스에게 실천적 방법론으로 구체화되었다. 즉, 모리스는 19세기 중엽 영국의 상황에서, 특히 더 구체적으로는 1840년대와 1850년대에 산업혁명으로 노동자들의 소외와 비참의 상태가 더 심각해져 사회문제가 된 상황에서 기독교사회주의의 실질적인 창시자가 되었다. 모리스는 루드로J. M. Ludlow와 킹슬리Charles Kingsly 등과 함께 노동자들을 포함하여 빈민들의 삶을 개선하기 위한 노력으로 협동조합운동, 교육운동, 저술활동을 활발하게 전개하였다. 특히, 협동조합운동은 노동자들의 여건을 개선하기 위한 조직적인 노력을 실질적으로 보여주었다. 그리고 모리스는 노동자의 정치참여를 위한 준비과정으로 노동자 교육을 중시하였고 이를 위하여 런던 노동자대학을 직접 맡아 운영하기도 하였다.[48] 이를 통하여 모리스는 벤담의 공리주의나 경쟁적 시장질서를 추구하는 자유시장경제를 비판하고 사회적인 대안을 추구하였다. 모든 인간이 그리스도 안에 있다는 인류애를 강조함으로써 경쟁보다는 협동을 추구하고, 개인주의보다는 관계성과 사회성과 공동체성을 추구하였다.[49]

V.
나오는 말

이 글에서는 모리스의 사회도덕의 개념을 검토하고, 사회도덕의 토대로서 삼위일체론을 어떻게 전개하고 있는지를 살펴보았다. 그러면서 모리스의 논의 속에는 관계의 두 수준이 존재하고 있음에 주목하고 모리스가 두 수준들 사이의 긴장 또는 간격을 어떻게 해결하고 있는지를 살펴보았다. 비록 모리스의 논의전개방식이 유일한 정답이라고는 할 수는 없지만, 그의 입장은 삼위일체론이 지니는 사회적 함의들을 모색하고 적용하기를 원하는 자들에게는 하나의 좋은 예가 될 수 있다. 특히, 오늘날 확산되고 있는 협동조합운동의 신학적 근거를 찾고자 하는 이들에게 매우 귀중한 예가 될 수 있다.

물론 모리스의 사회적 삼위일체론은 19세기 영국의 정황을 배경으로 한 것이기 때문에, 오늘날 우리의 사회에 단순히 적용하는 것은 무리가 있다. 그렇지만 산업혁명의 와중에서 노동자들의 소외와 비참한 상태가 큰 사회문제가 되었던 상황 속에서 활동하였던 모리스의 기독교 사회주의 운동에는 오늘날에도 의미가 있는 정신과 가치가 많이 담겨 있다. 특히, 삼위일체 하나님, 인간, 인격, 사회와 관련하여 모리스가 추구한 사회적 관계성에 대한 이해는 협동조합운동을 통하여 개인주의보다는 관계성과 공동체성이 강조되고, 경쟁보다는 협력이 강조되고, 개별적인 생명체보다는 온생명 또는 생명공동체가 강조되고 있는 오늘날 오히려 더 많은 신학적 통찰들과 함의들을 제공할 수 있을 것이라고 기대된다.

1   한경호, "왜, 소비자협동생활협동조합인가?," 『생명선교와 협동조합운동』(원주: 흙과 생기, 2015), 11-12.

2   Ted Peters, *God as Trinity: Relationality and Temporality in the Divine Life* (Louisville: Westminster John Knox, 1993), 7; 테드 피터스/ 이세형 옮김, 『삼위일체 하나님 - 신적 삶 안에 있는 관계성과 시간성』(서울: 컨콜디아사, 2007), 7.

3   Stanley J. Grenz, *Rediscovering the Triune God in Contemporary Theology* (Minneapolis: Fortress Press, 2004), 1.

4   Christopher Schwöbel, "The Renaisssance of Trinitarian Theology: Reasons, Problems and Tasks," in *Trinitarian Theology Today: Essays on Divine Being and Act*, ed. Christopher Schwöbel (Edinburgh: T&T Clark, 1995), 1.

5   백충현, 『내재적 삼위일체와 경륜적 삼위일체』(서울: 새물결플러스, 2015), 21-22.

6   장윤재, "에큐메니컬 운동의 미래에 대한 한 제언," 박상증목사평전 출판기념회 기념심포지엄(2010년 6월 21일), 16 (http://www.kncc.or.kr).

7   신옥수, "몰트만의 사회적 삼위일체론 - 비판적 대화를 중심으로," 『장신논단』 30 (2007), 203-230.

8   Leonardo Boff, *Trinity and Society* (New York: Orbis Book, 1997); 레오나르도 보프/ 이세형 옮김, 『삼위일체와 사회』(서울: 대한기독교서회, 2011); 이세형, "정의와 평화를 지향하는 레오나르도 보프의 생명 삼위일체론," 아시아 평화를 위한 국제학술대회 및 제6회 한국조직신학자 전국대회 (제2분과 여성, 해방, 생태 및 과학) (2011년 4월 9일): 117-130.

9   Miroslav Volf, "'The Trinity is Our Social Program': The Doctrine of the Trinity and the Shape of Social Engagement," *Modern Theology* 14 (July 1998): 403-404; *Exclusion & Embrace: A Theological Exploration of Identity, Otherness, and Reconciliation* (Nashville: Abingdon Press, 1996).

10 Colin Gunton, *The Promise of Trinitarian Theology*, 2nd ed. (London: T&T Clark, 1997), 73-75.

11 Frederick Denison Maurice, *Theological Essays* (NewYork: Redfield, 1854), 309. 이 책의 3판은 1871년에 출판되었으며 이후로 *Essays* (3rd)로 표기.

12 Frederick Denison Maurice, *Social Morality: Twenty-One Lectures Delivered in the University of Cambridge* (London: Macmillan, 1869). 이후로 *Social Morality*로 표기.

13 Frederick Denison Maurice, *The Doctrine of Sacrifice: Deduced from the Scriptures: a Serious of Sermons* (London: Macmillan, 1893), xii. 이후로 *Sacrifice*로 표기.

14 위의 책, xi.

15 위의 책.

16 위의 책, xiii.

17 위의 책, 10.

18 위의 책, 24.

19 위의 책, 121.

20 위의 책, 246.

21 Claude Welch, *Protestant Thought in the Nineteenth Century Volume I (1799-1870)* (Oregon: Wipf and Stock Publishers, 2003), 250.

22 Guy H. Ranson, "The Kingdom of God as the Design of Society: An Important Aspect of F. D. Maurice's Theology," *Church History* 30 (December 1961), 459.

23 위의 논문, 411.

24 Maurice, *Essays* (3rd), 409.

25 위의 책, 454. 괄호는 필자의 것임.

26 위의 책.

27 위의 책, 444.

28 위의 책, 274.

29 Frederick Denison Maurice, *Sermons Preached in Lincoln's Inn Chapel* (London: Macmillan, 1891), III, 90.

30 Maurice, *Social Morality*, 288.

31 Alec R. Vidler, *The Theology of F. D. Maurice* (London: Macmillan, 1893), 52.

32 Maurice, *Social Morality*, 449-450.

33 위의 책, 274.

34 위의 책, 445.

35 위의 책, 272.

36 위의 책, 455.

37 위의 책, 462.

38 위의 책, 12.

39 위의 책, 82-83.

40 위의 책, 100.

41 위의 책, 243-244.

42 위의 책, 178.

43 위의 책, 314.

44 위의 책, 482-483.

45 Richard Norris, "Maurice on Theology," in *F. D. Maurice: A Study*, eds. Frank McClain, Richard Norris, and John Orens (Cambridge: Cowley Publications, 1982), 17-18.

46 Frederick Maurice, *The Life of Frederick Denison Maurice Chiefly Told in His Own Letters*, vol. I-II (New York: Charles Scribner's Sons, 1884), II, 137.

47 위의 책.

48 박우룡, "19세기 영국의 기독교 사회주의 운동의 사상적 기반 - 창시자 모리스(F. D. Maurice)의 사회개혁론," 「영국연구」 22 (2009), 124-128.

49 Jones, Paul Dafydd. "Jesus Christ and the Transformation of English Society: The "Subversive Conservatism" of Frederick Denison Maurice," *Harvard Theological Review* vol. 96 no. 1 (April 2003), 225.

12장

다_多문화사회에서의
삼위일체적 신학적 인간론

I.
들어가는 말

한 사회 안에서 외국인 거주자의 비율이 5%를 넘으면 "다문화사회"_{多文}
_{化社會, multi-cultural society}라고 규정하는데, 법무부의 「출입국·외국인정책 통계월
보」 2018년 11월호에 따르면,[1] 2018년 11월 30일 기준으로 한국에 체류
하는 외국인 거주자는 233만 6689명으로서 한국 전체인구 중에서 4.5%를
넘어서고 있다. 지금까지의 가파른 증가폭을 고려하면 조만간 체류외국인
비율이 5%를 넘어서서 "다문화사회"_{多文化社會, multi-cultural society}가 될 것이다.

그렇지만 다_多문화에 대한 한국사회와 한국인들의 인식은 매우 열악하
다. 2011년 여성가족부가 수행한 '국민 다문화 수용성 조사'에 따르면, 다_多

문화공존에 대한 찬성비율이 36%에 불과하여 유럽의 74%에 비하여 현저하게 낮다.[2] 2011년도의 조사에서 국민 다문화 수용성 지수는 51.17이었는데, 2015년도의 조사에서는 53.95로 조금 상향되었지만 크게 나아진 것은 없다.[3] 특히, 주요 선진국에 비해 다문화 수용성이 여전히 낮은 편이다. 특히, '외국인 노동자와 이민자를 이웃으로 삼고 싶지 않다'는 항목에 대한 응답은 31.8%로 미국13.7%와 호주 10.6%와 스웨덴 3.5%보다 훨씬 많았기 때문이다. 그리고 '일자리가 귀할 때 자국민을 우선 고용해야 한다'는 항목에 대한 응답의 비율 역시 60.4%로 미국 50.5%, 독일 41.5%, 호주 51.0%보다 높기 때문이다.[4]이러한 현실을 고려하면, 한국 사회와 한국 교회는 다多문화에 대한 인식을 크게 개선하여야 한다. 예를 들면, 한국이 단일민족 또는 단일문화라는 왜곡된 이미지에서 벗어나 다多문화사회에로 나아가야 하며, 외국인들을 한국에 "동화"시키기보다는 함께 "융화"에로 나아가 상호적으로 풍성함을 누릴 수 있어야 한다.[5] 이러한 현실은 한국 사회와 한국 교회로 하여금 어떻게 다多문화를 이해하고, 어떻게 신앙적으로 또는 신학적으로 응답할 것인가에 관하여 필연적으로 성찰하도록 한다.

이러한 점들을 고려하여 이 글은 "삼위일체적 다多문화적 신학적 인간론"을 모색하고자 한다. 먼저, 다多문화사회로 진입하고 있는 한국의 현황을 파악할 것이다. 그러기 위하여 이와 관련된 여러 통계조사 자료들을 검토할 것이다. 그리고 다多문화와 관련하여 성서적, 교회사적 등의 논의들을 검토하면서 삼위일체적 다多문화신학을 개괄적으로 제시할 것이다. 마지막으로, 삼위일체적 다多문화적 신학적 인간론을 모색할 것이다.

II.

다多문화사회로 진입하는 한국의 현황[6]

법무부의 「출입국 · 외국인정책 통계월보」 2018년 11월호에 따르면,[7] 2018년 11월 30일 기준으로 한국에 체류하는 외국인 거주자는 233만 6689명으로서 한국 전체인구 중에서 4.5%를 넘어서고 있다. 2008년에 약 116만 명이었고 2018년 11월에는 약 234만 명이기에 지난 10년 만에 두 배로 가파르게 증가하였다. 2012년 이후로는 매년 10만-16만 명이 증가하고 있기에 조만간 체류외국인 비율이 5%를 넘어서서 "다문화사회"多文化社會, multi-cultural society가 될 것이다.

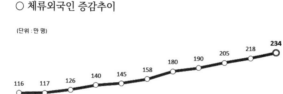

○ 체류외국인 증감추이

(단위 : 만 명)

체류외국인을 국적별로 본다면, 중국(한국계 포함) 약 107만 2288명(이중 한국계는 70만 5371명), 베트남 19만 4103명, 태국 19만 3809명, 미국 14만 9991명, 우즈베키스탄 6만 9919명, 필리핀 5만 8472명, 러시아연방 5만 4425명, 일본 4만 8735명, 몽골 4만 8475명, 캄보디아 4만 6714명 등이다. 백분율로 살펴보면, 중국 45.9%, 베트남 8.3%, 태국 8.3%, 미국 6.4%, 우즈베키스탄 2.9%, 필리핀 2.5%, 러시아연방 2.3%, 일본 2.0%, 몽골 2.0%, 캄보디아 1.9% 등이다. 이 외에도 체류외국인이 4천 명-4만5천 명이 되는 나라들로는 인도네시아, 네팔, 대만, 스리랑카, 캐나다, 미얀마, 방글라데시, 파키스탄, 인도, 오스트레일리아, 영국, 뉴질랜드 등이 있다.

　　체류외국인을 장기체류와 단기체류로 구별하면, 장기체류는 등록 외국인과 외국국적동포 거소신고자를 포함하여 168만 6042명이며 단기체류는 65만 647명이다.

○ 체류외국인 장·단기 체류기간별 현황

(2018.11.30. 현재, 단위 : 명)

구 분	총 계	장기체류			단기체류
		소 계	등 록	거소신고	
2017년 11월	2,130,542	1,581,867	1,172,906	408,961	548,675
2018년 11월	2,336,689	1,686,042	1,246,574	439,468	650,647
전년대비 증감률	9.7%	6.6%	6.3%	7.5%	18.6%
구성비	100%	72.2%	53.3%	18.8%	27.8%

　　장기체류자들과 단기체류자들의 국내 거주 지역별 현황은 아래와 같다. 먼저, 장기체류 등록외국인 124만 6574명 중에서 40만 7636명이 경기도에 거주하고, 서울에는 28만 5703명이 거주하며, 인천에는 6만 7554명이 거주한다. 그리하여 수도권에만 60% 이상이 거주한다. 대전과 충남과 충북을 포함한 충청권에는 13만 1155명이 거주한다(대전 1만 8527명, 충남 7만 3237명, 충북 3만 9391명). 그리고 부산과 울산과 경남에는 13만 9932명이 거주하며(부산 4만 5649명, 울산 2만 17명, 경남 7만 4275명), 대구와 경북에는 8만 4645명이 거주한다(대구 2만 8081명, 경북 5만 6564명), 광주와 전북과 전남에도 8만 6757명이 거주한다(광주 2만 2741명, 전북 3만 1237명, 전남 3만 2779명).

○ 등록외국인 거주지역별 현황

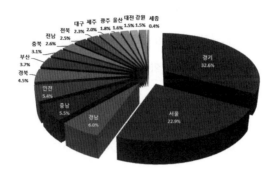

다음으로, 장기체류 외국국적동포 거소신고자 43만 9468명의 국내 거주 지역별 현황은 아래에서 보는 바와 같이, 서울과 경기와 인천에 34만 3682명이 거주하는데 이는 전체 중에서 78%에 해당한다.

○ 등록외국인 거주지역별 현황

(2018.11.30. 현재, 단위 : 명)

계	경기	서울	경남	인천	충남	경북	부산	충북
1,246,574	407,636	285,703	74,275	67,554	73,237	56,564	45,640	39,391
	전남	울산	대구	전북	광주	제주	대전	강원
	32,779	20,017	28,081	31,237	22,741	24,743	18,527	18,449

○ 외국국적동포 거소신고자 거주지역별 현황

(2018.11.30. 현재, 단위 : 명)

계	서울	경기	인천	충남	경남	충북	울산	부산
439,468	146,462	171,251	25,969	24,012	12,806	11,818	6,726	6,817
	경북	대구	전북	전남	대전	강원	광주	제주
	8,207	4,934	3,519	3,317	3,165	3,122	4,010	3,333

참고로, 장기체류 외국인 중에서 결혼이민자 현황은 아래와 같다. 2003

년 이후 매년 15만 명 이상이 증가하고 있으며, 여기에는 결혼이주 여성뿐만 아니라 결혼이주 남성까지 포함한다. 2017년도의 경우에 성별로는 여성이 13만 227명으로서 전체의 83.8%로 절대다수를 차지하고 있으며 남성은 2만 5230명으로 16.2%에 불과하다. 그리고 국적별로는 중국 37.1%, 베트남 27.1%, 일본 8.6%, 필리핀 7.6% 순으로 많다.

다만, 결혼이민자 체류현황 통계에는 귀화 등으로 한국국적을 취득한 자는 포함되지 않기 때문에 귀화한 자들까지 포함하면 더 많다고 할 수 있다. 예를 들면, 2017년의 경우에는 2016년에 비하여 혼인귀화자가 6438명이 증가하였으며, 2018년에는 11월까지만 보더라도 7344명이 증가하였다.

○ 국민의 배우자(결혼이민자) 체류현황 - 연도별 증감 추이

(단위 : 명)

연 도	2013년	2014년	2015년	2016년	2017년	'17년11월	'18년11월
인 원	150,865	150,994	151,608	152,374	155,457	155,157	158,600
전년대비 증감률	1.6%	0.1%	0.2%	0.5%	2.0%	-	2.2%

○ 국민의 배우자(결혼이민자) 체류현황 - 연도별 증감 추이

(단위 : 명)

연 도	2012년	2013년	2014년	2015년	2016년	2017년	'18년 11월
혼인귀화자 (전체누계)	84,933	93,953	101,560	108,526	114,901	121,339	128,683

위의 통계자료들에서 이미 살펴보았듯이, 2018년 11월 30일 기준으로 한국에 체류하는 외국인 거주자는 233만 6689명으로서 한국 전체인구 중에서 4.5%를 넘어서고 있다. 최근 여러 해 동안 매년 10만-16만 명이 증가한다는 점을 고려하면, 그리고 한국에 체류하는 외국인수에는 혼인귀화자를 포함하지 않으며 2018년 11월까지 혼인귀화자 누계가 12만 8683명이라는 점을 고려하면, 체류외국인 비율이 4.5%를 훨씬 넘어서며 조만간 5%를 돌파하여 실질적으로 "다문화사회"多文化社會, multi-cultural society가 될 것이다.

III.

삼위일체적 다§문화신학

"다문화사회"多文化社會, multi-cultural society를 맞이하면서 우리는 다§문화성을 강조해야 하고 인간 사회와 세계 자체가 다§문화적이어야 함을 강조해야 한다. 그렇다면, 다§문화성이란 무엇이며 어떤 특징들이 있는가? 이러한 질문과 관련하여 다문화수용성진단지수의 구성개념들을 살펴보면 도움이 될 것이다. 가장 중요한 구성요소들은 다양성과 관계성과 보편성이다. 첫째, 다양성은 문화적 개방성을 지니는 것, 국민정체성 안에 다양성을 인정하는 것, 타자에 대해 고정관념과 차별을 갖지 않는 것을 의미한다. 둘째, 관계성은 타자로부터 일방적 동화 및 순응을 기대하지 않는 것, 타자에 대해 거부 또는 회피의 정서를 갖지 않는 것, 그리고 타자와의 친교관계를 맺기를 의지하는 것을 의미한다. 셋째, 보편성은 특정한 부류들에 대해서 이중적 평가를 가지지 않는 것과 인류애와 같은 보편적 가치를 추구하는 것을 의미한다.[8]

다문화수용성진단지수의 구성개념 및 가중치

구성요소		주요 측정 내용	일반인용 KMAI 가중치	청소년용 KMAI-A 가중치
다양성	① 문화개방성	다양한 문화적 배경의 이주민 유입·정주 인정	12	11
	② 국민정체성	국민됨의 자격기준에 대해 다양성 인정	15	13
	③ 고정관념/차별	외국인 및 이주민에 대한 고정관념과 차별	14	16
관계성	④ 일방적 동화기대	이주민의 우리문화 동화 및 순응 기대	12	11
	⑤ 거부·회피정서	이주민 접촉상황에서 비합리적인 부정적 정서	14	15
	⑥ 교류행동의지	이주민과의 친교관계를 맺고자 하는 의지	12	13
보편성	⑦ 이중적 평가	경제개발 수준, 문화적 배경 등에 등급을 둠	12	11
	⑧ 세계시민행동의지	인류애와 같은 보편적 가치추구 및 실천의지	11	10
일반국민 및 청소년 다문화수용성		8개 구성요소별 측정값의 종합	100	100

그러므로 다多문화사회를 맞이하여 다양성과 관계성과 보편성을 함양하기 위해서, 첫째, 우리 자신의 인식의 변화가 있어야 한다. 최우선적으로 우리는 한국이 단일민족 또는 단일문화라는 왜곡된 이데올로기로부터 벗어나야 한다. 한국인의 유전자를 분석하면 한국인은 기본적으로 시베리아나 몽골 등의 북방계 사람들과 동남아시아 지역의 남방계 사람들로 구성되어 있다. 즉, 역사적으로 한국은 다양한 지역들 출신의 사람들로 구성되어왔으며, 그러기에 북쪽의 수렵문화와 유목문화와 남쪽의 농경문화와 해양문화가 공존하는 다문화사회이었다.[9]

둘째, 다문화사회와 관련하여 우리는 유네스코가 2001년 11월 2일 파리에서 개최된 제31차 총회에서 "유네스코 문화 다양성 선언"Universal Declaration on Cultural Diversity을 공표하였음을 유념해야 한다. 제1조에서는 문화 다양성 Cultural Diversity을 인류의 공동 유산으로 규정하며 다음과 같이 선언한다.

문화는 시공간에 여러 형태로 나타난다. 이 다양성은 인류를 구성하는 집단과 사회정체성과 독창성을 구현한다. 생태 다양성이 자연에 필요한 것처럼 교류 · 혁신 · 창조성의 근원으로서 문화 다양성은 인류에게 필요한 것이다. 이러한 의미에서, 문화 다양성은 인류의 공동 유산이며 현재와 미래 세대를 위한 혜택으로서 인식하고 확인해야 한다.[10]

그런 후에 제2조에서는 문화 다양성에서 문화 다원주의Cultural Pluralism에로 나아갈 것을 제안하면서 다음과 같이 선언한다.

점점 다양해지는 우리 사회에서는, 함께 살려는 의지와 더불어 다원적이고 다양하며, 역동적인 문화 정체성을 지닌 사람들과 집단의 조화로운 상호 작용을 반드시 보장해야 한다. 모든 시민을 포용하고 모든 시민이 참여할 수 있게 하는 정책은 사회적 단결, 시민 사회의 역동성과 평화를 보장한다. 그러므로 문화 다원주의는 문화 다양성을 실현하려는 명백한 정책 표현이다. 민주 체계에서 분리할 수 없는 문화 다원주의는 문화 교류와 공공의 삶을 지탱해주는 창조적인 역량을 풍성하게 하는데 이바지할 수 있다.[11]

이러한 선언과 관련하여 "다문화사회"에 관하여 많은 이론적인 담론들이 제시되어 왔고 또한 문화다원주의에 관한 비판적인 고찰들도 있지만,[12] 본 논문에서는 그러한 담론들을 분석하는 것에 집중하지 않는다. 본 논문에서는 "다문화사회"란 "한 사회를 구성하는 다양한 문화가 나름의 독자성을 가지고 상호존중의 원리 위에서 평화롭게 공존하는 사회"라고 정의한다.[13]

셋째, 다多문화 또는 다多문화사회와 관련하여 성서적으로 이루어진 논의들을 살펴보면, 성서 안에 이미 다多문화 이야기들이 많이 있음을 발견할 수 있다. 김혜란과 최은영이 저술한 『성서에서 만나는 다문화 이야기 - 다름으로 일구는 하나님나라』라는 책에 따르면,[14] 하갈, 다말, 게르솜, 라합, 룻, 나아만 장군의 하녀, 요나서의 니느웨 할머니, 피난민 예수 가족, 수로보니게 여인, 브리스길라, 루디아 등 이들 모두 다多문화적 인물들이다. 그리고 나섬교회 및 나섬공동체를 중심으로 다문화목회를 왕성하게 하고 있는 목회자 유해근은 『노마드 예수』라는 책에서 노마드nomad 개념을 통하여 성서를 이해하고자 시도한다.[15] 노마드는 정착민이 아니라 유목민을 가리키는데, 쉼 없는 떠남과 찾아나섬의 삶을 살아가는 자들을 가리킨다. 그래서 노마드의 삶은 그 자체로 다多문화적이다. 그래서 유해근은 이러한 노마드의 관점에서 성서의 인물들, 즉 바울, 아브라함, 야곱, 요셉, 모세, 에스더의 삶을 살펴본다. 더 근본적으로는 하나님의 아들 예수 그리스도의 삶 자체가 이 세상으로 성육신하여 옮겨온 노마드의 삶이라고 주장한다.

넷째, 성서에 대한 이러한 해석을 더 확장하면, 교회 자체가 본질적으로 다多문화적임을 알 수 있다. 구약 출애굽기에 따르면, 하나님은 이집트의 경제체제를 지탱하는 히브리 노예들을 불러내어 하나님의 백성으로 삼으시고 "광야 교회"를 세우셨다. 이 교회 자체는 다多문화적이었다. 그리고 신약 사도행전에 따르면, 예수 그리스도의 제자들이 성령의 능력 안에서 모였고 이로써 교회가 형성되었다. 그런데 이 교회는 헬라파와 히브리파가 함께 공존하고 있었기에 다多문화적이었다. 두 파 사이에 분열과 갈등이 있었다는 점은 당시의 교회적 상황이 다多문화적이었음을 보여준다.

다섯째, 더 나아가서, 초대교회 전체는 하나의 교회를 이루었지만 실제로는 다섯 개의 중심지들을 위주로 하나의 교회를 이루었다. 즉, 예루살렘, 안디옥, 로마, 알렉산드리아, 콘스탄티노플이라는 다섯 개의 총대교구들을 중심으로 하나의 교회를 이루었다. 그러는 중에 로마가 자신을 중심으로 간주하려는 수위권primacy을 주장하기 시작하였고, 여러 신학적인 이유들과 비신학적인 이유들로 인하여 1054년에 동방교회와 서방교회로 대분열이 일어나기도 하였다. 이후 서방교회 안에서는 1517년 종교개혁을 계기로 로마 가톨릭교회와 여러 개신교회로 나뉘어졌다.

지금까지 위에서 언급한 다섯 가지 점들을 고려하면, 한국 사회와 역사 자체가 다多문화적이며, 세계의 문화 자체가 다양하고 다多문화적이라고 할 수 있다. 성서 안에 있는 이야기들 자체가 다多문화적이고, 하나님께서 불러 모으신 교회 자체도, 그리고 그 이후의 교회의 역사 자체도 다多문화적이다.

그런데 여기에서 신학적으로 주목할 점은 바로 이와 같은 다多문화성이 바로 하나님 자신의 모습으로부터 나온다는 점이다. 하나님 자신이 다多문화적이기 때문이며, 또한 하나님 자신에게 다양성, 관계성, 보편성이 있기 때문이다.

첫째, 하나님은 자신 안에서 머무르거나 정체하지 않고 영원히 자기구별을 행하신다. 즉, 자신 안에서 자기개방성을 지니고 계신다. 성부 하나님으로부터 성자 하나님과 성령 하나님이 나오신다. 이러한 나오심을 신학적인 용어로 발출 또는 출원procession이라고 한다. 여기에서의 발출 또는 출원은 광의의 의미이다. 더 구체적으로, 성자 하나님은 출생generation의 관계를 통하여 성부 하나님으로부터 나오신다. 성령 하나님은 출원procession의 관계를 통하여 성부 하나님으로부터 나오시거나 또는 성부 및 성자로부터 나오신다. 여기에서의 출원은 협의의 의미이다. 이와 같이 삼위일체 하나님은 자신 안에서 성부와 성자와 성령으로 함께 존재하시며 함께 활동하시되, 영원히 끊임없이 자신 안에서 자기구별을 이루신다.

그런데 삼위일체 하나님 안에서 성부로부터 성자의 출생과 성령의 발출은 하나님 자신 안에서의 자기구별이지만, 그렇다고 결코 전적인 분리나 소외나 차별은 아니다. 하나님 자신 안에서의 자기구별은 분리와 동시에 관계성이 있음을 의미하며, 개방성과 동시에 통일성이 있음을 의미하고, 다양성과 동시에 보편성이 있음을 의미한다. 여기에 페리코레시스perichoresis, 즉 상호내주, 상호침투, 상호통재가 있음을 의미한다.[16] 성부 하나님이 성자 하나님 안에 거주하시고, 성자 하나님이 성부 하나님 안에 거주하신다. 성령 하나님이 성부 하나님 안에 거주하시고, 또한 성자 하나님 안에 거주하신다. 마찬가지로, 성부 하나님은 성자 하나님 안에 거주하실 뿐만 아니라, 또한 성령 하나님 안에 거주하신다. 성자 하나님은 성부 하나님 안에 거주하실 뿐만 아니라, 또한 성령 하나님 안에 거주하신다. 이러한 상호내주를 통하여 삼위일체 하나님은 자신 안에서 관계성과 개방성과 다양성과 보편성을 영원히 끊임없이 확보하시는 삶을 영위하신다.

둘째, 삼위일체 하나님 안에서 성부로부터 성자의 출생과 성령의 발출은 하나님 자신 안에로만 한정되지 않고, 더 나아가서 하나님 자신을 넘어서 밖으로 확장된다. 즉, 하나님 자신 안에서의 관계성과 개방성과 다양성과 보편성이 하나님 자신 밖으로 흘러넘친다. 이것이 하나님의 창조이며, 하나님의 계시이고, 하나님의 섭리이며, 하나님의 구원이고, 또한 하나님의 완성이다. 그러나 하나님의 이러한 대외적인 확장은 그저 아무렇게나 임의적으로 이루어지는 것이 아니다. 바로 하나님 자신 안에서의 대내적인 모습을 바탕으로 하여 이루어진다. 즉, 창조, 계시, 섭리, 구원, 완성 등과 같은 하나님의 모든 활동은 삼위일체 하나님 자신 안에서의 모습을 바탕으로 이루어진다.

셋째, 더 나아가서 하나님의 대외적인 확장의 최고의 절정은 바로 파송 mission 에서 일어난다. 성자의 출생과 성령의 발출을 근거와 바탕으로 하여 대외적인 확장이 일어나는데, 이것의 최고의 절정을 신학적인 용어로 파송 mission 이라고 한다. 파송이란 보냄이라는 뜻으로서 성부 하나님께서 성자 하나님을 하나님 자신 밖으로, 즉 세상 속으로 보내시는 것을 의미한다. 그리고 성부 하나님께서 성령 하나님을 하나님 자신 밖으로, 즉 세상 속으로 보내시는 것을 의미한다. 전자는 성자의 성육신 incarnation 을 가리키며 후자는 성령의 강림 descent 을 가리킨다. 그렇다면 삼위일체 하나님의 파송 안에서, 즉 성자의 성육신과 성령의 강림 안에서 하나님 자신의 관계성과 개방성과 다양성과 보편성이 가장 최고의 절정의 모습으로 드러난다고 할 수 있다.

성자의 성육신은 하나님께서 하나님 자신과 전적으로 다른 존재 안에로 들어오는 사건이면서, 동시에 하나님 자신과 전적으로 다른 존재를 자신에게로 초대하는 사건이다. 의로우신 하나님께서 죄인을 부르시는 사건으로서 관계성과 개방성과 다양성과 보편성이 가장 확연하게 드러나는 사건이다. 즉, 성육신하신 예수님은 그 어떤 죄인이라 하더라도 찾아가시고 부르시며 함께 하신다. 세상 사람들이 전적으로 배제하고 소외시키고 차별시키는 모든 이들까지도 품으시고 포용하신다. 이것이 세상을 위한 기쁜 소식이고 복음이다. 그리고 이것이 가시적으로 가장 절정적으로 표현된 것이 십자가 사건이다.

성령의 강림은 하나님께서 성자를 통하여 들려주시는 복음의 역사를 성령 충만을 통하여 온 세계에로 확장시키는 사건이다. 성령이 강림하여 불의 혀같이 갈라질 때에 제자들이 방언들로, 즉 세상의 다양한 언어들로 말하고 기도하였다. 그리하여 그들 주변에 모인 모든 외국인에게 그들의 언어로 들려지게 되었다. 바로 여기에서 초대교회가 형성되었고 다양한 사람들이 함께 모이고 함께 나누는 삶을 살게 되었다. 그리고 이러한 성령의 강림의 역사는 오늘날에도 온 세계에로 퍼져나가고 있다.

이와 같은 점들을 고려하면 삼위일체 하나님 자신이 다多문화적이다. 그리고 이러한 하나님께서 창조하신 창조세계 전체가 다多문화적이다. 그러므로 하나님을 이해하고 고백하고 표현하는 신학은 그 자체로 다多문화적일 수밖에 없다. 그러므로 "삼위일체적 다多문화신학"은 가능할 뿐만 아니라, 또한 당위적이다.

지금까지는 성서 해석의 역사에서, 그리고 교회의 역사에서 하나님을 한 분 하나님의 모습으로만 강조하여 왔고, 그러면서 하나님의 단일성, 통일성, 일치성에 더 많은 강조점을 부여하여 왔다. 그러다가 보니 하나님의 정체성에 대한 이해가 한편으로 선명하면서도 또 다른 한편으로 배타적이거나 차별적이기도 하였다. 그러나 우리는 성서를 해석할 때에, 또한 교회의 활동에 참여할 때에 삼위일체 하나님의 관계성과 개방성과 다양성과 보편성까지도 함께 균형적으로 강조하고 실천 속에서 드러내야 한다.

이런 점과 관련하여 우리는 다니엘 밀리오리의 강조점을 늘 기억할 필요가 있다. 밀리오리는 페리코레시스에 관한 현대신학의 논의들을 받아들이면서 삼위일체론의 중심목적 또는 심층문법 depth grammar 은 "하나님은 자신을 내어주고 타자를 긍정하며 공동체를 세우는 사랑"God is the self-giving, other-affirming, and community-forming love 이라는 점을 드러내는 것이라고 역설한다.[17]

IV.
삼위일체적 다$_多$문화적 신학적 인간론의 모색

삼위일체 하나님 자신이 다$_多$문화적이시며, 또한 이러한 하나님께서 창조하신 창조세계 전체가 다$_多$문화적이다. 이러한 진술 자체는 하나님과 세계 사이에 어떤 관계성, 즉 어떤 유비적 관계가 있다는 점을 의미하는 것이지, 양자 사이의 구별이 모호하게 사라짐을 의미하지는 않는다. 다$_多$문화성 자체는 하나님의 본질과 특성일 뿐만 아니라, 인간과 사회와 세계의 존재의 원리이며, 또한 가능성과 당위성이다. 그러기에 인간의 정체성을 탐구하는 인간론anthropology도 또한 삼위일체적 다$_多$문화적 인간론이어야 하며, 또한 그럴 수밖에 없다. 본 논문에서는 이러한 인간론을 모색하고자 한다.

무엇보다도 중요한 점은 이와 같은 인간론이 문명사적인 관점에서 확증될 수 있다는 점이다. 근대 유럽에서 모더니즘modernism이 인간 개인의 자율성과 독립성을 강조하면서 널리 확산되었지만, 동시에 인간 주체 중심의 자기중심성, 합리적 보편적 획일성, 모든 타자에 대한 대상화로 인하여 문명의 위기가 초래되었다. 이를 계기로 기존의 모더니즘에 대한 비판적인 성찰이 있었고 그 결과로 포스트-모더니즘post-modernism이 생겨났다. 그래서 이후로는 자율성, 독립성, 획일성보다는 관계성, 다양성 등이 강조되었다. 대표적인 예로, 유대인 철학자 임마누엘 레비나스는 "타자의 윤리"ethics of the other를 주창하면서 타자 중심의 삶을 제안하였고[18] 자끄 데리다는 "환대의 윤리"ethics of hospitality를 제안하였다.[19]

그렇다면, 이와 같은 인간론은 신학적으로 어떻게 모색되고 제안될 수 있을 것인가? 가장 주요하게 다룰 수 있는 주제가 바로 "하나님의 형상"imago Dei이다.[20] 즉, 삼위일체적 다多문화적 신학적 인간론에서는 "하나님의 형상"imago Dei으로 창조된 인간을 어떻게 이해할 것인가? 인간이 하나님의 형상으로 창조되었다는 성서의 말씀은 그동안 인간에게 단지 합리적인 이성이 있다거나, 개인적주의적인 자유가 있다거나, 문화를 만드는 창조성과 세계를 다스리는 통치권이 있다는 등으로 해석되어 왔지만, 오늘날의 관점으로 볼 때에 그와 같은 해석들에로 한정되지 않는다. 하나님이 다多문화적이시며 하나님 자신에게 다양성, 관계성, 보편성이 있기 때이다. 하나님의 형상으로 창조된 인간에게도 삼위일체 하나님의 관계성과 개방성과 다양성과 보편성이 어떤 방식으로든지 존재한다고 해석할 수 있기 때문이다.

관계성의 측면에서 보자면, 인간이 삼위일체 하나님의 형상으로 창조되었다는 점은 인간이 관계성 안에서 살아가도록 창조되었음을 의미한다. 즉, 하나님과의 관계성 안에서, 동료 인간들과의 관계성 안에서, 그리고 인간 이외의 다른 피조물과의 관계성 안에서 살아가도록 창조되었음을 의미한다. 관계성에서처럼 개방성과 다양성과 보편성도 마찬가지이다.

관계성과 관련하여 더 구체적인 신학적 논의들을 소개하자면, 하나님 형상에 관한 본회퍼의 이해를 분석하는 현요한에 따르면, 하나님 형상에 대한 기존 신학의 이해가 주로 실체론적인 입장이나 인간존재의 특성론적인 입장이었다면, 본회퍼는 기독론적으로 이해하는 "대리행위"Stellvertretung라는 개념을 바탕으로 "관계론적이며 사명론적인 하나님 형상론"을 제시한다.[21]

즉, 본회퍼에게 있어서 하나님의 형상은 인간이 가지고 있는 어떤 실체나 성질이나 소유물이나 실존구조가 아니라 관계이다. 이 점에서 본회퍼는 칼 바르트처럼 존재유비analogia entis를 부정하고 관계유비analogia relationis를 주장한다. 그러기에 본회퍼에게 자유란 인간 자신 안에 있는 무엇이 아니라 타자와의 사이에 있는 관계이다. 이런 점에서 하나님의 형상은 인간의 인격적인 상호관계, 공동체성, 또는 사회성 속에서 보여 진다. 하나님의 대리자로서의 인간에게는 여전히 하나님의 대리자로서의 사명이 있다. 즉, 하나님의 형상을 지상에서 대신 보여주고 이웃을 사랑하고 존중하며 다른 피조물들을 돌보아야 하는 사명이 있다. 이런 인간은 이제 예수 그리스도를 통하여 하나님 형상을, 즉 하나님의 대리자로서의 사명을 수행할 능력과 은혜를 회복하게 된다. 그리고 고난을 당하고 버림을 받아 십자가에 달린 예수 그리스도처럼 나아가야 하나님 형상에 참여하게 된다.

마찬가지로, 이러한 점을 칼 바르트, 볼프하르트 판넨베르크, 데이비드 켈시도 강조한다. 바르트는 인간의 본질이 관계성이며 인간의 존재는 함께 존재하는 공존이라고 강조한다. 그래서 인간 사이의 공존 속에서 "공동-인간성"co-humanity이 표현되어야 한다고 주장한다. 판넨베르크는 인간의 중요한 특징으로는 "자기초월"과 "세계개방성"이 있다고 역설한다. 그리고 켈시는 인간을 "외심적 존재"eccentric existence로 규정한다. 즉, 인간의 중심은 인간 자신 안에 있는 것이 아니라 인간 자신 밖에 있음을, 그래서 진정한 인간은 자신 이외의 타자와의 관계에 의해 형성되는 존재라고 주장한다.[22]

이러한 논의에서 타자와의 관계성은 단지 인간과의 관계로만 한정되지 않는다. 인간뿐만 아니라 창조세계의 모든 피조물에게도 마찬가지로 적용이 된다. 즉, 온 세계로, 생태계 전체로, 그리고 우주 전체의 만물에게 마찬가지로 적용이 된다. 즉, 삼위일체 하나님의 관계성과 개방성과 다양성과 보편성 자체는 모든 우주 만물의 존재 및 활동의 원리이다. 이러한 점에서 삼위일체적 다多문화적 인간론은 인간과 타자와의 관계를 우주 만물 전체에로 확장하여 적용할 수 있다.

윤철호는 『인간 – 인간의 본성과 운명에 관한 학제간 대화』라는 책에서 성서, 신학, 과학, 심리학, 종교 등을 아우르는 학제간 대화를 통하여 인간에 관하여 광범위하게 다루되, 관계성의 관점에서 인간의 본성을 다음과 같이 주장한다.

> 이 책에서 필자는 하나님의 형상으로서 인간 본성의 본유적 특성이 관계성에 있으며, 특히 공감적 사랑에 있다는 점을 강조하고자 한다. 영원한 삼위일체적 관계성 안에 계신 하나님은 본유적으로 세상을 향해 열려 있는 관계성 안에 계신 하나님이다. 인간 안의 하나님의 형상은 이 신적 관계성을 반영한다. 인간은 동료 인간과 창조세계의 모든 피조물과의 상호 의존적 관계성 안에 존재한다.[23]

그러면, 삼위일체적 다多문화적 인간론은 인간의 삶을 어떻게 살아야 한다고 이해하는가? 우리의 존재 자체와 삶 자체가 다多문화적이기에 현실 속에서 다多문화적인 삶을 살아야 한다고 말할 것이다. 이러한 점과 관련하여 우리는 파송mission의 삶을 회복할 필요가 있다. 여기에서 파송mission을 선교mission라고 표현할 수도 있지만, 선교의 본래적인 의미가 보냄이기에 선교라고 표현하더라도 파송을 늘 기억해야 한다. 우리의 파송과 선교는 삼위일체 하나님의 파송에 근거하며, 더 나아가서 삼위일체 하나님 자신의 내적인 삶의 모습으로서의 발출 또는 출원procession에 근거한다.

그렇다면 삼위일체적 다多문화적 인간의 삶으로서의 파송 또는 선교란 무엇이며 우리는 어떻게 그것을 구현할 수 있는가? 교회 현장과 선교 현장에서 "다多문화선교"란 주로 다多문화사회로 가서 하는 선교를 주로 의미한다. 그러나 해외의 다른 나라들이나 타문화권으로 가서 수행하는 선교는 다多문화적인 것은 당연한 것이지만, 그것뿐만이 아니다. 더 나아가서 국내의 다多문화적 상황 속에서 수행하는 선교도 또한 다多문화적이라고 할 수 있다. 해외로 가든 국내 안에 있든 선교mission 자체가 다多문화적이고, 그래서 선교 자체가 다多문화선교라고 할 수 있다. 왜냐하면 선교는 본래 보냄을 받아서 다른 곳으로 나아가는 파송sending을 의미하기 때문이다. 즉, 선교는 지리적인 의미만을 지니는 것이 아니라 사회문화적인 의미까지 포함하기 때문이다.

무엇보다도, 선교mission는 궁극적으로 하나님 자신의 모습에 근거한다. 성부 하나님께서 성자 하나님을 이 세상으로 보내셔서 성육신하게 하신 것과 성령 하나님을 이 세상으로 보내셔서 교회를 세우시고 이끌어 가시는 것이 바로 선교의 원형이다. 이런 의미에서 하나님 자신이 선교사이시기에 "선교사 하나님"the missionary God이라고 표현한다. 그러므로 하나님을 믿고 따르는 우리들은 "선교사 하나님"을 따라서 선교적 삶을 살아야 한다. 다多문화권 선교가 원활하게 진행되기 위해서는 여러 구체적인 프로그램들이 있어야 하겠지만, 무엇보다도 가장 중요한 것은 선교사 하나님의 사랑을 품고 그 하나님의 선교에 참여하고자 하는 마음이다.

그러므로 선교mission는 세상을 향한 하나님의 사랑에 근거한다. 하나님께서 우리에게 독생자를 보내시고 그를 믿음으로 영생을 얻게 하시는 것은 바로 하나님께서 세상을 사랑하시기 때문이다. 성서에서 세상은 그리스어로 코스모스cosmos라고 하는데 온 세상을 가리킨다. 하나님께서 창조하신 모든 피조세계를 가리킨다. 20세기에 세계교회는 선교의 패러다임을 교회의 선교missio ecclesiae로부터 하나님의 선교missio Dei 또는 the mission of God에로 전환하였는데, 이러한 전환의 배경에는 온 세상을 향한 하나님의 사랑에 대한 확신이 있기 때문이었다.

V.

나오는 말

이 글에서는 다多문화사회로 진입하고 있는 한국의 현황을 자세히 파악함으로써 한국의 다多문화적 현실에 대한 인식을 한국 사회와 한국 교회에 널리 확산시킬 수 있을 것이다. 특히, 삼위일체적 다多문화신학을 제시하고 삼위일체적 다多문화적 인간론을 모색하고자 하였다. 다多문화사회가 주는 유익은 모든 이들을 위한 것이지만, 사실은 누구보다도 우리 자신이 더 많은 유익과 풍성한 혜택을 얻을 수 있을 것이다.

무엇보다도, 다多문화사회에 대한 인식을 통하여 한국 사회와 한국 교회 안에 개방성, 관계성, 다양성, 보편성이 더욱 더 확산될 것이며 이것이 한국 사회와 한국 교회를 정신적으로 더 풍성하게 하여 줄 것이다. 그리고 이것은 또한 한국 사회와 한국 교회의 오랜 적폐로 지적되어온 수직적 위계질서의 구조를 수평적 상호존중의 구조로 변화시켜줄 것이며, 이로 인하여 한국 사회와 한국 교회가 하나님 나라의 모습을 더 온전히 드러낼 수 있을 것이다. 특히, 다多문화사회에 관한 인식과 수용을 통하여 한국 교회 안에서는 밀로슬라브 볼프가 『삼위일체와 교회』에서 제안한 "하나의 중심 구조로부터 다중심 구조로"from one-center structure to poly-center structure 의 변화에 크게 기여할 수 있을 것이다.[24]

1   http://www.moj.go.kr/moj/213/subview.do.

2   http://news.donga.com/Issue/List/03000000000070/3/03000000000070/20120419/45633974/1.

3   여성가족부 '국민 다문화 수용성 조사' 자료. http://www.mogef.go.kr/io/stt/io_stt_f002.do.

4   http://news.donga.com/View?gid=76996241&date=20160315.

5   김정근 외. "다문화정책 – 동화에서 융화로," 『삼성경제연구소 CEO Information』 853호 (2012. 5. 16), 2-3.

6   외국인·다문화 현황 통계자료로는 대표적으로 법무부의 '체류 외국인 통계'가 있다. 그리고 행정안전부의 '외국인 주민 현황'과 여성가족부의 '전국 다문화 가족 실태 조사'가 있으며, 또한 통계청의 '인구주택 총조사(외국인, 다문화가구 부문)'가 있다. 그러나 더욱 정확한 현황 파악을 위해서는 각 자료의 개념들과 용어들에 대한 세밀한 분석과 비교가 필요하다. 송다영, "공표기관별 외국인·다문화 통계 비교 연구," 『2018년 상반기 연구보고서 제1권』, 126-160.
    http://kostat.go.kr/edu/sri_kor_new/1/4/index.board.

7   http://www.moj.go.kr/moj/213/subview.do.

8   http://www.mogef.go.kr/mp/pcd/mp_pcd_s001d.do?mid=plc503&bbtSn=701835.

9   강명주·강승호 외, 『한국사 속의 다문화 – 청소년을 위한 다문화 대안 역사교과서』(서울: 선인, 2016), 13-16.

10 https://unesco.or.kr/upload/data_center/유네스코문화다양성선언_2001.pdf.

11 https://unesco.or.kr/upload/data_center/유네스코문화다양성선언_2001.pdf.

12 어떤 학자들은 "다문화주의(multi-culturalism)," "문화적 다양성(cultural diversity)," "문화적 다원주의(cultural pluralism)"를 개념적으로 구분하기도 한다. 여기에 관한 논의는 다음의 글들을 참조하라. 홍기원, "제8장 다문화사회에서의 문화다양성에 대한 이해," 전경옥·홍태영 외, 『다문화사회 한국의 사회통합』(파주: 이담books, 2013), 339-343; 심미수, "III. 다문화 사회 인식과 다문화주의," 조성돈·심미수 외, 『더불어 사는 다문화, 함께하는 한국교회』(서울: 예영커뮤니케이션, 2012), 69-83.

13 이장형, 『다문화 시대의 기독교 윤리』(성남: 북코리아, 2012), 18-19. 여기에서 이장형은 "다문화사회"라는 용어는 "다원문화사회"라는 개념과 "다민족(인종)사회"라는 개념을 포괄하는 용어라고 주장한다. 그에 따르면, 전자는 다문화사회의 문화적 다양성과 평등성이 강조된 개념이며, 후자는 인구학적 구조와 변동의 의미가 강조된 개념이다.

14 김혜란·최은영, 『성서에서 만나는 다문화 이야기 – 다름으로 일구는 하나님나라』(대전: 대장간, 2013).

15 유해근, 『노마드 예수』(서울: 나그네, 2008).

16 '페리코레시스'에 관해서는 다음을 참조하라. 김영선, "레오나르도 보프의 관계적 삼위일체론 연구," 『한국개혁신학』 46 (2015), 105-129; 백충현, "삼위일체적 평화통일신학의 적용 – 북한이탈주민들과 한국사회와의 상호 이해와 포용을 중심으로," 49 (2016), 132-162; 김은홍, "관계적 삼위일체 하나님으로부터 선교의 통전성: 페리코레시스(περιχωρησις)를 중심으로," 『한국개혁신학』 58 (2018), 254-291.

17 다니엘 밀리오리 지음, 신옥수·백충현 옮김, 『기독교 조직신학 개론 – 이해를 추구하는 신앙(개정3판)』(서울: 새물결플러스, 2016), 141-142, 147.

18 박원빈, 『레비나스와 기독교 – 기독교 신학적 관점에서 바라본 현대철학』(서울: 북코리아, 2010).

19 강정희, "환대의 윤리 관점에서 본 이주노동자 정책과 한국 교회의 과제," 『신학과 사회』 32권 2호 (2018), 76-84.

20 이은선, "칼빈의 교부들, 스콜라주의자들, 그리고 동시대인들의 견해 비판을 통한 하나님의 형상론 정립," 『한국개혁신학』 32 (2011), 191-223.

21 현요한, "본회퍼의 하나님 형상론," 『장신논단』 17권 (2001.12), 162. 또한 다음을 참조하라. 한국본회퍼학회 엮음, 『디트리히 본회퍼의 신학사상 연구』(서울: 동연, 2017); 김성호, 『디트리히 본회퍼의 타자를 위한 교회』(서울: 동연, 2018).

22 밀리오리, 『기독교 조직신학 개론 – 이해를 추구하는 신앙(개정3판)』, 256, 258.

23 윤철호, 『인간 - 인간의 본성과 운명에 관한 학제간 대화』(서울: 새물결플러스, 2017), 9-10.

24 밀로슬라브 볼프 지음, 황은영 옮김, 『삼위일체와 교회 - 하나님의 형상으로서 교회에 대한 가톨릭 · 동방 정교회 · 개신교적 이해를 찾아서』(서울: 새물결플러스, 2012).

13장

포스트휴머니즘의 시대에서의
삼위일체

I.
들어가는 말

오늘날 우리는 포스트휴머니즘의 시대를 맞이하고 있다. 포스트휴먼 posthuman 은 인간됨being human 을 넘어서는 상태에 있는 인간을 가리키며, 포스트휴머니즘posthumanism 은 인간됨을 넘어섬을, 즉 휴머니즘humanism 을 넘어섬을 추구하는 이념 또는 운동이다. 어떤 의미에서 휴머니즘은 포스트휴머니즘을 향하여 나아가고 있고, 휴머니즘과 포스트휴머니즘 사이의 중간 어딘가에 있는 과도기적 휴머니즘transitional humanism 을 거쳐 가고 있다.[1]

유발 노아 하라리가 자신의 책 『사피엔스』에서 설명하듯이, "21세기 여명기에 …… 호모 사피엔스는 그러한[생물학적으로 결정된] 한계들을 초월하고 있다."² 하라리가 예상하는 바에 따르면, 수십 년 내에 유전공학 또는 생명공학 덕분에 "우리[인간들]는 우리의 생리, 면역체계, 기대수명에서뿐만 아니라 우리의 지적 능력들과 감정적 능력들에서도 광범위한 변화들을 일으킬 수 있을 것이다."³ 그리고 하라리는 더 나아가서 다음과 같이 질문한다. "만약 유전공학이 천재 생쥐를 만들 수 있다면, 천재 인간들[포스트휴먼들]을 왜 못 만들겠는가?"⁴

인간들이 철저하게 변화하는 이러한 때에 우리는 하나님에 관하여, 그리고 심지어 삼위일체에 관하여 말할 수 있는가? 위에서 언급한 책의 마지막 문장에서 하라리는 호모 사피엔스는 "신이 된 동물"이라고 지적하면서 다음과 같은 질문을 제기한다. "자신들이 원하는 것을 알지 못하며 불만족하고 무책임한 신들보다 더 위험한 것이 있겠는가?"⁵ 그런 다음에 하라리는 자신의 다음 책 『호모 데우스: 미래의 역사』에서 다음과 같이 예상한다. 즉, 수십 년 안에 "데이터교 혁명"을 통하여 인간들은 신이 되고자 불멸, 행복, 신성을 추구할 것이다. 그러나 동시에 인간들은 이 "데이터교" 안에서 순전히 알고리듬과 데이터-처리가 될 것이다.⁶

이러한 점들을 고려하면서 이 글은 포스트휴머니즘의 시대에 우리가 하나님에 관하여, 그리고 심지어 삼위일체에 관하여 여전히 말할 수 있는지 아닌지에 관한 질문을 탐구하고자 한다. 그렇게 하기 위하여 먼저 트랜스휴머니즘과 포스트휴머니즘과 같은 용어들을 비판적으로 검토하여 이러한 용어들에게서 부족하거나 빠진 점을 찾고자 한다. 그리고 포스트휴머니즘의 시대에서 종교 또는 영성에 관하여, 그래서 삼위일체 하나님에 관하여 논의할 수 있는 가능성을 다루고자 시도한다. 그런 다음에 인간들이 알고리듬 또는 데이터-처리로 완전히 해소될 수 없기 때문에, 또한 인간들 내에서의 관계들과 인간들 외에서의 관계들이 그러한 포스트휴먼 시대에서 매우 필수적일 것이기 때문에, 포스트휴머니즘의 시대에서 삼위일체에 관하여 우리가 여전히 말할 수 있음을 주장한다.

II.
트랜스휴머니즘과 포스트휴머니즘

1. 과도기적 휴머니즘으로서의 트랜스휴머니즘

올리비어 마손에 따르면, 트랜스휴머니즘이라는 용어는 1957년에 줄리안 헉슬리가 처음으로 사용하였고, 이 용어는 "인류의 '자신을 초월하는' 능력에 대한 '새로운 믿음'"7을 가리킨다. 그 이후로, 트랜스휴머니즘은 널리 퍼졌고 오늘날까지 발전되어 왔다. 이 용어는 1930년대의 미래주의자들에게로 거슬러갈 수 있고, 또한 19세기 말과 20세기 초의 공상주의자들에게로까지 거슬러갈 수 있다.8 그리고 이 용어는 훨씬 더 멀리 14세기의 단테에로까지 거슬러갈 수 있다. 단테는 다음과 같이 썼다. "말들이 그러한 트랜스휴먼적 변화에 관해 말하지 않을 수 있다. 그러므로 비록 약하더라도 그러한 예가 도움이 되도록 하라「신곡」, 낙원, 1장."9

1988년에 맥스 모어는 엑스트로피 잡지들 또는 학술지들을 출판하고 여러 학술대회들을 개최하기 시작하였다. 그는 **엑스트로피 연구원**Extropy Institute, ExI을 설립하여 2006년에 종료할 때까지 트랜스휴머니즘의 사상들을 공유하고 확산시키고자 하였다. 여기에서 모어는 트랜스휴머니즘에 관한 정의를 다음과 같이 제시하였다.

트랜스휴머니즘은 한 부류의 삶의 철학들이다. 즉, 현재의 인간적인 형태와 인간적 한계들을, 삶을 증진시키는 원리들과 가치들의 도움을 받아, 과학과 기술의 도움으로 넘어서는 지적인 생명의 진화를 지속화하고 가속화하는 것을 추구하는 철학들이다.[10]

2002년에 닉 보스트롬과 데이비드 펄스는 **세계트랜스휴머니스트연합**World Transhumanist Association, WTA이라는 조직을 설립하였는데, 그 첫 번째 의장이 보스트롬이다. 그는 2000년부터 2002년까지 예일대학교에서 가르쳤고, 현재는 옥스퍼드대학교에 있는 **인간의미래연구원**Future of Humanity Institute, FHI의 원장이다.[11] 2011년에 WTA는 이름을 **휴머니티 플러스**Humanity +, Humanity Plus로 바꾸었다. 이 조직은 모어의 이전의 정의에 기초하여 트랜스휴머니즘을 다음과 같이 정의하였다:

(1) 응용된 이성을 통하여 인간이 상태를 근본적으로 개선하는 가능성과 가망성을 긍정하는 지적이고 문화적인 운동이다. 특히, 노화를 제거하고 인간의 지적, 신체적, 심리적 능력들을 크게 향상시키는 이용가능한 기술들을 널리 개발하고 활용함으로써 그것들을 추구하는 운동이다.
(2) 우리로 하여금 근본적인 인간적 한계들을 극복하도록 하는 기술들의 함의들, 약속들, 잠재적 위험들을 연구한다. 그리고 이와 관련하여 그러한 기술들을 개발하고 사용하는 것과 관련된 윤리적 문제들을 연구한다.[12]

위의 두 정의들은 근본적인 인간적 한계들을 극복하는 것과 현재의 인간적 상태들을 개선하는 것에 강조점을 둔다는 점에서 공통적이다. 그러나

두 용어는 인간됨과 관련된 것에, 즉 휴머니즘에 여전히 관심이 있으며, 실제로 휴머니즘의 향상에 여전히 관심이 있다.

그리고 2009년에 WTA Humanity + 는 8개 조항으로 구성된 트랜스휴머니스트 선언을 채택하였다. 이 선언은 1988년에 처음으로 작성되었고 여러 해를 거쳐 수정되었다. 여기에 참여한 이들로는 맥스 모어, 닉 보스트롬, 나타샤 비타-모어, 데이비드 펄스 등이 있다. 트랜스휴머니스트 선언의 제1항에서 트랜스휴머니즘은 "노화, 인지적 단점, 비자발적 고통, 그리고 지구행성 안에로의 갇힘을 극복함으로써 인간적 잠재력을 확장하는 가능성"[13]을 꿈꾼다고 말한다. 인간적 잠재력이 여전히 대부분 실현되지 않고 있기 때문에, 현재의 인간적 상태들을 극복하고 인간적 능력들을 가능한 많이 개선하는 것이 가치가 있다고 트랜스휴머니즘은 주장한다.

2. 트랜스휴머니즘의 목표로서의 포스트휴머니즘

그렇다면 포스트휴머니즘은 무엇인가? 위에서 언급하였듯이, 포스트휴머니즘은 인간됨을 넘어섬을, 즉 휴머니즘humanism을 넘어섬을 추구하는 이념 또는 운동이다. 어떤 의미에서 포스트휴머니즘은 또한 휴머니즘과 관련된다. 그러나 포스트휴머니즘은 현재의 인간적 상태들을 철저하게 넘어서는 것을, 즉 휴머니즘을 철저하게 넘어서는 것을 많이 강조한다. 미국의 발명가이며 미래주의자인 레이 커즈와일은 2005년에 자신의 책 『특이점이 온다 - 인간들이 생물학을 초월하는 순간』을 통하여 포스트휴머니즘이 어떠할 것인지에 관하여 많이 설명하였다.[14]

커즈와일에 따르면, 인간들은 현재 휴머니즘으로부터 포스트휴머니즘에로 나아가는 과정의 초기 단계들 중에 있다. 패러다임 변화는 가속화될 것이고 정보기술의 능력은 기하급수적으로 늘어날 것이다. 그래서 "기술 변화의 속도가 아주 급박하고, 그 충격이 아주 심대해서 인간의 삶이 비가역적으로 변혁될 미래 시기"[15]인 특이점이 임박해 있다. 커즈와일이 예상하듯이, 이러한 특이점은 수 십 년 내로 일어날 것이 확실하다. 이때는 "정보-기반의 기술들이 인간의 모든 지식과 능력을 포괄할 것이며, 여기에는 인간의 뇌 자체가 지니는 패턴-인식의 힘들, 문제-해결의 기술들, 감정적 및 도덕적 지성이 궁극적으로 포함될 것이다."[16] 이러므로 이러한 특이점에서 인간들은 자신의 몸과 뇌가 지니는 한계들을 초월할 것이며, 이로써 운명, 죽음, 수명 등에 대한 힘을 획득하여 포스트휴먼이 될 것이다.[17] 어떤 의미에서 우리는 다음과 같이 말할 수 있다. 즉, 트랜스휴머니즘이 휴머니즘을 극복하고, 개선하고, 향상시키는 것에 초점이 있다면, 포스트휴머니즘은 휴머니즘을 초월하고, 뛰어넘고, 넘어서는 것에 초점이 있다. 이런 측면에서 "트랜스휴먼이 휴먼과 포스트휴먼 사이의 중간적인 과정을 가리키듯이",[18] 트랜스휴머니즘은 휴머니즘과 포스트휴머니즘 사이의 중간적인 형태를 가리킨다고 할 수 있다. 이러한 점은 브렌트 워터스에 의해 또한 확증된다. 워터스는 개럿신학교에 있는 윤리와가치 센터의 소장이다. 트랜스휴머니즘이 "다양한 측면들을 지니고 잘 정의되지 않는 운동"임을 인정하더라도, 워터스는 트랜스휴머니즘이 "휴먼을 포스트휴먼으로 변혁시키는 것에 헌신하는 과도기적 운동"[19]이라고 여긴다. 여기에서 포스트휴머니즘은 트랜스휴머니즘이 더 앞으로 나아가는 목표라고 여겨질 수 있다. 달리 표현하면, 포스트휴머니즘은 트랜스휴머니즘의 가장 극단적인 형태라고 여겨질 수 있다. 그렇다면 우리는 다음과 같이 또한 말할 수 있다. 즉, 트랜스휴머니즘과 포스트휴머니즘은 각각 다소간 정도의 차이가 있지만 둘 사이에 본질적인 연속성이 있다고 우리는 말할 수 있다.

3. 포스트휴머니즘에 대한 비판들

트랜스휴머니즘과 포스트휴머니즘이 본질적 연속성에 있기 때문에, 둘 모두 동일한 비판들에 직면할 수 있다. 이 논문의 목적을 고려하여 여기에서는 후자에 대한 비판들에 더 많이 초점을 두고자 한다.

무엇보다 첫째, 포스트휴머니즘은 인간론적 이원론에 대개 기반하고 있다. 몸과 정신 사이를 분리할 수 있다고 포스트휴머니즘이 여기기 때문이다. 여기에서 포스트휴머니즘은 몸이 컴퓨터 하드웨어와 같은 반면에 정신은 컴퓨터 소프트웨어와 같다고 전제하는 것처럼 보인다. 이러한 이원론과 관련하여, 장로회신학대학교 조직신학 교수 윤철호는 다음과 같이 비판을 강력하게 제기한다:

> 이러한 사고는 정신을 육체로부터 독립된 별개의 실체로 간주하는 플라톤적인 이원론적 이해에 기초한다. 이들은 (컴퓨터 프로그램이 물질적인 하드웨어를 필요로 하는 것은 사실이지만) 프로그램 자체가 플라톤의 형상form처럼, 물리적 체계로부터 독립된 추상적인 논리적 관계를 표현하며, 이와 마찬가지로 인간의 정신활동도 몸과 물리적 세계로부터 독립된 형식적, 합리적 관계로 구성된다고 생각한다.[20]

둘째, 포스트휴머니즘은 또한 인간론적 환원론에 기반한다. 하라리가 지적한 바와 같이, 포스트휴머니즘은 인간의 정신과 뇌를 단지 "데이터교"에서의 알고리듬들과 데이터-처리로 간주한다.[21] 인간의 본질이 오직 데이터와 그것들의 처리이기 때문에, 포스트휴머니즘은 정신과 몸을 분리하고자 추구하며, 또한 데이터를 정신 또는 뇌로부터 분리하고자 추구한다. 그런 다음에 포스트휴머니즘은 그러한 데이터를 또 다른 더 우수한 기층으로

다운로드하고, 저장하고, 업로드하되 계속 반복해서 영원히 그렇게 하고자 한다. 이것이 포스트휴머니스트들에게 불멸성이 될 수 있다. 커즈와일은 인간의 가장 중요한 요소는 "패턴들"이라고 주장한다. 그래서 그는 자신을 "유물론자"와 "패턴주의자"라고 간주하며 다음과 같이 말한다. "우리를 구성하는 물질이 재빨리 전환되기 때문에, 지속적이라고 할 수 있는 것은 바로 우리의 패턴들이 지니는 초월적 힘이다."[22] 그러므로 이러한 포스트휴머니즘의 관점에서 볼 때, 인간의 생물학적 약함과 한계들은 극복해야 하고 개선해야 할 사항들로서 여겨지지, 따라야 하고 존중해야 하는 인간적 운명 또는 소여로서 여겨지지 않는다.

셋째, 이러한 인간론적 이원론과 환원론은 근본적으로는 과도한 개인주의에 근거한다. 과도한 개인주의란 개별적인 인격을 지나치게 많이 강조하기에 인간들 내에서의 관계들 또는 인간들 외에서의 관계들을 온당하게 고려하지 않는다. 특이점의 때에 포스트휴먼들에 관하여 커즈와일이 설명하고 기술하는 내용은 모두 개별적인 인격에 관한 것이다. 달리 표현하면, 유전학, 나노기술, 로보공학은 유전자를 디자인하고, 질병을 극복하고, 노화를 되돌리는 등을 통해서 모두 개별적인 인간의 향상에 관심을 기울인다.[23] 위에서 언급하였듯이, 휴머니티 플러스가 채택한 트랜스휴머니스트 선언은 제8항에서 개별적인 인간의 선택을 강조하면서 다음과 같이 진술한다:

> 우리는 개인들에게 자신들의 삶을 어떻게 가능하게 할지에 관하여 폭넓은 개인 선택을 허용하는 것을 좋아한다. 이것은 다음을 돕기 위하여 개발될 수 있는 기술들의 사용을 포함한다. 즉, 기억, 집중력, 정신력; 수명연장 치료들; 출산선택 기술들; 인체냉동보존술 절차들; 그리고 다른 많은 가능한 인간 개선 및 향상 기술들을 돕기 위하여 개발될 수 있는 기술들의 사용을 포함한다.[24]

이러한 과도한 개인주의적 경향은 인간을 개별적인 인격으로 여기는 서구적 인간 이해에로까지 거슬러 올라 갈 수 있다. 그러나 이것은 관계적 또는 커뮤니온적 인격으로서의 인간이해는 아니다.

그리고 마지막으로, 이원론, 환원론, 과도한 개인주의와 같은 인간론적 특징들은 인간의 중심성을 강조하는 인간중심론에 토대를 둔다. 커즈와일은 위에서 언급된 그의 책의 에필로그에서 인간중심론을 확증한다. 여기에서 그는 사람들이 가진 일반적인 견해, 즉 과학은 인간적 의미에 대한 과도하게 부풀려진 견해를 수정하여 왔다는 견해를 소개한다. 동시에 그는 스티븐 제이 굴드의 진술을 인용한다. "가장 중요한 과학혁명들은 모두 …… 우주 내에서의 인간의 중심성에 관한 이전의 다수의 확신들로부터 인간의 오만함이라는 권좌로부터 벗어나도록 하는 것을 포함한다."[25] 이렇게 말한 직후에 그의 책은 다음과 같이 정반대를 강하게 주장하면서 끝난다:

그러나 결국은 우리가 중심적이라는 점이 드러난다. 우리의 뇌 안에서 모형들을 즉, 가상현실들을 창조하는 우리의 능력은, 수수하게 보이는 우리의 엄지손가락들과 함께 결합한다면, 또 다른 형태의 진화를, 즉 기술을 이끌어들이기에 충분하여 왔다. 그러한 발전은 생물학적 진화로 시작하였던 가속화하는 속도의 지속성을 가능하게 하였다. 전체 우주가 우리의 손가락 끝에 있기까지 그러한 일은 계속될 것이다.[26]

이런 식으로 커즈와일 자신이 인간중심주의를 표명하였는데, 이것은 대부분의 포스트휴머니스트에게도 또한 적용된다.

Ⅲ.

포스트휴머니즘에서의 삼위일체 하나님

1. 포스트휴머니즘에서의 종교/영성

사람들이 가진 대중적 견해에 따르면, 종교 또는 영성은 포스트휴머니즘의 시대에 사라질 것이다. 왜냐하면 인간들은 인간적 능력들의 향상 덕택에 종교 또는 영성을 더 이상 필요로 하지 않을 것이기 때문이다. 그러나 그러한 견해와는 정반대로, 종교 또는 영성을 추구하는 몇몇 포스트휴머니스트 단체들이 생겨나는 것처럼 보인다. 두 가지 대표적인 예가 **윤리와 첨단 기술 연구원**Institute for Ethics and Emerging Technologies, IEET[27]과 **기독교 트랜스휴머니스트 협회**Christian Transhumanist Association, CTA[28]이다.

첫째, IEET는 2004년에 닉 보스트롬과 제임스 휴에 의해서 설립되었다. 특히 인간의 자유, 행복, 번영을 위하여 나노기술, 바이오기술, 정보기술, 인지과학 등과 같은 인간 향상 기술들에 관한 포스트휴먼 생각들을 증진하기 위하여 설립되었다. 이 연구원은 인간이 이성, 과학, 기술을 통하여 생명에 대한 합리적 통제를 가질 때에 인간이 행복해질 것이며, 이로써 인간들이 무지, 수고, 고통, 질병 등으로부터 해방될 수 있을 것임을 꿈꾼다.[29]

이러한 관점 하에서 IEET는 사이보그 붓다 프로젝트Cyborg Buddha Project, CBP를 시작하였다. 여기에 제임스 휴, 마이크 라토라, 조지 드보르스키가 참여하였다. 휴는 IEET의 실행이사이며 미국의 사회학자 및 바이오윤리학자인데 이전에는 불교의 수도승이었다. 그는 나노기술이 사람들을 도와서 더 나은 존재가 되도록, 즉 "사이보그 붓다"가 되도록 할 수 있을 것이라고 기대한다. 다음으로, 라토라는 IEET의 이사회원이며 선승으로서, 신경신학,

신경윤리학, 기술-영성, 의식변경 상태를 증진하기 위한 초-영적 리스트를 운영한다. 그리고 마지막으로, 드보르스키는 IEE의 이사회원이며 수행하는 불자로서 합리적, 트랜스휴머니스트적, 불교적 관점으로부터 저술 활동을 하고 있다. 이러한 IEET 사이보그 붓다 프로젝트는 신경과학과 신경기술들이 인간의 행복, 영성, 인지적 해방, 도덕적 행동, 명상적 또는 종교적 정신에게 미칠 수 있는 영향들에 관한 논의를 증진하고자 한다.[30]

둘째, CTA는 2013년에 형성되었다. 소프트웨어 개발자인 미가 레딩과 기술가이며 철학자인 링컨 캐논을 중심으로 형성되었다.[31] CTA는 초월적인 것에 초점을 둠으로써 종교적이기를 추구한다. 그리고 CTA는 "기독교 트랜스휴머니스트 확언"을 채택하여 다음과 같은 점들을 주창한다.

① 우리는 하나님의 선교가 인간을 아우르는 창조세계의 변혁과 갱신을 포함함을 믿는다. 그리고 우리는 그리스도에 의해서 그러한 선교에, 즉 질병, 기아, 억압, 부정의와 죽음에 맞서서 활동하는 선교에 참여하도록 부름을 받았음을 믿는다.

② 우리는 우리 인간의 영적, 신체적, 감성적, 정신적 모든 차원들에서, 그리고 개인, 공동체, 사회, 세계의 모든 수준들에서의 성장과 진보를 추구한다.

③ 우리는 과학과 기술이 하나님이 우리에게 주신 탐구와 발견의 힘의 가시적인 표현들이라고 인정한다. 그리고 하나님의 형상으로 창조된 것의 자연적 성장이라고 인정한다.

④ 우리는 예수 그리스도의 최고명령들, 즉 "주 너의 하나님을 네 마음과 혼과 정신과 힘을 다하여 사랑하라 그리고 네 이웃을 네 자신처럼 사랑하라"는 명령들을 따른다.

⑤ 우리는 그리스도를 따르는 것과 함께 기술을 의도적으로 사용

함으로써 우리를 강화시키고, 이로써 하나님의 형상으로 된 피조물들이 의미하는 바의 범위를 뛰어넘어 더 많이 인간적이 될 것이라고 믿는다.[32]

IEET와 CTA 모두 포스트휴머니즘의 시대에서 종교 또는 영성을 추구한다는 점은 아주 의미가 있다. 세속적이거나 반-종교적인 많은 형태의 포스트휴머니즘이 있다고 하더라도, 이 두 단체는 모두 포스트휴머니즘과 종교/영성이 양립가능함을 주장한다. 특히, 초월적이라고 여겨지는 것에 대한 여지를 만들고 확보함으로써 양립가능함을 주장한다. 그리고 두 단체 모두 포스트휴머니즘 그 자체는 중립적이라고 주장하며 기술들은 인간 향상을 위해서 사용되어야 한다고 말한다. 그러기에 포스트휴머니즘은 초월적인 것을 탐구함으로써 종교적 또는 영적이 될 수 있다고 말한다.

그러나 둘 모두가 확언하고 주장하는 내용들을 세밀하게 분석하여 보면, 그것들이 포스트모더니즘의 네 가지 인간론적 특징들을 반영하고 있음을 우리는 깨달을 수 있다. 즉, 이원론, 환원론, 과도한 개인주의, 인간중심론과 같은 특징들을 반영하고 있음을 깨달을 수 있다. 그러므로 두 단체 모두가 종교적 또는 영적이라고 하더라도 그것들은 위에서 언급하였던 바와 같이 포스트휴머니즘에 대해서 제기되는 네 가지 비판들에 직면하는 것을 확실히 피할 수 없다.

2. 삼위일체 하나님의 형상 *Imago Dei Trinitatis* 으로서의 삼위일체적 관계성

위에서 검토하였던 바와 같이, 트랜스휴머니즘과 포스트휴머니즘은 본질적인 연속성을 지니고 있다. 그래서 둘 모두 동일한 비판들에 직면할 수 있다. 그리고 이러한 점은 일부 포스트휴먼적 종교 단체들에게도 동일하게 적용된다. 구체적으로 말하자면, 그것들은 이원론, 환원론, 과도한 개인주의, 인간중심론과 같은 인간론적 특징들 때문에 비판을 받을 수 있다. 그러므로 이러한 포스트휴머니즘과 포스트휴먼 종교단체들에게서 부족하거나 빠진 것은 관계성에 관한 강력한 이해, 즉 관계성의 필수불가결성이다. 여기에 관해서는 20세기와 21세기에 일어나는 현대적 "삼위일체 신학의 르네상스 또는 부흥"[33]으로부터 우리가 배울 수 있다.

325년 니케아 공의회와 381년 콘스탄티노플 공의회 이후, 한편으로, 삼위일체 교리는 기독교의 전 역사를 통하여 믿어지고, 가르쳐지고, 고백되어 왔다. 그러나, 다른 한편으로, 삼위일체 교리는 또한 도전을 받고, 비판을 받고, 공격을 받아 왔다. 후자의 경우는 18세기와 19세기에 특히 그러하여서 삼위일체 교리가 심각하게 의문시되었다. 삼위일체 신학의 현대적 부흥은 칼 바르트와 칼 라너에 의해서 시작되었고, 블라디미르 로쓰키와 존 지울라스와 같은 동방정교회 신학자들에 의해서 자양분을 받았다. 게다가, 삼위일체 교리는 위르겐 몰트만과 볼프하르트 판넨베르크에 의해서 더욱 발전하였다. 더 나아가서 몇몇 신학자들에 의해서 널리 확장되었다.[34]

삼위일체 신학의 이러한 새로운 흐름 안에서,[35] 그것이 지닌 중요한 함의들 중의 하나는 인간론 전체에 관한 것이며, 구체적으로는 하나님의 형상에 관한 것이다. 즉, 인간들이 삼위일체 하나님의 형상으로 창조된 것이 무엇인지에 관한 것이다. 다니엘 밀리오리는 바르트와 판넨베르크와 같은 많은 현대적 삼위일체 신학자들에게 동의하면서, 삼위일체 하나님의 형상은 삼위일체 하나님과의 관계성 안에 있고 다른 피조물들과의 관계성 안에 있는 인간적 삶을 가리킨다고 주장한다. 밀리오리에게 삼위일체 하나님은 "자신을 내어주고, 타자를 긍정하며, 공동체를 형성하는 사랑"[36]이다. 그래서 밀리오리는 삼위일체 하나님의 형상에 관하여 세 가지 중요한 요점들을 다음과 같이 제안한다.

① 하나님의 형상으로 창조된 인간에게 하나님께서 자유롭게 말씀하시고, 인간은 하나님께 자유롭게 응답한다. ……

② 하나님의 형상으로 창조되었다는 점은 인간이 자신의 참된 정체성을 인간 서로 간의 공존 및 모든 다른 피조물들과의 공존 안에서 발견함을 의미한다. ……

③ 하나님의 형상으로의 창조는 하나의 고정된 상태 또는 조건이 아니라 목표를 가진 운동이다. 즉, 인간은 아직 실현되지 않은 삶의 성취를 위하여 부단하게 움직인다. ……[37]

이러한 요점들은 존 지지울라스와 스탠리 그렌츠와 같은 다른 삼위일체 신학자들에 의해서 또한 확증된다. 백충현의 요약에 따르면, 지지울라스는 동방정교회의 삼위일체 신학을 소개하였고 서방교회의 신학자들을 자극하였다. 특히, 인격성의 존재론과 인격들의 페리코레시스[περιχώρησις]상호내주를 강조함으로써 자극하였다. 이를 통하여 우리는 인격들이 실제로 코이노니아[κοινωνία] 안에 있음을, 즉 코뮤니온 안에, 그래서 관계성 안에 있음을 발견할 수 있다.[38] 그리고 그렌츠는 자신의 웅대한 프로젝트인 『기독교 신학의 매트릭스』의 중심에서 우리는 하나님의 형상이 지닌 사회적 및 관계적 측면들을 회복해야 한다고 주장한다. 왜냐하면 성경의 하나님은 관계성-안에 있는-위격들 또는 코뮤니온-안에 있는-위격들의 역동적인 삶이기 때문이라고 그는 주장한다.[39]

IV.
나오는 말

1989-1991년 애버딘대학교에서 행한 기포드 강좌에서 이안 바버[1923-2013]는 "과학의 시대에서의 종교"와 "기술의 시대에서의 윤리"라는 주제들에 관하여 강연을 하였다. 후자와 관련하여 그는 먼저 기술의 시대가 주는 6가지 특징들 또는 도전들을 다음과 같이 제시한다. 즉, "(1) 시간과 공간이 멀리 떨어져도 일어나는 영향들, (2) 비용들과 혜택들의 불공평한 분배, (3) 경제적 및 정치적 권력의 집중, (4) 조작하려는 태도, (5) 기술의 방향의 재설정, (6) 새로운 가치들의 우선순위 확립"[40]으로 제시한다. 그런 다음에 바버는 기술결정주의의 입장을 비판하고 거부한다. 기술결정주의란 "기술이 사회적 변화를 결정하며, 사회는 기술의 요구들에 단지 반응할 뿐이다"라고 말하는 입장이다. 이러한 입장 대신에 바버는 기술은 "사회적 구성물"이라고 간주할 것을 제안하며 다음과 같이 주장한다:

> 기술상의 고안들이 불가피한 것은 아니다; 그것들은 개인들과 조직들이 택한 선택들의 결과물이다. 산업기업체들과 정부관료주의들이 거대한 정치력을 가지고 있다고 하더라도, 민주주의 사회의 시민들은 선출된 대표자들, 법원에서의 도전들, 자문패널들, 그리고 환경단체들 및 공익단체들을 통하여 공적 정책들에 영향을 끼칠 수 있다.[41]

바버의 비판적 제안은 포스트휴머니즘에 관한 우리의 논의에 도움을 줄 것이다. 장기적 관점으로 볼 때에, 휴머니즘은 트랜스휴머니즘을 지나고 있고 포스트휴머니즘을 향하여 나아가고 있다. 포스트휴머니즘은 인간됨을 넘어설 것을, 즉 휴머니즘을 넘어설 것을 추구한다. 그러나, 만약 포스트휴머니즘이 인간론적 이원론, 환원론, 과도한 개인주의, 인간중심론을 많이 강조하는 트랜스휴머니즘과 본질적인 연속성에 있다면, 하라리가 지적한 바와 같은 일이 일어날 것이다. 즉, "신이 된 동물"[42]로서의 호모 사피엔스가 "데이터교"에서의 단순한 알고리듬들과 데이터-처리가 될 것이다.[43] 그러나 이러한 결과는 포스트휴머니즘이 추구하고자 하는 바가 분명히 아닐 것이다. 포스트휴머니즘에 관한 논의들과 포스트휴먼 종교 또는 영성에 관한 논의들이 올바른 방향으로 나아가기 위해서는 그러한 논의들이, 특히 인간들 내에서의 관계성과 인간들 외에서의 관계성을 모두 강조하는 삼위일체 하나님의 형상에 관한 삼위일체 신학의 현대적 갱신에 기반하여야 한다. 이러한 점이 포스트휴머니즘이 정말로 추구하기를 원하는 바이어야 한다!

1 https://www.encyclopedia.com "transhumanism and posthumanism."

2 Yuval Noah Harari, *Sapiens: A Brief History of Humankind* (New York: Penguin Random House, 2014), 352. 이후 *Sapiens*로 표기함.

3 위의 책, 358.

4 위의 책, 358.

5 위의 책, 368.

6 Harari, Yuval Noah. *Homo Deus: A Brief History of Tomorrow* (New York: HarperCollins, 2015), 296-318. 이후 *Homo Deus*로 표기함.

7 Olivier Masson, "Turning into Gods: Transhumanist Insight on Tomorrow's Religiosity," *Implicit Religion* vol. 17, no. 4 (2014), 443.

8 Andrea Vicini and Agnes M. Brazal, "Longing for Transcendence: Cyborgs and Trans- and Posthumans," *Theological Studies* vol. 76, no. 1 (2015), 148.

9 http://micahredding.com/blog/2015/11/02/the-word-transhumanist.

10 https://whatistranshumanism.org.

11 https://www.fhi.ox.ac.uk.

12 https://humanityplus.org/philosophy/transhumanist-faq.

13 https://humanityplus.org/philosophy/transhumanist-declaration.

14 Ray Kurzweil, *The Singularity Is Near: When Humans Transcend Biology* (New York: Viking Penguin, 2005). 이후 *Singularity*로 표기함.

15 위의 책, 24.

16 위의 책, 25.

17 위의 책, 25.

18 https://humanityplus.org/philosophy/transhumanist-faq/.

19 Brent Waters, *From Human to Posthuman: Christian Theology and Technology in a Postmodern World* (Burlington: Ashgate Pub, 2006), 50-51.

20 Chul-Ho Youn, "Posthumanism and Christian Faith," *The 4th Korean-German Theological Symposium* (PUTS · Tübingen · STU - Theme: The Reformation and Human Future (September 8-9, 2017, Luce Center at PUTS), 11.

21 Harari, Homo Deus, 316-318.

22 Kurzweil, *Singularity*, 284.

23 위의 책, 170-226.

24 https://humanityplus.org/philosophy/transhumanist-declaration.

25 Kurzweil, *Singularity*, 345.

26 위의 책, 345.

27 https://ieet.org.

28 https://www.christiantranshumanism.org.

29 https://ieet.org/index.php/IEET2/about.

30 https://ieet.org/index.php/IEET2/cyborgbuddha.

31 https://www.christiantranshumanism.org/history.

32 https://www.christiantranshumanism.org/affirmation.

33 Christoph Schwöbel, "The Renaissance of Trinitarian Theology: Reasons, Problems and Tasks," in *Trinitarian Theology Today: Essays on Divine Being and Act*, ed. Christoph Schwöbel (Edinburgh:

T&T Clark, 1995), 1.

Chung-Hyun Baik, "A Matrix of Ontology, Epistemology and Mystery in Karl Barth and Karl Rahner on the Immanent-Economic Trinity Relation," *Theology Today* vol. 75, no. 3 (Oct 2018), 297-298.

Daniel L. Migliore, *Faith Seeking Understanding: An Introduction to Christian Theology*, 3rd ed. (Grand Rapids: Wm. B. Eerdmans Publishing Co. 2014), 145. 이후 *Faith Seeking Understanding*으로 표기함.

위의 책, 75.

위의 책, 146-153.

Chung-Hyun Baik, *The Holy Trinity - God for God and God for Us (Princeton Theological Monograph Series 145)* (Eugene: Pickwick Publications, 2011), 11. 이후로 *The Holy Trinity*로 표기함.

Baik, *The Holy Trinity*, 185.

Ian G. Barbour, *Ethics in an Age of Technology* (New York: HarperCollins, 1993), xvi-xviii.

Barbour, *Ethics in an Age of Technology*, xvii.

Harari, *Sapiens*, 368.

Harari, *Homo Deus*, 296-318.

VI

—

삼위일체와 설교

14장

설교문 1

"삼위일체적 커뮤니온으로서의 교회"

본문: 출애굽기 6장 2-9절, 요한복음 17장 20-23절

I

요즘 한국교회가 여러 가지 면에서 많은 비판을 받고 있습니다. 정말 훌륭한 교회도 많고, 전국 각지 오지에서 힘든 상황 속에서도 묵묵하게 복음을 전하는 교회들도 많이 있습니다. 그런데 언론에서 주목받는 여러 교회의 잘못들로 인하여 한국교회 전체가 안팎으로 많은 비판을 받고 있습니다. 그래서 한편으로 교회에 실망하는 많은 이들이 있습니다. 그러나 다른 한편으로는 바로 이러한 때일수록 교회의 본질을 묻고 찾고 확인하는 사람들이 많아지는 것 같아서 위안이 되기도 합니다. 나라가 어지러울 때 "이게 나라냐?"라고 국민들이 물었습니다. 정권이 바뀌어도 나라가 어지러우니 "이건 나라냐?"라고 국민들이 묻습니다. 정치적인 입장이야 어떠하든 이런 물음

을 통해서 "나라의 본질, 국가의 본질"을 찾아가는 것이라고 생각하니 의미가 있습니다. 2017년이 루터의 종교개혁 500주년이었기에 최근 몇 년 동안 더더욱 교회의 본질, 교회의 교회다움, 교회가 무엇인가를 많이 묻고 찾고 말하는 것 같습니다.

저도 교회가 무엇인가를 자꾸 생각하고 묻다가 보니까, 한 가지 놀라운 점을 발견했습니다. "교회는 무엇인가?"라고 물을 것이 아니라는 점입니다. 우리가 "그것은 무엇인가?"라고 묻는 경우는 어떤 경우입니까? 책상이 무엇인가? 돈은 무엇인가? 권력은 무엇인가? 등의 경우에 "무엇인가?"라고 묻습니다. 교회의 본질, 교회의 교회다움을 탐구하면서 "교회는 무엇인가?"라고 우리는 묻는데, 이러한 물음방식은 교회가 마치 어떤 사물인 것처럼 우리가 이미 전제하고 있는 것입니다.

그런데, 교회는 사물과도 같은 어떤 것이 아닙니다. 교회는 사람들을 가리킵니다. 그렇다면, "교회는 무엇인가?"라고 물을 것이 아니라 "교회는 누구인가?"라고 물어야 합니다. 그렇지 않습니까? 저 나름대로 교회를 신학적으로 생각하다 보니 이러한 점을 발견했는데, 이 점은 성경과 신학 전통에서 제대로 말하는 바이라는 확신이 듭니다.

II

고린도전서 1장 1-3절은 다음과 같이 말씀합니다. "[1] 하나님의 뜻을 따라 그리스도 예수의 사도로 부르심을 받은 바울과 형제 소스데네는 [2] 고린도에 있는 하나님의 교회 곧 그리스도 예수 안에서 거룩하여지고 성도라 부르심을 받은 자들과 또 각처에서 우리의 주 곧 그들과 우리의 주 되신 예수 그리스도의 이름을 부르는 모든 자들에게 3 하나님 우리 아버지와 주 예수 그리스도로부터 은혜와 평강이 있기를 원하노라"고전 1:1-3.

여기에서 성경은 "하나님의 교회"라고 언급하면서, 어떻게 설명하고 있습니까? 하나님의 교회, 곧 "그리스도 예수 안에서 거룩하여지고 성도라 부르심을 받은 자들과 또 각처에서 우리의 주 곧 그들과 우리의 주 되신 예수 그리스도의 이름을 부르는 모든 자들"이라고 되어 있습니다. 교회란, 첫째, 그리스도 예수 안에서 거룩하여진 자들을 가리킵니다. 둘째, 성도라 부르심을 받은 자들을 가리킵니다. 셋째, 각처에서 우리의 주 (곧 그들과 우리의 주 되신) 예수 그리스도의 이름을 부르는 모든 자들을 가리킵니다. 한마디로, 교회란 성도입니다. 거룩한 무리, 거룩한 사람들입니다. 인간 그 자체로 거룩한 그런 의미의 거룩한 자들이 아니라, 연약하고 악한 죄인들이지만 예수 그리스도 안에서 거룩하여진 자들이며, 인간 그 자체로서 성도가 아니라 하나님에 의해서 거룩한 무리, 즉 성도라고 부르심을 받은 자들입니다. 그리고 언제나 예수 그리스도의 이름을 부르는 자들입니다.

교회는 곧 성도입니다. 이것이 오늘 읽은 구약의 본문에서는 "하나님의 백성"이라고 합니다. 출애굽의 목표는 단지 노예상태에서 해방시켜 주는 것만을 의미하지 않고, 단지 가나안이라는 땅으로 데려가는 것만이 아닙니다. 출애굽의 목표는 우리를 하나님의 백성으로 삼고 만들고 훈련시키는 것입니다. 그러기에 40년 광야에서 하나님의 백성으로 훈련을 받는 기간이 필요합니다. 그래야 하나님의 백성답게 살아갈 수 있기 때문입니다. 그러므로 교회란 하나님의 백성이며, 성도입니다. 따라서, "교회는 무엇인가?"라고 물을 것이 아니라 "교회는 누구인가?"라고 물어야 하는 것입니다.

Ⅲ

교회에 대한 이러한 핵심적인 이해가 우리가 늘 고백하는 "사도신경"에 반영되어 있습니다. 사도신경의 큰 틀은 3가지 고백인데, 바로 삼위일체 하나님에 대한 고백입니다. 그래서 이렇게 고백합니다. 첫째, "나는 전능하신 아버지 하나님, 천지의 창조주를 믿습니다." 성부 하나님에 대한 고백입니다. 둘째, "나는 그의 유일하신 아들, 우리 주 예수 그리스도를 믿습니다." 성자 하나님에 대한 고백입니다. 셋째, "나는 성령을 믿습니다." 성령 하나님에 대한 고백입니다. 믿음의 대상은 하나님이신데, 성부 하나님, 성자 하나님, 성령 하나님을 고백하니 삼위일체 하나님에 대한 고백입니다.

그런데 사도신경에서 성령 하나님에 대한 고백을 하는 항목에서, 추가적으로 다음과 같이 고백합니다. "나는 성령을 믿으며, 거룩한 공교회와 성도의 교제와 죄를 용서받는 것과 몸의 부활과 영생을 믿습니다." 여기에서 교회와 관련하여 두 가지 점이 있습니다. "거룩한 공교회를 믿습니다."와 "성도의 교제를 믿습니다."입니다. 교회와 관련하여 두 가지 모두 중요한 의미가 있는데, 오늘은 "성도의 교제"에 관하여 살펴보겠습니다.

교회와 관련하여 사도신경이 "성도의 교제를 믿습니다"라고 고백하는 것은 무슨 의미입니까? 라틴어로 "sanctorum communio(nem)," 영어로 "the communion of the saints"입니다. 여기서의 성도가 영어로 saints 라고 해서 교회사에서 말하는 위대한 성인들, 즉 성 아우구스티누스, 성 나지안조스의 그레고리오스 등과 같은 특정한 자들만을 가리키는 것이 아닙니다. 하나님이 불러주신 모든 자들, 백성을 가리킵니다.

한국의 어떤 교회에서는 성도라는 말이 왜곡되어 사용되고 있습니다. 목사도 아니고, 장로도 아니고, 권사도 아니고, 안수집사도 아니고, 서리집

사도 아니면, 그 외의 분들을 성도라고 하는데, 본래 이런 의미는 아닙니다. 목사도 성도이고 장로도 성도이고 권사도, 집사도, 모든 믿는 자들이 성도입니다. 모두가 기본적으로 성도이고, 그런 다음에 이런저런 직분의 모습으로 섬기는 것입니다. 이러한 직분이 마치 신분과 계급인 것처럼 변질이 되면 안되는 것입니다.

사도신경에서 교회와 관련하여 신앙고백할 때에 "성도의 교제를 믿습니다"라고 하는 것으로 보아, 교회론에서 가장 중요한 초점은 바로 성도이며, 또는 성도의 교제이라는 점입니다. 즉, 교회의 가장 중요한 본질은 성도이고 하나님의 백성입니다. 그리고 여기에서 "성도의 교제"라고 해서 단순히 성도들 사이에, 즉 교인들 사이에 사이좋게 지내는 것만을 가리키는 것은 아닙니다. 그보다 훨씬 더 깊은 의미가 있습니다.

IV

교회의 개념을 정확하게 살펴보면, 성경에서 교회를 가리키는 신약의 그리스어는 '에클레시아' ἐκκλησία이며, 이것은 구약 히브리어의 '카할' קָהָל 에 해당합니다. 에클레시아는 하나님의 부르심을 받은 자들을 의미합니다. 구약의 '카할'도 부름을 받은 자들을 가리키며 구약에서 주로 "회중" 또는 "총회"로 번역되는데, 일차적으로 하나님께서 출애굽을 통하여 불러주신 자들을 가리킵니다.

그러기에 교회는 일차적으로 장소, 건물, 제도, 조직, 역사, 전통, 집단이 아닙니다. 하나님의 부르심이 있어야 하기에 교회는 인간의 자연적인 동질집단도 아닙니다. 교회는 동창회, 동호회, 향우회, 한인회가 아닙니다. 또한, 교회는 교황, 추기경, 총대주교, 감독, 목사, 재력가 등의 유력한 개인과도 동일시될 수도 없습니다.

에클레시아와 카할이 지닌 근본적인 의미를 가장 온전하게 드러낸 표현이 "하나님의 백성"입니다. 오늘 말씀인 출애굽기 6장 7절에서 하나님께서 모세에게 출애굽을 약속하시면서 "너희를 내 백성으로 삼고 나는 너희의 하나님이 되리니"라고 말씀하셨습니다. 이러한 근본적인 의미는 신약에서도 보존되고 있습니다. 대표적으로 베드로전서 2장 9-10절에서 "그러나 너희는 택하신 족속이요 왕같은 제사장들이요 거룩한 나라요 그의 소유가 된 백성이니 …… 너희가 전에는 백성이 아니더니 이제는 하나님의 백성λαὸς θεοῦ이요 전에는 긍휼을 얻지 못하였더니 이제는 긍휼을 얻은 자니라"라고 말씀합니다. 요한계시록 21장 1-8절에 따르면, 종말에 하나님께서 만물을 새롭게 하시고 새 하늘과 새 땅을 만드실 때에, 믿는 자들이 "하나님의 백성"λαὸς θεοῦ이 될 것이며 하나님은 친히 그들과 함께 계실 것입니다.

그런데 교회의 개념에서 초점이 상실하게 되면, 교회의 이해에 왜곡과 변질이 생겨납니다. 예를 들면, 구약에서 '회중'을 의미하는 단어가 카할 외에도 '에다'עֵדָה가 있는데, 이 에다는 이후에 그리스어로 '쉬나고게'συναγωγή로 번역됩니다. 쉬나고게는 회당으로 번역되는데, 유대교에서의 회당을 가리키며 장소적인 의미를 주로 가지게 되었습니다. 그러기에 회당은 에클레시아와 카할이 지닌 근본적인 의미를 상실하였습니다.

에클레시아와 카할이 영어로는 '처치'church로 번역되는데, '처치'라는 단어는 본래 '퀴리아코스'κυριακός와 '퀴리케'kyrike로부터 왔습니다. '퀴리아코스'는 주님이신 '퀴리오스'κύριος에게 속한 자들을 의미하였고, '퀴리케' 또한 '주님에게 속하는'이라는 뜻입니다. 고대 영어에서는 '키리케'cirice 또는 '키르케'circe, 독일어에서는 '키르헤'Kirche, 네덜란드에서는 '케르크'kerk로 사용되었습니다. 그런데 시간이 지날수록 '처치'가 주님에게 속한 자들을 가리키기보다는 '교회당' 또는 '예배당'이라는 장소적인 의미로 퇴색하였습니다.

이와 같이 교회의 근본적인 의미, 핵심적인 의미는 '하나님의 백성'이고 또한 성도입니다. 이러한 점은 교회사에서 지속적으로 강조되어 왔습니다. 대표적인 예들을 들자면, 종교개혁을 일으켰던 루터는 교회의 기본적인 정의를 성경에서의 '하나님의 백성'과 사도신경에서의 '성도의 교제'communio sanctorum로부터 이끌어 냈습니다. 그러면서 루터는 교회의 비제도적인 특성을 강조하였습니다. 그러기에 루터는 교회라는 단어를 사용할 때에 '키르헤'Kirche라는 단어보다는 '게마인데'Gemeinde, '게마이네'Gemeine, '잠믈룽'Sammlung이라는 단어들을 선호하였습니다. '게마인데'는 공동체community를 의미하며, '게마이네'는 회중congregation을 의미하고, '잠믈룽'은 '회집'assembly을 의미합니다. 또한, 루터는 부름을 받은 무리라는 뜻을 지니는 '페어잠멜테 폴크'versammelte Volck라는 구절을 사용하였습니다.

개혁교회와 장로교회를 시작한 장 칼뱅Jean Calvin, 1509-1564도 교회를 하나님의 선택된 백성으로, 그리고 그리스도의 공동체로 이해합니다. 그에게 교회는 일차적으로 하나님의 선택을 받은 모든 사람들을 가리킵니다. 교회의 기초로서 하나님의 은밀한 선택과 내적인 부르심을 강조하는 것은 교회를 단지 가시적인 제도나 조직으로 이해하지 않도록 하기 위함입니다.

그리고 하나님의 선택을 받은 모든 사람들은 그리스도의 몸의 지체들로서 그리스도 안에서 연합되어 있습니다. 또한, 칼뱅은 참 교회를 신자들의 어머니로 이해하는데, 이러한 이해의 의도는 하나님께서 교회의 품속으로 자신의 자녀들을 모으시고 양육하시고 보호하시고 지도하셔서 믿음의 목적지에 도달하게 하신다는 점을 강조하기 위함입니다. 그리고 칼뱅에 따르면, 사도신경에서의 '성도의 교제'는 성도가 하나님께서 주시는 은혜는 무엇이든지 서로 나눈다는 원칙 하에 그리스도의 공동체에로 소집되었다는 점을, 그리고 믿는 자들이 한 마음과 한 뜻이 되어 공동체를 이룬다는 점을 의미한다고 이해합니다. 교회에 대한 이러한 이해는 『기독교강요』와 『제네바교회의 요리문답』 등에서 지속적으로 나타나고 있습니다.

디트리히 본회퍼Dietrich Bonhoeffer, 1906-1945는 1927년에 박사학위논문으로 쓰고 1930년에 출판한 책 제목이 『성도의 교제』Sanctorum Communio 입니다. 성도의 교제로서의 교회에 관한 그의 이해가 핑켄발데Finkenwalde 신학교에서의 공동체적인 삶으로 구체화되어 1938년에 쓰여지고 1939년에 출판된 것이 『신도성도의 공동생활』Gemeinsames Leben 입니다. 본회퍼의 교회론은 교회의 본질이 우선적으로 건물이나 제도가 아니라, 공동체와 교제와 사귐이라는 점을 강조하였습니다.

위에서 살펴보았듯이, 성경적으로나 교회사적으로 보자면, 교회의 근본적인 의미는 '하나님의 백성'입니다. 하나님의 부르심을 받은 자들을 가리킵니다. 또는 '성도,' 즉 거룩한 무리를 가리킵니다. 그리고 교회는 예수 그리스도의 이름을 부르는 자들을 가리키며, 또는 주님이신 예수 그리스도에게 속한 자들을 가리킵니다. 이런 의미에서 교회는 일차적으로 및 근본적으로 철저히 사람들을 가리킵니다. 그리고 이러한 하나님의 백성, 즉 성도의 교제를 가리킵니다. 그래서 사도신경에서 교회와 관련하여 "성도의 교제를 믿습니다"라고 고백하는 것입니다.

여기에서 교제라는 것을 좀더 살펴보고자 합니다. 영어로 communion 이라고 하고 라틴어로 communio라고 합니다. 함께 하나가 되는 것을 의미합니다. 이것이 그리스어로 코이노니아κοινωνία, 즉 친교, 사귐, 연합 등으로 번역이 됩니다. 그런데 교제를 단지 교인들이 서로 사이좋게 지내는 것을 가리키는 것으로 생각이 되는데, 이것보다 훨씬 더 깊은 의미가 있습니다.

예배 끝날 때에 축도가 있지 않습니까? 고린도후서 13장 13절에 근거해서 축도를 합니다. 그래서 고전 13장 13절을 축도문이라고 합니다. "주 예수 그리스도의 은혜와 하나님의 사랑과 성령의 교통하심이 너희 무리와 함께 있을지어다"라고 합니다. 여기에서 성령의 교통하심이 바로 코이노니아, 커뮤니온입니다. 기본적으로 친교와 교제와 연합은 성령의 속성과 활동과 관련이 있다고 보는 것입니다. 에베소서 4장 3절에서는 "평안의 매는 줄로 성령이 하나 되게 하신 것을 힘써 지키라"고 말씀하는데, 평안의 매는 줄, 끈, 본드의 역할, 그래서 하나 되게 하는 것, 즉 일치와 연합과 교제를 이루게 하는 활동은 성령 하나님과 관련되어 있습니다. 그래서 성령은 사랑의 띠라고 합니다.

그래서 사도신경에서 "성도의 교제를 믿습니다"라고 고백하는 것이 성령 하나님에 대한 신앙고백의 항목에서 나오는 것입니다. 그런데, 성령의 이러한 활동은 단지 교인들 사이에서만이 아니라, 더 근원적으로 및 더 본래적으로는 하나님 자신 안에서 일어납니다. 즉, 성부 하나님과 성자 하나님을 이어주고 연결해주고 하나 되게 하는데 이것은 성령 하나님의 역할이고 활동입니다. 그러기에 성부와 성자가 하나됨을 이루는 것입니다.

V

이러한 점을 염두에 두고 오늘 말씀을 다시 보면, 요한복음 17장 22절에서는 "우리가 하나가 된 것 같이"라고 말씀합니다. 아버지와 아들이 하나라고 합니다. 성령이라는 사랑의 띠로 성부와 성자가 하나가 되신 것입니다. 성령을 통해서 어떻게 하나가 되느냐고 하면, 21절에서처럼 "아버지가 내 안에, 내가 아버지 안에 있는 것 같이"입니다. 이것을 상호내주, 상호침투, 상호통재, 영어로 mutual dwelling이라고 하고, 요즘 널리 알려진 현대

신학의 용어로는 페리코레시스perichoresis라고 합니다. 성부 하나님이 성자 하나님과 서로 안에 거주함으로써, 여기에서 성령을 통해서 서로 하나되게 되신 것, 연합과 일치를 이루시는 것을 의미합니다. 이것이 삼위일체 하나님의 안에서의 교제입니다. 성부 하나님, 성자 하나님, 성령 하나님 안에서의 교제입니다.

그런데 이러한 교제는 삼위일체 하나님 안에서만 끝나는 것이 아닙니다. 그것이 하나님 안으로만 닫힌 것이 아닙니다. 폐쇄적인 것이 아닙니다. 21절에서처럼 "아버지께서 내 안에, 내가 아버지 안에 있는 것 같이 그들도 다 하나가 되어 우리 안에 있게 하사 ……" 22절에서처럼 "우리가 하나가 된 것 같이 그들도 하나가 되게 하려 함이니이다" 입니다. 이렇게 삼위일체 하나님의 교제는 닫혀 있거나 폐쇄적이지 않고 밖으로 열려있고 개방되어 있고 심지어 밖에 있는 자들을 안으로 초청하고 초대합니다. 참된 교제는 닫혀 있는 것이 아니고 밖에 대해 결코 배타적이지 않습니다. 한 그룹 안에서 너무 좋은데, 그것이 안으로는 좋은데 밖으로 닫혀 있다는 것은 좋은 교제가 아님을 의미합니다. 안으로만 좋은 것은 끼리끼리, 유유상종인데, 결국 안으로만 좋고 밖으로는 배타적이고 폐쇄적이게 되면, 나중에는 전체 세계 안에서는 게토화되는 집단으로 전락해버립니다.

삼위일체 하나님은 안으로 참된 교제를 이루시기에 밖으로 열려 있고 개방적이고, 그래서 하나님이 아닌 자들을, 즉 우리와 같은 죄인들을 부르시고 초대하시고 초청하십니다. 하나님의 부르심을 받아 우리가 예수님을 믿고 신앙고백을 하면서 세례를 받습니다. 이 세례를 통하여 우리는 예수 그리스도와 함께 연합하는 자가 됩니다. 즉, union with Christ의 상태가 됩니다. 그리스도와 함께 죽고 함께 사는 것입니다. 또한, 성만찬을 통하여 주님의 몸과 피를 먹고 마시며 기념하면서 우리는 그리스도와의 연합을 더욱 깊이 확인하고 드러냅니다. 그래서 성만찬을 감사라는 의미의 유카리스트라고도 하고, 또한 communion이라고도 합니다. 이렇게 세례와 성만찬을 통해서 성도로 부름을 받은 우리 모두는 그리스도와 연합함으로써 삼위일체 하나님의 교제에로 참여합니다. 그 결과로 나타나는 것이 바로 성도의 교제입니다. 그래서 "성도의 교제를 믿습니다"라고 우리가 사도신경에서 고백하는 것입니다.

그러므로 하나님의 백성으로서의 성도의 교제로서의 교제는 아주 엄청난 신학적 영적 의미가 담겨있는 것입니다. 교회는 바로 이러한 삼위일체 하나님의 교제가 있는 성도의 교제입니다. 이러한 점을 고려하면, 한국에서 나타나고 있는 교회의 제도화, 교권화, 개교회주의화, 외형화, 성장화, 사유화, 세습화, 게토화 등은 교회에 대한 잘못된 이해들인 것이 분명합니다.

이러한 교회의 본질이, 즉 삼위일체적 커뮤니온 교제로서의 교회에 대한 이해가 교회에서 풍성하게 드러나기를 기대합니다. 그래서 사람들이 교회의 하나님의 백성을 보면서, 교회의 모든 성도를 보면서 교회는 누구인가? 바로 저런 사람들이 교회이지 이런 칭찬이 자자하기를 바라며, 또한 하나님께서 이곳의 하나님의 백성을 통하여 아주 기뻐하시고 영광을 받으시기를 바랍니다.

15장

설교문 2

"삼위일체 하나님의 위로"

본문: 고린도후서 1장 3-11절

I

오늘 말씀은 "찬송하리로다"로 시작합니다. 늘 찬송할 수 있기를 바랍니다. 좋은 일이 있을 때도 찬송할 수 있고, 바라기는 힘든 일이 있을 때도 찬송할 수 있기를 바랍니다. 쉽지는 않겠습니다. 그래도 성경 말씀은 우리가 어떤 형편과 어떤 상황에 있든지 찬송하기를 원합니다.

찬송하더라도, 중요한 것은 누구를 찬송하여야겠습니까? 하나님이겠지요. 더 중요한 것은 우리가 찬송하는 하나님이 정말 어떤 분이신지를 분명히 아는 것입니다. 오늘 본문 3절에서 분명하게 말씀합니다. "찬송하리로다 그는 우리 주 예수 그리스도의 하나님이시요 자비의 아버지시요 모든 위로의 하나님이시며" 즉, 우리는 하나님을 찬송하되, 이 하나님은 예수 그리스도의 하나님이십니다. 예수 그리스도를 통하여 우리에게 가장 결정적으로 분명하게 드러나신 하나님이십니다. 예수님을 통해서 우리에게 계시된 하나님은 무서운 하나님이 아닙니다. 무관심한 하나님이 아닙니다. 냉담한 하나님이 아닙니다. 나의 고난과 고통에 대해 무감각한 하나님이 아닙니다. 세상의 아픔에 대해 아무것도 할 수 없는 무능력한 하나님이 아닙니다. 예수님을 통해서 우리에게 계시되고 드러난 하나님은 바로 "자비의 아버지이십니다. 그리고 모든 위로의 하나님이십니다!" 이 점을 아는 것이 매우 중요합니다. 우리가 믿는 하나님은 바로 자비의 아버지이시며 모든 위로의 하나님이십니다!

자비는 영어성경에서는 컴패션compassion으로 되어 있습니다. 컴은 함께, 패션은 느끼다라는 뜻입니다. 자비의 아버지이란 우리와 함께 느끼시는 성부 하나님, 즉 우리의 아픔과 고난과 고통과 환난을 함께 느끼시는 하나님이라는 의미입니다. 이 단어가 신약성경의 그리스어로는 오이크티르모스 οἰκτιρμός인데, 이 단어가 구약의 히브리어로는 "라함"입니다. "라함"은 자비로도 번역이 되고 긍휼로도 번역이 됩니다. 그런데 히브리어 "라함"은 "레헴"에서 나온 말인데, "레헴"은 어머니의 자궁을 가리키는 말입니다. 어머니가 자궁에 있는 태아와 함께 느끼는 것, 그것이 자비, 긍휼의 가장 원형적인 모습입니다. 자녀에 대한 어머니의 모성애적 사랑이 얼마나 대단합니까? 아이들이 수천명이 있어도 대번에 알아볼 수 있는 것이 어머니입니다. 훈련소에 수천 명의 군인들이 있어도, 똑같은 머리에 똑같은 군복을 입고 있어도 자기 아들은 대번에 알아볼 수 있는 것이 바로 어머니입니다. 이러한 깊은 모성애적 사랑을 신약에서는 자비의 아버지로 표현하고 있습니다. 그러니까 우리가 믿는 하나님은 성부 하나님이라고 표현되어 있는데, 이 하나님은 무서운 근엄한 냉정한 아버지가 아니라, 자비와 긍휼의 성부 하나님이며, 깊은 모성애의 사랑을 가지고 함께 느끼시는 성부 하나님이십니다.

하나님은 자비의 아버지이실 뿐만 아니라, 모든 위로의 하나님이십니다. 위로라는 말이 신약성경의 그리스어로 파라클레시스παράκλησις인데, 이 단어로부터 "파라클레토스"보혜사가 나옵니다. 보혜사는 옆에서 함께 돕고 상담하고 위로하고 변호하는 자를 의미합니다. 즉, 위로의 하나님이란 우리 옆에서 함께 돕고 상담하고 위로하고 변호하는 분이라는 뜻입니다. 특히, 우리가 힘들고 어려울 때, 고통과 고난과 시련과 환난 중에 있을 때에 우리 옆에 오셔서 함께 도우시고 상담하시고 위로하시는 변호하시는 하나님이라는 뜻입니다.

보혜사라는 단어가 성령 하나님에게도 사용되지요? 그래서 예수님께서는 요한복음 14장 16절에서 "내가 아버지께 구하겠으니 그가 또 다른 보혜사를 너희에게 주사 영원토록 너희와 함께 있게 하리니"라고 약속하셨습니다. 성령은 "또 다른 보혜사"입니다. 예수님 자신도 보혜사입니다. 요한일서 2장 1절에서 "나의 자녀들아 내가 이것을 너희에게 씀은 너희로 죄를 범하지 않게 하려 함이라 만일 누가 죄를 범하여도 아버지 앞에서 우리에게 대언자가 있으니, 곧 의로우신 예수 그리스도이시라"고 합니다. 여기에서 대언자로 번역된 것이 파라클레토스인데, 요한복음에서는 보혜사로 번역이 되었고, 요한일서에서는 대언자로 번역이 되었습니다. 그리고 오늘 본문에서는 하나님 아버지에게도 이 단어 파라클레시스가 사용되었습니다.

그러므로 성부 하나님, 성자 하나님 예수 그리스도, 성령 하나님 모두가, 즉 삼위일체 하나님이 보혜사이며, 위로의 하나님이며, 그래서 우리가 힘들고 어려울 때, 환난과 고통 중에 있을 때에 우리에게 오시고 우리 옆에 계셔서 우리를 함께 돕고 상담하고 위로하고 변호하고 대언하시는 하나님이십니다.

그러므로 오늘 본문 4절에서는 "우리의 모든 환난 중에서 우리를 위로하사"라고 말씀합니다. 그러니 우리는 든든합니다. 그래서 찬송할 수 있습니다. 어쩌면 힘들고 어려울 때일수록 하나님의 자비와 긍휼과 위로가 더 절실하게 느껴지기에, 힘들고 어려울 때일수록 하나님을 더 많이 찬양할 수 있습니다. 마치 우리가 힘들고 어려울 때일수록 부모님의 사랑이 더욱 그립고 더욱 절실하게 느껴지는 것처럼 말입니다. 어쨌든 우리가 믿는 하나님은 자비와 긍휼의 하나님, 모든 위로의 하나님이십니다. 우리와 함께 느끼시는 하나님이시며 우리 옆으로 오셔서 함께 도와주시는 하나님이십니다.

II

얼마전 상영한 영화 중에 〈오두막〉The Shack 이 있습니다. 이 영화는 뉴기니에서 활동하였던 캐나다 선교사의 자녀 윌리엄 폴 영이라는 분이 쓴 소설 '오두막'을 영화로 만든 것입니다. 이 책이 전세계적으로 엄청나게 많이 팔렸습니다. 2007년에 출판된 이 책은 2008년 미국 최고의 베스트셀러가 되었습니다. 뉴욕타임즈 베스트셀러 49주 연속 1위였습니다. 현재까지 46개국 언어로 번역이 되었고, 2,000만부 이상이 판매되었습니다. 한국에서는 2009년에 번역되어 현재까지 아주 많이 팔렸습니다.

이 영화에서 주인공 맥이라는 아버지가 자녀들을 데리고 캠핑에 갔었는데, 여기에서 아주 어리고 귀엽고 애교 많고 예쁜 막내 딸 미시가 실종되었습니다. 경찰과 연방수사대FBI 가 나서서 찾았지만, 결국 산 속 한적한 오두막 안으로 유괴되고 살해된 것을 알았습니다. 부모님의 마음이 얼마나 찢어지겠습니까? 아버지는 사랑하는 딸을 잃은 것으로 인해 엄청난 고통을 느끼고 낙담과 낙심합니다. 그리도 딸을 잘 돌보지 못했다는 죄책감에 휩싸입니다.

그러던 중에 오두막에서 만나자는 수상한 편지를 받고 찾아갑니다. 그곳에서 하나님을 만납니다. 하나님이 파파, 예수, 사라유라는 신적 인물들로 나옵니다. 셋이지만 함께 있고 함께 느끼고 함께 행동하는 삼위일체 하나님을 표현합니다. 하나님과의 대화에서 처음부터 하나님께 따집니다. 도대체 하나님이 맞습니까? 선하신 분 맞습니까? 전능하신 것 맞습니까? 모든 것을 다 아시는 전지하신 것 맞습니까? 그렇다면 왜 딸이 살해되는 것을 막지 못했습니까? 왜 막지 않으셨습니까? 하소연하듯이 따졌습니다. 그렇지만 삼위일체 하나님과의 만남과 대화를 통하여 서서히 하나님의 마음을 알아갑니다. 하나님도 인간의 고통 속에 언제나 함께 계셨음을, 특히 딸이 유괴되고 살해되는 순간에도, 그리고 아버지 맥이 고통과 낙심 속에 있을 때에도 함께 계셨음을, 그리고 인간에게 닥쳐진 고통과 고난 속에서도 하나님도 함께 마음 아파하고, 함께 눈물을 흘리는 분이심을 깨닫게 됩니다.

그리고 하나님의 도우심으로 환상 속에서 미시가 에덴 동산과 같은 곳에서 행복하게 지내고 있음을 보게 되고, 자신의 죄책감과 슬픔에 휩싸인 자신을 보게 되고, 이 과정에서 하나님에 대하여 그동안 가졌던 편견과 선입견들을 내려놓게 되고, 더 나아가서 자신이 어렸을 때 아버지로부터 학대와 폭력을 당하면서 가졌던 상처들을 씻어내게 되고, 자신을 때렸던 아버지를 용서하게 되고, 또한 더 나아가서 자신의 딸을 살해하였던 유괴범까지 용서하고자 하는 마음을 가지게 되었습니다. 또한, 그런 후에 막내의 실종에 대한 슬픔 속에 빠져 있는 다른 자녀들과 아내를, 특히 자신의 잘못 때문이라고 생각하여 죄책감에 빠져 있는 언니 케이트를 오히려 이해하고 공감하고 치유하는 역할을 행합니다. 이와 같이 이 소설과 영화에서는 하나님을 바로 자비와 긍휼의 하나님, 모든 위로와 치유의 하나님으로 드러내고 있습니다.

III

하나님은 자비와 긍휼의 아버지이시며 모든 위로의 하나님이십니다. 그 래서 우리의 모든 환난 중에서 우리를 위로하십니다. 모든 환난, 즉 어떠한 환난과 고난 중에서도 우리를 위로하십니다. 이러한 믿음과 확신으로 살아 갈 수 있기를 간절히 소망합니다. 오늘 본문을 통하여 우리의 삶에 적용할 수 있는 점들을 3가지로 살펴보겠습니다.

첫째, 하나님의 자비와 위로에는 목적이 있음을 기억하십시다. 자비와 위로의 하나님은 우리와 함께 느끼시고 우리를 옆에서 도우십니다. 그런데 이렇게 하시는 것은 하나님께서 우리를 치유하고 회복하실 뿐만 아니라, 더 나아가서 우리가 "자비와 위로"를 다른 사람들에게 나누는 자가 되기를 원 하십니다. 4절 중간에서부터 "우리로 하여금 하나님께 받는 위로로써 모든 환난 중에 있는 자들을 능히 위로하게 하시는 이시로다"라고 말씀하십니다. 고난과 고통과 환난 자체에 어떤 목적이 있다고 말하고 싶지는 않습니다. 어떤 이들은 무턱대고 고난에 무슨 뜻이 있을 거야라고 말하면서 성급한 위 로를 하고자 하는데, 고난을 당하는 자들에게는 위로가 되지 않습니다. 어 쩌면 우리는 고난과 고통과 환난의 원인을 제대로 찾지 못할 수도 있습니 다. 그럴 때에는 성급하게 이유를 만들지 말고, 그저 침묵하면서 고통 중에 있는 자들과 함께 있기만 해도 좋습니다.

고난과 고통과 환난 속에서 그 원인을 모른다고 하더라도, 우리가 하나 님의 자비와 긍휼과 위로와 도우심을 느끼면서 치유와 회복이 있게 되면, 치유되고 회복된 자로서의 역할과 목적이 분명히 생겨납니다. 그것은 하나 님의 위로를 받은 우리가 이제 다른 사람들을, 특히 고난과 환난 속에 있는 자들을 위로할 수 있다는 것입니다. 고난을 당한 사람이 고난 중에 있는 자들을 더 잘 이해하고 더 잘 공감하고 더 함께 아파할 수 있는 것이지요.

둘째, 우리의 신앙의 삶에는 고난도 있지만 위로가 있습니다. 그러기에 고난을 당한다고 한다면, 위로가 있을 것을 소망할 수 있고, 기대할 수 있습니다. 5-7절에 따르면, "5 그리스도의 고난이 우리에게 넘친 것 같이 우리가 받는 위로도 그리스도로 말미암아 넘치는도다 6 우리가 환난 당하는 것도 너희가 위로와 구원을 받게 하려는 것이요 우리가 위로를 받는 것도 너희가 위로를 받게 하려는 것이니 이 위로가 너희 속에 역사하여 우리가 받는 것 같은 고난을 너희도 견디게 하느니라 7 너희를 위한 우리의 소망이 견고함은 너희가 고난에 참여하는 자가 된 것 같이 위로에도 그러할 줄을 앎이라" 고난이 넘친다면, 곧 위로도 넘칠 줄을 기대하고 소망하십시오. 고난에 참여하는 자가 된 것 같이 위로에도 참여하는 자가 될 것임을 기대하십시오. 이것이 우리에게 큰 위로와 소망이 될 줄 믿습니다. 밀리오리라는 신학자는 타락한 인간의 죄성 가운데에, 체념도 죄성의 모습이라고 했습니다. 고난이 많다고 하여, 고난이 겹겹이 온다고 하여, 아예 낙담하고 낙심하고 절망에 빠져서 더 이상 어떤 희망도 없이 어떤 소망도 없이 그저 될대로 되라고 체념하는 것도 죄송의 모습이라고 지적하였습니다. 고난이 있다면, 위로가 있음을 꼭 기억하십시오. 고난이 넘친다면, 위로도 넘칠 줄을 기억하십시오.

셋째, 고난과 환난을 겪으면서 우리는 오직 하나님만을 의지할 수 있게 되고, 기도할 수 있게 됩니다. 8-9절에 보면, "형제들아 우리가 아시아에서 당한 환난을 너희가 모르기를 원하지 아니하노니 힘에 겹도록 심한 고난을 당하여 살 소망까지 끊어지고 우리는 우리 자신이 사형 선고를 받은 줄 알았으니 이는 우리로 자기를 의지하지 말고 오직 죽은 자를 다시 살리시는 하나님만 의지하게 하심이라." 고난을 좋아할 사람 없습니다. 환난을 좋아

하는 사람 없습니다. 그러나 원치 않는 고난이라도, 그 고난과 환난을 거치면서 우리는 하나님만을 의지하게 됩니다. 그 전에 나를 조금이라도 의지하였던 것, 나의 능력에 조금이라도 믿었던 것, 나의 인맥과 재력과 스펙을 조금이라도 기대하였던 것 다 내려놓게 됩니다. 그러면서 온전히 하나님만을 의지하게 되고, 하나님만을 기대하게 됩니다. 그러면서 우리는 하나님만이 우리를 건지시고 구원하실 수 있음을 진정으로 간절하게 바라게 됩니다. 10절에서 "그가 이같이 큰 사망에서 우리를 건지셨고 또 건지실 것이며 이후에도 건지시기를 그에게 바라노라."

이렇게 된다면 우리가 할 수 있는 것은 기도로 간구하는 것입니다. 기도는 하나님을 의지하는 것입니다. 하나님을 의지하지 못하면 기도가 나오지 않습니다. 하나님만을 의지하게 되니까 당연히 기도할 수밖에 없습니다. 이 기도는 나를 위한 기도도 포함하지만, 성도 간에 서로를 위해서 하는 기도까지도 포함합니다. 고난과 고통 중에 있는 자들을 위해서 내가 하는 기도도 포함합니다. 11절에서 말씀하는 것처럼, "너희도 우리를 위하여 간구함으로 도우라 이는 우리가 많은 사람의 기도로 얻은 은사로 말미암아 많은 사람이 우리를 위하여 감사하게 하려 함이라"입니다. 바울도 하나님만을 의지하기에, 고린도 교회의 많은 성도의 기도와 간구를 필요로 하였습니다. 기도와 간구함으로 도우라고 부탁까지 합니다.

IV

하나님의 사랑과 은혜를 더욱 더 풍성하게 누리시기를 바랍니다. 특히, 고난과 고통과 환난 중에서도 자비와 긍휼과 위로의 하나님을 더욱 마음껏 느끼시고 믿고 고백할 수 있기를 바랍니다. 개인적인 삶에서 뿐만 아니라 교회 전체의 삶에서도 그러하시기를 바랍니다. 이러한 과정에서 고난도 많았지만 하늘로부터 오는 위로도 풍성할 줄 믿습니다. 또한 이러한 과정을 통하여 하나님만을 의지하시고 하나님의 구원만을 바라는 믿음으로 깊어지시기를 기대합니다. 또한, 모든 이들이 모두 믿음 안에서 잘 이겨낼 수 있도록 기도로 간구할 수 있기를 바랍니다.

16장

설교문 3

"연약함을 도우시는 삼위일체 하나님"

본문: 로마서 8장 26-27절

I

　오늘 본문의 말씀은 우리가 잘 아는 말씀입니다. 우리가 힘들고 어려울 때 얼마나 큰 힘이 되는지 모릅니다. 성령께서 우리의 연약함과 약함을 도우신다는 사실이 우리에게 얼마나 큰 힘이 되는지 모릅니다. 우리가 너무 힘들 때에는 어떻게 기도할지도 모릅니다. 너무 힘들어 말문이 막히는 거지요. 이럴 때에도 성령은 우리의 연약함을 도우십니다. 어떻게 도우시는지를 구체적으로 살펴보면, (1) 우리가 힘들 때 성령은 우리와 함께 깊이 탄식하시고 깊이 신음하시고 아파하십니다. 말로 표현할 수 없을 정도의 깊은 탄식과 신음으로 아파하십니다. (2) 그러한 탄식으로 우리를 위해 친히, 직접 간구기도하십니다. 우리를 위해 중보기도를 하십니다. 이러한 점을 아는 것만으로도 우리는 고난과 고통 한가운데에서 큰 위로와 힘을 얻을 수 있습니다.

II

우리가 잘 아는 이 말씀을 오늘은 삼위일체 하나님의 관점에서 살펴보겠습니다. (1) 우리의 연약함을 도우시는 분은 누구이십니까? 26절에 따르면, 성령이십니다. 성령께서 우리를 위해 간구하십니다.

(2) 그런데 27절에서는 성령이 성도를 위하여 간구하시되 어떻게 간구하십니까? 바로 "하나님의 뜻대로"입니다. 여기에서의 하나님은 성부 하나님, 즉 하나님 아버지이십니다. 성령께서는 우리를 위해 간구하시지만, 그냥 자의적으로 하시는 것이 아니라 성부 하나님의 뜻에 따라 간구하십니다. 그러기에 우리를 위한 성령의 중보기도에는 성부 하나님의 뜻이 반영이 됩니다.

왜냐하면 성부 하나님은 우리의 마음을 살피시는 하나님이시기 때문입니다. 즉, 우리의 마음을 아시고 우리의 생각까지도 꿰뚫어보실 정도로 훤히 아십니다. 그래서 성부 하나님은 우리가 고난과 고통 중에 있을 때에도 우리의 깊은 심정과 속마음까지 아십니다. 그래서 우리를 위해서 구체적으로 무엇을 기도해야할지를 아십니다. 그리고 성부 하나님은 또한 성령의 생각과 마음을 아십니다. 성부와 성령 사이에 마음이 통하는 것이지요. 그래서 성령께서 우리를 위해서 기도하지만, 아무렇게나 기도하시는 것이 아니라 성부 하나님의 뜻대로 기도하시는 것입니다.

(3) 오늘 본문에는 포함하지는 않았지만, 로마서 8장을 계속 읽어보시

면 34절에 이렇게 말씀합니다. "누가 정죄하리요 죽으실 뿐 아니라 다시 살아나신 이는 그리스도 예수시니 그는 하나님 우편에 계신 자요 우리를 위하여 간구하시는 자시니라." 예수 그리스도는 죽으시고 부활하셨는데, 지금은 하나님 우편에 계시면서 또한 우리를 위하여 간구/중보기도 하신다고 말씀합니다. 예수 그리스도께서 아무 일도 않고 계신 것이 아니라, 또는 성령을 보내시고 성령으로만 일하게 하시는 것이 아니라 성자 하나님 예수 그리스도께서도 함께 중보기도 하시는 것입니다.

이렇게 살펴보면, 우리를 위한 하나님의 중보기도는 실제로 삼위일체적 기도입니다. 성령께서 말할 수 없는 탄식으로 우리를 위해 친히 중보기도하십니다. 그러나 아무렇게나 임의로 하시지 않고 우리의 마음을 살피시는 성부 하나님의 뜻에 따라 기도하십니다. 그리고 성부 하나님 우편에 계시는 성자께서 우리를 위해 함께 중보기도하십니다. 우리를 위한 중보기도에 성부 하나님, 성자 하나님, 성령 하나님께서 함께 참여하십니다. 성부와 성자와 성령이 서로 마음이 통하시고 일치하시고 하나가 되시니까 그렇습니다. 서로 마음이 다르고, 서로 생각이 다르면 어떻게 함께 기도할 수 있겠습니까? 그러므로 오늘의 본문과 로마서 8장은 "우리의 위한 하나님의 삼위일체적 중보기도"에 관해서 알려줍니다!

삼위일체적 중보기도가 얼마나 든든하겠습니까? 그래서 8장 31-39절에서는 하나님의 사랑에 대한 강력한 확신을 표현합니다.

"31 …… 만일 하나님이 우리를 위하시면 누가 우리를 대적하리요? …… 33 누가 고발하리요? …… 34 누가 정죄하리요? …… 35 누가 우리를 그리스도의 사랑에서 끊으리요? …… 37 그러나 이 모든 일에 우리를 사랑하시는 이로 말미암아 우리가 넉넉히 이기느니라 38 내가 확신하노니 사망이나 생명이나 천사들이나 권세자들이나 현재 일이나 장래 일이나 능력이나 39 높음이나 깊음이나 다른 어떤 피조물이라도 우리를 우리 주 그리스도 예수 안에 있는 하나님의 사랑에서 끊을 수 없으리라."

III

삼위일체 하나님에 관하여 조금 더 말씀을 나누고자 합니다. 사실 성경의 하나님은 삼위일체 하나님이십니다. 성경 안에 삼위일체라는 용어는 없지만, 성부 하나님 성자 하나님 성령 하나님이 함께 계시고 함께 활동하시고 함께 하나이신 하나님이시기에 신학에서는 "삼위일체 하나님"이라고 표현합니다. 그래서 성경을 잘 살펴보면 하나님이 삼위일체 하나님으로 드러나 있습니다. 우리를 위한 하나님의 중보기도가 성부 성자 성령이 함께 하시는 삼위일체적 중보기도입니다.

성부, 성자, 성령 삼위일체 하나님께서 우리의 연약함을 위해 함께 중보기도하시고, 함께 위로하시며, 함께 자비/공감을 베푸시는 분이시라는 점이 현대 삼위일체신학에서는 아주 분명하게 인정되고 확증됩니다. 오늘날 삼위일체신학이 부흥하고 있는데, 여기에서 하나님의 함께 아파하심을 엄청 강조합니다.

세계의 십자가 전시회 동영상을 본 적이 있는데 세계 곳곳에 예수 그리스도의 십자가가 참 많고 참 다양합니다. 그만큼 주님의 십자가를 묵상하는 일이 세계적이라는 것입니다. 현대 삼위일체 신학자 중에 아주 유명한 위르겐 몰트만이라는 독일 신학자가 있습니다. 그는 1972년에 『십자가에서 달리신 하나님』이라는 책을 썼습니다.

이 책을 이해하려면 먼저 20세기의 끔찍한 역사를 알아야 합니다. 인류의 역사 속에서 가장 끔찍한 일들이 20세기에 생겨났습니다. 그것도 18세기와 19세기 모더니즘근대성에서는 인류의 문명이 무한히 발전하고 진보한다고 기대하였었는데, 그런 기대와는 전혀 다르게 처참하고 끔찍한 일들이 20세기 초부터 생겨났습니다. 그것은 바로 제1차 세계대전과 제2차 세계대전입니다. "세계대전"이라고 부를 정도로 전쟁의 규모가 이전까지의 전쟁들과는 차원이 다른 것이었습니다. 제1차 세계대전은 1914년부터 1918까지 있었으며 전사자가 무려 900여만 명이나 됩니다. 제2차 세계대전은 1939년부터 1945년까지 있었으며 전사자가 무려 2500여만 명이며, 민간인 희생자가 3000여만 명이라고 합니다. 제2차 세계대전 중 독일 나치가 유대인들을 대학살한 것을 홀로코스트Holocaust라고 하는데, 유대인 600여만 명이 무참하게 죽었습니다. 유대인 남자 300만 명, 여자 200만 명, 그리고 어린이 100만 명 죽었습니다. 그러니 인간의 손에 의해서 엄청나게 처참하고 끔찍한 일들이 벌어진 것입니다.

이러한 일들을 일어나는 시대에 살았던 자들에게는 무척이나 힘든 고통이었고 고난이었습니다. 이런 상황 속에서 많은 이들이 "신은 없다! 신이 있다면 도대체 어디에 있는가?"라는 질문을 제기하였습니다. 그래서 전쟁이 끝난 후 1950년대와 1960년대는 아주 많은 사람이 신에 대한 회의론과 무신론을 주창하였습니다. 우리의 삶 중에서도 엄청난 고통과 고난을 당하고 겪을 때마다, 우리는 "하나님은 어디에 계시는가?"라고 질문을 합니다. 때때로는 하나님이 계시지 않은 것 같은 느낌이 들고, 그래서 하나님은 없다고 주장하기도 합니다. "나의 고통과 고난 가운데 도대체 하나님이 계시긴 한 것인가? 계시다면, 도대체 어디에 계시는가?"라는 질문은 교회를 다니든 다니지 않든 누구라도 질문을 하리라 생각합니다.

엘리 위젤1928-2016이라는 유대인이 1958년도에 출판한 소설 『나이트』Night, 밤에서 나름대로 응답을 하고자 하였습니다. 엘리 위젤은 본인이 15살 때 소년으로 나치에 의해 죽음의 수용소에서 고통과 고난을 겪었습니다. 생존하게 된 이후에 그는 기자가 되었고, 자신의 경험을 바탕으로 소설을 썼습니다. 그는 자신이 직접 체험한 대학살의 경험과 기억을 많은 사람에게 알리고 인권을 위해 활동한 공로로 이후에 노벨평화상을 받았습니다. 미국 보스톤 대학교에서 가르치면서 이러한 활동을 하였습니다.

엘리 위젤의 자전적 소설 『나이트』Night 에서는 무고하게 학살당하는 자들의 고통을 다루고 있습니다. 죽음의 수용소에서 수많은 사람이 무고하게 죽어갑니다. 어느 날 유대인 몇 명이 교수형에 처해지는데 그중에 어린아이도 있었습니다. 그 어린아이가 밧줄에 매달려 죽어가는 것을 보면서, 다시 "하나님! 도대체 지금 어디에 계십니까?"라고 부르짖습니다. 그때 엘리 위젤은 자신 안에서, 자신의 내면 깊은 곳에서 어떤 목소리가 대답하는 것을 들었습니다. "하나님이 어디 있냐고? 여기 교수대에 죽어가는 사람들과 함께 매달려있느니라!" 하나님은 고통과 고난을 당하고 있는 자들과 함께 계시며, 그들과 함께 고통과 고난을 당하고 계시다는 메시지를 던져 주었습니다.

이러한 주제를 많은 신학자가 받아들였습니다. 그 중에서 위르겐 몰트만이라고 하는 독일 신학자는 『십자가에 달리신 하나님』이라는 책을 통하여 "하나님은 계신다! 하나님은 십자가에 계신다! 하나님은 십자가의 고통과 고난을 당하시며 계신다!"라는 메시지를 주었습니다. 그런데 이 책의 독특한 점은 하나님이 고통과 고난을 당하시는데, 성부 하나님과 성자 하나님과 성령 하나님이 모두, 즉 삼위일체 하나님이 이 고통과 고난에 참여하신다고 말한 것이었습니다. 성자 하나님이신 예수 그리스도가 십자가에서 고통과 고난을 당합니다. 얼마나 힘드셨으면 "나의 하나님, 나의 하나님, 어찌하여 나를 버리시나이까?"라고 부르짖으실 정도로 힘든 고통이었습니다. 이 순간에 성부 하나님은 어떻습니까? 세계를 구원하기 위한 목적으로 성자 하나님을 보내었고 그 목적을 완성하기 위하여 십자가에서 죽는 것이니 그저 멀리서 팔짱만 끼고 냉담하게 보고만 있었겠습니까? 몰트만의 해석에 따르면, 그렇지 않습니다. 성부 하나님은 아버지로서 얼마나 더 힘들겠습니까? 우리의 자녀가 아파서 병원에 입원하고 수술까지 해야 하는 상황이면요, 그 자녀도 아프겠지만, 아파하는 그 자녀를 보고 있는 아버지 어머니의 마음은 훨씬 더 힘들고 아픈 거죠. 성부 하나님도 마찬가지입니다. 성부 하나님은 성자 하나님 예수 그리스도의 십자가에서의 고통과 고난을 보면서, 실은 더 큰 아픔을 느끼고 계십니다. 성령 하나님은 성부 하나님과 성자 하나님을 이어주는 사랑으로서 그 고통과 고난에 함께 동참하고 있습니다.

IV

성경 안에는 비록 삼위일체라는 용어는 없어도 성경에서 드러난 하나님의 모습은 바로 삼위일체 하나님입니다. 이러한 점들이 성경의 많은 이야기와 구절들 속에 반영되어 있습니다. 그리고 초대교회의 예배와 교회의 역사 속에서 많이 반영되어 있습니다. 몇몇 예를 들면 다음과 같습니다.

(1) 마태복음 28장 19-20절에 있는 세례문Baptismal Formula은 "아버지와 아들과 성령의 이름으로 세례를 베풀고"라고 말씀합니다. 성부와 성자와 성령의 이름들(복수)이 아니라, 하나의 이름(단수)으로 세례를 베풀라고 말합니다. 성부와 성자와 성령이 각각 다른 세 신들이라면 복수가 사용되어야 하지만, 여기에서는 단수가 사용되었습니다.

(2) 고린도후서 13장 13절의 축도문Benediction은 "주 예수 그리스도의 은혜와 하나님의 사랑과 성령의 교통하심이 너희 무리와 함께 있을지어다"라고 말씀합니다.

(3) 창세기 1장을 보면 창조는 삼위일체적 사건입니다. 하나님이 천지를 창조하실 때에 말씀으로, 즉 성자를 통하여 창조하셨고, 또한 "땅이 혼돈하고 공허하며 흑암이 깊음 위에 있고 하나님의 영은 수면 위에 운행하시니라."에서처럼 성령이 함께 하신 삼위일체적 창조입니다.

그 외에도 성경 구절들 도처에 있습니다. 더 나아가서 초대교회의 예배에서도 그렇습니다.

(4) 찬송가 3장, 4장, 7장의 가사는 2세기 초대교회에서부터 시작된 송영 doxology 으로 "영광송" Gloria Patri 이라고 불리웁니다. 여기에서는 성부와 성자와 성령을 영광과 존귀를 영원히 받으시는 분으로, 즉 예배의 대상이 되시는 하나님으로 이해하고 있는 점이 반영되어 있습니다.

Gloria et honor Patri, et Filio, et Spiritui Sancto,
성부와 성자와 성령에게 영광(과 존귀)이 있기를,
Sicut erat in principio, et nunc, et semper, et in saecula
saeculorum. Amen.
태초로부터 지금까지 (항상) 또 영원 무궁히. 아멘. 6-16

그러니 성경의 하나님은 삼위일체 하나님이십니다. 성부와 성자와 성령 하나님이 함께 계시며 함께 활동하십니다. 그래도 여전히 질문이 있을 수 있습니다. 성부 성자 성령 하나님이 셋이지 어떻게 하나냐고요. 그런 질문은 당연합니다. 그런데, 성경에 있는 예수님의 말씀은 분명합니다. "아버지와 나는 하나이다"라고 말씀합니다. 그래서 하나이십니다. 그리고 성령도 마찬가지입니다. 성부와 성자와 성령이 하나이십니다. 그런데 어떻게 하나입니까? 이것도 예수님이 말씀하셨습니다. "아버지가 내 안에 내가 아버지 안에 있다"고 말씀합니다. 서로의 안에 존재하는 것입니다. 성부가 성자 안에, 그리고 성자가 성부 안에 존재하십니다. 그래서 하나이십니다. 성령도 마찬가지이십니다. 이렇게 보면, 성부와 성자와 성령이 서로 안에 존재하시니까, 그래서 근원적으로 내주하시니까, 그래서 서로 관계적이시니까 그래서 하나를 이루시는 것입니다. 이것을 현대신학에서는 "페리코레시스/상호내주/상호침투/상호통재"라고 합니다. 근원적인 관계성이 있고, 이를 바탕으로 성부와 성자와 성령이 함께 하시는 것입니다. 관계성, 공동체성, 평등성, 다양성, 일치성이 있습니다.

하나님이 하나님의 형상으로 인간을 창조하셨는데, 하나님의 형상은 바로 삼위일체적 관계성을 의미한다고 현대신학에서는 강조합니다. 이러한 점을 우리는 가정, 학교, 교회, 사회, 세계 속에서 잘 적용할 수 있습니다. 우리의 삶과 아주 깊이 관련되어 있습니다.

V

그러기에 하나님은 우리를 위한 십자가 사건에서도 성부와 성자와 성령이 함께 하십니다. 십자가에 달리신 분은 성자 예수 그리스도이시지만, 여기에 성부 하나님의 아픔의 공감과 성령 하나님의 고통에의 참여가 함께 있습니다. 이렇게 하여 십자가는 삼위일체적 십자가이며, 이것은 우리를 위한 하나님의 자비와 용서와 구원과 사랑이 삼위일체적이며 또한 우리를 위한 하나님의 위로와 아픔과 함께 느끼심이 삼위일체적임을 의미합니다. 성경의 삼위일체 하나님은 세상의 고통과 고난 한가운데에 계시며, 아파하는 자들과 함께 아파하시고 계심을 의미합니다.

그러니 삼위일체적 십자가 사건은 가장 강력하지 않겠습니까? 십자가에서 드러난 하나님의 사랑이 가장 강력하지 않겠습니까? 또한 여기에서 드러난 하나님의 위로와 긍휼이, 즉 고난과 고통 중에 있는 우리와 함께 하시는 하나님의 위로와 긍휼이 가장 강력하지 않겠습니까? 가장 힘들고 어려운 순간에도 우리의 연약함을 도우시는 삼위일체 하나님을 바라볼 수 있기를 바랍니다.

17장

설교문 4

"삼위일체 하나님의 부르시는 은혜"

본문: 디모데후서 1장 8-14절

I

하나님의 부르심과 소명이라는 주제로 생각해보려고 합니다. 여러분이 예수님을 처음으로 알고 믿음 생활을 시작하면서 처음에는 아주 감격하였고 은혜충만 하였을 텐데, 시간이 지나면서 어떠셨는지요? 신앙인이 학교에서 시험 때문에 시험에 드는 것은 아닌지요? 그래서 하나님의 부르심과 소명이 흔들리지는 않는지요? 공부는 열심히 하셔야 하지만, 시험 성적에 너무 매이지 마시기를 바랍니다. 시험 성적이 하나님의 부르심을 막지는 못합니다. 만약 시험성적이 C가 나오면 Cool 하게, B가 나오면 Beautiful 하게, 심지어 F가 나오면 Fantastic하게 사시면 됩니다. A가 나오면 Abnormal 비정상적이라고 여기시면 됩니다. 시험 성적이 하나님의 부르심을 꺾거나 막을 수는 없습니다.

시험 외에 신앙인으로서의 삶은 어떠신지요? 혹시 믿는 사람들이라고 하는 교인들과의 관계들에서 더 힘든 경험을 하시지는 않는지요? 사회에서 세상은 원래 다 그런 것이라고 하더라도, 신앙인들은 정말 다를 거라고 기대했는데, 이런 기대감들이 하나 둘 무너지고 있는 것은 아닌지요? 그래서 신앙인으로서 부름을 받은 것이 제대로 된 부르심인 것인지, 이 길이 내가 가야 할 소명인 것인지 흔들리거나 의심되지 않으신지요?

한국교회 전체는 어떻습니까? 갈수록 한국교회의 현실이 훨씬 더 구체적으로 피부에 와닿지 않습니까? 한국교회의 진짜 현실을 점점 더 많이 듣고 보고 경험하면서 더 막막함을 느끼고 계시지 않으신지요? 개교회 현장 이곳저곳에서 들려오는 많은 교회의 부패와 타락과 분열의 소식들, 주님의 몸된 교회의 머리는 주님이심이 분명한데도, 말로는 주님, 하나님을 말하지만 실제로는 힘 있는 한 개인이 군림하는 왕국이 되어버린 교회들, 하나님의 백성으로서의 교회의 백성 한 사람 한 사람을 귀히 여기지 않고 그저 조직과 제도를 떠받치는 수단으로 삼는 매우 위계적이고 너무나 수직적인 교회들, 성령의 전이라고 하면서도 성령이 주시는 자유함 안에서 하나님의 뜻을 따르기보다는 인간적인 뜻을 밀어붙이는 교회들, 그래서 이제는 교회 밖 세상보다 더 못하고 도리어 세상의 비판과 개혁의 대상이 되어버린 교회들 …….

신앙인으로서 크나큰 소명과 자부심을 가지고 시작하였지만, 그러나 시간이 지나면서 신앙인들의 모임인 교회와 교인들에 대해 더 진짜 현실과 속사정을 알게 되면서 실제로 느끼는 실망감은 우리를 위축케 하고 좌절케 하는 것은 아닌지요? 교회가 세상의 소망이 되지 못한다면, 신앙의 길을 가는 것이 대체 무슨 의미가 있는 것인지 고민이 되고 있지 않은지요? 이러한 고민이 없으시다면 참 감사한 일입니다. 그러나 이러한 고민이 있으시다면,

이렇게 느끼는 것은 여러분 혼자만이 아니라는 점을 꼭 기억하십시오.

II

제가 보기에도 점점 더 많은 신앙인이 이러한 고민을 하시는 것 같습니다. 이럴 때에 우리는 어떻게 하면 좋겠습니까? 이럴 때일수록 우리는 하나님의 부르심과 소명의 본질을 묵상하고 찾아가면 좋겠습니다. 오늘 본문 9절에서는 "하나님이 거룩하신 소명으로 부르심은"이라는 표현이 나오는데, 오늘 말씀을 통하여 하나님의 부르심의 본질을 함께 묵상하고 찾아가면 좋겠습니다.

잘 아시듯이 디모데전·후서는 사도 바울이 영적인 믿음의 아들 디모데에게 보내는 편지입니다. 특히, 에베소 교회에서 목회하고 있는 목회자 디모데에게 보내는 편지입니다. 그래서 목회서신이라고 합니다. 디모데후서 안에 "하나님의 부르심"에 관한 구절이 있는 것으로 보아 2천 년 전에도 하나님의 부르심에 대한 고민들이 있었음을 알 수 있습니다. 물론 시대적인 배경이나 고민의 원인은 다르지만 각각의 상황 안에서 하나님의 부르심이 무엇인지에 대한 고민들이 있었음을 짐작할 수 있습니다.

디모데후서는 주후 66년경에 기록된 것으로 알려져 있습니다. 사도 바울이 디모데후서 4장 6절에 "전제와 같이 내가 벌써 부어지고 나의 떠날 시각이 가까웠도다"라고 말하기에 그가 순교하기 직전의 상황에 처해 있음을 알 수 있습니다. 사도 바울은 주후 62-63년에 로마 감옥에 1차 투옥되었습니다. 석방되었지만, 주후 64년경 로마의 엄청난 대화재로 인하여 또 다시 네로 황제에 의해 큰 핍박이 있었고 사도 바울 또한 2차로 투옥되었습니다.

로마 감옥에 갇혀서 순교하게 될 것을 기다리는 이때 디모데후서를 기록합니다.

핍박 자체도 힘들고 어려운데, 이러한 상황이 지속되고 악화되는 상황이다 보니 교회에는 많은 어려움이 생겨났습니다. 핍박으로 인해 순교하는 자들도 있지만, 교회를 떠나고 배교하는 자들이 많이 생겨났습니다. 또한, 이런 어려운 상황 속에서 도리어 세상의 악한 세력에 편승하여 오히려 교회를 공격하거나, 또한 거짓 교훈들과 이단 사상들을 통하여 교인들을 미혹하고 어지럽게 하는 일들도 생겨났습니다.

그러니 이러한 상황하에 교회에서 목회하는 것이 얼마나 힘들고 어렵겠습니까? 그래서 사도 바울이 디모데에게 "하나님의 거룩한 부르심"에 관하여 확인시켜 주는 것입니다. 사도 바울 자신이 얼마나 험난한 목회와 선교를 하였습니까? 그러나 자신은 곧 떠나갑니다. 디모데후서 4장 7-8절에서 바울이 "나는 선한 싸움을 싸우고 나의 달려갈 길을 마치고 믿음을 지켰으니 이제 후로는 나를 위하여 의의 면류관이 예비되었다"라고 말합니다. 그러나 바울은 자신보다는 앞으로 힘들고 어려운 교회 현장에 남아서 계속 목회해야 하는 디모데를 더 깊이 생각합니다. 그러면서 디모데에게 "하나님의 부르심"에 관하여 말하는 것입니다.

III

오늘 말씀을 통해 하나님의 부르심/소명의 본질을 세 가지로 생각해보겠습니다. 첫째, 우리에게 있는 이 부르심과 소명은 우리 안에서 저절로, 우연히, 어쩌다가 생겨난 것이 아닙니다. 누가 주신 것입니다. 그런데 누가 주셨습니까? 누가 우리를 불러주셨습니까? 9절에 따르면 "하나님이 우리를 구원하사 거룩하신 소명으로 부르심은"이라고 말씀합니다. 바로 하나님이 하셨습니다. 삼위일체 하나님이 불러주셨습니다. 더 구체적으로, 삼위일체론의 전유의 규칙에 따르면, 성부 하나님이 불러주셨습니다. 부르심과 소명을 생각할 때에 늘 확인해야 하는 것이 바로 부르심의 주체, 주인을 생각하는 것입니다. 나 자신의 개인적인 상황이 나를 불러준 것이 아니라, 나 자신의 실존적인 고민이 나를 불러준 것이 아니라, 나 자신의 심리적인 문제가 나를 이곳으로 불러준 것이 아니라, 하나님 그분께서 우리를 불러주신 것입니다.

하나님은 우리를 구원하셨고 또한 우리를 거룩한 소명에로 부르셨습니다. 여기에서의 거룩은 구별한다는 뜻이고, 부르심은 잔치에로 초대하는 것입니다. 즉, 우리를 구별하셔서 천국 잔치에로, 하나님나라의 잔치에로 초대하는 것입니다. 잔치에 참여하여 풍성하고 맛있는 음식만을 먹는 것이 아니라, 불러주신 삼위일체 하나님과의 친교와 연합에로 깊이 참여하도록 초대하는 것입니다. 그러니 이 얼마나 위대한 초대입니까?

하나님이 그 위대한 초대로 우리를 불러주셨는데, 우리의 행위대로가 아닙니다. 9절을 보니까, "하나님이 부르심은 우리의 행위대로 하심이 아니요 …… 오직 자기의 뜻과 …… 우리에게 주신 은혜대로 하심이라"고 말씀합니다. 우리의 행위에 따라, 우리의 선행과 행적과 공로에 따라 초대하여 주시는 것이 아닙니다. 우리에게는 자격도 없고 또한 우리는 조건도 안되지만 하나님은 우리를 잔치에로 초대하여 주십니다. 이것이 은혜입니다. 은혜는 선물입니다. 선물은 전적으로 하나님의 뜻에 근거하며 그저 값없이 주시는 것입니다. 그러므로 우리의 부르심과 소명은 전적으로 하나님께서 우리에게 주시는 것입니다.

둘째, 하나님께서 우리를 초대하여 주신 은혜를 더 생각해보면, 9절과

10절에 따르면, 이 은혜는 영원 전부터 예수 그리스도 안에서 우리에게 주어진 은혜이며, 또한 예수 그리스도를 통하여 우리에게 분명히 나타난 은혜입니다. 영원 전이라고 해서 어떤 운명론이나 숙명론, 또는 어떤 형이상학적이고 추상적인 원리를 말하는 것이 아닙니다. 영원 전이라는 말은 시간에 근거해서가 아니라 오직 영원하신 하나님에게 근거해서라는 의미입니다. 그런데 이러한 은혜는 아주 구체적인 것입니다. 즉, 은혜는 예수 그리스도 안에서 우리에게 주어졌고, 예수 그리스도를 통해서 우리에게 분명히 나타난 것입니다.

그러므로 우리는 예수 그리스도를 통해서 은혜의 구체적인 모습을, 그리고 더 나아가서 하나님의 부르심의 구체적인 내용을 알 수 있습니다. 즉 예수 그리스도의 오심과 삶과 죽으심과 다시 사심을 통해서 확실하게 드러났습니다. 10절에 따르면, "그는예수 그리스도는 사망을 폐하시고 복음으로써 생명과 썩지 아니할 것을 드러내셨습니다."

예수 그리스도께서 죽음을 이기시고 사망을 멸하셨습니다. 이것 자체로 어마어마한 일 아닙니까? 여기에서의 사망과 죽음은 단지 한 개인의 육신의 죽음만이 아니라, 하나님과 분리된 영적인 죽음까지도, 또한 세계 도처에서 세력을 뻗치는 죽음의 권세까지도 의미합니다. 죽음의 모든 세력을 예수 그리스도께서 폐하셨습니다.

그뿐만 아니라 예수 그리스도는 생명과 썩지 아니할 것을 드러내셨습니다. 생명과 썩지 아니할 것이라는 표현은 썩지 아니할 참 생명이라는 뜻입니다. 또한, 여기서의 생명은 그리스어로 "조에"로서, 단지 신체적인 목숨으로서의 비오스바이오의 생명이 아니라, 단지 생물학적인 생명이 아니라, 참 생명, 영원한 생명, 진정한 생명, 그래서 썩지 아니할 영원한 생명을 가리킵니다. 하나님 안에서 함께 누리는 영원한 삶을 가리키는 것입니다. 이것이 복음입니다.

그러니 예수 그리스도를 통하여 우리에게 분명하게 나타난 은혜로 이루어진 하나님의 거룩하신 부르심은 바로 이러한 영원한 생명까지 누리도록 하시는 초대입니다. 하나님의 부르심을 통하여 우리는 삼위일체 하나님과의 연합과 친교에로 참여하면서, 그 안에서 썩지 아니할 영원한 생명을 맛보고 누리고 사는 것입니다. 이것이 바로 하나님의 부르심과 소명의 본질적인 내용입니다.

셋째, 그런데 하나님의 부르심의 본질적인 내용은 또한 우리 각자의 상황에 따라서 구체적으로 달리 적용될 수 있습니다. 사도 바울의 경우에는 11절에서 "내가 이 복음을 위하여 선포자와 사도와 교사로 세우심을 입었노라"고 말하듯이, 하나님의 부르심이 그의 상황 속에서 선포자와 사도와 교사라는 세 가지 모습들로 적용되고 있습니다. 우리도 각자의 상황 속에서 동일한 모습으로 적용될 수 있고, 또는 동일한 모습이지만 다른 방식으로 적용될 수도 있습니다.

그렇지만 분명한 점은 하나님의 부르심의 본질적인 내용이 구체적일 수 있지만, 그 구체적인 모습이 단지 어떤 직무나, 어떤 자리, 어떤 위치로 한정되지는 않는다는 점입니다. 하나님의 부르심과 소명을 생각할 때에 우리가 너무 좁게 한정할 필요가 없습니다. 어느 큰 교회에서 사역해야 하나님의 부르심이 유효하고, 개척교회 작은 교회에서 사역하면 하나님의 부르심이 없는 것 같고 그런 것이 아닙니다. 하나님의 부르심이 구체적일 수 있지만 교회의 사이즈로, 교회의 지리적인 위치로, 교회 안에서의 지위로, 심지어 교회에서 행사하는 힘과 영향력으로 한정할 수는 없는 것입니다. 그런 것들은 구체적인 것이지만 본질적이지 않습니다. 구체적인 상황을 고려해야 하겠지만, 구체적인 상황 속에서도 본질을 끊임없이 추구해야 하겠습니다. 그렇지 않다면, 복음은 부담스러운 것입니다. 그렇게 되면 복음과 함께 고난을 받는 것이 힘듭니다. 고난 받는 것 자체가 부끄러운 일로 느껴집니다.

각자의 구체적인 상황 속에서 부르심의 본질을 붙잡는다면, 복음을 위하여 고난도 넉넉히 감당할 것입니다. 이러한 바울의 모습을 12-14절에서 엿볼 수 있습니다. 12절에서 바울은 "내가 고난을 받되 부끄러워 아니함은 내가 믿는 자를 내가 알고 또한 내가 의탁한 것을 그 날까지 그가 능히 지키실 줄을 확신함이라." 내가 믿는 그 하나님이 어떤 분이신지를 제대로 온전히 아는 것이 중요합니다. 바로 은혜로 우리를 불러주시는 분이십니다. 바로 그분은 내가 믿고 신뢰하고 맡기는 것을 그날까지 지켜주실 수 있는 권능이 있으신 분이십니다. 그러니 내게 주신 은혜는 내가 지키는 어떤 것이 아니라 하나님 그분께서 자신의 권능과 힘으로 직접 마지막 날까지 지켜주실 어떤 것입니다. 이것이 바로 은혜의 속성입니다. 즉, 은혜의 최종적인 승리인 것입니다. 나의 승리가 아니라 은혜의 승리이며, 나를 은혜로 불러주시고 초대하여주신 하나님 자신의 권능의 승리인 것이지요.

그뿐 아니라, 이러한 승리는 더욱 분명하고 확실합니다. 13절에서처럼 "그리스도 예수 안에 있는 믿음과 사랑"이 있기 때문입니다. 우리 자신의 힘으로는 감당할 수 없지만 예수 그리스도 안에 있는 믿음과 사랑으로 잘 감당할 줄 믿습니다. 또한, 14절에서처럼 우리 안에서 성령께서 계십니다. 이 성령을 통하여 우리는 또한 넉넉히 감당할 줄 믿습니다. 바로 이러한 확신이 저와 여러분에게 있기를 간절히 바랍니다. 은혜 안에서 흔들림이 없이 나아갈 수 있기를 바랍니다.

IV

하나님의 부르심과 소명을 다시 한 번 생각해보았습니다. 구체적으로 힘들고 어려운 상황 속에서도 하나님의 부르심을 본질을 늘 묵상하시고 찾아가실 수 있기를 바랍니다. 각자에게 주어진 믿음의 선한 싸움을 잘 달려갈 수 있기를 바랍니다.

이러한 모습의 예로 한 분을 소개하고 마치겠습니다. 생 빅또르의 리샤르Richard of St. Victor, c.1123-1173입니다. 그는 스코틀랜드에서 태어났으나 청년 때에 파리 근교의 생 빅또르 수도원에 들어갑니다. 아우구스티누스의 규율을 따르는 이 수도원은 1108년에 기욤 드 샹포c.1070-1121에 의해 세워졌고, 생 빅또르의 위고c.1096-1141에 의해서 발전하였습니다. 리샤르는 이 수도원의 소수도원에서 1159년부터 부원장으로, 그리고 1162년부터 1173년까지 원장으로 활동하였습니다.

생 빅또르의 리샤르가 소수도원의 원장으로 있는 동안에 수도원에 큰 어려움이 있었습니다. 수도원장인 에르비시우스Ervisius가 수도원 재산의 낭비와 규율의 문란과 같은 부정행위들로 인하여 수도원은 교회 당국의 권고와 조사를 받게 되었으며 그 결과 에르비시우스가 사임하였습니다. 참으로 큰 실망과 좌절을 느끼는 상황이었습니다. 이렇게 심란하고 어려운 상황 속에서도 리샤르는 오히려 더욱 더 거룩한 영적인 삶의 본질에 집중하였습니다. 어려운 상황 속에서도 자신을 불러주신 하나님을 뵙기를 갈망하며 나아갔습니다. 특히, 삼위일체 하나님을 묵상하면서 저술하여 1170년경에 『삼위일체론』De Trinitate이라는 책을 완성하였습니다. 하나님에게 있어서의 선의 충만함fullness of goodness, 행복의 충만함fullness of happiness, 영광의 충만함fullness of glory이라는 삼중적인 논변에 근거하여 사랑charity의 본성을 분석하면서 하나님의 삼위성의 필연적인 이유들을 탐구하였습니다. 이를 통하여 리샤르는 최고의 진정한 사랑caritas, charity은 홀로 있는 사랑이 아니라 관계 속에 있는 사랑이며 공동체 안에 있는 사랑임을 보여줌으로써, 위격person은 관계성 또는 공동체성 속에 있다는 상호위격적 삼위일체신학an interpersonal Trinitarian theology을 제시하였습니다. 이러한 점은 오늘날 현대 삼위일체신학의 부흥기에서 다시금 재발견하고 강조하는 점입니다.

리샤르가 자신을 불러주신 삼위일체 하나님을 묵상하고 알아가면서 그가 가졌던 뜨거운 열정을 소개해드리고자 합니다. 그의 책 『삼위일체』 3권 1장에 있는 내용입니다.

> …… 내가 탐구하는 계획과 관련하여, 나를 조소하기를 원하는 자들이 있다면, 그렇게 하도록 하라. 나를 조롱하고자 하는 자들이 있다면, 그렇게 하도록 하라. 그리고 마땅히 그렇게 해야 한다. 왜냐하면, 내가 여기에서 진실을 말하자면, 나로 하여금 진리를 추구하도록 움직이는 것은, 나를 우쭐하게 만드는 지식이 아니라, 불타오르는 영혼의 열정이기 때문이다. 내가 애를 많이 쓰지만 만약 목표에 도달하지 못한다면, 어찌해야 할 것인가? 길을 달리다가 비틀거린다면, 어찌해야 할 것인가? 그래도 나는 즐거워하리라. 주님의 얼굴을 뵈옵기 위하여 나는 전심으로 달렸고, 수고하였고, 내 모든 힘껏 땀을 흘렸기에, 나는 즐거워하리라. 그리고, 내가 가는 길이 너무나도 길고, 거칠고, 험난하기 때문에 내가 실패하는 일이 일어난다고 한다면, 그래도 나는 적어도 무엇인가를 해내게 될 것이다. 진심으로 말한다면, 적어도 내가 할 수 있는 것만큼을 해내게 될 것이다.

하나님의 부르심과 소명의 구체적인 모습들은 각자의 상황에 따라 다를 수 있지만, 그 본질은 동일할 것이며, 그 본질을 붙든다면 우리는 어떤 상황과 형편 속에서도 그 길을 갈 수 있는 열정이 솟아날 것입니다. 이러한 모습이 신앙의 여정을 걸어가고 있는 신앙인 모두에게 넘쳐나기를 바랍니다.